大成之道
——《道德经》治世思想新探

李韵奕 著

西南交通大学出版社
·成都·

图书在版编目（CIP）数据

大成之道：《道德经》治世思想新探 / 李韵奕著. —成都：西南交通大学出版社，2019.6
ISBN 978-7-5643-6855-5

Ⅰ.①大… Ⅱ.①李… Ⅲ.①道家②《道德经》-研究 Ⅳ.①B223.15

中国版本图书馆 CIP 数据核字（2019）第 080442 号

Dacheng Zhi Dao—《Daodejing》Zhishi Sixiang Xintan
大成之道——《道德经》治世思想新探
李韵奕　著

责任编辑	郑丽娟
助理编辑	罗俊亮　何俊
封面设计	曹天擎
出版发行	西南交通大学出版社 （四川省成都市金牛区二环路北一段 111 号 西南交通大学创新大厦 21 楼）
发行部电话	028-87600564　028-87600533
邮政编码	610031
网　　址	http://www.xnjdcbs.com
印　　刷	四川煤田地质制图印刷厂
成品尺寸	170 mm × 240 mm
印　　张	22.5
字　　数	402 千
版　　次	2019 年 6 月第 1 版
印　　次	2019 年 6 月第 1 次
书　　号	ISBN 978-7-5643-6855-5
定　　价	88.00 元

图书如有印装质量问题　本社负责退换
版权所有　盗版必究　举报电话：028-87600562

《道德经》——传统文化中最高妙的大成之学

在人类自我意识扩张的道路上,有两个"绊脚石",一个是宗教,另一个是自然。对宗教的膜拜和对自然的敬畏,相隔是那么远又那么近。就好像两个欢喜冤家,吵来吵去打来打去,合不得却又离不得;又好像两个邻居,只要拆散就都只有在孤独中抑郁;还好像手掌的正反两面,互相不待见,却不经意间就翻了个儿。

宗教陪伴着人类走过了几千年甚至更久的历程,经历了无数的风风雨雨。它让人敬畏,甚至在孤独的时候让人感到温暖。是它,常常把欲望和狂热赶跑,为理性和良知留下空间。它也时不时给人提个醒,让人觉得找到了精神的防火墙。

自然陪伴人类的历史无疑更加久远,当人类还非常渺小,渺小得很无助的时候,对自然充满了敬畏。人类根本不能左右它,甚至也不能了解它,只有对它满怀敬畏。于是,人类主动约束自己,把自己置于自然之下,局限自己活动的范围,而不去触动自然的"龙须",以免它发怒作威。

但是,当人类觉得自己日益强大之时,一部分人就觉得宗教和自然都成了人类前进、强大路上的拦路虎,于是就搬出了"人定胜天"的符令,妄图把这两个障碍彻底清除或征服。其结果是,他们的主观能动性得到"无尽展现",创造的空间变得"无限广阔"。但遗憾的是,他们的心灵仿佛从此成了旷野上游荡的孤魂,总是找不到方向和着落。

重读老子的《道德经》,犹如醍醐灌顶,仿佛一下子找到了精神的支点和幸福的源泉。基于对"自然"的敬畏,老子向人类发出了一个永恒的警示:"人法地,地法天,天法道,道法自然。"只有服从自然、敬畏自然，为自然留下足够的空间，人类才会有自己生存和发展的空间，保持自然也就保持了自我，失去自然也就失去了自我。

"道法自然"是自然界本身运行的最高准则，也是人类安身立命的最高准则，任何私欲引出的主观意志的参与，都会使事物的运行于不自然中走向衰落和毁灭。天下之事，看似复杂，实则至简：得之于自然，失之于不自然；成之于自然，毁之于不自然。只有自然之成才是真正的成就，才是人类所需要的成就，才是圆满之"大成"。而以人的纯粹主观意志主导的非自然之成，终究只能成为历史长河中极其短暂的点缀，是大成路上或浓或淡的败笔。至于人定胜天，壮壮胆可以，若真敢这么做，只能说是无知者无畏。

放眼中国历史长河，道家思想在历朝历代治乱与更替中都发挥了重要作用。正因如此，《道德经》不仅是修养之学、养生之学，更是成功之学，而且是大成之学。本书以"大成之道"命名，道理亦在于此。

我们评价一段历史是文明还是蒙昧，是进步还是倒退，是发展还是落后，这是一个难题。难在何处？很重要的一点在于，人类社会发展的动力是人的主观意志还是老子说的自然之道？然而又无所谓难，纵观中国改革开放以来的发展历程，展望中华民族伟大复兴之可期，我们会发现，发展的动力不仅是人的主观意志，更是对"规律的把握和利用"，是对自然之道的认识、尊重或契合。无论是改革还是开放，无不是一个追求自然之道的历程。唯其如此，中国的发展才是有希望的，才是有坚实而永恒的根基的。

笔者对《道德经》的喜爱有20多年了，故给儿子取乳名为"三宝"。许多人以为他在我心目中是爸爸妈妈的宝贝、爷爷奶奶的宝贝、外公外婆的宝贝，却不知其实差不多只是"三草"，并无所谓宝贝的概念。好在儿子品行中倒真有些老子说的慈、俭、不敢为天下先的影子，让我颇有些欣慰和期待。对《道德经》系统而深入的研究，却是近些年的事情。其实，以笔者的功底，说是研究可能有些过了，说是读书笔记或人生随笔或许更为妥当，以免贻笑方家。

成书的过程中，免不了参考诸多前贤方家的成果，在此对凡有涉及的前贤一并衷心谢过！比如，就《道德经》原文来讲，河上公、韩非子、王弼等故老前贤在注解时都加入了自己的见解，而且版本差异有时还比较大，而当今学者所注往往又有不同，甚至标点符号的不同都可能导致意思差异较大。因此，选择哪个版本作为原文主要的来源都很让人为难。多方权衡之后，笔者选择了李安纲先生编著、中国社会出版社 2004 年 5 月出版的《道德经》作为蓝本，极个别地方或有综合，在此表示衷心的敬意和感谢！在研究各位名家作品的过程中，认同而高兴时或许难免原文摘抄几笔，一则对《道德经》的阅读大体上会取得共识，二则诸位都是前贤方家，有这么多大家在前面，实在绕不过去。好在本书重在尝试一种新的解读方式，"古文翻译"只是为了解读的需要，还望勿作俗世之争，可否？若有未能苟同之处，亦不必愤愤然甚至"攘臂而扔之"，权当抛砖引玉，甚或付之一笑，可否？本书成于盛世，但抑或老子多有危言，笔者原样照搬，仁者见仁，智者见智，望读者以大道之无比包容的心态对待，可否？

李韵奕
2019 年 3 月于成都

目　录

第一章　无为者　天之道　.../001

第二章　替天行道　辅助自然　.../034

第三章　上德不德　无为而治　.../048

第四章　以朴治国　天下自定　.../060

第五章　以静持国　没身不殆　.../076

第六章　以贱为本　以下为基　.../092

第七章　圣人治理　身寄天下　.../109

第八章　物壮则老　损余补缺　.../133

第九章　至誉不誉　和光同尘　.../154

第十章　大治不割　浑朴为本　.../173

第十一章　尚贤则争　尚智则乱　.../185

第十二章　上善若水　利而不争　.../202

第十三章　多忌弥贫　无事自富　.../220

第十四章　明德慎罚　圣人司契　.../237

第十五章　谋于未起　终不为大　.../265

第十六章　甚爱必大费　多藏必厚亡　.../276

第十七章　食税勿重　使民不厌　.../293

第十八章　兵者不祥　胜而不美　.../310

第十九章　小国寡民　回归自然　.../333

参考文献　.../350

第一章

无为者　天之道

在中国思想史上,有一个无与伦比的思想盛世——春秋战国时期的百家争鸣。在这个时期,各种思想百花齐放并不断成形、汇集,最终形成了道、儒、墨、法、名、阴阳、纵横等诸多思想流派,产生了一大批著名的哲学家、思想家、政治家。在这些璀璨的星光中,有一个尤为耀眼的思想巨星——老子。可以说,是他第一个提出了系统的政治哲学、政治理论,并对世界影响至今。

曾经,老子的思想堪称与日月同辉,被无数人津津乐道、潜心钻研,不少君王奉为至宝、深信躬行。曾经,老子的思想在国外影响深远,许多哲学大家视之为思想瑰宝,即便现在也还大有市场,不时可见其思想的闪现。但在中国,《老子》这一集中体现老子思想的书籍早已变成了《道德真经》,成为道教修行的主要经文,成为老人安度晚年的精神寄托,成为失意者的思想慰藉。回首历史,笔者不能不感叹,当《老子》变成《道德真经》,从王公显贵的案头进入修真的道观时,其中的政治哲学就开始走向衰落,走上了一条舍本逐末的道路!

一、《道德经》——治世哲学的至真瑰宝

《史记》记载老子是"楚苦县厉乡曲仁里人也,姓李氏,名耳,字聃,周守藏室之史也"[①]。老子大约生活在公元前571年—公元前471年。然而,老子究竟何许人,已经难以准确考证。有说老子姓李名耳,字伯阳,谥号聃;也有说他字聃,谥号伯阳;还有说他就是春秋晚期楚国著名思想家老莱子,"老子"应该是其尊称。从学界的考证来看,老子姓甚名谁、生卒年月、是否真正当过周朝的守藏史(藏书室室长),包括学术上备受老子反对的孔子是否向老

---

① 司马迁:《史记》,长沙:岳麓书社,1986年,第493—494页。

子请教过等，都难以搞得清楚。或者，老子就是一个被托的影子人物也完全可能，思想界把开创人物神秘化的事情并不鲜见，因此就不去细究了吧。

相传，老子过函谷关时，在关令尹喜的苦求之下写下了《老子》一书，全文共约五千字，故也称为《五千言》或《老子五千文》。全书分为上下两篇，上篇第一章至第三十七章为"上经"，因为开篇即说"道可道，非常道"，故又称《道经》。下篇自第三十八章至第八十一章为"下经"，因为开篇即说"上德不德，是以有德"，故称为《德经》。合上下两篇称为《道德经》。

一部《五千言》奠定了老子在哲学、政治学方面崇高的地位，其既海纳百川又分枝散叶，成为深邃而又浩瀚的思想宝库。从其哲学性、系统性来看，老子无疑是政治家的至圣先师。春秋时期思想虽盛，却几乎无人能出其右。由于其中有着深厚的处世之学、修养之学，东汉的张陵（即张道陵）创立五斗米道（也称天师道），将《老子》一书改名为《道德真经》，并将其作为道教最重要的经典，尊老子为道祖，从而确立了老子在道教中的崇高地位。

从此以后，老子就逐渐被神化。西汉刘向宣扬道教神仙信仰的著作《列仙传》中，已开始把老子列为神仙。东汉时期，汉桓帝刘志修建了老子庙，把老子作为仙道之祖。唐朝时高祖李渊为证明自己身出名门，尊奉老子为李姓始祖，并扩建老子庙作为皇室家庙，唐玄宗还亲手为《道德经》作注。此后，老子在道教中就变成了"太上老君""混元皇帝"，也就是道教三清道祖中的道德天尊。

由老子被神化的过程可见，从春秋到汉唐，老子都是极受尊崇的思想家。甚至可以说，老子是政治家尤其是统治者心中的神，他的政治思想在很长时期内备受皇家推崇；或者可以说，老子所描述的政治状态也是皇家的理想追求，是他们心中的最高境界，虽不愿躬行、不能抵达却心向往之。遗憾的是，老子被神化的结果是被虚化，变得再也不食人间烟火，不问世间俗事，最终远离社会而完全进入道观甚至神界，只在天下无道、社会动荡之时才能一显光辉。但就其对中国文化的深刻影响，尤其是随着此后中国政治思想的哲学性的蒙尘、政治思想的逐渐庸俗化来说，老子仍堪当政治家的至圣先师的称号。

《道德经》是老子智慧的充分展现，它有两个层次或者说两重境界。一是哲学境界，主要宣传道法自然、自然而然的自然哲学思想，开中国乃至世界自然哲学之先河。二是政治学境界和人生学境界。将自然哲学运用于国家治理，则产生了"无为而治"的政治思想；将自然哲学运用于修身养性，则产生了"不欲以静""不自生"等养生思想。其养生思想对强身健体、延年益寿都极为有益，加之传说老子本人十分高寿，所以《道德经》长期以来被视为养身和长寿宝典。其实，从整体来看，《道德经》本质上彻头彻尾是一部政治学著作。自然哲学是老子立论的基础，政治哲学、人生哲学则是其主要落脚点和自然延伸。可以说，在传统中国文化中很少有这么深刻、精湛而又系统的政治思想。

"道"和"德"是理解老子哲学和政治思想最重要的概念，同时也是理解中国传统文化和传统哲学的重要概念。自老子以后几千年来，中国文化都始终离不开这两个概念。"道"是什么？在老子这里是天道、自然之道、自然而然之道，是万事万物运行的最高规律，是冥冥之中主宰着人类社会和自然运行的神秘力量，老子将它总结为"人法地，地法天，天法道，道法自然"，有时我们简说为顺其自然、自然而然，即在自然中成就万物。从道在自然运行中的终极决定作用来看，我们几乎可以将它理解为自然界与人类社会的"天意"或"宿命"，合之则生则昌，逆之则败则亡。与道相对立的，则是人的主观意志，即不合于自然的私欲、理想等。

"德"是什么？是天道在社会治理中的体现。在老子看来，以德治国就是自然之治、无为而治，让百姓自生、自长、自为、自成、自灭，关键在于一个"自"。德与道合，则天下和；德与道悖，则天下失和；失和之至，则天下大乱，乃至朝代更替。道与德本为一体，就好比天使在人间，仍然还是那个天使。合乎自然的治理即为合道，合道即为无为，无为即为有德，而且是上德、至德、天德。以人的主观意志决定的有意施为，即便出于善良好意，也终将远离自然之道，所以就是失道、失德。即便看起来、说起来有道有德，也只能是"下德"，不能算是真正的德。

老子所讲的政治思想，都是基于道和德引申出来的治国原则、方略，是一种关乎政治境界的宏观层面甚至顶层设计性质的理论。虽然修道的重要内容包括修身、练气、养性，但修道的目的不仅仅是修身、练气、养性，更主要的是理政治国。只不过修身与治国的要旨完全相合，与自然界共同的法则相合，所以在政治家们抛弃它时，它还可以为道士所用；在官场无用武之地之时，在道观还大有用武之地。

这个结果可能是老子自己都没有想到的。因为这样一个结果，我们历来认为以老子为代表的道家思想是出世思想，以孔子为代表的儒家思想是入世思想，所以"世之学老子者则绌儒学，儒学亦绌老子"①，其实大谬。在笔者看来，道学与儒学不过是"花开两朵，各表一枝"，根还是连在一起的，往前看方向和路径均异，往后看却是连枝同根。老子并不是说要避世不为，而是讲要怎么去为，这里才是道儒二学、道家和其他学说分枝的地方。

---

① 司马迁：《史记》，长沙：岳麓书社，1986年，第494页。

老子认为，自然和社会都有自身发展的自然规律，人类只能顺应自然规律去作为。自然，是一个区间范围，自然之外是物壮而老的两极。当事物按规律自然运行的时候，治理者什么都不应该做，该放手时就放手，这就叫"替天行道"。好的领导和政府，恰恰应该是管得少的；如果经常需要伸手，并不能说明管理者的重要性，只能说明管得有问题。如果人类要按自己的意志来改造世界，必会使自然和社会的自然运行和秩序受到破坏，甚至产生恶劣的后果。

但是，当事物背离自然运行时，统治者又应该适度干预，以辅助万物得以按自然规律自然运行，这叫该出手时就出手。从这个角度讲，一个好的治理，又必然是充满"劫富济贫""锄强扶弱"似的"辅万物之自然"的治理。"辅万物之自然"的结果，就是社会运行符合自然之正道。因此，所谓"政治"，就应该是以正治国，正即正道而非人道的治理，是以正道治人道，是对客观规律的尊重甚至敬畏。如果不是以正道，而是以主观意志为出发点去主动作为，无论如何都会打乱人类社会的自然秩序，给社会运行最终带来的就不是秩序，而是紊乱。可见，尊道而为是无为，不尊道而为才是有为，怎么能说无为而治就是出世呢？

一部《道德经》，奠定了老子在中国传统政治理论领域至高无上的地位。西方思想家后来所尊崇的自然哲学、自然法学等思想，莫不与老子的思想殊途同归，甚至许多政治思想都可以在《道德经》里追根求源。所以可以这么说，《道德经》就是政治学的"武功秘籍"，一部《道德经》奠定了老子作为政治家至圣先师的地位。近些年来兴起了《道德经》的研究热，一些人是将其当作心灵慰藉、修身养性的宝典来研究，但也有不少人开始研究其中存在的深刻的治世哲学，大家都可以从中找到自己所需要的东西。为什么呢？或许，当人类社会越来越世俗、趋利、复杂的时候，当人类的心灵和外界的冲突越来越激烈的时候，我们已经失去了同样的美好，但我们还抱有同样的希望！

二、道法自然——老子思想的哲学起点

"道"起源于老子对自然规律的认识，却最终被老子引入哲学，成为其整个哲学思想中最核心、最高层次的一个概念。"德"是道在人类社会中的体现，被引入政治思想后，即成为其政治思想中最核心和最高层次的一个概念。也就是说，道为德本，德为道体，二者本质上是一而二、二而一的关系，犹如老子哲学和政治思想的双核。道的最高原则是"道法自然"，它是老子政治思

想中最基本的哲学起点。何为"道"？"道"在汉语中有路径、方向、方法、技艺、法则、规律等意思，老子所说的"道"即指法则、规律。《道德经》中的"道"，主要指客观世界包括人类社会运行的终极规律和最高原则，最后延伸至社会管理的规律、原则和方法。

以道治世的根本原则就在于"道法自然"，而其现实落点则在于过程中的"圣人用之则为官长""其鬼不神""其神不伤人""敝而新成""无为而无以为""无为而无不为"，以及结果的"故能成其大""故为天下贵""乃至于大顺""万物将自化""天下将自定""民自化""民自正""民自富""民自朴""天下乐推而不厌""天下莫能与之争""深根固蒂""长生久视""无遗身殃""莫知其极"。这些无不是我们憧憬的美好的历程和结果。这么美好，当然也就无不心向往之，难免都想要从中来淘一淘思想的宝贝。

是不是真的有那么美好呢？梳理中国几千年的发展历史，我们可能会蓦然发现，老子"无为而治"的思想或许真是我们丢掉了的无价瑰宝，而且当真是长治久安的治世法宝。从中国历朝历代的统治时间，或许可以一窥端倪。如果抛开教科书中对于奴隶社会的描述，或许可以这样说：从老子往前数，夏商周的许多时段大体上接近无为世道，是道家思想的最好体现；春秋时期百花齐放、百家争鸣，儒家开始兴起；战国时期道家学说开始凋落，有为之治开始兴起，以秦灭六国为盛；而到汉初道家学说再度兴起，以文景之治为盛；自董仲舒"罢黜百家，独尊儒术"起，道家学说算是彻底退出政治舞台，再无兴盛之日。

夏朝从约公元前 21 世纪绵延至约公元前 16 世纪，历时 470 余年；商朝从约公元前 1600 年延续至公元前 1046 年，历时 550 余年；周朝从约公元前 1046 年延续至公元前 256 年，历时 800 多年。可见，上古时期的统治时间基本上以 500 年为下限，上限甚至超过 800 年。

反观以后的主要朝代，均未能达到如此之长的统治时间。汉朝从公元前 202 年到公元 220 年，历时约 420 年。汉朝时疆域广阔，文景之治、光武中兴、明章之治都是史上著名的盛世之治，与大约同时期的欧洲罗马帝国并列为当时世界上两个文化最先进的强大帝国。

盛世唐朝一直是中国历史的骄傲，是中华民族繁荣昌盛的象征，其经济雄厚、军事强盛自不必说，四夷宾服、万邦来朝更是中华民族几千年的骄傲。但唐朝从公元 618 年到 907 年，历时仅约 290 年。

宋朝从公元 960 年到 1279 年，历时约 320 年。宋朝也是中国历史上极为辉煌的时代，经济社会繁荣昌盛、科学技术突飞猛进、思想艺术百花齐放，堪称中国的文艺复兴时期。

元朝从1271年到1368年，历时不足百年。但元朝的军力和疆域空前绝后。

明朝从1368年到1644年，历时约280年。明朝是继周朝、汉朝、唐朝和宋朝之后又一个繁盛的黄金时代，史有"治隆唐宋""远迈汉唐"的说法。

清朝若从1644年清军入关起算，至1912年清帝退位止，历时约270年。清朝人口数量超过4亿之众，极盛时期地域面积达1 300多万平方千米，"康乾盛世"在中国历史上也留下了浓墨重彩的一笔。

从上面可见，除汉朝之外，推崇儒家的有为之治基本不超过300年。那么，我们是不是可以这样认为，无为而治的治理时间之长，可以500年为下限，有为而治的治理时间之短，仅以300年为上限呢？是不是可以说无为而治优于有为而治，孰优孰劣、孰高孰下，是不是就一目了然了呢？

这种推断未必十分科学，但从这种历史的演变过程或许可以发现一个问题：经济社会的因素越少、欲望越淡，统治者越不求有为，社会越易自然、和谐、稳定而长久；经济社会的因素越多、欲望越浓，统治者越求有为，社会越易冲突、混乱而短暂。当人类被欲望的潮流裹挟之时，社会就越是颠沛流离。或许，当以物易物时代过去，一般等价物产生尤其是货币产生，财富可以以货币的形式积累以后，无为而治思想的社会基础就已经离我们越来越远了，以至于我们现在觉得它更像是痴人说梦。随着人类的物质财富越来越丰富，自然之道离我们愈来愈远，人类的心灵就开始在无边的大海上漂泊。如何摆脱困境？我们又想起了国学，国学一时成为时髦、高大上的东西。然而，或许大多数人的目标不是心灵的自我救赎，而是为了更好地征战名利疆场，这又无疑是舍本逐末、去精取粗了。

1. 人法地，地法天，天法道，道法自然

大千世界，纷繁复杂。万事万物或高或下，或左或右，或南或北，或东或西。或寂然而生，或倏忽而灭。事物之间是否有着某种联系或共同的运行规律呢？人类很早就开始了对这一哲学问题的思考和探索。早在2 500多年前，老子就给了我们一个答案。他认为，事物是变化的，变化是有规律的，所有的规律之间又有着共同的、更高的规律，最高的规律就是"道"或称为"天道"，天道贵在"自然"。人类社会作为整个世界的一部分，想要有序运行，同样必须遵循整个自然界的天道，同样贵在"自然"。

> 有物混成，先天地生。寂兮寥兮，独立而不改，周行而不殆，可以为天下母。吾不知其名，强字之曰道，强为之名曰大。大曰逝，逝曰远，远曰反。故道大、天大、地大、王亦大。域中有四大，而

王居其一焉。人法地，地法天，天法道，道法自然。(《道德经》第二十五章)①

"有物混成"，意指无分别、无区分、不可分解、极纯朴的浑然一体。"道"先于天地而生，故为万物之源、万物之本。"道"作为万物的共同属性和规律，是抽象出来的东西，当然也就混沌而不可分解。"道"混沌一体的特性，是理解老子思想的一个很重要的哲学和逻辑出发点，即不能以区分、割裂的方式去对待事和物。

"寂兮"就是无声，道没有任何声音；"寥兮"就是无形，道没有任何形状，因为大到极致而无形无状，最后就变成了虚空。前梁时期音韵学家夏侯咏在《韵略》里说："寂寞，无声也。寂寥，空也。按《庄子·天下篇》亦有'寂寞无形'。"②由此可见，道是一种无声的、虚空无体的东西。作为抽象出来的属性和规律，自然没有实体，又哪来的形状和声音呢？

"独立"是指道不依托任何事物的个体而存在，它虽蕴含于万事万物之中，却又永恒地独立于具体的事物。正因为如此，它就永远没有增减和损灭，不因物损而损，不因物灭而灭。可见，道是一种永恒、绝对的存在，是一种普遍规律和绝对真理。这并不意味着老子有绝对化的思想，因为道本身是"周行而不殆"的。

"周行而不殆"是说循环运行，永无休止。万物因道而始，因道而灭，但物改道不改，物灭道不灭，就像毫末之苗生出合抱之木，木朽而灭，其种再发。万物或生或灭，都是道在推动，所以道"独立而不改，周行而不殆"。

正因为这个混沌之物无声无形、无边无极、空虚无象，所以老子觉得非常不可思议，怎么称呼它都成一个问题，只能勉强称它为"道"。怎么形容它呢？只能勉强形容为"大"。究竟有多大？"大曰逝，逝曰远，远曰反"，道无限伸展扩张，大到极致时以至于无形，就好像消逝了一样，但以为消逝了时它又回来了，从而完成了一次循环往复、周而复始的运行过程。

为什么说是"强为之名"呢？正如《道德经》开篇所说："道可道，非常道；名可名，非常名。"能够说出来的道就不是永恒不变的天道；能够命出的名字就不是恒常之名，而只是事物某一阶段之名。所以，为了表述的需要，只能勉强给它一个名字——道，勉强进行一下描述——大。

老子很快就将道引入了政治学的范围。他认为天地间有"四大"，"道大、

---

① 李安纲编著：《道德经》，北京：中国社会出版社，2004年，第106页。以后各章皆取自该书，不再一一注明。
② 文选德：《道德经诠释》，长沙：湖南人民出版社，2005年，第127页。

天大、地大、王亦大"，这都是具有主导、控制甚至主宰能力的东西，"王"居其一，但道居其首。其他三大都是"道"的体现，均由道而生。"王"，许多版本作"人"。如汉代许慎的《说文解字》里说："天大，地大，人亦大，故大象人形。"①所以许多人认为"王"应作"人"，即"人亦大"。这似乎符合传统的天地人为"三才"的观念，与后面"人法地，地法天，天法道，道法自然"亦有所呼应，但必须注意到，本句是在讲"大"的问题。人是唯一有生命、有灵性的"大"，而"王"为人中之极，从主导性或控制性来讲无疑是"大中之大"。后面的"人法地"不过是笼统地指人类社会的运行规则，进而引申指"王"对社会的管理规则。理解为"王大"，也更符合全书政治哲学的氛围。因此，本书认为应作"王"而不是"人"，这与《道德经》帛书本也是一致的。

域中"四大"虽然各为一体，但却必须遵循共同的规律，即"法自然"。人生活在地上，就不能不遵循地的规律；地为天所覆，依赖天之四时而运行变化，同时又是整个天体之一员，故必须遵循天的规律；道先天地而生，乃天地万物之母，所以天地也必须遵循道的规律；道又遵循什么规律呢？自然的规律。何为自然？就是自己成就！"然"，成、形成的意思，自然即自己成就，而非外力成就。事物能自然成就，就是有道或合道；不能自然成就，就不合道或失道。

何谓"自然"？比如：庄稼自己生长、结实就是自然，而拔苗助长就是不自然，用化肥和激素催长就是不自然；经济按自己的规律运行，该慢就慢、能快才快就是自然，人为设定目标要求加快发展就是不自然；按能力该干什么工作就干什么工作、能当多大的官就当多大的官就是自然，没能力却为了各种利益而勉强去干，靠投机钻营、行贿买官，这些都是不自然；孩子有什么样的天赋资质、兴趣爱好，就按这方向去努力和发展，这就是自然，反之勉力而为之就是不自然。总之，自然就是以天赋的资质禀赋决定发展的方向、历程和速度，绝不强求超越事物自身基础和能力的发展，绝不以人的主观意志去干预其自然运行和成就。人在"自然"的范围内去作为，就是"法自然"。对于自然界来讲，"道法自然"的结果就是稳定的食物链和生态系统的自然形成；对于人类社会来讲，"法自然"就是人人可以主宰自己的命运、兴趣、方向，结果就是百花齐放，就是物质和文化的极大丰富，就是社会结构的最佳稳定。在人类的欲望支配下的所谓创造性也能改变自然，但却不能控制被改变和扭曲后的"自然"。

---

① 〔汉〕许慎：《说文解字新订》（卷十），臧克和、王平校订，北京：中华书局，2002年，第679页。

2．道冲，而用之或不盈

　　道冲，而用之或不盈。渊兮似万物之宗，湛兮似若存。吾不知谁之子，象帝之先。(《道德经》第四章)

　　道空虚无形，但其作用却不可穷尽。"冲"即虚空的意思，道本无形无象，没有实体，当然就是虚空的了。虽然道空虚无形，但却作用无穷、法力无边。就像神话故事里的聚宝盆一样，看着是空的，但拿了还有，再拿还是有，取之不尽却又不会溢出来。

　　道渊深悠远，似乎是万物的开宗源头。虽不能目视而见，却又好像确确实实地存在。"湛，没也。"①《道德经》第十四章（以下简去书名，只标章节）有"无状之状，无物之象"，第二十一章有"忽兮恍兮，其中有象；恍兮忽兮，其中有物"，都与此同理。

　　对于这么一个神奇的玩意儿，真不知道它是从哪儿来的，所以只能说它是先自然而存在了。因此，老子禁不住感叹："我不知道它是谁的儿子，事物出现之前就已经有它了吧！"

　　"象帝"一词争议颇多，通常认为"象"为"像"的假借，即好像，"帝"为"天帝"，意思是好像出现在天帝之前。如魏晋玄学的主要代表人物王弼就注解为"帝，天帝也"②。问题在于，《道德经》中虽然提到过鬼神，却并非有神论，体现的是唯物主义思想，以此作为形容或有可能，却不可能真指"天帝"。还有人认为虽然意思是天帝，却是指代自然，近代著名史学家、国学家陈柱说："道之本体既不可得而言，则其原始亦不可得而说，只觉其似为造物之先而已，不能知其从谁所出也。帝，王弼云：'谓天帝'。然此所谓帝，乃自然之代称，非宗教家所谓上帝者比也。"③

　　但本书认为，陈柱所说的是引申义，直接的意思另有考究。"象"主要指具象、有形象的事物，如词语天地万象、包罗万象。"帝"则与万物之宗、万物之始意同，即最早的事物。"象帝"则为"象之帝"，喻指天地之母、万物之宗的意思。这样的解释，可能与"道生一，一生二，二生三，三生万物""有物混成，先天地生"等更为吻合。

　　老子在这段话里主要讲了两层意思。一是再次彰明"道"先天地万物而生，是天地和万物之母。这样一来，道既为生母，故道就像基因一样蕴含

---

① 〔汉〕许慎：《说文解字新订》（卷十一），臧克和、王平校订，北京：中华书局，2002年，第741页。
② 《名家注解〈道德经〉》（上），天津：天津古籍出版社，2012年，第177页。
③ 陈注佚注：《老子》，上海：商务印书馆，1947年，第33页。

于万物之中。反过来讲就是，万物皆有其道，皆守其道，最终皆遵循共同的道；道是事物的共性，而不是个性，天道则是万事万物中都存在并永远延续着的规律。因此，它也是事物恒常的属性，这更接近于德国哲学家黑格尔、叔本华所说理性、绝对精神。二是讲道具有虚而不实却又作用无穷的特性，因为它是万物的共性，所以就具有最大的抽象性。这种虚空和抽象性并未使其作用受到减损，反而使其作用最大化、永恒化。

老子对道这一特点的描述，为他提出"道法自然"的治国、治事理念打下了理论基础。既然其作用无穷，那么，"侯王"治理国家也必须尊崇"自然"之道。这样，道就完成了其华丽转身，从自然之道引申出了人生之道、政治之道，被赋予了人生哲学、政治哲学最高范畴的意义。另一方面，老子"道法自然""道冲，而用之或不盈"的思想，为后世许多哲学思想提供了理论基础。

儒家的"天人相参""天人合一""天人相应"等思想，都可以说受其影响。儒家代表人物之一的荀子，就认为天人各领其职、各司其能，但他紧接着又提出了天人可以相参。"天有其时，地有其财，人有其治，夫是之谓能参"①（《荀子·天论》），"君子者，天地之参也，万物之总也，民之父母也。无君子则天地不理，礼义无统，上无君师，下无父子，夫是之谓至乱"②（《荀子·王制》）。这里的"天"当是指大自然，但难免还混杂有一点带有宗教、神秘色彩的"天帝"观念。

汉代大儒董仲舒更是较为系统地阐述了"天人感应""天人合一"的思想，明确提出"天人之际，合而为一""天地之符，阴阳之副，常设于身，身犹天也，数与之相参，故命与之相连也。天以终岁之数，成人之身，故小节三百六十六，副日数也；大节十二，分副月数也；内有五藏，副五行数也；外有四肢，副四时数也；乍视乍瞑，副昼夜也；乍刚乍柔，副冬夏也；乍哀乍乐，副阴阳也；心有计虑，副度数也；行有伦理，副天地也"③。为了劝导统治者"不失"，他还把"天人合一"神秘化："凡灾异之本，尽生于国家之失。国家之失乃始萌芽，而天出灾害以谴告之；谴告之而不知变，乃见怪异以惊骇之；惊骇之尚不知畏恐，其殃咎乃至。"④其原因则在于，"世治而民和，志平而气正，则天地之化精而万物之美起；世乱而民乖，志僻而气逆，则天地之化伤，气生灾害起"。

天人感应、天人合一等思想指出了人类社会与自然界的共振效应，但同

---

① 李波译注、评析：《〈荀子〉注评》，上海：上海古籍出版社，2016年，第247页。
② 李波译注、评析：《〈荀子〉注评》，上海：上海古籍出版社，2016年，第121页。
③ 曾振宇、傅永聚注：《春秋繁露新注》，北京：商务印书馆，2010年，第266—267页。
④ 曾振宇、傅永聚注：《春秋繁露新注》，北京：商务印书馆，2010年，第186页。

时又被儒家神秘化甚至神学化，目的是为"君权神授"寻找理论依据，这就与老子"道法自然"的思想分道扬镳了。不过，仔细想来，二者更大的区别在于解决之道，而非本源性的认识差异。

人类对于自然界的作用，往往是通过统治者的政策、行为加之于社会大众，而后由社会大众作用于自然界。因此，如果统治者能够"道法自然"，即天下有道，则自然界也会显示出祥和，实现自然与人类的和谐共处。若天下无道，打破了自然界自然而然的运行状态，自然界就会对人类进行报复。哪怕是统治者认识到了这个道理，但又希望通过积极干预而达到平衡和自然，往往也会事与愿违，这就是老子所说的"将欲取天下而为之，吾见其不得已"（第十九章）。

举例来说，如果人类一味追求所谓社会发展，忽视自然规律，甚而破坏自然，则大自然对此是有感应的，也是会有表示的。天人相参也好，天人合一也罢，根本上都是说人类要利用好自然规律，要处理好人与自然的关系，其思想渊源都可以说与老子的"道法自然"密切相关。

3. 道可道，非常道；名可名，非常名

> 道可道，非常道；名可名，非常名。无，名天地之始；有，名万物之母。故常无，欲以观其妙；常有，欲以观其徼。此两者，同出而异名，同谓之玄。玄之又玄，众妙之门。（《道德经》第一章）

正因为道的极端抽象性，老子认为，能够说出来的道都不是恒久不变的道，能够说出来的名就不是恒久不变之名。"常道""常名"在帛书本《老子》中写作"恒道""恒名"。换言之，不可以说出来的道、名才是永恒之道、永恒之名，就是"道"也不过是"强为之名，字之曰道"。如果说道是一种终极规律或绝对真理，那么，我们就只能无限接近但却不能真正达到这个终极规律和绝对真理。老子此说是有其科学性的，科学告诉我们，事物是不断变化的，所有的具象都只是暂时现象，是事物变化过程中某一时段的"暂时停顿"，当然也就不可能是恒道、恒名。

"无"，只是对具体事物产生、形象出现之前的状态描述；"有"，只是对事物产生、出现之后的状态描述。"有"出现之前必然是"无"，故说"天下万物生于有，有生于无"（第四十章），可以说有和无都同样是天下万物的起始、根源。所以，"常（恒）无"和"常（恒）有"都只是一个用以探究事物的概念。如石头，一定是指恒定的石头的样子，任何时候说起来都是指那个

样子，故为"恒有"，它是事物的具象，只有通过这样的具象才能探究其运行的微妙之道，包括本质和规律。一个不断变化、没有固定具象的事物，看不出与别的事物的区别或边界——徼，你怎么去认识它呢？认识它就只能抓住它"暂时停顿"的具象。"恒无"，则是忘记事物的具象，把它放在变化和系统中去寻找规律——妙，即我们通常说的透过现象看本质的过程。

由此而论，"有"与"无"无疑本源相同而名称各异罢了，二者也同样是深远而不可穷尽，故称为"玄"。"玄"有深远而不可穷尽、变幻难测之意，故通常认为"玄"即变化之意，但怎么变、变了有什么作用，并没有人把它讲清楚。其实，对"玄之又玄"可以理解为不断地从宏观变到微观、微观变到宏观这两端来探究，这是认识道的法门。变到微观、形而下的"有"是"既知其子"，变回宏观、形而上的"无"是"复守其母"。众妙，即一切事物运行的奥秘——"道"，即通过对事物的解析而至于对大道的认识。还有人认为"玄"即"天"，如河上公就认为"玄，天也。言有欲之人与无欲之人，同受气于天"①，这似乎就把人搅糊涂了。

老子将人们的认识引向宏观和微观两个概念的极致，可能有两个原因。一是让人们通过现象认识具体事物，然后又忘记具体的事物去认识规律和本质，从而引出"道法自然"，即顺其自然、自然而然才是终极之道。认识道比认识具象更重要、更有用，这就顺理成章地走到了对道的重要性的认识。二是同时又告诫人们没有必要为具象所扰、为万物所累。大千世界，纷繁复杂而又变化无穷，如果始终拘泥于具象，就可能沉迷于物欲之中，于是又自然而然地引出了"德"。所谓众妙之门，不是要认识了所有的微观事物后才能明道、明德，恰恰是因为不能完全认识才需要明道、明德。

具体事物可见、可闻、可抟，但道却视之不可见、听之不可闻、抟之不可得，它是非具象的抽象和概念，是观念中的东西。但是，万事万物却又不能脱离它而存在，明白了"先天地生""象帝之先"的道，就可以利用或者驾驭具体的事物。既然如此，沉迷于万物不如执古之道以御今之有，既简单而又不为物所累，何乐而不为呢？老子的这一价值观，是极大的化繁为简，让人变得轻松起来。

> 孔德之容，唯道是从。道之为物，唯恍唯惚。惚兮恍兮，其中有象；恍兮惚兮，其中有物；窈兮冥兮，其中有精。其精甚真，其中有信。自古及今，其名不去，以阅众甫。吾何以知众甫之然哉？

---

① 邹德金整理：《名家注解〈道德经〉》（上），天津：天津古籍出版社，2012年，第3页。

以此。(《道德经》第二十一章)

道的存在不用怀疑，而且可以检验。大德显于天下，必然完全依从于道。"孔"，大的意思①；孔德，是指至大之德、上德、合道之德，而不是下德。"容"，包容之意，"有大德之人，无所不容，能受垢浊，处谦卑也"②。意即有至德之人，必然表现出极大的包容性，他独从于道而不从于任何一物。

与万物的具象相比，道虽然不可听、见、触、闻，似有却无、似无却有，完全是恍恍惚惚很虚幻的样子，但恍惚之中却有着真切的形象，不过是"无状之状，无物之象"，是包含万事万物的"万物之象"而非某物之象。道虽然无状无象而又变幻莫测，但里面却实实在在地存在着事物，这个事物就是"一"，"道生一"，则"一"必然存在于"道"之中。恍、惚，都是形容道没有实体、具象而又变幻莫测的性质。

我们不能小看了这个无形无象的道，它虽然显得深远而又暗昧不显，但里面却藏有精气。"窈，深远也"③"冥，幽也"④，均是形容道的深远、暗昧，难以肉眼实见。"道生一，一生二，二生三，三生万物"，"二"即生出具体事物的阴阳二气，必然蕴含于大道之中，"反者道之动"，没有它则道不见。道所蕴含的阴阳二气最为纯真，故道也最为诚实守信。"信"，意为"道"绝对不会失而不再。阴阳二气，也就是事物矛盾的两个方面，只因为道而存在，在失道之时又推动道的重现。从时间的长河来看，"大曰远，逝曰反"，事物平稳发展久了可能会出现道"远"的情况，但在矛盾发展到极致时绝对会"反"，这是必然规律，故为"有信"。

天地间万事万物，有多少名字淹没在历史长河之中呢？简直不可胜数。但道却不一样，从当今一直追溯到最古老的时候，它的名字都恒常不变、从未消失。由此可以认识到，"道"就是万物的本原。"我"是怎么知道事物的本原的呢？就是根据这一点。"众甫"即"众父"，"众甫，物之始也，以无名说万物始也"⑤。帛书中为"自今及古，其名不去，以顺众父。吾何以知众父

---

① 邹德金整理：《名家注解〈道德经〉》(上)，天津：天津古籍出版社，2012年，第22页。
② 邹德金整理：《名家注解〈道德经〉》(上)，天津：天津古籍出版社，2012年，第22页。
③ 〔汉〕许慎：《说文解字新订》(卷七)，臧克和、王平校订，北京：中华书局，2002年，第492页。
④ 〔汉〕许慎：《说文解字新订》(卷七)，臧克和、王平校订，北京：中华书局，2002年，第446页。
⑤ 邹德金整理：《名家注解〈道德经〉》(上)，上海：上海古籍出版社，2012年，第186页。

之然？以此"。"自今及古"似乎更为妥当，更能体现其追溯、推理之意。

> 视之不见，名曰夷；听之不闻，名曰希；抟之不得，名曰微。此三者不可致诘，故混而为一。其上不皦，其下不昧。绳绳不可名，复归于无物。是谓无状之状，无物之象，是为惚恍。迎之不见其首，随之不见其后。执古之道，以御今之有，以知古始，是谓道纪。（《道德经》第十四章）

帛书中"夷"也写作"微"，"道隐无名"，当然就视之不见，能看见的东西必是有名的具象；"希"，指声音不入其耳，不在耳朵的听域范围，否则也是有名之声，当然这是古代科学不发达时候的认识；"微"，则是微小、精微，所以用手不能感触到，能感触到的同样只能是有名的具象。帛书中"抟"为"捪"，意思是抚、摸。夷、希、微是指道精微而不可见、不可闻、不可触。不能"致诘"，即不能彻底区分、仔细推究。"皦"，意思是显明、清楚；"昧"，意思是"昏暗、模糊"。"绳绳"，意思是绵延不绝。"恍惚"，微妙莫测，说无非无，说有非有，若存若亡，变化多端，难以确定。"御"，治、统率。"古始"，事物最初的本源。"纪"，指规律。

综合起来，就是说"道"这个玩意儿，想看它看不见，所以叫作"夷"；想听它听不着，所以叫作"希"；想摸它摸不到，所以叫作"微"。道的夷、希、微这三种特性难以明确推究得很清楚，本来就是混同一体的，所以就合而为一笼统地称之为"道"。

宇宙万物绵延不绝、层出不穷而又变化多端，实在是太多太多了，要想全部命名非常困难，而且许多东西我们也没法给它们确切、准确的名字。但是，无论它们再怎么纷繁复杂，最终都要复归于无物——道，"夫物芸芸，各复归其根"（第十六章）。与天下有形有象的万物相比较，道是"无状之状，无物之象"，难描其形，难述其状，难触其在，所以老子感叹，道之微妙、博大是处前不见其头，随后不见其尾。同时，天下万物——"万有"均处于循环往复、不断变化的过程中，我们同样也看不到它的头尾。

事物纷繁复杂又变化多端，我们怎么去驾驭呢？太难了！但道可以做到！道虽微妙莫测，但它的作用却是很大的、无穷的，用自古皆有、永恒存在、永远不变的道，就可以驾驭、治理今日有名、变化之万事万物，就能够探知事物的本原。这就是道的规律！从这里可以看出，老子对道进行认识和分析的目的，正是在于"执古之道，以御今之有"！无论时光如何流逝，大千世界如何变化无穷，唯我以一"道"可以定之，这就大大地化繁为简了。道就此成为一个治理学包括政治学意义上的概念，而不再仅仅是一个哲学意义上的概念。

4. 万物负阴而抱阳，冲气以为和

> 反者道之动，弱者道之用。天下万物生于有，有生于无。（《道德经》第四十章）

道虽然视之不可见、听之不可闻、抟之不可得，但我们却可以从"反"和"弱"两个方面明确看到它的存在。怎么看呢？由"反"而见道的运动，由"弱"而见道的作用。反，即事物的对立面，如生而死、死而生，高而下、下而上，成而毁、敝而新，贵而贱、贱而贵等。这些对立面的出现和变化，正是在道的推动之下完成的。同样，柔弱可以胜刚强，而柔弱正是道的体现和运用。

为什么会有这种变化出现？如果"反"脱离了道的范围和约束，道就要出来起作用了。"一"之前是无，是混沌而不可知的状态，是"无"，但"一"却由之而生。"一"生出来以后是"有"，但它内部却有阴阳两个相互对立的方面，"一"是对立双方博弈而形成的统一、稳定的状态，故"万物皆负阴而抱阳"，任何事物概莫能外。如果某一方面发展过度，物壮而老了，道就要出来损有余而补不足，要么形成新的平衡，要么产生新的事物，这就是"反者道之动"。

为什么说"弱"就是道的作用的体现呢？因为，之所以柔弱，就是为了不使事物产生区分、对立，不使某一方面物壮而老而始终保持自然状态，因此弱是道的体现和作用。若弃弱取强，则必致互相碰撞，产生区分、矛盾、对立、冲突，就会破坏事物的平和。哪些方式是弱的体现呢？老子最根本的表述为"善利万物而不争"，从"不争"出发又有许多策略性的表述，如价值观上的"罪莫大于可欲，祸莫大于不知足，咎莫大于欲得"，施政理念的"不言之教，无为之益，天下希及之"，军事策略上的"吾不敢为主而为客，不敢进寸而退尺"等，都是"弱"的体现。

> 三十幅共一毂，当其无，有车之用。埏埴以为器，当其无，有器之用。凿户牖以为室，当其无，有室之用。故有之以为利，无之以为用。（《道德经》第十一章）

"天下万物生于有，有生于无"，看似不好理解，其实很好理解，现实中有许多例子可以说明。因此，老子进一步用格物致知的方式阐述了有无之间的关系及有如何生于无。

首先来看车子。车子是三十根幅条共用一个轮毂，但是并非有了幅条、轮毂这些实体，车子就可以运转起来，恰恰是因为毂之内、轮之外是空虚的，才能把辐条插入毂中，才能使车子运转起来，才能产生车子的功用。如果没有这些空虚的地方，而纯粹是一个完整的实体——有，那么车就不成其为车，轮毂就不能产生使车子运转的作用。这不就是有生于无吗？共，同"拱"，为朝向、共用等意。"无"，指空虚的地方。

陶器这些器皿和车子也是一样。把黏土抟揉在一起，就成为器皿了吗？不是。恰恰是因为中间做成了空虚，才产生了器皿的形状和功用。"埏，八方之地也"①"埴，黏土也"。②埏埴即指制作器皿用的泥土，引申为陶冶、培育之意，意即"以埏埴为器"。修房子也是一样，看着是有了门、窗就成为房子了，但其实产生房子功用的并非是墙壁、门、窗的实体，恰恰是因为中间是空虚的，才产生了房子的功用。

所有这些都说明，有之所以能够被利用而产生使用价值，恰恰是无的功用所促成。有是被利用的实体，无才是产生功能的根本，以此观之，有真的是产生于无了！不仅如此，无的作用还非常巨大，非无不能成其有、成其用。

> 道生一，一生二，二生三，三生万物。万物负阴而抱阳，冲气以为和。人之所恶，唯孤寡不穀，而王公以为称。故物或损之而益，或益之而损。人之所教，我亦教之。强梁者不得其死，吾将以为教父。（《道德经》第四十二章）

道"渊兮似万物之宗""象帝之先"，所以万物皆由道而生。道先生出的是"一"，这个"一"是原始的、混沌的、没有区分的统一整体。也就是说，在"一"出生之前，宇宙是一个"无"的状态，而"一"是一个没有分别的状态，但它毕竟是"有"了。

老子认为"万物负阴而抱阳"，任何事物的内部都有阴阳、正反、雄雌这样一些对立面，也就是生出"二"了，"二"即指对立的两方。中国神话中就讲，盘古开天辟地以后，清气上升为天，浊气下降为地，天为阳，地为阴，故称为皇天、后土。《易经》中说"易有太极，是生两仪，两仪生四象，四象生八卦"③，意思是说，太极是天地未分阴阳之前的状态，是一个混沌的状态。紧接着，阴阳互动合和而生"三"，这个"三"即最初的有形物质，最初的物质不断繁衍，这才有了丰富多彩的世界，这就是"三生万物"。

---

① 〔汉〕许慎：《说文解字新订》（卷十三），臧克和、王平校订，北京：中华书局，2002年，第910页。
② 〔汉〕许慎：《说文解字新订》（卷十三），臧克和、王平校订，北京：中华书局，2002年，第901页。
③ 袁立：《易经》，武汉：武汉大学出版社，2011年，第46页。

老子"道生一，一生二，二生三，三生万物"的理论，其实是对事物起源及发展过程的一个哲学描述，并非一个科学上的分析或论证。但有人竟然发现，这与"宇宙大爆炸"理论所描述的过程和状态有着非常惊人的一致。"大爆炸宇宙论"于1932年由比利时物理学家乔治·勒梅特首次提出，是基于爱因斯坦广义相对论描述宇宙诞生初始条件及其后续演化的宇宙学模型。该理论认为，宇宙是由一个密度极大且温度极高的太初状态，于距今约137亿年前一次大爆炸后膨胀形成的。爆炸之初，物质只能以中子、质子、电子、光子和中微子等基本粒子形态存在。爆炸之后的不断膨胀，导致温度和密度很快下降。随着温度降低、冷却，逐步形成原子、原子核、分子，并复合成为通常的气体。气体逐渐凝聚成星云，星云进一步形成各种各样的恒星和星系，最终形成我们现在所看到的宇宙。这个理论的描述，与老子"道生一，一生二，二生三，三生万物"的理论简直惊人相似！

但是，老子的根本意图并非在于对世界起源的探讨，根本的目的是后面对道的另一特性的阐释："万物负阴而抱阳，冲气以为和。"负和抱，有蕴含、包藏、包涵等意思。阴和阳是指矛盾的两个方面，也就是"一"所生之"二"。"万物"，则指概莫能外，任何事物都是如此。"冲"，有对冲、激荡、运动、斗争等意思。综合起来，此句的意思是指世界上的任何事物，内部都包含着阴和阳两个矛盾对立的方面，二者相互斗争，最终统一成一种"和"的状态。

也就是说，万事万物都永恒地"负阴而抱阳"，又永恒地处于"冲"的过程之中，其恒定的存在就是形成"和"的结果。一个旧事物的稳定状态是由"冲"而"和"的结果，新事物的产生是以"冲"破旧以后的"和"的状态和结果。"和"，就是阴阳调适、刚柔相济的一种平衡状态，这种平衡使事物得以稳定存在。如果不平衡，事物就会处于动荡和变化过程。如果极其不调和，就会旧物毁而新物生，在新生事物上形成新的"和"的状态。

对于"万物负阴而抱阳，冲气以为和"这句话，必须从两个方面进行理解。一是说任何事物内部皆蕴含着矛盾的两个方面，这两个矛盾的方面必然会相互斗争，但结果必然最终会出现"和"的局面，要么是旧事物的稳定或相对稳定，要么是新事物的诞生。更重要的是说，任何事物都必须允许它存在矛盾，还必须允许它们互相斗争，只有这样才能出现"和"的局面，才会有新事物的诞生，才会使世界自然发展并丰富多彩。这一点可能是我们平常很少想到的，我们往往害怕、回避任何冲突和矛盾，以为这样就万事大吉、平安无事。其实，矛盾双方的斗争是事物自身净化、发展和进化的必要过程，对事物本身的存在和发展有着十分重要的作用。

但到这一步还没有完，老子还要进一步说下一个意思——"强梁者不得其死"。既然存在的事物在稳定状态下是一种阴阳调和、阴阳平衡,那如果某一方面过于强大,就出现了不平衡,二者之间的矛盾就会加剧,斗争就会趋于激烈。这时候,过强的一方就成为"强梁",强梁是事物变得不稳定、矛盾变得激烈的主要原因。所以,我们往往看到一个现象——"或损之而益,或益之而损"。即在许多情况下,对于事物,人们想要增加、增强、扶持它,它反而受到减损,反而会变弱;想要减少、损害、贬低它,它反而受到增加、增强、抬高或发展。

为什么呢?越"益之",越使其与其他事物对立、矛盾加剧,越受到孤立或反对,反对的力量强大了,强梁不但不能继续称强,反而会受到损害。反过来也一样,对某些事物或事物的某些方面越"损之",越使其不受到关注、压力,也不一定最终真正让其受损。当事物受损过度之时,可能会受到众多的同情和帮助,结果弱者就慢慢得到加强,就会变得强大。所以,越是受"益"的事物,越容易成为强横逞凶的强梁,最后的结果必然是不得好死。这也是"物壮即老,谓之不道,不道早已"(第五十五章)的道理所在。就像桌子不平一样,不能再去垫高的桌腿,而应该损高的桌腿或者垫低的桌腿。若一味地加高某一个桌腿,结果必然是矛盾加剧,桌子全盘翻掉。所以,人为地损或益,对事物本身的稳定并非好事。

悟道的王公就深明这些道理,所以别人都厌恶"孤""寡""不穀"这些称谓,但王公恰恰就用来自称,目的就是不让自己形成强梁的印象。老子认为,"强梁者不得其死"这个规律,必须成为执政者的教条、铁的规矩。由此,他提出了许多极富哲理和艺术的施政理念、方针和策略,如"天下之至柔,驰骋天下之至坚"(第四十三章),"上善若水。水善利万物而不争,处众人之所恶,故几于道"(第八章),"将欲翕之,必固张之;将使弱之,必固张之;将欲废之,必固兴之;将欲夺之,必固与之"(第三十六章)。

近年来出现的一个热词,可以很形象地解释这个规律,那就是"捧杀"。为什么"捧"可以变成"杀"呢?就是因为捧得越多、越久、越高、越厉害,他脱离大众越远,为大众所忌惮越甚,最后就会成为"强梁",成为大众群起而攻之的对象。实际上,这就是被虚名虚誉撑死了。那些喜欢自命不凡、自吹自擂的人听了这句话,明白了其中的道理,恐怕真会汗出如浆了吧?

上述这些,都只是从表面来进行解释,如果更深刻地探究老子这一章的思想,我们会有更惊人的发现,老子可能是最早的民主政治的提倡者!如果在事物内部矛盾的两个方面中,任何一方面特别强大,另一方面过于弱小或基本不存在,那强大的一方自然就成了强梁,这对社会治理绝对不是好事。因为结果不会是我们追求的"和",而会是动荡不安,事物本身也已非本来面目,最终"不得其死",只能在新生事物上形成"和"的状态。

从政治的角度来运用老子的思想,那会得出非常有意思的结果。那就是说,在统治阶级内部、整个社会内部,都得允许矛盾力量的存在,而且还必须有矛盾力量存在,这样才能"冲气以为和",才会限制强梁的出现。同时,任何一方的力量都不能太强大、太"壮",否则强大者就会变成强梁,最终强梁也会"不得其死","和"就会成为求而不得的东西。这是一种什么思想?是一种分权、制衡的思想。只不过他最终还是寄希望于"圣人"的智慧和理智。

民主集中制,可以说正是根植于中国传统哲学思想的一种政治体制。民主集中制是中国共产党的根本领导制度和组织制度,这一制度首先强调以民主为基础,在集中指导下的民主,如政治协商制度、批评与自我批评制度,都是民主的表现方式。某种角度讲,民主也就是斗争,不过是一种温和的斗争,是集中指导下的斗争,而不是乱斗。斗争的过程,就是"冲气"的过程。另一方面,它又强调民主基础上的集中,不能搞泛民主主义。这样的结果就是"和",是一个各方面都可以接受的结果,是最大可能正确的结果。反之,如果是不强调民主的集中,那就是"强梁"政治,最终会不得其死;不强调集中的民主,结果也只能是一塌糊涂。有了这两个方面的"冲气",就可以实现"和"的状态,实现政治和社会的稳定。

5. 圣人不行而知,不见而名,无为而成

> 不出户,知天下;不窥牖,见天道。其出弥远,其知弥少。是以圣人不行而知,不见而名,无为而成。(《道德经》第四十七章)

明白了道对于治国的重要性,那如何才能体悟天道呢?是不是多读书学习就可以明道,或者说读哪些书可以让我们明道呢?我们经常说"读万卷书,行万里路",实践出真知,这些方式是不是可以明道呢?老子说,错了,错了,错得太远了!恰恰相反,考察、学习对体道有害无益。体道的方式在于静"悟"。许多人会认为这是否有些神化或神秘化了?是否也是另一种知识无用论或者愚民思想?当然不是。

老子说,足不出户,可知天下万事万物;眼不窥窗,可明白自然的法则、规律。"不出户,知天下;不窥牖,见天道",一般的解释是"不出户,(就可)知天下;不窥牖,(就可)见天道",因为可以在屋里静静地体悟。韩非子则

直接写作"不出于户，可以知天下；不窥于牖，可以知天道"①（《韩非子·喻老篇》），综合前后文和老子的整个思想体系，很难说不是韩非子恰恰错解了老子的意思。实际上，准确的解释可能是"不出户，（方可）知天下；不窥牖，（方可）见天道"。为什么这么说呢？因为出户、窥牖，就有可能因为世事繁杂而缺乏静悟的心境和时间，更重要的，还可能受功名利禄甚至声色犬马等人欲的熏染和侵蚀，从而离道越来越远。

另一个方面可以佐证这样解释的合理性。帛书《老子》甲、乙本中原句为"不出于户，以知天下；不窥于牖，以知天道"，一个"以"字，道出了二者的因果关系，意思是：正因为不出户，才得以知天下之道；正因为不窥视窗户，才得以明白天道。见物而难体道，离物方能体道，"故常无，欲以观其妙"，这就是老子的思想。不是"可以"，而是"以此""因此"，区别是很大的。

非但如此，老子甚至还认为学习和行见都对悟道有害处，走出去越远，知"道"就越少，离"道"就越远。所以，圣人之所以是圣人，就在于他不出行而知天下，不眼见而明天道，无作为而能成功。这是不是好像更玄了？大大地偏离了人类通常的观念。对见与识、行与知的关系，中国文化中历来有许多经典表述，如"读万卷书，行万里路"，甚至还说"读万卷书，不如行万里路"等。与儒家的思想更是相去甚远，《礼记·学记》里说："虽有嘉肴，弗食不知其旨也；虽有至道，弗学不知其善也。是故学然后知不足，教然后知困。知不足，然后能自反也；知困，然后能自强也。故曰：教学相长也。"②当然，儒家也有"志于道，据于德，依于仁，游于艺"（《论语·述而》）③的说法，还是强调道、德比之于"艺"的重要性。这些都是在阐述实践与真理的关系，强调的是实践对认识真理的基础性作用。

但老子却完全与此相反，所以有人就认为老子是唯心主义。主张坐在家里随便一想，就明白天道、知道终极真理了，这难道不是唯心主义和主观主义吗？这其实是对老子的冤枉，抑或是为批评而批评，其中差距和微妙，怕也只有"悟"才能搞得清楚。

从老子的理论来看，这个思想不但很有意思，还很有道理和价值。老子为什么会说"圣人不行而知，不见而名"呢？因为他认为"五色令人目盲，五音令人耳聋，五味令人口爽，驰骋田猎令人心发狂，难得之货令人行妨"（第

---

① 邹德金整理：《名家注解〈道德经〉》（上），天津：天津古籍出版社，2012年，第92页。
② 〔汉〕戴胜：《礼记》，崔高维校点，沈阳：辽宁教育出版社，1999年，第122页。
③ 杨伯峻、杨逢彬注译：《论语》，长沙：岳麓书社，2000年，第59页。

十二章）。外界的形形色色会诱增人的欲望，欲望一起则行为乖巧，必然就会为满足欲望而作为，不再会为卫道而无为。吃喝玩乐谁都容易喜欢，可一旦喜欢上，思想、行动就要受到妨害，怎么可能悟得出道呢？"为学日益，为道日损"（第四十八章），所以学习不如悟道。想想很有道理，学得文武艺，卖与帝王家，向来是中国知识分子的理想。学习本身就是带着欲望来的，学得好了欲望也就更多更大。就是现在学习国学者，很多也是为了更好更快地实现人生理想，又有几人是为了悟道而学？所以，真正能从学习中悟道者，实在是少之又少。

就是前面所说的"读万卷书，行万里路"，恐怕也有断章取义之嫌。明朝董其昌在《画禅室随笔》卷二"画诀"中写道："画家六法，一曰气韵生动。气韵不可学，此生而知之，自然天授，然亦有学得处。读万卷书，行万里路，胸中脱去尘浊，自然丘壑内营，立成鄞鄂，随手写去，皆为山水传神矣。"[1]董其昌虽然说"亦有学得处"——"读万卷书，行万里路"，但关键在于通过学和游"胸中脱去尘浊"，方能"自然丘壑内营，立成鄞鄂"。若不能"胸中脱去尘浊"，"天授"之画诀是学不到的。即他认为读书、行路的目的和作用在于帮助人去除心中欲望的尘浊、魔障，达到老子所说的自然、无为的思想境界，从而找回"自然天授"之气韵，路径相反但道理一样。

毛泽东还有句名言叫"放下包袱，开动机器"，我们通常解释为放下精神上的包袱，从而能更清楚地看到问题，找到更科学的解决办法。这非常符合老子的思想。放下什么包袱呢？放下欲望的包袱和压力。保住已有的业绩、荣誉、地位，不犯错误的自我要求，怕影响升迁，等等，都是一种欲望。当人充满这些欲望之时，无论是正面的还是负面的欲望，都会带来压力，都可能蒙蔽本身的聪敏，让人难以有真知灼见。只有在没有欲望之时，才能对事物的本来面目看得更准确、科学，解决办法也更合道，成功也就自然而然了。

在第十六章中，老子说："至虚极，守静笃。万物并作，吾以观其复。夫物芸芸，各复归其根。归根曰静，是谓复命。复命曰常，知常曰明。"这是讲人应该极致地虚心静气，才能使精神内守、抱元守一、抱朴守拙，从而屏除外界欲望和形色的干扰，然后才能真正体悟天道，明白自然和社会发展的规律，从中找到符合天道要求的社会管理、治理的规则和方法。"布衣暖，菜根香，诗书滋味长"，锦衣玉食者恐怕是很难在诗书中读出滋味来的。

---

[1]〔明〕董其昌：《画禅室随笔》，周远斌点校、纂注，济南：山东画报出版社，2007年，第5页。

有一种经常让我们感到困惑的情况：古代的皇帝们一辈子也很少出门考察几次，一个朝代却能延续统治数百年，他们靠什么来治理国家呢？或许，就是靠对道的领悟吧。居庙堂之高、宫闱之深并不可怕，只要能够多静心体悟天道，"今之有"纵然纷繁复杂、变化万千，又有何不能得治呢？这起码告诉我们，无论什么人，在学习、考察之余，都应该抽时间静下心来，好好地体悟一下天道，或许真的就能够"不欲以静，天下将自定"呢！

三、以德配天，老子政治思想的逻辑演进

"道法自然"是老子思想的哲学起点，"以德配天"则是老子治世思想的逻辑演进。在老子的思想中，道和德是一个事物在不同境界、层次的两种表现，本质上是一个东西。道是整个自然界运行的最高规律，是人所不能干预的，故为天道、大道、常道。而德是道在人类社会运行中的体现，它承载着道的一切要求，故称为大德、天德。如此一来，法自然之道即完成了一次最重要的逻辑演进。道即德，德即道，道为德之本，德为道之用。道为天地之根本，德为社会之根本。"道德"二字合用，其实都是指自然和社会运行的"道"。

1. 不争之德，是谓配天

> 善为士者不武，善战者不怒；善胜敌者不与，善用人者为之下。是谓不争之德，是谓用人之力。是谓配天，古之极。（《道德经》第六十八章）

治德与天道相合，就是"以德配天"。老子在这一章中提到了"配天"，意思就是不与人相争，不以力以战压人而以道以德服人，这就符合了天道至德，自古以来都被奉为最高的准则。西周时期是"以德配天"思想兴起之时，这一思想来源于君权神授。但老子"以德配天"的思想既是对古代"君权神授"思想批判的结果，又与西周时期"以德配天"思想有了本质不同，是对"以德配天"思想的重大改造。

在世界古代史上，许多地方都曾出现过"君权神授"的思想，大体原因或有两个：一是对自然起源的迷茫，二是对大自然力量的恐惧。然后，统治者主动加以编造以神化自身的权力，或者将一些思想家的成果顺势加以利用，成为治理国家的内在支撑的精神和舆论工具。

夏朝时，统治者就开始借用"君权神授"来加强统治，《尚书·召诰》里

就说"有夏服天命",又说"惟不敬厥德,乃早坠厥命"①,即说夏朝虽然受命于天,但丧失了德行,所以失去了天帝的任命。殷商时更创造了一种"至上神"的观念,称为"帝"或"上帝"(不同于西方犹太教、基督教、伊斯兰教等宗教中的上帝),认为它是上天和人间的最高主宰,又是商王朝的宗祖神,因此老百姓应该服从商王的统治。周朝时武王也说自己"受命于天",于是自称"天子",意思是天帝之子,"天子"一称由此而来。

世界上其他地方也莫不如此。如古埃及的法老(国王)自称为"太阳的儿子",巴比伦的汉谟拉比王自称"月神的后裔"。所有这些"君权神授"的思想,目的均在于告诉世人,君主是被神派来统治这个世界的,其地位是神赐予的、不可动摇的,是人不能推翻的,否则就是违背了天神的意志,将受到天神的惩罚。

中国古代君权神授思想在商代达到了顶峰,但到了西周时期,"君权神授"思想的内涵有了重大转变。以周公旦等为代表的西周奴隶主贵族,总结并吸取了夏代、商代灭亡的教训,提出了"以德配天"的君权神授说。认为"天"或"上帝"不是哪一族独有的神,而是天下各族共有的神;"天命"属于谁,不是因为是天帝的儿子,而要看谁具有能使人民归顺的"德"。"上天"或"天帝"只会把统治人间的"天命"交给那些有"德"者。一旦统治者失德,也就会失去上天的庇佑,新的有德者即会应运而生、取而代之。因此,作为君临天下的统治者应该"以德配天",有德者才会得到天的任命,失德者会失去上天的任命。

"以德配天"内涵的这一变化,具有十分重要的进步意义,因为这就告诫统治者不要以自我为中心,对统治者提出了行为约束的准则。正因如此,那时候就出现了"以德配天,明德慎罚"的治国方针,这同样是非常了不起的进步。当然,这里所讲的"德",含义与今天"道德"的意思可能更接近,包括宽容、爱民等意思,体现就在于要"慎罚"。而且,如果要进行重要性排序的话,可以说是天(上帝)为中心,君主次之,再次为民。

老子继承了"以德配天"的思想,但与当时统治者所说的"以德配天"又有着本质区别,这点是必须重视的。老子从神学思想走向了自然哲学的思想,实现了中国哲学思想具有里程碑意义的伟大转变。老子认为"人法地,地法天,天法道,道法自然",统治者如果能够以道治国,使自然界和人类社会都保持自然的状态,那他就具有天德,就有资格作为君主来治理国家,否则他就根本没有资格作为君主。这是什么意思呢?老子的意思是治德必与自然

---

① 冀昀主编:《尚书》,北京:线装书局,2007年,第181页。

规律相合，而不是与上天神意相合，德治的结果应该是自然的环境、生活、政治生态、治理方式。二者就此彻底分道扬镳，所以说是从有神论转向了无神论。

《礼记·礼运》里说："大道之行也，天下为公。选贤与能，讲信修睦，故人不独亲其亲，不独子其子，使老有所终，壮有所用，幼有所长，矜寡孤独废疾者，皆有所养。"①意思是，大道行于天下时，天下就是天下人的天下，就是一个公平的天下。孟子还将其总结为"得道多助，失道寡助"②，合道则得其利，悖道则受其制甚至惩罚。孔孟讲天道、天德，与老子略有不同，最初这个不同还不太大，几乎还在只可意会难以言传的境界。

但从道、德在国家治理中的路径、表现来看，慢慢地变化就相当大了。"以德配天，明德慎罚"的治国理念，被儒家发展为"德主刑辅，礼刑并用"。一旦有了礼和刑，"自然而然"就很不容易做到了，难免有时候还要看统治者的心情、好恶。或者可以这么说，儒家的道、德与道家的道、德，最初应该是差不多的一个概念，区别并不很大，只是后来儒家将道明确细化为仁、义、礼、智、信这些东西，标准也就由客观更多地偏向了主观。后世将道德缩微至个人的品德、修养，其实是越来越偏离最初的原意，变成一个低层次的东西了。

但是，老子这一自然哲学思想并未被统治阶级衷心接受。后世皇帝下诏时都喜欢用"奉天承运，皇帝诏曰"起头，为什么？意思就是说奉天命承运势，他得到这个政权符合天意，是天神之命，也是大势所趋的必然产物。因此，他所施行的政策，老百姓应该遵行不悖。他的统治地位就不能被推翻，这无疑又回到以前的老路上去了。

从内容上来说，老子"以德配天"思想更强调顺应自然的国家治理。他认为，不逞强好武、不暴躁动怒、不正面交锋都是不与人相争的品德，是任用他人的力量，这就符合了天道至德。从施政行为来看，"用人之力"就不是追求亲身而为，"善人者，不善人之师；不善人者，善人之资"（第二十七章），也就是不追求自己建功立业，不强加自己的意志于社会之自然。只有这样，在真正功业成就时，才可能做到"百姓皆谓我自然"。这样一来，为政者看起来无所得，不得其名、不得其利，但这就是真正的"德"！这也算是"德治"的最初来源，对为政者来说，不追名逐利，保持、辅助社会的自然发展，让其他人有用力之地，就是有德之治！若一味追求自己的功业、名利，让其他人无用力之地，虽有功名，也非德治！可见，德即无为，治须自然。不争而顺人、顺自然，这种与天道相合的治德就是至大之德，老子认为自古以来这

---

① 张树国点注：《礼记》，青岛：青岛出版社，2009年，第97页。
② 孔丘等著：《诸子百家》，沈阳：万卷出版公司，2009年，第62页。

都被奉为最高的治理准则。

老子提出的"以德配天",实际上对政权的合法性、合理性提出了一个标准,即是否遵从天道、奉行大德,是政权存在的基础,是政权合理性的依据。从自然法的角度来讲,那就是政权的合法性。其意思为,有德者即有天下,失德者将失天下。从这个角度讲,专制政权的不合理性就在于它往往体现的是个人或团体的意志,维护的是个人或团体的利益。在个人欲望驱使之下,个人或团体利益最大化是必然结果,其他人的意志和利益往往难以得到保证,社会的自然秩序也会因此被破坏,这不符合天道自然的秉性,正因如此,也才特别需要用君权神授这样的理论来说明它的合理性。

2. 生而不有,为而不恃,长而不宰

> 道生之,德畜之,物形之,势成之。是以万物莫不尊道而贵德。道之尊,德之贵,夫莫之命而常自然。故道生之,德畜之,长之育之,成之孰之,养之覆之;生而不有,为而不恃,长而不宰。是谓玄德。(《道德经》第五十一章)

道生成万物,德畜养万物,物质为万物赋形,形势使万物成就,这是一个自然而然的过程。万物莫不是"道生之"以后,因为没有非自然的干预,才使它得以畜养无伤,所以说是"德畜之"。任何事物,都需由一定的物质来赋予它确定的形状、器质。比如,水盆需要木材、金属等赋之以形,这就是"物形之"。人类科学技术发展的情势,使这些矿藏得以开采、金属得以提炼和利用,才使水盆得有材质,所以说是"势成之"。所以,事物的成就必依赖于道、德、物、势,缺一不可。

因此,万物无不以道为尊、以德为贵。无道无德,物何以生?何以畜?何以形?何以成?但是,道、德真正尊贵之处不在于它们做了这些事情,而恰恰在于它们对事物不加干预或阻碍,任万物自己自然而然地生育、成长,也可以说是道、德让万物生就,让万物繁育,让万物形成,让万物成熟,让万物受到照顾,让万物受到保护。那么,道和德是不是就可以高高在上、颐指气使甚至生杀予夺呢?恰恰相反,道、德生养万物却不据为己有,成就万物却不自恃有功,统率万物却不擅作主宰。有其德而不知、不见、不闻,这就是既深且厚的天德!如果它生而有、为而恃、长而宰,反而不会尊贵,就不能称为"玄德"了。"玄德",即天德,既深且广的道德。

有、恃、宰是什么？是个人的欲望，是一种凌驾于他人之上的欲望，是名利、功业之心。这些欲望都是"人道"的表现，而没有私欲才是天道的表现。如果人的欲望得不到扼制，他就会将自己的意志强加于社会，社会运行的自然规律、自然状态就会被扭曲，即便出发点是为了和谐而为，最终却不会以和谐告终。所以，统治者一旦为人道所左右，社会就可能很难再有自然成长的过程，天下之事也就很难顺其自然，而会有意地去顺统治者之意。

由此可见，所谓以配天之德治理国家，就是不仅仅要使天下万事万物能够"长之育之，成之孰之，养之覆之"，还要能够做到"生而不有，为而不恃，长而不宰"。只有统治者克制人道、躬行天道，防止人道泛滥成灾，使自己主宰他人和社会的欲望得到扼制，才会愿意且能够按自然规律来治理国家，最终才可以任社会自然而然地成就发展与和谐，否则说得再好听，蓝图画得再美好，都是空话。

3．执大象，天下往

> 执大象，天下往。往而不害，安平太。乐与饵，过客止。道之出口，淡乎其无味。视之不足见，听之不足闻，用之不可既。（《道德经》第三十五章）

"大象"即道。道大至无形、无象，故"大象"乃至大之象、大至无形无状之象。"执"，秉持、坚守的意思。老子认为，治理国家只要能尊道贵德、顺其自然，不劳民伤财，则天下尽皆前往归附。归附以后生活自然，不受为政者主观意志的干扰和伤害，天下自然也就安宁、平和、通泰。统治者遵道守德，是实现社会和谐的根本途径。

道德在国家治理中的作用如此巨大，那么"利"呢？利难道就没有作用了？司马迁在《史记·货殖列传》中说："天下熙熙皆为利来，天下攘攘皆为利往。夫千乘之王，万家之侯，百室之君，尚犹患贫，而况匹夫编户之民乎？"[①]正因为人都有趋利心，"人各任其能，竭其力，以得所欲。故物贱之征贵，贵之征贱，各劝其业，乐其事，若水之趋下，日夜无休时，不召而自来，不求而民出之。岂非道之所符，而自然之验邪？"[②]可见，"利"是连接社会的一个核心因素。还有我们经常说的一句话——"以事业留人，以感情留人，以待遇

---

① 司马迁：《史记》，长沙：岳麓书社，1983年，第932页。
② 司马迁：《史记》，长沙：岳麓书社，1983年，第931页。

留人",这不也是说明利益很重要吗?

但老子不认同这个观点,或者说他并不认为利益越多社会就越稳定、和谐。事实上,"亲朋道义因财失,父子情怀为利休"是常有的事情。这不就是说,正是利益的影响,才使亲朋道义、父子情恩化为乌有,甚至反目为仇吗?可见,利益虽是连接社会的重要因素,但它却不见得是个好东西,利益越大出问题的可能性就越大。

老子认为,音乐、美食可以让人闻之止步,不信你在路边搭个戏台、摆几桌酒席试试?肯定是过客止步,坐下来听戏、吃酒,但听完、吃完也就一哄而散了。可见,利益能满足人的享受欲望,但只能让人得到一时的愉悦。大道没有音乐、美食那么华丽诱人,它非常平平,见之于言则显得平淡无味,看不见、听不到但却用之不尽。道不尽、德不尽,则福寿不尽、政权不尽。"既",尽的意思。"乐""饵",在这里就是利益的代名词。

同时,我们还应该看到,"执大象,天下往"这句话指出了一个政权变更的规律,即政权因合道而生,也会因失道而衰、无道而亡。正如孟子所说:"得道者多助,失道者寡助。寡助之至,亲戚畔之;多助之至,天下顺之。"①(《孟子·公孙丑下》)寡助、多助的力量转换达到一个极致的时候,政权的衰落、更迭就不可避免地发生了。所以,不管我们对历朝历代兴衰、灭亡的原因怎么分析,离开了对合乎大道与否的分析就离开了根本,不可能真正准确而深刻。对为政者来讲,那就得相当注意了,要想政权稳定、长久,第一要务在于紧守天道。守住了天道,即便有些妖魔鬼怪来捣乱,那也不可能动摇政权的根基。

毛泽东在《矛盾论》中说:"唯物辩证法认为外因是变化的条件,内因是变化的根据。外因通过内因起作用。鸡蛋因得适当的温度而变化为鸡子,但温度不能使石头变为鸡子,因为二者的根据是不同的。"②用毛泽东这个理论来分析"执大象,天下往"的政权兴衰、更迭规律,再恰当不过了。内因是什么?就是"道"。如果天下有道,即便有些矛盾,也动摇不了社会的根本。天下失道,当然就会矛盾四起,四面楚歌;天下无道,可能就会政权易主。所以,社会更替、朝代变化的内在原因,就是"道"循环往复的辩证演绎过程。

---

① 孔丘等著:《诸子百家》,沈阳:万卷出版公司,2009年,第62页。
② 中共中央文献研究室编:《毛泽东著作专题摘编》(上册),北京:中央文献出版社,2003年,第90页。

四、无为而治——老子政治思想的实践落点

由道、德两个概念出发，经过"以德配天"的升华，老子进入了他政治理论的核心——无为而治。无为而治是老子对国家功能和作用的认识，更是他对国家施政行为方式的根本认识，是为政者必须始终秉持的最重要的执政理念。

1. 道常无为，而无不为

> 道常无为，而无不为。侯王若能守之，万物将自化。化而欲作，吾将镇之以无名之朴。镇之以无名之朴，夫亦将不欲。不欲以静，天下将自定。（《道德经》第三十七章）

天道在治德中的体现，就是永远以"无为"作为自我要求。"常"，恒常、永远之意。但是，无为并非就没有任何成就，看似什么都没有做，恰恰能够做到"无不为"——什么都能成就。故为政之要，在于以德配天；配天之要，贵在"无为"。统治者若能坚守天道，实行无为而治，则万物会自然发展、变化、成就。所以，统治者不要老想着搞些什么名堂，不要人为设定符合自己观念、价值、意志的目标，不要叫百姓去做这做那，一切按天道的意思去做，顺其自然，顺势而为，不要按人为意志、个人目标违背自然规律去作为，只要守住大道就万事大吉了，国家治理就这么简单。仔细想来这很有道理，当顺道而为时，你做了什么又能做什么呢？你有什么作为呢？什么都没有做，什么作为都没有。因为都是道在成就万物，在任"万物自化"，一切结果都是自然而成，人并无半分功德。

换言之，有为是"我想做什么""我要做什么"，体现的是人的主观意志；无为是"我应该做什么"，更准确地讲是"天道要求做什么，我就做什么""天道指向什么，我就做什么"，故体现的是天道的意志。天道假人之手成事，对人来讲做了什么呢？什么也没做，也就是帮天道成就事业，最多是"辅万物之自然"而已，故对人来讲完全是无为。但正因为这种无为是顺应天道之为，所以反而能够事事顺利，功成名就，天下大治。

对无为而无不为，老子反复地讲道理，讲得非常透彻。"万物将自化""天下将自定""上德无为，而无以为"（第三十八章），只要无为就没有什么可做的事情，不去特地找事做，也就不会生事，不生事何来事做？"道常无名，朴。虽小，天下莫能臣。侯王若能守之，万物将自宾。天地相合，以降甘露。

民莫之令而自均。"（第三十二章）如果统治者能坚守住这既朴且小之道、德，则天下自然宾服，八方来朝、四海归顺。就像天降甘露，纯粹就是因为阴阳融合，自然而生。"化"，有和谐运行、健康生长等意思。这是多么美好的结果！

但是，这又很难真正做到，因为私欲！人类之所以不能做到完全按自然之道来治理国家，关键在于有私欲作祟。天下之所以纷乱复杂、分分合合，正是因为各种私欲的交织和斗争。老子所处的春秋时期，合纵也好，连横也罢，核心不外乎一个利字。如果能够去除私欲，为政者本身也就回归自然，就能够顺应自然的规律来治理国家了。百姓如果去除了私欲，就不会为了满足私欲而奸巧伪诈、施奸耍滑。这样天下不就安静、公正了吗？

可是，私欲这个东西与生俱来，如影随形，而且与日俱增。在事物发展变化过程中，欲望也难免会慢慢萌动。如何能得以去除呢？老子提出了"无名之朴"，如果欲望萌动，那就以"无名之朴"镇住它。"朴"是天道的体现，是回复自然的镇欲之宝。"无名之朴"，即无名之道。"朴"，与"见素抱朴"意思一致，有朴素、简朴、质朴、朴实等意，与"欲"相对，意即自然而然，不追求突出和极致。如果人人都没有私欲，天下不就自然安定无事了吗？守住了"天道"和"天德"，秉持大道质朴的本性，就找到了克制个人欲望的法宝。没有个人欲望兴风作浪，天下自然就清净、公正、安定、和谐了。

"天下本无事，庸人自扰之"，如果不是那些"智者""伟人""能人"执着于功名利禄，把个人私欲加之于整个社会，天下自然平静而祥和，哪有什么事情可做呢？无为则无以为，有为则有以为，越有为就越乱，最后看起来是为国操劳，甚至夙夜在公，其实乱源却又在为政者自身。

无为的外在表现，就在于一个"静"字，无为和静几乎是一个意思，一静可以定天下！大道不以私欲而作为，但却能够成就万物，能够无所不为。因为，为政者无为是为了放任天下人自为，故万事可以自成，这比为政者追求一己之私要容易成就得多。而为政者追求无为，还会感化天下人不过分追求私欲，以辅万物之自然，从而保持社会的稳定和谐，所以就能够"不欲以静，天下将自定"。帛书中为"天地将自正"，可见原意更强调"正"，有正直、公正之意。而今本更强调"定"，应为安定、和谐之意。不过，无正难定，对人而言，心正则心定，心定则行正，行正则天下安定。这里面有一定的因果关系，故二者并没有本质上的区别。

反之，如果失去了大道，再怎么努力也会无所作为，反而会把天下搞乱。"天下多忌讳，而民弥贫；民多利器，国家滋昏；人多伎巧，奇物滋起；法令滋彰，盗贼多有。故圣人云：我无为而民自化，我好静而民自正，我无事而民自正，我无事而民自富，我无欲而民自朴。"（第五十七章）规矩越多事情越多，做得越多乱子越多，正是因为违背了天道无为，忘记了"无名之朴"。

当然，无为不是不做任何事，而是除了体现道、德之事以外，其他体现个人意志的事情坚决不做。不去想怎么样带领百姓致富，怎样让百姓幸福，也就不会去无端地打扰他们，既不去打乱他们的心境，也不会影响他们的作为，老百姓就自然富裕、安定、祥和。但换个角度来看，能够使无为贯彻下去并非易事，需要清除随时会冒出来的有为思想和行为，这本身也是一种很不容易的作为或有为。这很有意思，有意为其好，未必真的好；不去为其好，才是真的好。正所谓：有心栽花花不发，无心插柳柳成荫。为政者须永远牢记：无为是永恒的为政之道。

2．取天下常以无事，及其有事，不足以取天下

> 为学日益，为道日损。损之又损，以至于无为。无为而无不为。取天下常以无事，及其有事，不足以取天下。（《道德经》第四十八章）

"无为"一词，可是让老子蒙冤不少。汉初以前，可能"无为而治"是一个褒义而时髦的词语，甚至可能被公认为是治国理政的最高境界。君主中时也有试验者，"文景之治"这样的盛世就让"无为而治"的政治思想很是露了一把脸。但是，随着中国变得越来越地大物博，君主们的雄心一个比一个宏大，无为而治就渐渐被置诸脑后了。到了近代，它更是忽然变成了一个贬义词，哪个官员要是与"无为"沾上边，其政治生命也就基本结束。以至于《道德经》只有龟缩至道观之中，在修身养性、延年益寿的修炼中才能占有一席之地。

"无为而治"的准确内涵在于制欲守朴，不带个人私欲的治理理念和方式。那么，怎样才能克制私欲、制欲守朴呢？老子认为，关键在于为道而非为学。从事于学习的人学问日益增加，其情欲也会日益增加，功名心甚至野心也会日益增加。情欲和野心增加，就会玩弄"智慧"以至于文过饰非。这样的读书人掌权以后，总是想表现自己的思想、能力、水平，想要建立不朽功业以实现自我价值。恨不得文如周公、李斯、萧何等一代名相，武如孙武、廉颇、蒙恬等一代名将。不仅想着享誉当时当地，还想流芳百世、名震中外。

但从事于悟道的人则不同，他们的情欲和功名心会日渐消减，削减了再削减，最后就进入了一种返璞归真的境界，只剩下自然的情欲，在施政理念和方式上就再不会为了个人私欲而作为，也不会允许别人为了个人私欲而作为，这就是"无为而治"了。需要注意的是，老子所指之"学"，更多的是指

智慧之学，而不是指探索自然规律的自然科学，即通常所谓的"政治"。通常所谓的"政治"是相对于"正治"而言的伪政治。探索自然规律恰恰是无为的基础，不在此学范围之内。

无为并非什么事情都不做，更不等于不管老百姓的死活、幸福，而是不因自己私欲而作为，该作为时才作为，这样才能够真正看清问题本质，顺应自然法则，从而使社会运行符合自然而然的天道。其中的关键，在于对自己私欲的克制和约束。"损"，就是削减、约束的意思。损的是私欲，要的是任"万物自化"和"辅万物之自然"的效果。这样的治理就是德治，即追求自然、放任自然、辅助自然的治理。

对于私欲的约束，儒家有相似的认识。"子曰：博学于文，约之以礼，亦可以弗畔矣夫。"①（《论语·颜渊》）儒家认为博学是好事，但博学而不约束欲望，就成了坏事。但是，道家认为约束者应该是道，它来自人的内在追求，是一种自律。而儒家用以约束欲望的礼，则是来自外部的规则，是一种他律。无论是道还是礼，约束的都是非自然的欲望——私欲。这一点理学家朱熹引用程颐的话说得非常清楚："程子曰：非礼处便是私欲。既是私意，如何得仁，须是克尽己私，皆归于礼，方始是仁。"②所以，说老子、道家是出世，孔子、儒家是入世，这样看来不是很荒谬吗？其实，他们都是入世，只不过路径不一样而已。从约束私欲的角度讲，又都可以称为"出世"。

更重要的，老子认为，治理天下必须以"无事"而治，如果经常"有事"，那就不足以治理天下了。非但不能使天下得治，反而会使天下变乱。老子讲的"无事"即无为，指不生事；"有事"即有为，即喜欢找事做。人是有思想和思维的，而且人的思维总是处于变动之中，容易受外界环境和内心欲念的影响，在这些因素影响之下做出的施政行为，就有可能今天一个想法和做法，明天另一个想法和做法，核心还是追求一个利益。这样一来，整个社会都会处于极不自然、十分扭曲的运行之中，能稳定得了吗？所以喜欢生事的人是成不了事的。孟子对这个事情讲得更清楚："王何必曰利？亦有仁义而已矣。王曰'何以利吾国'？大夫曰'何以利吾家'？士庶人曰'何以利吾身'？上下交征利而国危矣。"③（《孟子·梁惠王上》）

有人会问，老子是不是否定了人的主观能动性呢？至少他认为人的主观能动性有巨大的局限性，在不合道的时候破坏性极大。恰恰是人所具有的理性探索欲望、主观能动性，才使人成为一种极为危险的动物。罗马帝国时代

---

① 孔丘等著：《诸子百家》，沈阳：万卷出版公司，2009 年，第 36 页。
② 张立文：《宋明理学研究》，北京：中国人民大学出版社，2002 年，第 369 页。
③ 孔丘等著：《诸子百家》，沈阳：万卷出版公司，2009 年，第 54 页。

伟大的哲学家普罗提诺对人性的认识非常深刻,他说:"我们肯定被要求把人类作为宇宙的精选成员,最智慧的存在!但是事实上人类处于神与禽兽之间,时而倾向一类,时而倾向另一类;有些人日益神圣,有些人变成野兽,大部分人保持中庸。人一半是天使,一半是魔鬼。意思是说:'天使'在人心中,'魔鬼'也在人心中。'天使'能生出理想、诚实、爱心、正直、廉洁、无私、欢乐……'魔鬼'能生出邪恶、残暴、冷酷、奸诈、贪婪、嫉妒、狂傲……'天使'会变为'魔鬼','魔鬼'也会变为'天使',这虽然算不上什么规律,但却是一种不可否认的存在。"①(普罗提诺《九章集》)

基本与老子相同时代、古希腊最伟大哲学家之一的亚里士多德(前384年—前322年)说:"人的理性和智慧决定了他本身是危险的动物。人类在其完满时,是最优良的动物,但是如果违背法律和正义,他就是一切动物中最恶劣的;因为武装起不正义是比较危险的,人天生具有武装,这就是运用智慧和德性。他可以把它们用于最坏的目的。所以,如果他无德,就会淫凶纵肆、贪婪无度,成为最肮脏、最残暴的动物。"②德国哲学家叔本华也持同样的观点:"从本性上讲,人是一种野蛮、可怕的动物。我们所认识的人,只是我们经过驯化和教育,我们叫作文明的东西;因而人的真正本性爆发出来会使我们惊恐不安。"③

正因为如此,为政者所谓理性的"有为"之举,我们怎么能知道它是天使之举还是魔鬼之举呢?绝大多数人都不可能,因为有私欲作祟,地位越高、权力越大往往欲望和私心更强烈。除非我们放弃自己的私欲,把功名心、利欲心统统放弃掉,不去想一定要在世界上留下点什么名声或痕迹,才不会搞出一些事情来扰乱自然秩序,反而可以实现天下大治的目标,这就是无为而无不为的根本理论基础。有人会不服气,对与错我不会思考和判断吗?但是,千万不要太过迷信自己的思考和智慧,它太靠不住了,正如米兰·昆德拉所说:"人们一思考,上帝就发笑!""因为人们愈思索,真理离他愈远。人们愈思索,人与人之间的思想距离就愈远。因为人从来就跟他想象中的自己不一样。"④

到此为止,我们终于发现,从"道法自然"开始,经过"以德配天",老子终于走到了"无为而治",其自然哲学也就顺理成章地进入了政治哲学的范畴。"以正治国,以奇用兵,以无事取天下""取天下常以无事,及其有事,

---

① 祝和军:《每周一堂哲学课》,杭州:浙江大学出版社,2012年,第222—223页。
② 祝和军:《每周一堂哲学课》,杭州:浙江大学出版社,2012年,第223页。
③ 祝和军:《每周一堂哲学课》,杭州:浙江大学出版社,2012年,第223页。
④ 米兰·昆德拉:《生命中不能承受之轻》,北京:时事出版社,2016年。

不足以取天下"，终于成为令人信服的理论和方略，无为而治也就成了必须遵守的政治哲学的经典格言。当然，无为而治者也必须承受一个最大的结果——"上德无为，而无以为""上仁为之，而无以为"（第三十八章）"功成事遂，百姓皆谓我自然"（第十七章）。那时，要说出明确的政绩会非常困难。

其实，对统治者来说，天下治理得好不好，不在于做了多少事让人记住、称道、赞颂，或者名震中外、名垂千古，如果能够做到只是"下知有之"，或许既是他自己的福分，也是他对社会真正的贡献。统治者根本没有必要没事找事，老百姓不想做的事如果非要他去做，即使出发点是为了百姓的未来、幸福，都无异于画蛇添足。

统治者更没有必要去挖掘老百姓的需求并满足他们，只要他们觉得当下过得不错、很幸福，风平浪静就行了。别对他们说"你们过得不好，我会让你们过得更好"，别对他们说"你们这样并不是真正的幸福，我来告诉你们什么是真正的幸福"。无论是统治者，还是百姓，欲望的满足都不是好事，它会让人从此陷入物欲之中，还会诱增新的欲求，一个接一个的欲望会让社会永无宁日。满足了只能得一时之乐，而如果不能满足，那就是说大话，就是失信于天下，更是自找没趣。

美国社会心理学家亚伯拉罕·哈洛德·马斯洛的需要层次理论告诉我们，人的欲望会在生理需求、安全需求、归属与爱的需求、尊重需求和自我实现需求五个层次上，一个层次一个层次地上升。或许，当人达到"自我实现"这个层次的时候，他的社会破坏性实际上已经达到了极致！所以，德国著名哲学家尼采才一再呼吁："成为你自己！你现在所做的一切，所想的一切，所追求的一切，都不是你自己。"[1]想想，你愿意回到你自己吗？你还能回到你自己吗？

---

[1] 尼采：《尼采全集》（第1卷），北京：中国人民大学出版社，2013年，第388页。

第二章

替天行道　辅助自然

政府的功能和职责定位是政治的核心问题，任何政治哲学、政治学说都不可能绕行而过，既然说《道德经》是最高境界的政治哲学，自然也不能例外。凡是《道德经》里提到的圣人当为之事，实际上就是老子口中的侯王、君主或"上"的职能，也就是政府的职能。总体来讲，老子认为国家治理的总原则是"无为而治"，运行优劣的根本标准是"自然"，核心职能则在于"辅万物之自然"，即放任为主、调节为辅。辅之有道，成之自然，则天下有道。怎么"辅"呢？概括起来不外乎十二个字，竟然与绿林好汉一样：替天行道、劫富济贫、除暴安良。还别不服，政府要做好这一点也并非那么容易。混好了绿林，就是好汉；混不好绿林，只能被人骂作蟊贼或者强盗。做到了辅万物之自然，就是善政，否则就是怠政甚至恶政。

1. 辅万物之自然，而不敢为

其安易持，其未兆易谋。其脆易泮，其微易散。为之于未有，治之于未乱。合抱之木，生于毫末；九层之台，起于累土；千里之行，始于足下。为之败之，执者失之。圣人无为故无败，无执故无失。民之从事，常于几成而败之。慎终如始，则无败事。圣人欲不欲，不贵难得之货；学不学，复众人之所过。以辅万物之自然，而不敢为。(《道德经》第六十四章)

局势安定时容易维持，问题没露苗头时容易谋划；脆弱的事物容易破除，微小的事物容易消散。因此，为当于未有之时，治当于未乱之时。粗达合抱的树木，必然生于毫末之苗；高达九层的高台，必然开始于一筐之土；长达千里的行程，必然是源于脚下的每一小步。如果以主观意志去作为就会失败，如果坚持主观愿望反而会失去发展。圣人专注于无为，所以也就没有失败；

不主观坚持，所以也就不会失去。人们做事，往往是功败垂成，原因往往在于不能始终让其自然运行。只有慎终如始，自始至终都无为、无执，才不会失败。圣人的不同之处，正在于他想要的恰恰是普通人不想要的，不会钟爱普通人所谓的难得之货。因此，他们学习的知识也是别人所不愿意学或不学的，目的正是补救其他人因欲望、求知而造成的过失，以辅助万事万物始终运行在自然的轨道上，而不敢有任何主观意志的作为。

事物的成就应该是一个自然而然的过程，这是不可抗拒的自然规律，想要一蹴而就、跨越发展阶段和超越发展规律的愿望只能是空想，最后必然会失败；脱离自然规律，坚持主观理想，最终必然会失去一切。因此，圣人的职责不是去促进事物的快速发展，而是始终如一地保护其自然发展。老子实际上就提出了政府的根本职能，即"辅万物之自然"，这是我们必须认识到的。在自然之道面前，政府绝不能占据主导地位，只能是辅助地位。如果天下有道，万物自成，政府就应该成为"隐身人"，而不要去想着有什么作为。如果天下为人道左右，万物难以自成，这时政府就要站出来辅助一下，让天道昌明、人道消退，从而使万物能够自成。君主或政府能做到这一点，那就是有道之君、有道政府，天下自然安定和谐，这是不用追求就会产生的结果。这种主辅关系，决定了政府除了"辅万物之自然"以外，根本就不敢而不是不能有所作为，到了这种地步就是无为而治了。

老子认为，"辅万物之自然，而不敢为"的前提，是"欲不欲，不贵难得之货；学不学，复众人之所过"。未悟道者人道至上，欲望强烈而执着于功名利禄，所以就稀罕难得之货，包括名与利。有道之君、政府则相反，要别人所不要，想别人所不想，轻贱难得之货。明道的圣人从根本上怀着对"自然"的敬畏，所以才不敢为表现自己的意志和能力而追求有所作为。如果圣人也怀着普通人一样的欲望，看重普通人所看重的事物，就会做和普通人一样的事情，去促进事物"更好更快"地发展，那么谁来管事物自然运行的事情呢？最后所有的事物都会脱离自然运行，整个社会的运行也就全乱套了。

老子这一思想给为政者什么启示呢？在人人都渴望建功立业、做官谋权或发财致富之时，"上"反而应该反其道而行之："欲不欲，不贵难得之货"！要看淡名利，别老想着谋权、谋名、谋利、谋地位，而应该替天行道、无为而治。同时不能以名利地位去诱人奋进，反而应该制约人道过盛，去平衡社会利益，以维护社会的自然运行和发展，不让个别人的私欲左右社会运行。准确地说，就是一方面放任社会自然发展使"民自富"，同时又以朴导人，使人不致沉溺于物欲之中，这样社会才不会道德沦丧、矛盾四起、千疮百孔。

要做到和做好这一点，前提是"学不学"。一般人为了建功立业、功成名就，学的都是成功之学、经营之学、智慧之学，但政府和官员恰恰应该多学无为之学、不经营之学、浑朴之学。普通人深研人道，政府、官员就应该深悟天道，并以天道导之于人，以天道克制人道。如果政府和官员也去学成功之学、经营之学、智慧之学，社会中物欲横流、争权夺利、尔虞我诈、违法乱纪的现象就会司空见惯。"不学"的知识，往往是社会道德的标尺，是制约人欲达到社会和谐的重要手段。

近代著名道学专家蒋锡昌对此有很好的说明："为学者日益，言俗主为有为之学者，以情欲日益为目的；情欲日益，天下所以生事多搅也"[①]"普通人君之所学者，为政教礼乐等有为之学；其所不学者，为无为之学。为有为之学，以致天下难治者，此多数人君之过也。圣人学人之所不学，则自多数人君之所过，返至道矣"[②]。"复众人之所过"，即以此来弥补其他人的过失，其中的"复"通"覆"，有覆盖、纠正之意。

老子对政府职能的这一定位，实在太有意思了。政府行天道，在于辅万物之自然；百姓行人道，在于满足个人的欲望。这就明确地把政府与企业、个人的职责进行了区分，通过错位，在整个社会形成了两个相互区分、相互补充而又相互制约的职责体系。官员悟天道，常人学人道，这样又在人才标准上与企业、个人进行了区分，通过错位在整体社会形成了两个互相区分、互相补充而又互相限制的人才体系。最终，整个社会通过职能与人才的区分形成了观念与行为的区分、限制和补充，使社会运行既充满活力，又具有道德上的基本底线。

所有的政府机构，包括国家暴力机器，都必须围绕辅万物之自然的职能来运行。以政府在国家中的地位，如果要想做什么大事，当然可以做到，尤其是手握重权的官员，如果不考虑对"自然"的伤害，完全可以调集资源做许多大事。但有道政府不会这样去做，并不是它做不到，而是"不敢为"。一个"不敢为"，道出了有道政府对天道的尊重和敬畏。今天敢违背自然而为，明天就会出现不自然的后果而遭到报复，你还敢做什么呢？

另一方面，就像人一样，政府的精力也是有限的。如果什么都揽到身上，什么都想去做，精力、人力、财力、物力都会难以有效分配，很难出现期待中的良好效果，反而还把自己搞得精疲力竭。揽事多了，往往会以自我目标代替社会目标、自然目标，最终使政府变成一个多欲政府。不揽这么多事，

---

① 蒋锡昌编注：《老子校诂》，成都：成都古籍书店，1988年，第302页。
② 蒋锡昌编注：《老子校诂》，成都：成都古籍书店，1988年，第394页。

也就不生这么多欲望,可以真正做到旁观者清。所以,政府职能定位的关键,就在于把握一个"辅"字,对于自然的不去管,不去刻意改变它;对于不自然的才去管,让它变得自然。当我们真正以社会自然运行为目标时,其实要做到这一点并不难。而当我们悄悄地以个人目标代替社会目标时,要做到这一点就太困难了。

2. 功成事遂,百姓皆谓我自然

> 太上,下知有之;其次,亲之誉之;其次畏之;其次侮之。信不足焉,有不信焉。犹兮其贵言。功成事遂,百姓皆谓我自然。(《道德经》第十七章)

让自然、社会、经济等自然而然,是一个政府应该秉承的最重要的理念,同时也是评价政府及其官员能力的重要标准,是维护政府、官员与百姓关系的无上法宝。以此为标准进行衡量和评判,老子认为"上"即侯王、政府或官员有四重境界。

最高一等的为政者就是"太上",可能指远古的无名之君,更主要的是指最有道的为政者。他们奉行无为而治,于百姓生活无所干扰,百姓并不能感受到他的恩德,甚至只是知道有这么个人而已。功成事遂之时,百姓认为是自然而然的过程和结果,不是某一个人努力为之的结果。有人将"太上"解释为"最高明的统治者",其实不妥。因为"有道"和"高明"看似一样,其实有本质区别,区别就在于"无欲"还是"有欲"、"不以智治国"还是"以智治国"。"有道"永远不会扰民,而"高明"最终必将扰民,会追求凌驾于人民之上。

在这样有道的人领导之下,肯定不会有压迫、剥削之事,百姓生活优哉乐哉,一切均是自然祥和的状态。保持这样的状态就很好了,他不会去刻意追求个人不世之功,去显摆个人形象和功劳。正因为如此,他也就不会刻意地要为世立言。"犹",谨慎小心的样子。"贵言",即慎言,珍惜言教、慎施号令的意思。因为没有那么多号令,一切都在自然而然中成就。虽然这样的领导者一时没能获得英明、伟大、光荣、正确这样的赞誉,但恰恰是最有道的统治者,是"太上"。

按有些记载,尧和禹或许算得上这样的统治者。《帝王世纪》记载:"帝尧之世,天下大和,百姓无事。有八九十老人,击壤而歌。"其歌词为:"日出而作，日入而息。凿井而饮，耕田而食。帝力于我何有哉？"①"帝力"与他们有什么关系呢？一切都是自然而生、自然而长、自然而成。东晋陶渊明的《桃花源记》里有"黄发垂髫，并怡然自乐""不知有汉，无论魏晋"的描述，不正是"帝力于我何有哉"？而尧、禹本人，基本就是一个普通劳动者。据说"尧之王天下也，茅茨不剪，采椽不斫；粝粢之食，藜藿之羹；冬日麂裘，夏日葛衣；虽监门之服养，不亏于此矣。禹之王天下也，身执耒臿以为民先，股无胈，胫不生毛，虽臣虏之劳，不苦于此矣"②（《韩非子·五蠹》），不仅衣食住行与普通人无异，劳动强度甚至堪比囚犯、奴仆、俘虏，百姓只知道有这么个人存在，但不需要侍奉他、亲近他、畏惧他，知道有这么个人就行了。"下知有之"在有些版本中作"不知有之"，而帛书《老子》作"下知有之"，或许"下知有之"更为妥当，"不知有之"从实际来看也不太可能。对于一个上德不德、行不言之教、处无为之事的为政者来讲，基本上就是一个符号，一个形式意义上的领导者。孔子说的"天下有道，则庶民不议"，大抵就是这种情况的反映。

次一等的统治者，老百姓会亲近他、赞誉他。虽然他不能处无为之事，行不言之教，但能行善布德，爱民如子，百姓能感受到他的恩惠，能体会到他的拳拳爱心。因为其德可见，其惠可触。但他又不以上自居，和百姓亲密相处而"无论贵贱"，不会为了实现个人理想而施行苛政或暴政，而是"处上而民不重，处前而民不害"（第六十六章），所以百姓还是觉得他可亲可近，予赞予誉。为什么说这么好的为政者还要次一等呢？因为他有了私欲，不可能做得那么完美和自然，而且会不知不觉中给社会种下私欲的种子，今日之因必有日后之果，社会必会因此而逐渐生乱。

再次一等的统治者，百姓会非常敬畏、惧怕他，或畏之于刑罚，或畏之于暴虐，或畏之于恩德。或许这样的统治者"恩威并重"，但已经进入任何事情都以其主观意志为转移的地步，社会的自然状态完全受到破坏，百姓的安全感开始变得不那么确定。这样一来，百姓敬之而后必远之，惧之而后必离之。敬畏，可以让统治者感到优越、尊崇，或许比前两种"上"还有地位、权力，但却已经又低了一等。他可能更重视个人的理想和目标而不是社会和百姓的目标，因此也就更重视树立自己的威权。为了实现这些理想和目标，他必须维护自己的权威，关键时刻不排除使用一些非常的手段，百姓总是害怕不知道什么时候就背离了他的目标而受到各种各样的惩罚。这样的"上"，

---

① 郭茂倩编撰：《乐府诗集》（一），北京：西苑出版社，2003年，第708页。
② 韩非：《韩非子》，盛广智译评，长春：吉林文史出版社，2004年，第245页。

会给百姓一种不敢触碰的威严感,避之犹恐不及。

最次一等的"上",百姓就轻蔑他甚至欺侮他。欺侮他,或许正是因为其有为,喜欢主观妄为、随心所欲,因其有为而扰民害民。这样的统治者已经完全失道,天下极不自然而陷入混乱纷争和水深火热之中。君不以诚待民,民必还之于不诚;君以智治国,民必以智相抗;君不以信立国,民必以不信乱国。而且,这样的统治者往往多责于人,喜欢司察他人过失,百姓必然怨声载道,有时还要奋起反抗,他就只能用礼、法、刑严加约束。哪里有压迫,哪里就有反抗,那些置民于水火和倒悬的君主,百姓最终必然会揭竿而起。你欺侮百姓,百姓就还欺侮于你。

四种境界的统治者,以自然无为为最高,事情最少,百姓最顺服,社会最安定,关系最和谐,效果当然也是最好。"圣人常无心,以百姓心为心"(第四十九章),这样的统治者心中装着的当然是百姓,但又绝不是主动去帮助百姓实现愿望,而是任百姓自为自成,最多就是在不自然时辅助一下。只是遗憾的是,"上"什么好处都得不到,仅仅是"下知有之";功成事遂之时,百姓认为均出于自然,仿佛与统治者没有任何关系,统治者也就不能彪炳千古和轰轰烈烈了。但是,这样的统治者可以得到经济的发展、社会的安定、百姓的富足,这不正是他应该追求的根本目标吗?达到了根本目标还要追求什么呢?以功名利禄为目标或路径,那不是目标的错位或异化了吗?所以,有为的君主或政府,并不是为了真正的终极目标在努力,而是为了个人的目标在奋斗,为了轰轰烈烈在奋斗,这就是有为的本质!

理解"辅万物之自然"的政府职能定位,或许可用城市化的进程作为参照。"一年而所居成聚,二年成邑,三年成都",意思是说城市的形成必须有一个较长期的自然发展的过程。为什么呢?因为,城市化是经济发展的必然结果,经济建设上了一个台阶以后,城市化比例会自然提高,城市规模也会得到发展,二者是一个互相促进而又交替上升的自然过程。与此同时,社会建设也会跟着上台阶,以适应经济规模和城市规模发展的需要。在自然发展的进程中,这三者鼎立则可支撑整个社会的平稳发展。换言之,城市规模发展依赖于经济和社会发展提供的基础和内生动力,依赖于经济建设和社会建设的进步。这些基础和动力,体现在社会心理的适应和稳定、社会组织的健全、社会服务的完善、教育和科技水平的提升等各个方面,是一个系统工程,缺一不可。

这里的"成"不是"建成"的过程,本质上是"形成"的过程,形成是自然而然的过程,不是人为的过程,虽一字之差却有天壤之别。"形成"更多地强调自然因素,符合自然成就之意。"建成"更多强调主观意志和能力的推动,更有人为成就之意。一年、三年均非实数,而是指需要数倍的时间积淀才能成都。以"辅万物之自然"的观念来看，形成应该是更稳定的结果，即使有一些人为理想目标，也应该在"建成"的过程中，体现"形成"的过程和阶段，给形成留下充分的时间积淀。

细心观察，我们会发现，人类社会发展到近代以来，出现了一波又一波的城市化运动，因为当政者认为大城市、特大城市对经济资源的聚合能力更强，对经济的推动作用更大。这样一来，城市就是"建成"而非"形成"，更多考虑的是经济发展目标，对社会发展的目标和基础考虑较少，也就没给社会心理的适应和稳定、社会组织的健全、社会服务的配套等留下充分的时间积淀，从而造成一些城市非自然发展，各种社会问题和矛盾层出不穷。例如，14、15世纪英国出现的"圈地运动"，新兴资产阶级和贵族剥夺农民土地所有权和使用权的目的，除了粗暴地占有财富以外，也是为了通过集中经营提高农业生产的效率，同时又为工业发展提供大量的廉价劳动力，其结果就是阶级的严重对立和城市贫民窟的大量出现。

中国共产党十九大报告提出的实施乡村振兴战略和"精准扶贫"，也正是对这些年城市化非自然发展认真反思的结果，是"辅万物之自然"的重要举措。对此，我们再也不能仅仅从经济发展的角度来看待这项工作，也不能以化解社会矛盾的权宜之计来对待，必须从"辅万物之自然"的高度来思考，否则就不可能把振兴乡村和精准扶贫工作真正落到实处。

3．圣人去甚，去奢，去泰

> 将欲取天下而为之，吾见其不得已。天下神器，不可为也，不可执也。为者败之，执者失之。是以圣人无为，故无败；无执，故无失。故物或行或随，或歔或吹，或强或羸，或载或隳。是以圣人去甚，去奢，去泰。（《道德经》第二十九章）

想要主宰天下，以主观愿望而进行的有为之政，无论是以暴以威还是以恩以法，老子认为都不可能达到目的。"不得已"，就是无可奈何、没办法、达不到目的等意思。老子提出了一个非常重要的观念——民为"天下神器"，人民是有灵性的，是非常尊崇的，它既不可能被治理，也不可能被支配。"取"是治理的意思；"执"，意为支配、支使，就像拿在手里的一个工具一样，极端的做法就是玩弄于股掌之间。因为所有的"为"必是出于主观意志，所有的"执"必是出于自"我心"而非"以百姓心为心"，为者、执者都难保周全。圣人之有天下，并非有意夺取，而是自然而然的众望所归，暴力革命不过是

"辅万物之自然"的手段。圣人管理天下，不是有意去治理，不是改变万物之自然，当然也就没有失败。圣人并不想支配天下，而只是顺其自然，当然也就不会失其地域和民众。

那么，圣人就什么都不干吗？如果真是什么都不干，又怎么算是体天道、怀大德呢？尤其是怎么防止事物发展的不自然，或者不自然以后该怎么办呢？万物负阴而抱阳，故世间事常有两端，有先进就有落后，有热烈就有冷淡，有强健就羸弱，有成功就有失败。这些东西大多数时候会保持平衡，但不可能永远保持平衡和中正平和，所以圣人的作为就是"去甚，去奢，去泰"，让天道有所作为，让人道难以施为，以辅助万物回到自然状态。这既是对圣人的要求，也是对天下的要求，是天下保持安定团结的重要基础。

甚、奢、泰都是过分、极端的行为，会打破社会的平衡，引起严重的社会矛盾。当然，如果不超出极限空间和范围的行为，老子并不鼓励一定要除之，因为矛盾的存在本身既是对社会的净化，也是一种监督的力量，会使统治者时刻保持清醒，不至于为所欲为。去甚、去奢、去泰则无异于"枪打出头鸟"，出头鸟不在了，甚、奢、泰就不可能成为一种风气，否则风气一成社会必坏、矛盾必现、稳定难求。

"去甚"，就是勿使过分安乐。"甚，尤安乐也。"①（《说文解字》）生于忧患，死于安乐，永远是天下至理。"舜发于畎亩之中，傅说举于版筑之间，胶鬲举于鱼盐之中，管夷吾举于士，孙叔敖举于海，百里奚举于市。故天将降大任于斯人也，必先苦其心志，劳其筋骨，饿其体肤，空乏其身，行拂乱其所为，所以动心忍性，曾益其所不能。"②（《孟子·告子下》）古代这些大名人，哪个是崛起于安乐之中？过于安乐的生活和环境，对人和社会的发展、进化都殊为不利。

去奢，就是去掉过分的享受。美国著名学者和思想家丹尼尔·贝尔在《资本主义文化矛盾》一书中说了一段非常有启示意义的话："各种文明的兴衰史上都出现过这种引人注目的现象，即在崩溃之前，社会总要经历一个个标志衰落的阶段……这些递变的顺序是从朴素到奢侈，从禁欲到享乐……享乐主义的生活缺乏意志和刚毅精神。更重要的是，大家争相奢侈，失掉了与他人同甘共苦和自我牺牲的能力！"③可见，奢侈享乐不代表兴旺发达，往往代表

---

① 〔汉〕许慎：《说文解字新订》（卷五），臧克和、王平校订，北京：中华书局，2002年，第306页。
② 郑训佐、靳永译注：《孟子译注》，济南：齐鲁书社，2009年，第217页。
③ 〔美〕丹尼尔·贝尔：《资本主义文化矛盾》，赵一凡等译，北京：生活·读书·新知三联书店，1989年，第130页。

着或助推着衰落的到来或一个历史阶段的结束。

去泰，就是去掉过分行事。泰，有骄纵、傲慢或过分、过甚之意，如骄泰、佟泰。"佟泰则家贫，骄恣则行暴"①(《韩非子·六反》)，"故去甚去泰，身乃无害"②(《韩非子·扬权》)。管仲则直接提出要"俭财用，禁佟泰"③，他认为"国佟则用费，用费则民贫，民贫则奸智生，奸智生则邪巧作"④(《管子·八观》)。去甚、去奢、去泰正是要"损有余"，避免导致家贫、行暴、身害。当前中国有没有甚、奢、泰？肯定有，而且还一度很严重，党和政府"反四风"、反腐败，就是要反对形式主义、官僚主义、享乐主义和奢靡之风这些甚、奢、泰，维护天道，巩固党的执政基础。

大反四风、反腐败是党和政府维护天道的举动，是"损有余而补不足"的应有之责，是实现社会公平、正义的重要手段，是社会保持自然发展必须有的"有为"之举，支持的人必然是大多数，不支持的只能是那些心怀畏惧之人。真正应该担心的绝对不是反四风、反腐败本身，而是反四风、反腐败的形式主义有可能反而不止、反而无功，从而使政治生态、社会生态、经济生态等始终不能达到自然的状态。

4．天之道，损有余而补不足

> 天之道，其犹张弓者欤？高者抑之，下者举之，有余者损之，不足者补之。天之道，损有余而补不足；人之道则不然，损不足以奉有余。孰能有余以奉天下？唯有道者。是以圣人为而不恃，功成而不处，其不欲见贤。(《道德经》第七十七章)

在政治、经济与社会的运行过程中，必然有权力、资源、财富的分配问题，如果某些阶层、方面的权力、资源、财富过于集中，就会产生强梁阶层或人，就会出现各种各样的"甚、奢、泰"。如何去甚、去奢、去泰呢？老子提出了"损有余而补不足"的方法论。老子认为，天道的体现就是损有余而补不足。就像拉弓射箭一样，高了就要放低点，低了就要抬高一点，即，有余的就要减损、削弱一点，不足的就要补充、增强一点。但人道却与此相反，

---

① 韩非：《韩非子》，盛广智译评，长春：吉林文史出版社，2004年，第237—238页。
② 韩非：《韩非子》，盛广智译评，长春：吉林文史出版社，2004年，第135页。
③ 何怀远、贾歆、孙梦魁主编：《管子》(上)，呼和浩特：远方出版社，2006年，第135页。
④ 何怀远、贾歆、孙梦魁主编：《管子》(上)，呼和浩特：远方出版社，2006年，第135页。

往往是减损不足以奉献给有余。谁能把有余拿出来奉献给天下呢？唯有有道之人。

"损有余而补不足"既然是天道的重要体现，自然应该成为政府的职责，成为政府工作的重要思路和重要方法，成为政府推动社会公平和正义的重要路径，应该贯穿于政府工作的各个方面和始终，以限制政治、经济、社会各个领域的强梁产生。"损有余"和"补不足"哪个更重要呢？我们只能说同样重要。但是，"补不足"的作用往往会显得更加明显，它可以直接弥合社会的裂缝，平衡社会利益和缓和社会矛盾。对政府来讲，这也就是二次分配的问题之一。对于奉行天道的政府来说，社会效益必然是其第一位的考虑，这是政治的根本利益。第一次分配往往难以做到平均，虽然企业在制定分配制度时会平衡效率与公平，但对效率的追求必然促使分配向资本和优势劳动力倾斜，会更重业绩和贡献。政府在第一次分配中作用有限，但第二次分配必然是政府主导，所以，如果政府主导的第二次分配不能予以平衡的话，贫富分化的矛盾就会转移到政府身上，会动摇执政基础。

但是，政府也并非只要平衡不要效率。有人会担心，"损有余而补不足"会不会导致绝对平均化，从而降低社会的活力？可以肯定地说，绝对不会。"损有余补不足"的根本目的在于维护社会的自然发展，自然的内涵并非是绝对平均，而是一个范围。因此，"损"一定是贬损引起社会矛盾、阻碍社会发展的"强梁"和"甚、奢、泰"，"补"也是补极贫极弱，弥补生存和发展能力的严重不足，而不是一味地追求平均。如果不能看到这一点，确实就很容易落入平均主义的陷阱。

另一方面，要认识到"损有余"的重要目的，一是在于避免平均施惠，因为平均施惠不但不能改变贫富分化的问题，给有余者补得越多还会更加不自然、不道德；二是在于使政府能夯实发展基础，因为弱势群体在社会竞争中往往失去了发展的基础和能力，不补充他的发展能力，就相当于削弱了社会整体发展能力。强势群体的再发展往往以弱势群体的发展为基础，弱势群体的发展会抬高社会的整体发展能力和水平，"损有余而补不足"其实是双赢或共同发展的道路。所以，一个良好的"社会守望者"（政府、官员）应该时刻拿眼睛扫描社会，看看哪个地方严重有余、哪个地方严重不足，然后及时予以调整，使其回复自然。绝对不能等到有余者成为强梁、不足者成为蝼蚁，然后再来想办法，那样可能会给社会带来剧烈的动荡。

历史上，政府为了得民心，都会做补不足的事情，有的是长期做，有的是做做样子，总之都得做。中国古代很早就有"开仓放粮"、设粥厂这样一些制度，在灾荒饥年，普通百姓无法生存之时，做一些生民之事，这就是"补不足"。中华人民共和国成立以后，先后建立了救济制度、五保户救济制度、城市居民最低生活保障制度，现在又提出精准扶贫、乡村振兴战略、发展农村教育等，这些都是补不足的重要举措。另外，每到春节时，政府都要访贫问苦，这是那个时段领导最重要的工作，是媒体最重要的新闻，因为合乎天道，所以官员们都必须去做。一个社会或一个政府有没有良心，有没有公平正义，关键就看对弱者的关心和关照程度。

很有意思的是，如果对"损有余而补不足"进行进一步的分析，从政治体制的角度来看，这个理论或许就更有价值，甚至可以说民主制度的思想、社会结构的建构，都可以从此引申出来。数学上有个"三角形最稳定"的理论，在科学领域如此，在社会领域同样如此。三角形为什么最稳定？关键在于互相之间的辅助和牵制，以任何两方而言，第三方都充当着辅助或制约的作用，谁想打破格局都不可能，于是就只能保持稳定。所谓辅助，就是补不足，一方支撑不了时，另外两方提供助力；所谓制约，就是损有余，一方力量过强时，另外两方使其消解。正是三方之间的这种互相辅助和制约，才使事物保持着稳定、自然的状态和运行。

社会的稳定同样需要"三角"结构，如企业和个人的利益需要政府的牵制和平衡，企业和企业的利益需要法律的牵制和平衡，政府与社会、企业、个人的利益需要法律、社会公共机构的牵制和平衡等。"三角形"结构在社会结构中广泛存在，并发挥着重要的平衡作用。在这些三角关系中，政府通常是其中的一方。如果政府能够真正成为其中"损有余而补不足"的一方，那么社会可能就会平衡、自然地发展，因为谁想动谁的奶酪都是很难的事情。但是，如果政府过于强大，其他两方完全失去了对它的制约，"三角形"就不存在了，就变成了强权政治，就是政府说了算。或者，政府与其中的任何一方合并或趋同，"三角形"同样不在了，第三方就可能变得弱势。比如，政府与企业、个人一样追求经济利益，那整个社会功能都会受到损害，社会将变得极其不稳定，甚至使整个社会结构受到完全破坏。

所以，仔细分析老子"损有余而补不足"的思想，它不仅仅是一种行政理念、施政方式，它甚至可能会演变为一种民主制度的终极理论。如果老子能再往前走一步，可能现代社会这样的民主制度就会出自他的笔下，甚至是民主集中制。因为，损有余而补不足作为一种国家职能，一种行政理念，一种社会平衡机制，其实现就必然会有相应的机构设置、制度安排，最终就会成为一种体现民主思想的权力结构。可见，"损有余而补不足"的权力结构的存在，既是天道的重要表现，又是实现天道的根本保证，对实现社会和谐至关重要。

5. 物或损之而益，或益之而损

> 道生一，一生二，二生三，三生万物。万物负阴而抱阳，冲气以为和。人之所恶，唯孤、寡、不穀，而王公以为称。故物或损之而益，或益之而损。人之所教，我亦教之。强梁者不得其死，吾将以为教父。（《道德经》第四十二章）

老子认为，万物皆有阴阳两个方面，二者相互依存又相互斗争，最后形成一种平衡的"和"局。和，就是一种自然的、稳定的状态和结果。但事物不会总是和的状态，往往会出现过或不及的状态，即"有余"或"不足"。如果遇到无道之人，反而去损不足、补有余，会是什么结果呢？老子认为必然会事与愿违，最终会出现益之而损、损之而益。"宁愿锦上添花，不愿雪中送炭""客走旺家门"，许多时候为政者会支持发展得好的事物或方面，但他没想到的是，结果往往事与愿违，越支持反而越出问题。有的时候他会出于某些原因，限制或打压发展得差的事物或方面，结果往往也会事与愿违，越是限制或打压反而越促使了它的发展。

可见，"损有余而补不足"是个铁律，同时，损有余和补不足既是一个技术活，也是一个艺术活。或抑或举都有一个度的问题，超过了这个度，就会出现物极必反，结果就会事与愿违。也就是说，举之、益之到一定的程度，就得放手——"功成名遂身退"。再发展下去，原本低的会变得过高，少的会变得过多，同样会进入不道之境。反过来一样，抑之、损之也只能到一定程度就放手，否则达到极致以后就会产生反弹，越是过度反弹力量会越强，甚至伤及抑之、损之的人。

"反者道之动，弱者道之用"，物极必反是永恒的规律，运用好这个规律就可以使事物始终处于"和"的状态，运用得不好则可能总是越帮越忙，越忙越乱。儒家也有类似的思想，《尚书·大禹谟》里说："惟德动天，无远弗届，满招损，谦受益，时乃天道。"[①]从某种角度讲，儒家的"礼"，实际上也是为了制止过度地补有余、损不足，尤其是限制过度补有余，以免危害到社会秩序和政治安全。

"损之而益"的事例在生活中绝不少见，比如我们常说的"穷人的孩子早当家"。穷人的孩子必须早当家，这是其家庭条件决定的，但穷人的孩子为什么又能早当家呢？穷人的孩子与富人的孩子相比，在经济支持上无疑是受"损"。而这种"损"带来的生存压力，逼使他们必须学会做许多的事情，对

---

① 冀昀主编：《尚书》，北京：线装书局，2007年，第22页。

环境保持高度的敏锐性、洞察力，只能提高自己的承受能力来承担生活的负担，依靠创造思维和创造能力提高生活水平。最终，这种"损"带来的是一系列的"益"——学习能力、观察能力、适应能力、创造能力。所以，我们往往看到穷人的孩子不仅是早当家，而且往往是成大材、成栋梁。这与部队进行生存训练的道理一样，损其优越环境，而益其作战能力。

某些富家子弟则不然。他们物质条件好，往往得到父母、长辈们无微不至的关爱以及良好的教育。这些事情，实际上就是一个不断"益之"的过程。但是，这种"益"反而可能会损伤孩子自我学习的动力和能力，降低他对环境的敏锐性、洞察力、适应力，进而损坏其行动力和创造力。

"道法自然""辅万物之自然"，世界需要自然之道的保护，"辅万物之自然"作为政府的基本职能和施政方式，既必须放任社会的自然运行，又必须"损有余而补不足"以防止物壮而老，同时还必须防止损之而益或益之而损。几句简单的话，却包含了丰富的哲学和政治思想，同时也包含了丰富的政治智慧。

首先，它的意思是说万物有其自然规律，这个规律人力无法改变，也不能刻意去改变。作为"上"，首先必须尊重自然和社会发展的自身规律、自然规律，否则这种施政行为就会使此物成为彼物，自然就会变得不自然，不自然会给社会和经济带来冲击，也会在被管理者和人民心中造成隔阂、不愉快甚至矛盾。

其次，这里面包含着效果评估。施政行为的效果以什么标准来评估？就看是不是辅助了万物自然成就，成就以后是不是一个自然的结果，以自然为最好、最美。就像禾苗成长一样，松土、除草、施肥等是辅助其自然成长的手段，开花结果是其自然的结果和追求。如果拔苗助长，那结果显然就不自然。如果施肥过度，可能就只开花不结果，或者结的果实质量不高。如果使用催长素等东西，其品质就会下降，或者对人体有害。土鸡、土鸡蛋、土猪肉的价格，可以比饲料喂养的贵两三倍，这就是人们追求自然的结果。

最后，懂得如何"辅万物之自然"才是真正的政治智慧。老子讲了许多"辅万物之自然"的政治方法，其中，损有余而补不足最为重要，但如何去发现和鉴别是有余还是不足，就需要对自然之道深刻领悟后的火眼金睛。如何去损有余，何时开始去损，损到什么程度，如何去补不足，何时去补，补到什么程度，这些都是系统工程，无疑需要"政治智慧"。

当前，中国的政治领域，一个工程学术语——"顶层设计"正在成为流行词。"自古不谋万世者，不足谋一时；不谋全局者，不足谋一域。"[①]（清人陈

---

① 人民日报评论部编著：《习近平用典》，北京：人民日报出版社，2015年，第298页。

澹然《寱言二迁都建藩议》）顶层设计无疑正是谋万世、谋全局中最具有决定性作用的因素。那么，在国家治理中什么是真正的顶层设计呢？我们总说是制度设计。其实不然，真正的顶层设计是理念，有什么样的理念就会有什么样的制度，制度不过是理念的表现形式而已。《道德经》告诉我们，"辅万物之自然"必须成为政治学中最重要、最核心、最高层次的理念，它应该是政治生活、国家治理中最重要、最核心的顶层设计。以"辅万物之自然"为理念的政府，才是有道政府，才能得到人民的爱护、支持和帮助，才有可能确保社会的长治久安。

第三章

上德不德　无为而治

在老子这里，治德是有着层次之分的，道、德、仁、义、礼次第降低。进一步，老子又将其细分为上德和下德、上仁和下仁、上义和下义、上礼和下礼。这种区分的标准或者说高下之分的分水岭，就在于有没有个人私欲掺杂其中或私欲有多少。

1. 上德不德，是以有德

> 上德不德，是以有德；下德不失德，是以无德。上德无为，而无以为；下德为之，而有以为。上仁为之，而无以为；上义为之，而有以为；上礼为之，而莫之应，则攘臂而扔之。故失道而后德，失德而后仁，失仁而后义，失义而后礼。夫礼者，忠信之薄，而乱之首；前识者，道之华，而愚之始。是以大丈夫处其厚，不居其薄；处其实，不居其华。故去彼取此。（《道德经》第三十八章）

何谓上德？不以德教民、不施德于民，甚至根本没有德和不德的概念和意识，只是因循自然、养人性命，这就是"不德"，意思是没有立德的主观意图和愿望。但正因如此，反而是"有德"，而且是"上德"，因为是自然之德、纯真之德、无欲之德。另一些人却并非如此，他们心怀大德，一言一行都害怕失德，也希望人们能感恩戴德，因此其德可见，其功可颂，这就是"不失德"，但反而是"下德"，甚至成了"无德"，因为这已是矫饰之德、伪善之德、怀欲之德。如果遵道而治，何须立德？这就是老子的辩证法，有了私欲和分别之心，其实就开始远离了道，也就不是真正的德了。

近代著名国学家陈柱说："天地生物，德之至大也，而天不自以为德，物亦不知其德，此上德不德，所以为德也。帝皇君临天下，务欲施德于民，使之歌功颂德而爱戴己焉，是利用之术，交易之道，非真德也，此下德不失德，所以为无德也。"①也就是说，最高之德是"处无为之事，行不言之教"，是自然、本心的体现，是"以百姓心为心"，而不是为了私欲或刻意为了不失德而为之，结果是"太上，下知有之……功成事遂，百姓皆谓我自然"。

按老子有关表述，可能在远古时代才有上德治理。那时候的领导者不称帝不称王，只能叫作首领，他只是人群中的一员，与大家一起共谋生存而已。虽然道家将黄帝即位的公元前2697年作为道历元年，但老子说的"太上"可能还不包括炎帝、黄帝，而是指远在他们之前的部落首领，可能也只是存在于人类最原始的部落时期。那时，所有人的精力全部放在与自然作斗争而安身保命的阶段，互相扶持是延续生命的必需基础。而在炎帝管治后期，中原各部族实际上已经互相攻伐，战乱不止。当然，也不排除老子只是根据论述的需要而想象出来的理想状态。黄帝奠定天下以后，就建立了古国体制，分全国为"九州"，还设立了"九德之臣"，教养百姓九行，任命力墨担任法官、后土担任狱官，对犯罪重者判处流失，罪大罪极者判处斩首等，这些都已经开始脱离"上德"的理想状态。

这样说来，夏朝以前或许"道"就已经开始逐渐离政治而去，夏商周时代可能基本上是明显的德退礼生、德礼并存时期，以周公制礼为明显标志。既然当世尊道崇德，周公又为什么要制礼呢？可见随着人类社会的发展，个人私欲逐渐彰显、膨胀，诸侯们渐渐有了不服管教的态势，约束私欲的礼的出现也就属于必然。同理，法、刑的出现也是必然。礼源于世乱，只是令制礼者没想到的是，礼同样又会乱世。

佛教有类似的思想，梁武帝和达摩祖师的对话即与此同理同趣。梁武帝萧衍极好佛事，喜欢建造寺庙，"南朝四百八十寺，多少楼台烟雨中"，这些寺庙大部分都是梁武帝时期遗留下来的。梁武帝见了达摩后问道："朕造寺度僧，有无功德？"达摩答道："并无功德。"武帝惊问："何以无功德？" 达摩道："此但是人天小果，有漏之因，如影随形，虽有非实。"武帝又问："如何是真实功德？"达摩道："净智妙圆，体自空寂，如是功德，不于世求。"武帝再问道："何为圣谛第一义？"达摩答："廓然浩荡，本无圣贤。"竟然敢说本无圣贤，那皇帝算什么人？梁武帝厉声问道："对朕者谁？"达摩妙答："不识！"他自己也不知道，太玄妙了！②

达摩祖师认为梁武帝以积德、祈福之心去礼佛，其实是为自己，差不多

---

① 姚淦铭：《老子百姓读本》，北京：中国民主法制出版社，2009年，第272页。
② 王蕾：《魏晋南北朝故事》，成都：天地出版社，2016年，第226页。亦可见Cpx106502：《廓然无圣《五灯会元》《祖堂集》《景德传灯录》等》，360doc个人图书馆，http://www.360doc.com/content/15/1105/00/20714567_510824598.shtml，2018年7月13日。

就是一种交易，心中并无真佛，"武帝心邪，不知正法。造等度僧，布施设斋，名为求福，不可将福便为功德"①；老子认为，为积德、合德而施德，是一种带有功利心、个人私欲的行为，就如"主观为自己，客观为别人"一样，已非出于德心，并非真的有德。二者异曲同工，其实没有差别。

治德的层次不同，结果就大为不同了。持上德者以无为之心行无为之事，结果是没什么事可做；以有为之心行有为之事，结果就有了许多事可做；以上仁者之心而为之，结果也是没有什么事可做；但以上义之心，就会有许多事做了；持上礼者很想有所作为，但天下往往不予响应，于是只能强力迫使别人服从。"义"在汉语里有公正、正义、合道等意，与"德"意思很相近。"攘臂而扔之"，意思就是捋起袖子、摩拳擦掌的样子，比喻用强力、武力迫使。义、礼，必须先有分别之心、是非之辨，故合义、合礼，必然是选择性作为、有意之为。这样的作为，往往是为了一部分人而限制另一部分人，当然就会有不支持甚至反对者。既如此，天下就没有那么平静了，华盛实衰，饰伪繁多，上下纷争，最后唯有"以礼相待"。

道、德、仁、义、礼定义为依次而生、逐级向下，到了礼这一层次，离道就越来越远，天下太平和谐基本就成了奢望。"礼者，贵贱有等，长幼有序，贫富轻重皆有称者也。"②（《荀子·富国》）人与人都不一样了，大家还能友好相处吗？就算定了规矩让人不敢乱来，但这心里总是埋下了隔阂。所以老子说，那个礼啊，就是忠诚、信用衰落浅薄的开始，是祸乱起始的根源。西周是礼兴起之时，周公制礼乐可能对周朝后期的稳定也起到了不小的作用，在这个时候老子敢说"夫礼者，忠信之薄，而乱之首"，确实够睿智、够胆量。周公佐政是历史上的一段佳话，周公也是忠臣的典范；周公制礼，是中国儒家文化的重要发源，对后世影响甚巨。老子却不以为然，甚至认为制定礼的人即所谓的先知先觉者——"前识者"，不过是道德的虚华，表面上秉道持德，实际上已经是愚蠢昏昧的开始。他更奉劝"大丈夫"应该立身于淳厚的道德，不立身于浅薄的礼义。

那么，礼之后应该是什么呢？老子没说，恐怕只能是法、刑了，上礼为之而莫之应时，就只有捋袖挥拳来保障，这只能是法和刑等国家暴力。"礼之所去，刑之所取，失礼则入刑，相为表里者也。"③（《后汉书·陈宠传》）"圣

---

① 印严、翟艳春：《印严绘画唐代禅诗百首》，北京：中央编译出版社，2015 年，第 79 页。
② 李波译注、评析：《〈荀子〉评注》，上海：上海古籍出版社，2016 年，第 136 页。
③ 文心工作室编著：《孟子》，北京：中央编译出版社，2014 年，第 251 页。

人化性而起伪，伪起而生礼义，礼义生而制法度。"①（《荀子·性恶》）到此为止，道家和儒家的区别就完全出来了。既然礼是忠信之薄而乱之首，是不是就可以说儒家不如道家，儒学是乱世之学，道学才是治世之学呢？怕是不能简单地这样下结论。本质上讲，他们都是为了解决私欲带来的行乖世乱，只不过是解决的方法和途径不同。道家要求回到元始的出发点——道，明白人的自然需求以后就可以见素抱朴、少私寡欲、绝学无忧，有点"攘外必先安内"的意思。而儒家则更立足于现实，既然是现实把我们的心搞乱了，那就制约那些乱心之事的出现，这有点"安内必先攘外"的意思。但无论如何，千万不要以法治社会而自得，不要以为法治社会是高明得不得了的东西，是最佳社会治理形态，其实它不过是人类社会迫不得已的选择。

西汉刘安的《淮南子·本经训》对此有非常精到的阐释："夫仁者，所以救争也；义者，所以救失也；礼也，所以救淫也；乐者，所以救忧也。神明定于天下而心反其初，心反其初而民性善，民性善而天地阴阳从而包之，则财足而人赡矣，贪鄙忿争不得生焉。由此观之，则仁义不用矣。道德定于天下而民纯朴，则目不营于色，耳不淫于声，坐俳而歌谣，被发而浮游，虽有毛嫱、西施之色，不知说也，掉羽、武象，不知乐也，淫泆无别，不得生焉。由此观之，礼乐不用也。是故德衰然后仁生，行沮然后义立，和失然后声调，礼淫然后容饰。是故知神明然后知道德之不足为也，知道德然后知仁义之不足行也，知仁义然后知礼乐之不足修也。今背其本而求其末，释其要而索之于详，未可与言至也。"②所以，仁、义、礼、乐或许是失道后的当然选项，但忘道而执着于这些则大谬于天下了。

需要特别注意的是，本章中一个非常重要的关键词是"无以为"。"无以为"正是老子提出"上德不德""无为而治"的重要基础和依据。"无以为"，大多解释为"没有企图"，意思是上德和上仁之为都是没有企图的，而下德、上义、上礼之为都有着自己的意图。这样解释似乎符合老子的意思，但本书认为过于牵强，也不太符合语句本身的意思，应该是没有什么让他可以去做的意思，不生事当然就无事可做。

上德信自然、行无为，所以就天下太平，没有什么事情让他可以去做。上仁虽然有所作为，但出于仁爱，不强人所难，是故人恒爱之，世无横逆，有什么事情可做呢？但下德、上义、上礼之为，就没有这么好的事了。下德者怀着私心私欲而为，有自己的目的和追求；上义者行事必考量合不合适，

---

① 孔丘等著：《诸子百家》，沈阳：万卷出版公司，2009年，第111页。
② 赵宗乙：《淮南子译注》（上），哈尔滨：黑龙江人民出版社，2003年，第365页。

其实还是有着主观的评判标准,看似为人实则为己,立己威、图己利。为政者怀私,则天下莫不自私,一个"私"字就搅皱了一池春水。如此一来,天下的平静就被打破了,就有的是事情做了,这就是"有以为"。天下无事多好,为什么非得要给自己找些事来做呢?这是必须深思的一件事情。

"上德无为而无以为"是不是真的有过呢?"萧规曹随"的故事,讲的就是曹参以"黄老之术"治世而"无以为"。据《史记·曹相国世家》记载,汉高祖刘邦的开国功臣、一代名将曹参,将道家思想付诸实践,取得了很好的效果。

西汉立朝后,曹参不仅获封平阳侯,刘邦还拜他为齐相国,辅佐刘肥。齐是大国,但多年的战争使齐国经济凋敝、民不聊生,加之齐国民情"伪诈多变",治理起来非常困难。那么,曹参治齐是以智服民还是以武服民呢?出乎人们的预料,曹参既未用武也未用智,而是信奉无为,反而使齐国大治。

曹参到齐国后,"尽召长老诸生,问所以安集百姓,如齐故诸儒以百数,言人人殊,参未知所定"。但没有哪一个的进言让曹参觉得很合适。这时,曹参"闻胶西有盖公,善治黄老言,使人厚币请之。既见盖公,盖公为言治道贵清静而民自定,推此类具言之。参于是避正堂,舍盖公焉。其治要用黄老术"。没想到,这黄老之术还真是治国良方,曹参以此"相齐九年,齐国安集,大称贤相"。

汉惠帝二年(公元前193年),相国萧何逝世后曹参为相,曹参"举事无所变更,一遵萧何约束"。在人才选拔上,萧何不用那些"言文深刻、欲务声名者",而是"择郡国吏木讷于文辞,重厚长者,即召除为丞相史。吏之言文刻深,欲务声名者,辄斥去之"。曹参自己一天都干些什么呢?"日夜饮醇酒。卿大夫已下吏及宾客见参不事事,来者皆欲有言。至者,参辄饮以醇酒,间之,欲有所言,复饮之,醉而后去,终莫得开说,以为常。"(《史记·曹相国世家》)俗话说"来说是非者,便是是非人",管你谁来说什么,曹参一概不听,久而久之,反而没有是非了。曹参经常饮酒,下面的小吏当然也就效仿,曹参见到以后,不但不予责罚,"反取酒张坐饮,亦歌呼,与相应和"。相府中人有了小的过错,他不但不予惩罚,还"专掩匿覆盖之",结果反而"府中无事"。

汉惠帝见曹参整日无所事事,就叫中大夫、曹参的儿子曹窋回去劝劝他父亲。哪知曹参不仅不听劝,还将曹窋暴打二百大板。上朝时,惠帝责问曹参说,是我叫曹窋来劝你的,你为什么还要打他呢?曹参没有直接回答,而是问惠帝:"陛下自察圣武孰与高帝?"惠帝说:"朕乃安敢望先帝乎!"曹参说:"陛下观臣能孰与萧何贤?"惠帝说:"君似不及也。"萧何获拜开国第一相，谁敢说超过他？曹参说："陛下言之是也。且高帝与萧何定天下，法令既明，今陛下垂拱，参等守职，遵而勿失，不亦可乎？"惠帝说："善。君休矣！"惠帝一听，太有道理了，于是再也不管他了。①

曹参的无为换来的是汉朝的兴盛，并获得了最高赞誉："参为汉相国，出入三年。卒，谥懿侯。子窋代侯。百姓歌之曰：'萧何为法，颛若画一；曹参代之，守而勿失。载其清净，民以宁一。'"那么，曹参真的什么都没有做吗？由于汉朝一改秦代的"政苛刑惨""赋敛重数"，推行约法省禁、轻徭薄赋政策，"天下俱称其美"。"我好静而民自正；我无事而民自富；我无欲而民自朴"，你不去打扰百姓，百姓自己就把事做好了；你总是去打扰百姓，百姓反而不能专注于自己的事情，这就是"侯王得一以为天下正"。"守一"，才是统治者应该真正坚持的，而曹参所做的正是专注于"守一"，把那些官吏的私欲压制住，拖住他们不去打扰百姓，这就是他所做的了不得的大事。

怎么"守一"？那就是"上德不德"，起码也得以"上仁为之"，不要试图去建立什么功、立什么德，还百姓以清静就是最大的德和最大的仁。这样一来，统治者不生事，百姓自然无事。百姓无事，有忠有信，"义"和"礼"还用得着吗？当然用不着，根本就没什么事需要去做，更不要说"攘臂而扔之"了，刑罚就更不需要了。这就是"上德无为""上仁为之"的好处——"无以为"！

2. 天地不仁，以万物为刍狗；圣人不仁，以百姓为刍狗

> 天地不仁，以万物为刍狗；圣人不仁，以百姓为刍狗。天地之间，其犹橐籥乎？虚而不屈，动而愈出。多言数穷，不如守中。（《道德经》第五章）

怎么体现为政者对百姓的仁爱呢？老子认为，不是万般呵护、给予，恰恰是不施爱就是大爱，不施仁方为大仁。天地爱养万物，不在于有意布施仁恩，而在于自然而然。举例来说，天地对待万物，就像我们对待祭祀时用的刍草扎成的草狗一样，用的时候要装点得像模像样，不用了就随手扔掉。是喜欢它或不喜欢它吗？非也，用和扔都是十分自然的事情。圣人对待百姓也跟我们对待刍狗一样，不因不爱而横征暴敛、草菅人命，也不因爱而妄加干预、妄施恩德，放任不管也不是因为不爱，都是以自然之心对之，这就是"上德不德"。

---

① 司马迁：《史记·曹相国世家》，长沙：岳麓书社，1986年，第451—453页。

老子用了一个很形象的比喻来说明"不德"比"德"好。他说，天和地之间的巨大虚空，不就像一个风箱嘛！它看起来是无尽的虚空，什么也没有，但一拉动箱杆，就会有风出来，越是卖力风就越大越疾。"屈"，音掘，枯竭的意思。虚而不屈，空虚但却不可竭尽之意。可见，统治的诀窍在于不多事害神、多言害身，而多言、多动都必出祸患。"不德"就不会多言、急行，就是遵守自然法则，守德于中，依据自然而然的原则来治理。而"德"就会有意施恩，必然努力而为，甚至勉力而为，最后可能是悖天而为。就像自然界一样，自然的微风可以熏人，不自然的疾风则会恼人。

"多言数穷"，帛书《老子》甲、乙本均为"多闻数穷"，许多版本也都认为应该是"多闻"才对，因为道家认为"著于竹帛，镂于金石，可传于人者，其粗也……故博学多闻而不免于惑"①（《淮南子·本经训》），学识再多也不能完全解惑，甚至难免见闻越多越容易被外物所惑，困惑就越多。博学多闻，则难免以智治国，结果必然是"民之难治，以其智多"，穷尽智谋（"数穷"）也没法解决问题。既然博闻不能免惑甚至多惑，何必强求博闻，追求以闻解惑呢？不如就紧守自然之道于心中就好了，这样就能不为惑所乱。以"自然"为原则来衡量事物，确实就简单多了，不能不说这很有道理。但后人或许认为闻而不动未必会乱世，只有勤于言教才会乱世，所以将其改为"多言"，或许并无不妥，不必过分纠结。"守中"，帛书《老子》写为"不如守于中"，则不应该是有些人所说的"中"为"冲"之借——虚空、不追求盈满之意。

如果不理解老子对于"道"混沌特性的认识，不理解"天下皆知美之为美，斯不美已；天下皆知善之为善，斯恶已"的不制造区别、对立的思想，是不能理解"圣人不仁，以百姓为刍狗"的，还会认为这是不作为，不管百姓的死活，不想让百姓过上幸福生活。其实，对百姓妄施仁恩，必然政令频出（多言），就会扰乱百姓生活的安宁，会勾起百姓的贪欲，从而使百姓心灵受污，纷争频起，增加社会动荡的因素，统治者也会徒增烦恼。诚如庄子所说："故乐通物，非圣人也；有亲，非仁也；天时，非贤也；利害不能，非君子也；行名失己，非士也；亡身不真，非役人也。"②乐于与外物打交道，就不是圣人了；有了偏爱，就算不上仁了；行事必选择天时，就算不上贤人了；利益危害不能通晓豁达，就算不上君子了；行求名而失去自我，就不能算有识之士了；忘却己身而不能保真道不失，就不是真正能够管理别人的人了。

庄子说的"有亲，非仁也"有没有道理呢？太有道理了，有亲就是对他

---

① 赵宗乙：《淮南子译注》（上），哈尔滨：黑龙江人民出版社，2003年，第373页。
② 李安纲编著：《南华经》，北京：中国社会出版社，2004年，第88页。

好，最后就是有偏，甚至有可能"升恩斗仇"。主观施恩，未必是福，施恩越多反而变成仇人。美国气象学家爱德华·罗伦兹提出："一个蝴蝶在巴西轻拍翅膀，可以导致一个月后德克萨斯州的一场龙卷风。"①政府妄施恩典也可能引发政治上的"蝴蝶效应"。通常，在社会处于高速发展时期，往往也就是矛盾集中高发期，为什么财富的增加没减少矛盾，反而增加了矛盾呢？一方面，高速发展之时往往是利益差距拉开之时；另一方面，更深层次的原因是，高速发展往往是非自然的发展，是统治者主观愿望的体现，是统治者"下德"所引起的必然结果。在一个充满"下德"的社会，统治者的欲望引导百姓的欲望，必然导致人道横行、奸伪日生，统治者反而岌岌可危了。统治者施恩越多，百姓欲望越多，社会矛盾就越多。社会矛盾的爆发，或许只不过是统治者"轻拍翅膀"的结果。所以，遵循自然原则才是国家治理的最高准则。

  谷神不死，是谓玄牝。玄牝之门，是谓天地根。绵绵若存，用之不勤。（《道德经》第六章）

  统治者谨守自然之道，就会像那"玄（天，在人为鼻）牝（地，在人为口）之门"一样，呼吸不疾不徐、绵绵若存，而又用之不尽、作用无穷。这也是道家的养气之道、不死之道。"玄牝"也指母畜、母性的生殖器，虽然内里空虚，却能无中生有，使生命生生不息地得到延续，这就是"守中"的神奇功效，政治亦然。相反，若不是"绵绵若存"，而是高歌猛进甚至疾风骤雨，就不可能"用之不勤"了。那些欲有为而治的人，喜欢搞什么重大工程、重大行动，却不知这些非自然之道，非守中之举，必然难以长久。"希言自然。飘风不终朝，骤雨不终日。孰为此者？天地。天地尚不能久，而况于人乎？"（第二十三章）合乎自然之道，虽然温和但却长久。道与不道，优劣立显，高下立分。

  如何"守中"呢？那就是行无为之治，任百姓自由自在、自生自长。"将欲取天下而为之，吾见其不得已。天下神器，不可为也，不可执也。为者败之，执者失之。是以圣人无为，故无败；无执，故无失。"（第二十九章）百姓乃天下神器，不可能去统治他、治理他，也不可能去支配他。所以，为政者有道，就不会幻想着有所作为而妄施恩德，只要想着有为而治，必然以失败收场。也不会想着去支配百姓，否则就会失去他。"生之畜之，生而不有，为而不恃，长而不宰，是谓玄德。"（第十章）

---

① 薛建明、仇桂且：《生态文明与中国现代化转型研究》，北京：光明日报出版社，2014年，第14页。

治国者"守中",也就是"守静",总是默默地维护着自然之道,"不欲以静,天下将自定"(第三十七章)。"治大国,若烹小鲜。以道莅天下,其鬼不神;非其鬼不神,其神不伤人;非其神不伤人,圣人亦不伤人。夫两不相伤,故德交归焉。"(第六十章)"萧规曹随"其实不是曹参什么都不做,而是做了最应该做的事情,那就是"守静"。自然之道,讲究的就是一个"绵绵若存",追求的是"用之不勤"。违背自然之道,最终是做多错多,错多乱多。所以,那些有欲之为,多做不如少做,少做不如不做。

中国有句古话,叫作"天下本无事,庸人自扰之",用此来解释社会问题的产生简直太贴切了。天下包括人类社会、国家等本来都是按自己的规律来运行,若"不欲以静"则"天下将自定",之所以出现这样那样的问题,甚至社会的巨大动荡,就是那些不懂天道、不尚自然、怀有私欲的"庸人"扰乱的结果。今天一个政策,明天一个政策,看似显得智慧,实则非常愚蠢,美其名曰爱护百姓,实则把天下搞乱了。忙往往和乱联系在一起,忙乱忙乱,不忙不乱,一忙就乱,越忙越乱。那些为了有为而为者,不都是这样的吗?看着他夙夜在公,却没见天下有一天平静。

"庸人"并非指能力平庸之人,恰恰可能是选拔出来的"优秀人才""能人""智者"。选贤任能是中国传统文化的重要政治思想。"大道之行也,天下为公,选贤与能,讲信修睦。"①(《礼记·礼运》)"君贤者其国治,君不能者其国乱;隆礼贵义者其国治,简礼贱义者其国乱。"②(《荀子·议兵》)"设官分职,选贤任能,得其人则有益于国家,非其才则贻患于黎庶,此以不可不知也。"③(《旧唐书·食货志(上)》)但在老子看来,贤能未见得是好事,明道方为第一要务。贤能之人往往是智慧之人,功名心也就远大于平常之人,在行政时自然就免不了要做些追名逐利的动作,甚至是越贤能,动作越多越大,将天下搞得越动荡混乱。他们看得深看得远,却看不清自己的内心。

所以,为政者如果不为物欲、功名乱心,就不会为外物所动,自然就能看清规律、认识真理,而后正确决策和执行,就可以在行政时"绵绵若存",不急于求成,不求短期大成,结果必然是内在基础越来越扎实、内生动力越来越充分,真的"用之不勤"了。之所以会有狂风暴雨似的行政举动,正是为外物所扰,以致举止失措,或者为了掩盖前面的错误而做给人看。等事情一过去,就会捶胸顿足、后悔不得:我为什么会这样愚蠢呢?怎么当时就没

---

① 张树国点注:《礼记》,青岛:青岛出版社,2009年,第97页。
② 李波译注、评析:《〈荀子〉评注》,上海:上海古籍出版社,2016年,第216页。
③ 〔后晋〕刘昫等撰:《旧唐书》(卷36—卷77),廉湘民等标点,长春:吉林人民出版社,1995年,第1313页。

有认识到这一点呢？其实很简单，心不定何能定行？！

宋代无门禅师慧开有一首禅诗叫《平常心是道》，里面有这样四句流传甚广："春有百花秋有月，夏有凉风冬有雪。若无闲事挂心头，便是人间好时节。"说的是一个修禅之人具有的"大自在"的理想状态。换个角度，这又何尝不是一个为官者最佳的状态和最高的理想呢？天下无事便是好事，一切自然便可安然。但是有人会说，这有什么好？没事做会闲得慌，会显不出存在，会没有政绩，会无法升迁。如果自己这里太安静了，富民工程太少了，发展得太慢了，影响力从哪里来？因此，他们认为会找事才是会做官。有这样的官员在，这个官场肯定不会寂寞，当然也别指望什么"绵绵若存"和"用之不勤"了。最终，德行所及之处，必是矛盾滋生之处。

3．无事取天下，无为无不为

> 为学日益，为道日损。损之又损，以至于无为。无为而无不为。取天下常以无事，及其有事，不足以取天下。（《道德经》第四十八章）

老子认为，入圣之道的根本在于去除欲望，准确地说是去除非自然的欲望。"为学日益，为道日损"在帛书中为"为学者日益，为道者日损"，显然是指为学之人或为道之人。黄老思想的集大成者、被称为黄老道的开山祖师的河上公有注曰："日损者，情欲文饰日以消损。"[1]前后对照，就是说致力于学问的人容易增添情欲。为什么呢？因为智慧增加，想法就多，情欲也越多，必然导致文饰日多，去真存伪。而致力于修道的人则相反，是不断减少情欲。情欲减少，想法就简单，就会拒绝智慧，最后必然是文饰日减，去伪存真。损，即受到约束、使减少、减损的意思，减损的不是所有欲望，而是非自然的私欲，相当于佛教所说的"去妄"，即去掉那些妄想型、非自然的欲望。

不断约束、减少妄想型的、非自然的欲望，到何时为止？直到"无为"的境界，除了自然的欲望以外，不再存有任何妄念、妄想、妄行，一切以自然为标准，这就是"无为"。老子认为，达到无为之境也就达到了无不为之境。为什么呢？因为这时候就符合了自然之道，凡是合道的事情都会自然成就、不求而至。只有欲望减损到自然境界时，人们才会顺应自然做事而不会去造事，去干自己认为应该干，而又不符合自然之道的事。彼时，万物自然成就，人们期待的美好未来就会真正成为现实。但是，许多人认为，所谓治理就得

---

[1] 邹德金整理：《名家注解〈道德经〉》（上），天津：天津古籍出版社，2012年，第47页。

去治去理，不治不理不是失职吗？但他们不知道的是，治理者高高在上，带着主观的标准、目标、私欲去治理，结果只能是剪不断、理还乱。

非自然的欲望自然不是好事，这一点容易为人们所认同。但人们难以认同的是，好的愿望也不能有吗？想让百姓更加富裕、更加幸福也不对吗？还别委屈，正是如此。所谓的好欲望，必是"我认为好"，无论是主观为别人、客观为自己，还是客观为别人、主观为自己，都永远离不开一个"私"字。由于受环境和判断力的影响，甚至"好愿望"之间也会互相打架，结果还是会事与愿违。怎样才能让结果成为真正的好呢？非"无为"不可。以自然之欲为欲，主体就与自然合同，事物就得以自然成就。

所以，治理天下首要的不是战略、目标、规划、计划这些东西，而是统治者约束自己的欲望，即"为道日损"。如果任由自己的欲望驾驭思想，进而掺杂到工作当中，成就的最多可能是自己，而绝不可能是万物（包括百姓和社会），甚至自己最终也被毁掉。现实是最好的实证，我们常常看到，不少官员抱着强烈的欲望，将主观意志掺杂到工作之中，最后"成就"了自己，但百姓和社会都陷入了折腾之中。当然，最后许多人自己也没有得到成就，反而锒铛入狱甚至丢了性命，搞得妻离子散甚至家破人亡。可见，有为而治其实是对社会各方面都不负责任的做法。

既然只能是"以无事取天下"，那么，一旦"及其有事"，就不可能使天下得到治理了。因为，为了有为而为的统治者，必然政令频繁，总想着要搞出点动静甚至大动静来，最终民不堪其扰，天下未治反而先乱，这样的统治者实际上是没有资格治理天下的。以此而言，统治者的层次就可以如此区分：太上，无为而无不为，天下大治；其次，有所不为而有所为，天下纷扰；再次，太有为而难有所为，政乱人离，天下易主。以此而言，完全没必要以智、仁、义、巧、利为追求、为骄傲，真正的治世良方，恰恰应该"绝圣弃智，民利百倍；绝仁弃义，民复孝慈；绝巧弃利，盗贼无有"（第十九章）。"众人皆有以，而我独顽似鄙。我独异于人，而贵食母"（第二十章），"食母"就是守住自然天道，方为大道之治。

但是，许多人认为，人在官场身不由己，官员们有几个能够定心定行，始终保持自然心呢？不仅在世要建不朽功业、求千古流芳，要让人觉得光荣、正确、伟大，还要想着死了哪些人来参加追悼会。这样的官员，心常浮动，行必难止，怎么可能"以百姓为刍狗"？必然是今天一阵风明天一阵雨，要让百姓知道他的存在和能量。这些举动又能坚持多久呢？坚持不了多久，就只有多搞花样，用后面的花样弥补前面的过失，掩盖前面所犯的错误。长此以往，实则错误不断了。

这不能证明他的能力，只能证明一个道理："及其有事，不足以取天下""将欲取天下而为之，吾见其不得已。天下神器，不可为也，不可执也。为者败之，执者失之"。既然如此，不如学"圣人无为，故无败；无执，故无失"（第二十九章）。真正达到无为境界以后，我们会发现无为而无不为、无为而无以为，经济发展不求而有进，社会和谐不求而有得。这多省心？

第四章

以朴治国　天下自定

　　幸福感是人对当前处境的满足感，它与社会的稳定性密切相关。幸福感越强，社会就越稳定。故幸福既是个人的追求，也是整个社会的追求。但有一个现象值得注意：高收入者未必觉得幸福，低收入者未必不幸福，人的幸福程度与收入有关，但不是绝对正相关。这告诉我们，还有别的东西在影响着我们的幸福感或者说满足感。

　　总体来看，幸福感与物质的富裕程度有一定关系，但更重要的是心理上的满意程度。它既是一种外界比较的结果，又是一种自我心理预期、心理需求实现程度的结果。所以，提升幸福感就有了多种途径，比如，提升物质的富裕程度，或降低社会贫富差距以缩小心理落差。不过，物质富裕的提升在一定时期内总有极限，会因为资源、技术等原因遇到"天花板"，而缩小贫富差距也可能会面临欲望的阻击。因此，老子将二者结合，提出了"守朴"的路径，通过降低心理期望值——"见素抱朴"来提升幸福感，他认为这种途径最有效、最持久。而且，他认为"守朴"应该首先从统治者自身做起，这样才能引导全社会尊道守朴，从而提升整个社会的满足感和幸福感。

1. 化而欲作，吾将镇之以无名之朴

　　道常无为，而无不为。侯王若能守之，万物将自化。化而欲作，吾将镇之以无名之朴。镇之以无名之朴，夫亦将不欲。不欲以静，天下将自定。（《道德经》第三十七章）

　　什么是"朴"呢？它是道的本质属性，从利欲的角度讲，"朴"有两个方面：一是不怀非分欲望；二是不区分对立而产生的均衡、自然。无名之"朴"，是一种体现大道的真朴。质朴、朴素里的"朴"，均有此意。何谓守朴？那就是：心理上，不为物欲所惑，不追求超越自然需求的名或利而只取自然之需；

外表上，不追求华丽的衣饰和外表；言行上，行不言之教，处无为之事，讷于言而敏于行，谦虚谨慎，不追潮流，不抢风头，不搞阴谋诡计。

朴，可以使人化欲守静，无私欲蠢动，守清静自然。在老子这里，"朴"是人生修养和政治修养中极为重要的概念，"见素抱朴"是认识规律、把握规律、利用规律的重要路径。老子告诉我们以下两个道理。一是统治者首先得守住"朴"，勿以私欲干预事物的自然运行，而要任其自己去运行，在自生、自长、自灭中形成自然的秩序。守朴即无为，当万物自化之时，也就是侯王无不为、无以为之时，什么都自然而然地成就了。二是必须以无名之朴引导百姓，只有百姓同样没有私欲，才能够都不去干预事物的自然运行，否则，即便侯王守之，百姓也会扰之，自然秩序还是难以成就。所以，明道的统治者不会诱人以欲、以利、以名，而是始终如一地导之以朴。

但是，生活于滚滚红尘中，无论是侯王还是百姓，怎么可能会不产生任何私欲呢？因此，事物的发展也就总是很难达到"自化"的过程和结果。当事物自化时，可能本来是井井有条，而人的意志掺入后反而会被打乱，或者变化过程中本来要形成有序了，又突然被打乱而无法形成有序状态。怎么办？那就"镇之以无名之朴"，"朴"就好像镇妖宝塔一般，让非自然欲望靠边站，这样一来，天下不就自然安定无事、井然有序了吗？守住了朴就可以自然而成，这就是守朴的功用。所以，统治者的重要职能，不是诱之以名利、导之以情欲，而是"镇之以无名之朴"，当社会上都在传唱着成功案例的时候，要多宣传守朴的典型，不要让百姓的胃口越来越大。

老子真的是为了"存天理"而要把人欲完全灭掉吗？当然不是，他也有着普通人的欲望。欲望有自然与非自然之分，即本分和非分，自然的欲望是天道的一部分，无名之朴镇住的是非自然的不合道的欲望，是个人的私欲。自然之欲是万物生存和发展的基本条件，是人的本性，不仅不应该"镇""去"，而应该予以满足。非分之欲不是自然属性，才应该被镇住或去掉，即老子所说的"去甚，去奢，去泰"。帛书《老子》可能更能体现这个意思，"不欲以静，天下将自定"在帛书中为"不欲以静，天地将自正"，这个"正"更强调平正、均衡、自然，是去掉"甚、奢、泰"的结果。而"定"则更强调最终的结果，是"正"以后的结果。

从人类社会的具体实践来看，守朴的道理其实很简单。首先，从资源的有限性和生产能力的有限性来讲，一部分人非自然欲望的满足，必然需要其他人非自然的贡献来支持，这不就把社会矛盾搞出来了吗？其次，非自然欲望的满足，可能会给人本身带来不利后果。人的身体、心理都难以承受超越自然的摄入，超越自然需求的部分会导致身体和心理的异变、病变。最后，人们都追求非自然欲望的满足，必然给生产力带来极大的压力。如果不能减少人们的物质需求，就只有用超自然的方式扩大生产，从而给生态环境、人类自身都带来非自然的压力甚至毁坏。社会的分裂，往往就是从一部分人不守朴开始的。

怎么解决这个矛盾？靠提升科技水平，好像可以解决一些问题，但有可能问题并未得到解决，只会转化成另外的问题。因此，最好的办法就是"镇之以无名之朴"，使之保持在适度的范围内。如果人人追求自然，只怀着自然的欲望，摒弃非自然的欲望，这些问题就不存在或者说会被限制在自然或很小的限度，万事万物则会在自然中成就。

在这里，老子实际上告诉我们两个问题。第一，为政者出台的任何政策，不能去挑动官员非自然的欲望，要启发和维护他们对自然的追求。既不能挑动他们建功立业、名垂青史的名欲，也不能挑动他们升官发财、奢侈享乐的利欲，否则官员们都会打功名利禄的小算盘，而忘记自然之道这个大算盘，官场上必然充满作奸犯科、奸巧伪诈。为什么会出现"上有政策，下有对策"的现象？原因在于"下"往往有自己的小算盘，大算盘一旦影响了小算盘，好政策就会在基层的实践中被念成歪经。

第二，任何时候都要限制百姓的非自然欲望，更不能去挑起百姓的非自然欲望。把百姓的期望值做大很容易，一个文件、一个宣传就可以做到，但实现值的做大却需要经济、科技发展和时间积累，是一个相对漫长的过程。因此，在经济和科技发展的同时，很重要的工作不是把期望值做大，而是想法缩小期望值，要引导人们寻求"知足之足"，而不是"不知足"或"知不足"，这样人们就可以经常生活在满足之中，觉得很幸福。老子所说的"去甚，去奢，去泰""虚其心，实其腹，弱其志，强其骨"等，都是镇之以无名之朴、缩小期望值的有效办法。这样一来，天下就"不尚贤，使民不争；不贵难得之货，使民不为盗；不见可欲，使心不乱""使夫智者不敢为也"（第三章），不就自正、自定了吗？

幸福感或满足感是怎么来的呢？这有一个数学公式，欲望或者说期望值是分母，实现量是分子，二者的比值越接近1，幸福感或满足感越强。期望值越高，实现量越小，则幸福感或满足感越低。期望值越低，实现量越高，幸福感或满足感越高。所以，要实现平衡，要么做小分母，要么做大分子。在分子不容易做大的时候，做小分母当然就是一个最好的办法，最起码不能让分母继续变大。"镇之以无名之朴"的妙处，正是在于可以做小分母，相比做大分子而言，无疑在任何时候都更加有效。

中国共产党在成立军队之初就提出了一项重要的纪律——"一切缴获要归

公",这个政策有什么好处?好处就在于它可以防止个别人私欲萌动以至带动所有人的私欲萌动,以及不能满足或无法公平以后的愤慨。既然缴获都归公,就没有了特殊的利益可以追求。所以,共产党的军队虽然物质匮乏,反而一心一意为了全民族的解放而战斗,战斗意志和战斗力都极强。再看那些旧军队就不一样了,他们的缴获可以想办法不归公,结果就成了为利而战,或为利而不战。最后搞得军队腐败横行,战斗力和战斗意志严重下降。可见,只有"不欲"之人,才能带动所有人静下心来为道而战。

千万不能小看老子这一句论述,它恰恰非常符合人性的特点和经济运行的规律。从人性来讲,往往是物质越来越丰富,人的欲望不减反增;而经济运行的规律,往往是财富不断集中于少数人,财富多的人和财富少的人往往都会不满足,进而造成社会矛盾。财富多了,短暂的满足之后会产生新的不满足,个别人奢侈腐化的享乐不仅会挑起更多人更大的欲望,还会使社会矛盾进一步加剧。所以,聪明的统治者,首先自己要以朴为本,见素抱朴,俭以养德,不要任由自己的欲望不断增长,造成整个社会物欲横流。其次,要引导百姓"少私寡欲",而不是号召百姓常怀野心、不断钻营。这样一来,天下不就少了许多争斗,不就自然安定和谐了吗?

中国自古以来有着重文不重武、重农不重商的文化,这看似经济和社会落后的产物,但从老子思想来看,它恰恰解决了一个"镇之以无名之朴"的问题。不以兵强天下,是倡导以自然方式获取自然利益,满足自然需求。不重商则是不重利,不以利欲诱导百姓。大家都在土地上日出而作、日落而息,只要心理预期不高,不也其乐融融、社会和谐了吗?而当今社会重商不重文,于是人们扯下最后一块遮羞布,工厂主为了利益最大化可以让工人最大限度地加班加点,企业可以想方设法拖欠工人的工资,"守朴"已经成了一种让人不齿的无能表现。虽然由此造就了不少个人的成功,却一定是整个社会的悲哀。

这里面一定要记住一个根本的前提——"侯王若能守之",即首先要求政府官员,尤其是主官、高官必须守朴,否则一切都是空谈。"上"不守朴而要求"下"守朴,岂不是笑话?主官守朴,下必不敢入甚入奢入泰,社会风气自然清正。主官是否守朴,也就与政权的稳定性和社会风气的好坏有了密切关系。正因如此,世界上许多国家都有制度化的安排,以制度作为限制官员们物欲增长的保证,其中很重要的一项制度就是财产公示制度,它被称为"阳光法案"或"终端(极)反腐"。目前,世界上已经有一百多个国家和地区,将"官员财产公示制度"写入宪法当中。

财产公示,即把财产放在阳光下,放在公众视野监督之下,使其不敢追求非自然的利益和享乐,从而引导官员守朴。财产公示的目的,对于守法者来说，既可以显示财产来源清白、经得起检验，又可以显示自己守朴，告诉社会自己没有过高的个人欲望。对于有不良企图者，则可以"镇之以无名之朴"，让他或被动或主动地削减自己的欲望。一方面，如果一个官员财产太多，社会无疑会向他看齐，会带动整个社会的欲望。另一方面，由俭入奢易，由奢入俭难，财产公示则可以防止官员由俭入奢，脱离普罗大众的平均水平。

套用老子一句话，以朴治国国之福，不以朴治国国之贼。不以朴治国招致大祸的例子，古今中外并不少见，西晋（公元266年—316年）的灭亡就是形象的注解。西晋历时仅51年，如果从灭吴开始算起，则仅立朝37年。时间虽短，但却在历史上留下许多震撼人心的斗富故事。西晋皇亲国戚、王公贵胄的奢靡生活，为中国历代王朝少有。他们想尽一切办法攫取民脂民膏，以至于富可敌国。像大司马石苞的儿子石崇，既是荆州刺史又是蒙面大盗，专抢富商大贾。财富太多，精神就空虚，只好以斗富来炫耀自己。石崇与晋武帝的舅舅王恺斗珊瑚的故事，就是其中的经典"佳话"。据说，二人斗富数次，王恺都处下风，似乎石崇富高一筹。为了让舅舅王恺有面子，晋武帝（司马炎）便把他珍藏的一棵二尺高、外国进贡的绝世珊瑚树让王恺拿去与石崇比拼。孰料石崇不屑一顾，竟将这棵珊瑚树打碎。然后，石崇叫人取出一堆他收藏的珊瑚树来赔偿，最小的也比王恺的还要高，一下就把王恺镇住了，连珊瑚树也没要就灰溜溜地走了。①

西晋建国于三国之后，正所谓久分之后必合，作为西晋皇的司马炎帝本应任民休养生息，自己更应该俭以养德，但他却任由皇亲国戚、王公贵胄斗富而不加制止，甚至自己也参与其中，这哪里是"镇之以无名之朴"呢？我们可以设想，如果没有穷奢极欲的生活和以富为荣的风气，即便有外族入侵，西晋会那么快就崩溃吗？想当初由曹魏延续至西晋的家底是何等厚实，司马家族的司马懿、司马昭等一干人又是何等雄才大略！成由勤俭败由奢，说的正是以朴治国才能国定邦安的天道至理。

沉迷于享乐的人能够治国吗？肯定不能。"五色令人目盲，五音令人耳聋，五味令人口爽，驰骋田猎令人心发狂，难得之货令人行妨。"（第十二章）私欲振作之时，无论是出发点还是路径，都不可能正确，这样的人治国必是国家祸起之时。不能以朴治国、率先守朴，其自身便是祸乱之源。即便才智卓绝、能力超群，也不过是多了一些欺世盗名之举，徒乱社会信用而已。更何况，小人挟才以为恶比君子为善不足更加可怕。

---

① 徐寒主编：《中国古典文学收藏：中国通史》，北京：大众文艺出版社，2008年，第204—206页。

2. 侯王守朴　不令自均

古人早就认识到财富过度集中、贫富过度分化，对社会有着极大的危害。孔子曾说："丘也闻有国有家者，不患贫而患不均，不患寡而患不安。盖均无贫，和无寡，安无倾。夫如是，故远人不服则修文德以来之。既来之，则安之。……吾恐季孙之忧不在颛臾，而在萧墙之内也。"①（《论语·季氏》）而历朝历代的江山更替，莫不是倾覆于"均贫富"的口号之下。但人类社会到今天为止，都还没有逃脱贫富分化加剧，最终造成社会动荡或朝代更替这个轮回宿命。其实，老子早就为我们指了出路：坚守无名之朴是实现社会贫富均衡的根本路径。

> 道常无名，朴。虽小，天下不敢臣。侯王若能守之，万物将自宾。天地相合，以降甘露。民莫之令而自均。始制有名，名亦既有，夫亦将知止。知止所以不殆。譬道在天下，犹川谷之与江海。（《道德经》第三十二章）

永恒的大道无法命名，原因则在于它浑朴而不可分解。道大至无形无象，于是就认为它很小，河上公注解说："道朴虽小，微妙无形，天下不敢有臣使道者也。"②道虽然很小，却谁也不能使之臣服，反而是作用无穷，侯王若能秉持浑朴的大道，就能使天下万物自然宾服，化戾气为祥和。以道治国，可使天地相合，阴阳调适，甘露下降；以道治国，人民为德感化，不需要谁发号施令，天下自然恩德同沾、财富平均。河上公注解说："天降甘露善瑞，则万物莫有教令之者，皆自均调若一也。"③

当然，这说的是道最纯朴的状态，而非世俗状态。自从"三生万物"以后，朴就分散为器了，也就有了各种各样的"名"。尤其自有了人类社会以后，建立起了各种制度，就不能不命名而加以区分，甚至以定尊卑。这样一来，就破坏了道的最纯朴的状态，每个名号代表着相应的地位、权力、职责、利益，同时也代表着相应的追求和欲望。因此，一旦有制有名，恩德也就不再是均沾，财富也就不再平均，必然矫饰伪诈随之而生，这是人道的必然结果。

这是不是说道就不起作用了，守朴就不可能或没有必要了呢？非也，恰恰是显得更为重要。"道"能让我们做什么？知止！知止就可以不殆。朴被打散了，但不能让它无休无止地随人欲飘散。虽然利欲的追求已经不可避免，

---

① 孔丘等著：《诸子百家》，沈阳：万卷出版公司，2009年，第40页。
② 邹德金整理：《名家注解〈道德经〉》（上），天津古籍出版社，2012年，第33页。
③ 邹德金整理：《名家注解〈道德经〉》（上），天津古籍出版社，2012年，第33页。

但"道"告诉我们必须知道边界和限度,这样才能避免危险。何为"知止"?即知道"道"之所在,远道则止,道之边界即行之止境。从"朴"的角度来说,就是知道欲望的边界,知道适可而止,知道自然需求和非自然需求的分水岭,越过这个边界就是社会的分裂。

道在天下,就像川谷与江海一样,道被万物,海纳百川。没有江海的水汽蒸腾,哪有溪谷的涓涓细流和江河的沧浪奔腾?但溪流与江河终究将归于大海,所以人欲最终必须为道所统。知止,也许不能让人完全"复归于婴儿""复归于无极""复归于朴",却可以让人谨记"天下有始,以为天下母。既知其母,复知其子;既知其子,复守其母",既而"塞其兑,闭其门,终身不勤"(第五十二章),这样就不会出现少数人挤占多数人的财路、生路,勿需政令而天下自然贫富相均。

本章非常关键的一个思想,就是"以朴治国,不令自均"。为什么呢?因为,如若人人守朴,则无人追求财富的过度集中,财富不就趋向平均化了吗?若人人守朴,则可使人人"以有余奉天下",财富不也就更趋向平均了吗?财富的平均往往代表着社会的稳定。因为财富分配比较平均,在上的"侯王"没有资本奢腐,在下的子民也不会效仿和嫉妒,整个社会能够守朴,社会就能够实现和谐。

从这个角度讲,政府和企业在分配制度的理念上就应该有区别。企业为了追求效益,为了调动人的劳动、创造积极性,必然要奖优罚劣,其结果也必然会造成社会的贫富分化甚至财富集中,并进而造成社会矛盾。这就是过去我们所说的"一次分配",它更强调效率和调动人追求财富、地位的积极性。但政府则不同,它一方面要引导和鼓励人们守朴,另一方面又要通过税收调节等方式使人们必须守朴,它既强调不令自均,又必须因令而均,从而限制社会的贫富差距过大,以避免社会裂痕的产生。这就是我们所说的"二次分配",它更注重公平。从道的角度来讲,强调平均并没什么错,只要适度就是合道。"平均"是守朴,虽不平均但基本平衡则是"知止"。可见,从分配制度的出发点和设计上,就可以看出一个社会的道德水平和未来走向,这就是老子所说的"以身观身,以家观家,以乡观乡,以国观国,以天下观天下"(第五十四章)的道理所在。

人们常常感叹世事无常,其实世事之所以无常,不在于天道无常,而是人欲无常!人们遇到问题时,往往抱怨天道不存,其实天道还是那个天道,只不过因为人们忘记了"朴",过强的人欲使天道受到蒙蔽,致使人世间有了太多的不均、不平。但我们必须相信,天道越是不明,最终必会更加显明,就像老子所说"天网恢恢,疏而不失"。不过,我们都不希望天道以剧烈的形式彰显，这就需要人人都谨守一个"朴"字，若能见素抱朴，少私寡欲，则天下绝学无忧、不令自均，世事也就不再无常了。

3．我无欲而民自朴

以正治国，以奇用兵，以无事取天下。吾何以知其然哉？以此：天下多忌讳，而民弥贫；民多利器，国家滋昏；人多伎巧，奇物滋起；法令滋彰，盗贼多有。故圣人云：我无为而民自化，我好静而民自正；我无事而民自富，我无欲而民自朴。（《道德经》第五十七章）

在"镇之以无名之朴"解决"化而欲作"之时，老子反复强调一个很重要的前提——"我无欲"，即为政者守朴是整个社会守朴的前提和基础。他从一些现象来证明这一点：天下规矩、禁忌越多，百姓就越贫穷；治民的权利、利器越多，国家越容易滋生混乱；人主伎俩智巧越多，则天下必然奇物怪事兴起；国家的法令越多越周密，天下盗贼反而越多。因此圣人才说：统治者遵道守朴、无为而治，天下百姓就（才）会自然归化；统治者清静守朴，天下百姓就（才）会自然公正；统治者不生事扰民，天下百姓就（才）会自然富足；统治者没有名利欲望，天下百姓就（才）会自然归于质朴。也就是说，去掉规矩、禁忌、伎俩、智巧、权利、利器这些代表着主观、欲望的东西，天下才可能回复到朴的状态。这里的"治国""取天下"，实际上都是治理国家的意思，所指范围大小不同而已。

对于本章的理解，历来有不少争议。一争在"民"，有说指百姓，即百姓锐利的武器越多，国家就越混乱；有说指君王，即君王权利威望越重，国家会越来越昏暗。二争在"人"，有些人认为"民"和"人"都是指人主、君王，加以区分是为了叙述上不重复，这样也才与后面的三个"我"相匹配和呼应。但又有人认为"民"指百姓，理由是百姓手里的利器、权利越多，社会就容易被搞乱；"人"则是指所有天下人，包括君王和百姓，意思是如果大家竞相用智，那么天下就会奇物怪事很多，就会很难治理。

本书认为都解释为人主、君王或许更有道理，因为本章的重点是讲君王该怎么做，怎么树立榜样，怎么引导天下守朴，不过应该是各缺省了一字——"（治）民"和"人（主）"，这样才更符合通篇思想和哲理。即，治天下不能多忌讳，治民不能多利器，人主不能多智巧，治国不能多法令，做到了这些就是我无为、我好静、我无事、我无欲的表现，自然也就民自化、民自正、民自富、民自朴。换言之，当统治者充满欲望而好动之时，必然就只能多忌讳、多伎巧、法令滋彰，天下人自然也就奸伪频生、奇物滋起、盗贼多有了。

正人必须先正己，正天下必须先正"人主""侯王"，这就是说，天下不守朴、天下难治的根本，不在于百姓，恰恰在于上面。在上位者最主要的就是不能无为、好静、无事、无欲，故而多忌讳、多伎巧、法令滋彰甚至多利器，或许他们的出发点是为人民谋福利，但这种太有为的欲望又带动了更多的欲望，结果导致下面的人甚至整个社会风气都不质朴了。上有所好，下必甚之。上有功名欲，下不得不有功名欲；上有享乐欲，下不能不满足其享乐欲，顺带也培养和满足了自己的享乐欲。统治者有欲，百姓孰能无欲？

有人可能会嗤之以鼻，守朴能解决这么多问题？当然，孟子曾说："养心莫善于寡欲。其为人也寡欲，虽有不存焉者，寡矣；其为人也多欲，虽有存焉者，寡矣。"①（《孟子·尽心下》）欲念少而丧失本性的人不是没有，但很少；欲念多而保持本性的人也不是没有，但同样很少。所以解决了欲念的问题，自然就解决了大部分问题。如果还有人认为只有发展才能解决这些问题，那可以来看看瑞典的例子。瑞典可以说是世界上几乎没有腐败的国家之一，在"透明国际"全球清廉指数中长期名列前茅。为什么这个国家会这么清廉？最根本的不是他们国家本身的富裕和高福利，而在于他们守朴的价值取向。据说，瑞典人不爱财、不炫富，只崇尚自然，而且还以太有钱为不道德。他们不开什么豪车，以本国产的沃尔沃为主，开个豪车就跟做贼似的怕人知道，换了新车也不换牌照，就是怕别人知道换了车。正因为这样，没有腐败也就成为自然而然的常态。②笔者没去过瑞典，所以不知道是否言过其实，但笔者去过同样在清廉指数中名列前茅的一些国家，对此确有同感，同时从许多出国旅游的朋友回来后的讲述来看，大体上是八九不离十的。

4．塞其兑，闭其户，终身不勤；开其兑，济其事，终身不救

> 五色令人目盲，五音令人耳聋，五味令人口爽，驰骋田猎令人心发狂，难得之货令人行妨。是以圣人为腹，不为目，故去彼取此。（《道德经》第十二章）

与质朴相对的是华丽、奢侈、享乐等，老子称为五色、五音、五味、驰骋田猎。不守朴之人，就会陷于这些非自然需求的追求和享乐。有什么好处

---

① 天宜：《孟子浅释》，济南：齐鲁出版社，2013年，第443页。
② 搜狐文化：《世界上最不爱钱的国家：太富有被认为没道德，人人以开豪车为耻》，2017-12-30，http://www.sohu.com/a/213697078_100022993。

呢？没有。老子认为，五色会障人眼目，五音会扰乱听闻，五味会败人口味，纵马追逐、驰骋狩猎会乱人心神，难得的财货会使人犯错。"五色""五音""五味"或是一种概指，指外界各种各样的享乐项目，即平常所说的"声色犬马"。而圣人与普通人的区别，就在于"为腹，不为目"，以满足基本的、自然的需求为标准，而不去追求华而不实、离道悖德的东西。

非自然的东西或许具有形式上的美，但往往让人们不知不觉沉迷其中而忘记浑朴之道。纵马追逐、打猎取乐这些事情，让人心神发狂、浮躁不安，就不能静心悟道。难得之货是一种欲望，它的价值来自人的主观想象，其实于人何益？所谓宝石，不宝贵它就是一块石头而已。希望得到这些难得之货的欲望，可能妨碍人们对世界的认识和对行动的决策，甚至引领人们去做一些置道义于不顾的坏事。

前述所有，其实就是人类基本需求以外的超自然需求，要满足这些非自然的需求，肯定就需要耗费超自然的心神智力，甚至需要非自然的路径和手段。这样一来，不仅自己会失道，而且会引得天下人竞相失道。所以，圣人只要肚子得到滋养，只要满足自然需求就别无所求，而不会受外界声色犬马的诱惑，不会让这些东西影响自己的判断、决策和施政。

这些听起来很有道理，但难免有人存疑：人生一世，好吃好喝都不能满足，高档消费都没经历过，岂不是少了许多精彩？更有一些贪图便宜的人会想，吃的是国家不是自己，当然要抓住机会享乐一下。国家的虚拟性与个人的现实性一比较，很容易放松对自己的要求，相信这样的人不在少数。但听了老子的话就会明白，只有守朴才能安身立命、安邦定国，而陷入非自然之欲不仅于治国无益，于治身也贻害无穷，会把人带入欲望的深渊进而造成无尽的烦恼和灾祸。

> 天下有始，以为天下母。既知其母，复知其子。既知其子，复守其母，没身不殆。塞其兑，闭其门，终身不勤；开其兑，济其事，终身不救。见小曰明，守柔曰强。用其光，复归其明。无遗身殃，是为习常。（《道德经》第五十二章）

老子告诫人们，只有堵住嘴巴，闭上耳目，才能终生无忧。"兑"，即"口"，乃五味进入的路径。"门"，指"耳目"。耳目口鼻乃五音、五色、五味进入的路径。关闭其进入的路径，就可以不受外界声色犬马的诱惑，不因贪婪欲望而乱其心神，这样就终生不会有祸患、忧虑。反过来，如果不控制贪婪、欲望的孔目、路径，任其侵入人心，继而任由欲望得到发泄，贪婪地追求满足，必将形成难以挽救的苦果。

天下万物都有开始，这可以看作万物的根源。追其根溯其源，即可得生"一"之道——天下母。"朴散则为器"，故循道又可知万物——其子。但是，知万物而不能忘其道，反而应该谨守其道，这样才会终生不处危殆。五音、五色、五味、驰骋田猎这些都是由"天下母"所生之子，只有"复守其母"，才能没身不殆、终身不勤。"知其子"其实不难，读万卷书、行万里路，融入生活和实践都能做到。但是"复归其明"，保持灵台的清明、心灵的纯净、需求的自然却相当困难。许多人正是因为"既知其子"而忘其"母"，毫不顾忌甚至乐此不疲地"开其兑，济其事"，才致"终身不救"。能够认识恒常不变的道，才能叫真正的明理。能够守柔舍刚，才能叫真正的强大。用天道的光明审视外物，从而复归灵台的清明，不给自己留下祸患，这是真正的因袭恒常不变的自然之道。"习"通"袭"，因袭，有因任、遵循、遵从等意思；常，即恒常不变之道。无论是日常生活还是政治生活之中，"开其兑，济其事"，不见"常"而见物还自以为智慧，最终导致"终身不救"的事例并不鲜见。

糖尿病、冠心病、高血脂、高血压、脂肪肝、肥胖症等疾病，被称为"富贵病"或"现代文明病"，是人们进入现代文明社会生活富裕后，吃得好、吃得精，营养过剩，活动量减少，从而产生的"流行病"。"富贵病"从何而来？说到底是从舍朴求奢而来，从"开其兑，济其事"而来。据卫生部调查，中国中老年人15%～20%便秘，六成是白领。中国有22%的人超重，6 000多万人因肥胖而就医。高血压2亿多人，糖尿病5 000多万人，高血脂1.6亿人。全国每天由于"富贵病"导致死亡的人数超过1.5万人，占死亡总人数的70%以上，"富贵病"治疗费用占疾病总负担60%以上。可以想象，今后很长时间内，"富贵病"将成为困扰我国的一大难题。

"富贵病"真是"现代文明病"？肯定不是，准确地说是现代文明的糟粕，是"不文明病"，是物质富裕而精神孱弱之病。吃得太好而使积累太多，娇惯身体而使抵抗力下降，吃得太多太好、不均衡和娇惯身体都是物壮则老。于是，就吃出问题来了。曾经被媒体挖出无照行医、学历等造假、招摇撞骗的"中国养生食疗专家"张悟本，把武国忠所著《黄帝内经使用手册》里面的一句话"把吃出来的病吃回去"写成一本畅销书《把吃出来的病吃回去》，还说了一句话"最好的医生是自己"，结果一下子红遍大江南北。为什么？因为他明白这是大家都认可的道理——"塞其兑，闭其门，终身不勤；开其兑，济其事，终身不救"。"开其兑，济其事"，就使身体的营养成分失去了平衡和自然，导致部分营养物壮而老，从而造成身体的病变。所以，吃出来的病只有通过改良吃的结构，才能真正解决病根。否则，再高明的医生也治不好病，归根结底还得靠自己"塞其兑，闭其门"。

再一个事情，许多人对当代知识分子的庸俗化很不理解，怎么一下子就堕落了呢？自古以来，知识分子都是一个独特的群体，是人类星空的仰望者，特别看重精神追求而不甚看重物质生活，甚至瞧不起追求名利的人。学校更可以说是非自然欲望的净地，也是"既知其子，复守其母"的守朴典型，乃道之所寄，是人类的精神寓所，是人类思想和道德的镜子。无论世间多么纷繁复杂，怎样物欲横流，知识分子们都死守着简朴的生活，老师们满足于"传道、授业、解惑"，以"摧眉折腰事权贵"为耻辱。正因为不解世间风情，往往被人称为"书呆子"。回首漫漫历史长河，在物欲横流之时，真正能守住天道的还就是这帮"书呆子"，正是他们"呆"得不为五斗米折腰，才守住了"富贵不能淫，威武不能屈"的那根脊梁。但现在"书呆子"也被人欲吞没了，某些知识分子身上散发出浓烈的"铜臭味"。

师之难治，同样是以其智多，当这些知识分子打开了欲望的阀门、失去了"朴"以后，他们的"智慧"几乎可以克服任何艰难险阻。知识分子不再俭以养德，而是奢以显能。

有人说，这正说明学校这些领域的权力缺乏监督。真是这样吗？自古以来，学校都缺乏监督，甚至根本就没有什么外部监督，但不一直好好地保持着纯洁性吗？而现在，高校同样存在着监督机构和制度，怎么似乎反而不起作用了呢？仔细思考，高校纯洁的根本动力，在于所有教师对真理、公平、正义的不懈追求，他们充当了学校和社会的卫道士，路见不平敢于一声吼。教师的存在就是一种似无形而又有形的监督，而且是与制度同样重要的监督。为什么教师们敢于坚持真理呢？因为他们没有强烈的功名、利益追求，更注重自然、平凡、朴实的基本生活。无欲则刚，他们"刚"的是坚定不移地遵道而行、维护道义。但是现在有了太多的非自然欲望，就有了各种各样的顾虑，从而变得不敢说或不愿说。久而久之，老师这种监督力量就基本消失了，道义从此就远离了学校。失道，是因为失去了心灵的自然和平和，"开其兑，济其事"就难以"复守其母"。利益、欲望、享乐，奴化了最纯洁的领域和人群，当"朴"远离人类心灵的时候，"终生不勤"就成了奢望。

再一个研究、争论了很久的问题——高薪养廉，至今未有定论。那么，高薪真能养廉吗？许多人对此持怀疑甚至反对态度。从世界上廉洁程度较高的国家的案例来看，至少可以证明不要高薪也可以养廉。国际透明组织公布的那些清廉指数很高的国家，公务员并不是高薪，甚至比有些行业的人员薪酬要低。所以，著名作家二月河就反对高薪养廉。他认为，从历史角度看，历史上公务员工资最高的时期是宋朝，宋朝"公务员工资"是汉代的 6 倍、清代的10倍，但宋朝却是中国历史上最腐败的朝代。①还有人认为，从中国历史上看，高薪养不了廉，反而可能助长奢靡之风。

高薪不能养廉，用老子的思想其实非常容易解释。很简单的一个问题，多高才是高？高了还想更高，难以有确切的标准，关键在于心理追求。高薪只会让公务员更有条件"开其兑，济其事"，"守其子"而"忘其母"，高薪养出来的不是廉洁，而是将他们送入万劫不复的境地，结果必然是"终身不救"。所以，要解决不廉洁的问题，根本不在于收入，而在于对收入和生活水平的心理预期。只有心理上返璞归真，复归于朴，"复守其母"，才能从根本上解决问题。可以这么讲，廉不是靠金钱养出来的，而是靠守朴守出来的。而制度养廉也难以解决根本问题，与欲望随同而出的必然是"智慧"——奸巧伪诈，进而使任何制度都成为摆设，甚至成为贪腐的挡箭牌或遮羞布。

汉朝思想家、哲学家王符对此有深刻认识："贤人智士之于子孙也，厉之以志，弗厉以诈；劝之以正，弗劝以诈；示之以俭，弗示以奢；贻之以言，弗贻以财。是故董仲舒终身不问家事，而疏广不遗赐金。子孙若贤，不待多富；若其不贤，则多以征怨。故曰：无德而贿丰，祸之胎也。"②（《潜夫论·遏利》）对领导干部和公务员同样应该劝之以志、正、俭，坚定不移地劝之以"朴"而不能导之以"奢"，只有这样，才可能真正出现廉洁官场。只有一身正气，才可能两袖清风；也只有愿意两袖清风，才可能有一身正气。

不过，可能还是有人会反对说，收入的差距带来的是积极性的迸发，没有差距的廉洁则可能会压抑人的积极性和创造性。但是，我们想一想，以利益为导向的积极性和创造性不仅会表现在工作上，还有可能会表现在追名逐利、作奸犯科上。差距越大，作奸犯科的动力会越足，参与面会越广，最终就会因为"以智治国"而养出一批"国之贼"。还有人会反对说，有一些不廉也可以造就一些高收入者，高收入者必然是高消费者，消费可以拉动经济增长。但是，这样一来，增长是有了，矛盾也越来越多了。以社会矛盾增加换取的经济增长，对政府和社会来说有什么价值吗？没有任何观赏价值，更没有任何实用价值！为什么现在要进行公务员工资体系改革？某种角度讲，正是为了限制公务员欲望的膨胀，以"我无欲"来带动社会的价值观向自然方向发展，进而实现"民自朴"，通过"塞其兑，闭其门"实现"终身不勤"，避免"终身不救"。

---

① 新京报：《二月河：中国历史上高薪养廉从没成功过》，人民网·文史，http://history.people.com.cn/n/2015/0312/c372329-26683672.html，2015年03月12日。
② 张觉等校注：《潜夫论校注》（卷一），长沙：岳麓书社，2008年，第33—34页。

5．人之生，动之死地，十有三。夫何故？以其生生之厚

> 出生入死。生之徒，十有三；死之徒，十有三；人之生，动之死地，十有三。夫何故？以其生生之厚。盖闻善摄生者，陆行不遇兕虎，入军不被甲兵；兕无所投其角，虎无所措其爪，兵无所容其刃。夫何故？以其无死地。（《道德经》第五十章）

正确地认识生死，是尊道守朴的价值观形成的最重要的理论基础和最重要的信念来源。老子是怎么认识生死之道的呢？"出生入死"，通常认为，从母亲腹中生出来，就是生；死了埋入地下，就是死。故出世为生，入地为死。但从后文来看，这种解释未见得正确，老子更多的是从情欲的角度来看，情欲从个人的意志中出来，这就是生，因为这样就魂定魄静、抱元守一、清静无为，不会去自寻死路。情欲入于胸臆，就会产生追求和个人意志，结果就会妄视、妄听、妄言、妄行，自取灭亡的机会就会很大。

以老子的观察，世间之人，天生就属于长命的，十中有三；天生就属于短命的，也是十中有三；本该长命的人结果竟然短命，大概也是十中有三。这就怪了，为什么本该长命的人却短命了呢？是不是他们不爱惜自己的生命，不注重养生呢？错。恰恰是因为他们太爱惜生命，过于注重养生，结果走向了反面。"生生之厚"有什么问题呢？就是忘记朴素的自然之道，从而导致物壮即老、不道早已。如果能够守朴，就可以去情去欲，保五内清静，就不会自取灭亡。

老子说，他听闻真正善于养生之人，在陆地上行走不会遇到兕虎，进入战场不会为甲兵所伤。"兕虎"，即犀牛和老虎。兕虽凶却无处用其角，虎虽猛却无处落其爪，兵器虽利却无处加其刃。为什么会这样？难道是有神灵护佑？非也，"以其无死地"，因为他没有进入死地。

老子这段话让人特别费解，难道悟道圣人就不是肉身凡胎，真的就百兽不侵、刀枪不入了？绝不是这个意思，悟道者顺其自然，他知道生之必然、死也必然。所以不会受情欲左右，因此就不会幻想与自然抗衡，不会明知不当为而为之，自然就不会轻犯死地。"善摄生者"看似行事随意，其实无不遵从朴素的自然之道，绝不会加自己的意志于自然之上，不会逞强，也不会心存侥幸，哪会遇到什么危险呢？明知山有虎，偏向虎山行，这是"强行者有志"的表现，悟道之人绝不会如此而为。当然，老子这话可能应该更多地理解为一种比喻，而非写实，否则善摄生者就成神人了。

那么，老子又说过"圣人后其身，而身先；外其身，而身存"，这不是矛

盾吗？"后其身"是对的，因为不追求个人非自然的利益，没有非自然的欲望，所以才"不敢为天下先"。"外其身"就是置生死于度外，似乎有"动之死地"的嫌疑。但这并不矛盾，正因为认识到生死是自然之事，所以他们才能够在面临生死选择之时不因过于重生而畏死，虽不轻犯死地，但也不会忘道而贪生。舍生忘死，是因为将道看得高于一切。比如，不会为了个人的安危而置百姓的安危于不顾，那样无疑是忘记天道而"生生之厚"了。

去除了心中的魔障以后，自然就可以避开纷繁世界的干扰复归于朴，也就是达到了老子所说的"为学日益，为道日损。损之又损，以至于无为"（第四十八章）的境界，这样的境界也就是"无为而无不为"的境界，也是"无以为"的境界，这时候当然更不可能会"动之死地"了。什么是动之死地？就是我们现在经常说的"折腾"。不因情欲入于胸臆而搞来搞去，这就是"不折腾"。不折腾是放任自然，而折腾就是要让它不自然，于不自然中显示出非常之情、非常之能、非常之功。

2008年12月18日，在纪念中国共产党十一届三中全会召开30周年大会上，胡锦涛在会上讲要"不动摇、不懈怠、不折腾"，结果这个"不折腾"一下子成为流行词语。为什么单单这个"不折腾"一下子走红了呢？因为有些人经常折腾，不是折腾人，就是折腾事。折腾得太多，搞过来又整回去，总是在矫枉过正的过程中翻来覆去，把老百姓折腾累了、怕了，所以一说不折腾，大家就很激动，讲到了大家的心坎上，"不折腾"也就走红了。"折腾"是什么？就是按自己的意志和欲望去左右他人，去做不该做、大家不愿意做的事情，当然就不是遵道守朴，不是以自然定行止。

有为的"折腾"未必是以结果为目的，有时甚至就是以过程为目的，仅仅是为了展示个人的状态、能力和态度而已。为什么他们那么想要有为呢？是为了老百姓过上幸福生活吗？不能说完全不是，但根本上还是想把自己包装成有志有识有能之士，以稳固自己的地位，好以此去争取更高的地位，甚至不排除有个别人是为了非法利益，通过折腾把水搅浑、搅转以方便捞鱼。为什么会出现这种现象？因为我们已经失去了朴，心中充满了情欲。

情欲之害，不仅道家深以为防，儒家等各家各派都有很多的论述，无一不强调去人欲。《礼记·乐记》说："人化物也者，灭天理而穷人欲者也。于是有悖逆诈伪之心，有淫泆作乱之事。"①宋明理学的代表人物程颢、程颐说："'致知在格物'，非由外铄我也，我固有之也。因物有迁，迷而不知，则天理

---

① 张树国点注：《礼记》，青岛：青岛出版社，2009年，第166页。

灭矣，故圣人欲格之"①"人心私欲，故危殆。道心天理，故精微。灭私欲则天理明矣"②。(《河南程氏遗书》卷第二十四）按俗话所说，欲望就像那蒙住人心的"猪油"，正是它使天理难以昭彰。所以朱熹说："去其气质之偏，物欲之蔽，以复其性，以尽其伦。"③(《朱子语类》卷七）他甚至说"圣人千言万语，只是教人存天理，灭人欲"④，目的就这一个，这是何等的高度！朱熹还进一步讲："学者须是格尽人欲，复尽天理，方始为学。"⑤学也是为了"格尽人欲"，否则就白学了，这就基本上绕回老子的路上去了。

有一个现象值得深思，真正的宗教并不教人发财致富、建功立业，反而是讲清心寡欲，清修甚至苦修，无不是教人朴实、俭朴地生活和处事，为什么还有那么多的人去信仰它呢？仔细想想，可能是因为它把自然之朴植入人的心中，帮助人们寻求心灵的宁静，从而获得心灵的轻松和自由。只有心灵，才是人类最终的归宿；只有心灵的安静，才有心理上的快乐和幸福。那些教人功名心、利欲心者，就使人不得安宁、快乐和幸福，最后把这个心态和世界都搞得一团糟，它或许让人短暂地感受到建功立业的浮华的快乐，但又给人的心灵套上一个又一个枷锁，使人难以享受到真正的轻松自由的幸福。

---

① 陆学艺、王处辉主编：《中国社会思想史资料选辑》（宋元明清版），南宁：广西人民出版社，2007年，第102页。
② 陆学艺、王处辉主编：《中国社会思想史资料选辑》（宋元明清版），南宁：广西人民出版社，2007年，第101页。
③ 文捷编：《每天一堂国学必修课》，北京：华侨出版社，2016年，第52页。
④ 冯友兰：《冯友兰追问人生》，北京：新世界出版社，2012年，第191页。
⑤ 缘中源：《微哲学：微博时代的哲学智慧》，北京：中国长安出版社，2012年，第65页。

第五章

以静持国　没身不殆

"静",是老子哲学和政治思想中极为重要的一个概念,也是老子治世思想中非常重要的一个思想。何为"静"?静即不动,是一种放任或稳定的状态,是无为而治的外在表现,其理论根源在于道法自然和柔弱胜刚强。老子认为,静可"去妄",心无妄念则行无妄为,从而达到"静之徐清""动之徐生"的效果,故而是"长生久视"之道。反之,则是"妄作凶"。

1. 重为轻根,静为躁君

> 重为轻根,静为躁君。是以圣人终日行,不离辎重。虽有荣观,燕处超然。奈何万乘之主,而以身轻天下?轻则失本,躁则失君。(《道德经》第二十六章)

老子认为,重是轻的根本、根基,静是躁的主宰。因此,统治者自应持重、守静为本。治国以重、以静,可保本固和神明。为何?重则可立身于地、保神于内,不至于四处飘浮没有着落,故重为根本。静为躁的主宰,静则身稳,静则神定,静则可因时因势而动,故可变化通达。躁则身轻,而轻则如天马行空,万事没有根基、没有定数,易偏执,易失度,躁则疾进而失变化,反而易为外物所扰、所伤。

自然界和生活中许多现象可以说明这个道理。例如,树根是树叶的根本,树叶因其轻在上,却频受风霜之扰,最终零落成泥;树根因其重在下,有泥土覆盖,故可免风霜之扰,反以落叶为其营养。又如:山上落石飞起即变轻、躁,若无固定不动的树木、石头阻挡,就会在滚动中不断增加动能,最终粉身碎骨;汽车的底盘重则虽快而稳,底盘轻则车身不稳,危险性就增加;人在运动中稍受外力就容易摔倒,而静处之时则无虞。这些都说明,人皆应以冷静、稳重为最重要的修炼。

因明此理，圣人终日在外行走之时，必是辎重不离左右，所谓"兵马未动，粮草先行"。为什么？有（辎）重即为有根，手中有粮，心中不慌，就不会使行事失去稳重，就不会因挨冻受饿而轻举妄动。而圣人在家之时，即便住着优美的居所和环境，却能做到浑不在意、超然物外，不为物欲所惑而沉迷于中。他们志于道，故能保持心理安静、灵台清明，不会丧失自己的自然本性。守静、持重的前提，就是不忘自然需求而又能守住自然需求。

然而，偏偏就有一些统治者不明此理，沉迷于物欲之中，迷失于宫庭之内。面对这些现实，老子痛心疾首地问，为什么有些人贵为国家之主，却那么不稳重、不冷静，面对天下大事都敢轻率行事而政令频出、扰民不断呢？须知轻行则伤精，疾躁则伤神，轻率会失其根基，狂躁会失其主宰。"轻则失本，躁则失君"，有些版本作"轻则失臣，躁则失君"或"轻则失根"，这没太大区别，臣、君也是引申为根基、主宰，即稳定性、控制力、支持力等。

轻行、疾躁的根源何在？在于有非分之想，为非自然欲念所驱动而失本、失态，才会有轻举妄动甚至胡作非为，因此往往出现爬得高摔得重的现象。这些道理告诉我们，为政之道就是顺其自然，欲望自然则行事自然，自然而后能守静，守静则做事不会草率、轻举妄动，也就不会有无妄之灾。从所谓政治斗争的角度来说，如果政治对手的举动、诱惑不能使你改变清静、稳重的思想、风格、政策，虽有千奇百怪的智计，于己又有何患？用之又有何益？久而久之，也就怪事不怪、其鬼不神了。以不变应万变，是因为只有不变才能应万变，以万变应万变，总有百密一疏之时。

反过来讲，那些喜欢轻举妄动之人，必是个人私欲浓厚之人。行动轻率就是不能"守一"，是失根、失本的表现。所以，无论什么人，要想成为国家的根本和根基，就必须少私寡欲，而后守静、持重、戒躁、慎行，才不会政令频繁。否则民不堪其扰，君不堪其忧。老子所讲"强大处下，柔弱处上"（第七十六章），其实也是同一道理，处下者即为处重而不处轻，自然根深蒂固。高高在上者，就像大树末梢的枝叶，非但不为重，反而是最轻，风吹必动，大风必折。

2．至虚极，守静笃　不知常，妄作凶

至虚极，守静笃。万物并作，吾以观其复。夫物芸芸，各复归其根。归根曰静，是谓复命。复命曰常，知常曰明。不知常，妄作凶。知常容，容乃公；公乃全，全乃天；天乃道，道乃久，没身不殆。（《道德经》第十六章）

守静是悟道的修炼途径，静又是体道的最终结果和表现。在老子看来，静是一种自然界的永恒规律，是自然之道、常道，知道这个常道才能称为真正的明理。但要持之以恒地、笃定地守静，必须彻底地摒弃心中的非自然欲念，达到一种心中无物的极致的虚无状态，不为外物所扰，才可以明理、守静，为政者就会"不妄作"，也才会"没身不殆"。

天下万物竞相生长，却无不是循环往复。就像那茂盛的枝叶一样，最终必然叶落归根。万事万物无论多么纷繁复杂，最终都必须回归本原。归根不是死亡，而是归于沉静，回复到本原或起点。物质不灭，循环往复而已。就像树叶之凋落，不过是以身化肥滋养树根和掉落的籽实，使其孕育新的生机，从而自己也获得重生。

这种生生不息、生命循环是天赋而不可违逆的规律，也是万物的自然本性。懂得这种规律和本性，就是明白了天道，就是真正的明智。所谓明智，其实是明道后的理智，是指对永恒规律的了解，而后能够以智统情。了解了永恒规律，就有了永恒的标准，做事就不会随机而变、因情而动，也就不会把事情搅乱。所谓以不变应万变，就是因为有不变的标准，所以才不会随机而变。所以，老子认为，知常者必然不会妄作，不妄作即可保平安。不知常者，必然常常妄作轻举，则容易遭遇灾祸。

知道万物皆须归静的永恒规律，就是通圣了。"容"，通常解释为通、圣的意思。近代研究先秦学术和文字学、训诂学的著名学者高亨说："容，能也，圣也。……知常容谓知常为通圣。前文曰：'知常曰明'。明容义相近，特容又较明为胜耳。"①不过，对"容"的理解或许还应该细究。本书认为，"容"在此根本上应指包容。为什么呢？因为圣人体会了自然常道，就能谨守常道，而不会因为区别对待而偏听偏信偏爱，也不会去追求极致，于是对只要不是"物壮则老"的东西都能包容。有了这种包容，就不会有意气之偏，就会达于公平、公正、无私的境界。细究之下，两种解释还是有很大区别的。

入圣后是一种什么样的境界？入圣则无所不能包容，包容则可坦坦荡荡、公正无私，这就是圣人的境界。公正无私，才能保持万物的整体性，才能全面周到地考虑问题。全面周到，才能与天地相参。与天地相参，才能领悟自然之道。悟自然之道，才可以长久生存，终身不涉险境，不处危殆，百邪不侵，身安家安国安。"执道者德全，德全者形全，形全者神全。神全者，圣人之道也。"②（《庄子·天下篇》）神全者，自然不会轻易为外物所惑所撼。

---

① 转引自冯达甫：《老子译注》，上海：上海古籍出版社，1991年，第38页。
② 李安纲编著：《南华经》，北京：中国社会出版社，2004年，第173页。

老子提出"知常"即明智、通圣，与通常所说有很大区别。许多人往往将世事洞明、人情练达作为明智、入圣的标准，而老子恰恰是要求摒弃世俗影响，魂魄抱一，涤除玄览，以自然心灵的明镜审视万事万物，这样才能达到处无为之事、行不言之教的境界。这两种理解有天壤之别，区别就在于得道后的无欲与无道的私欲。

实际上，整个《道德经》都是围绕知常来讲。老子认为，"知常"是守静的前提，而守静的极致状态是"至虚极，守静笃"，就如同敌军围困万千重，我自岿然不动一般地坚定。这种静，是一种不惑，不为外力所扰所惑，内心专注守一。这种静，是一种稳定的状态，一种巨大的力量，静如处子方能动如脱兔。这种静，是一种深厚的智慧，只有定、静才有思虑的周详，才可以准确无误直达目标或精准规避风险。这种静，也是一种途径或策略，只有静才能观变，然后才能正确地因以治变。就如射箭高手，越是冷静越能命中目标。也像武侠小说里描写的一样，超常冷静的对手才是真正可怕的对手，他们很难露出破绽。而一旦出击必然是直指对手的弱点。千万不要认为静是一种无能的表现，也千万不要小看由静而动爆发出来的能量。静则任万物之自然；动则辅万物之自然。

其实，儒释道三家莫不强调守静，都将其作为修炼的重要方法和途径。道家叫作"打坐"，也叫"盘坐"或"静坐"。道家认为，打坐既可以延年益寿，又可以开智增慧。佛教中叫"禅坐"，也叫"禅定"，为禅宗所必修。儒家叫静坐，即正襟危坐，可至反省和慎独。中华武术修炼中，也有打坐，是一种修炼内功、涵养心性、增强意志力的方法和途径。"久静则定，久动则疲"，静是入定的前提，入定方可知常，知常方为真正的明、智。所以，打坐的根本目的在于入定而后"知常曰明"，明则无疑，无疑则可破心中贼，则可去人欲存天理，以至于"无为"，无为方可大治。

清代王士端的《养真集》对此有很好的解释："人当妄想萌动之时，即疾病发生之时也……先天无形之精神内损而病者，非反观静养不能愈也。十大名医治人身病，三教圣人治人心病。"[1] 人之病，源于妄想萌动，非静养不能治愈。社会之病何尝不是如此？所以，"白鬓老人曰：'己忘而物自化。'可见内因有己，外才有物。内己若忘，外物自化。世人弃真觅假，尚曰予智"[2]。动者，世人认为是智，其实是不智。

---

[1] 席春生主编：《中国传统道家养生文化经典》，北京：宗教文化出版社，2004年，第349页。
[2] 席春生主编：《中国传统道家养生文化经典》，北京：宗教文化出版社，2004年，第364页。

老子讲归根曰静、复命曰常,这是不是就是对生命、生死问题的认识呢?正是如此。对生命、生死规律没有正确认识的人,就会轻率妄为、物欲横流。勘破生死的人,内才会有心灵的安宁,外才有行为的稳重。人类的许多行为,比如说贪污腐化,当事人事后看起来也会觉得很好笑。这是因为他被关进监狱后,有了时间安静地思考和参悟。在外面掌权之时,心随着世界而晃动,行随着欲望而晃动,哪有时间来考虑生命、生死这些根本问题?可能于不知不觉中就被带偏了。所以,对于处于忙碌的世俗之人来说,"知常"说起来容易,做起来其实很难,许多人一辈子也没有参透这个问题。

孔子说:"吾十有五而志于学,三十而立,四十而不惑,五十而知天命,六十而耳顺,七十而从心所欲不逾矩。"①孔子十五岁时开始专心于学问,到了三十岁才有了较高的学识和自己的观点、见解,有了应付千变万化的"一定之规",四十岁才做到不为外物所惑,五十岁才"知天命"——"知常",而能时时事事处处遵道而行,却是七十岁以后的事情了。可见,知常本就很不容易,知常又能合于道而"不逾矩"就更不容易了。

实际上,共产党人也是相信"知常""天命"!"天命"并非迷信,而是自然规律。他们把它称之为"必然王国"。马克思、恩格斯对此论述道:"一直统治着历史的客观的异己的力量,现在处于人们自己的控制之下了。只是从这时起,人们才完全自觉地自己创造自己的历史;只是从这时起,由人们使之作用的社会原因才大部分并且越来越多地达到他们所预期的结果。这是人类从必然王国进入自由王国的飞跃"②"自由不在于幻想中摆脱自然规律而独立,而在于认识这些规律,从而能够有计划地使自然规律为一定的目的服务"③。

毛泽东指出:"自由就是对必然的认识和对客观世界的改造。只有在认识必然的基础上,人们才有自由的活动。这是自由和必然的辩证规律。"④邓小平也指出:"解放思想,就是使思想和实际相符合,使主观和客观相符合,就是实事求是。"⑤这些认识告诉我们,创新、创造必须建立在对"必然王国"——规律的认识基础上,自由是对自然规律的认识和利用,而不是抛开规律的为所欲为,这不就是"知常"而"明"、无为而治、无为而无不为吗?

但是,一些人在实际工作中往往抛弃了这些正确的认识,做了许多不符

---

① 孔丘等著:《诸子百家》,沈阳:万卷出版公司,2009年,第11页。
② 《马克思恩格斯文集》(3),北京:人民出版社,2009年,第564页。
③ 吴仁平、赖亦明、王玲玲编著:《马克思、恩格斯哲学经典著作解读》,成都:电子科技大学出版社,2014年,第88页。
④ 毛泽东:《毛泽东思想方法》,北京:红旗出版社,1982年,第175页。
⑤ 中共中央政策研究室党建组编:《毛泽东、邓小平论实事求是》,北京:中共中央党校出版社,1992年,第212页。

合规律的事情，为了"有为"而主观作为，以非自然的方式打破了社会的自然状态和运行。动静倒是不小了，可结果给自己带来相当多的烦恼，为社会增添了不少矛盾，这不能不说是相当遗憾的事情。老子诚不欺我，"执古之道，以御今之有，以知古始，是谓道纪"！

3. 治大国，若烹小鲜

治大国，若烹小鲜。以道莅天下，其鬼不神；非其鬼不神，其神不伤人；非其神不伤人，圣人亦不伤人。夫两不相伤，故德交归焉。(《道德经》第六十章)

老子用了一个非常形象的比喻——治大国若烹小鲜。什么意思？就是动作不要太多了，动静不要太大了！就像烹调鱼儿，若老是翻来翻去，或翻得太重，几下就把鱼搅烂了。还有，火也不能太大、烧得太猛，否则最终没有像样的鱼吃。同理，治理大的国家与烹煮小鱼并无两样，必须谨慎施政，不可用大动作、快动作搅来搅去。慢工出细活，慢的根源其实在于心静。

有人说，如果国家很小，资源少、权力小，做不了什么大事情，像烹小鲜一样少搅动也就罢了，就是想多搅动几下也没那可能；可这国家大了，调动的资源就多，怎么就不能多为百姓做点事情谋点福利，怎么就不可以稍微自由挥洒一点呢？当然不能！甚至国家越大可能越要慎为、少为，否则，国家会成为一个像三流厨师烹调的烂鱼一样的烂摊子。区别只是在于，大国是大烂摊子，小国是小烂摊子。

所以老子才说，古之善为士者，"豫兮，若冬涉川；犹兮，若畏四邻"（第十五章），简直就是战战兢兢、如履薄冰，又哪敢随便搅来搅去呢？更何况，"天下神器，不可为也，不可执也。为则败之，执者失之"（第二十九章），"取天下常以无事。及其有事，又不足以取天下矣"（第四十八章），别以为自己可以为所欲为，主观作为不会有任何正面作用。

不是有许多人相信鬼神吗？其实，治理天下如能静守道德，那些鬼神就神妙不起来了，那些妖魔鬼怪就不能兴风作浪了。为什么呢？因为道临天下，必公道昭明，人心纯朴，是福是祸并非由鬼神说了算，而是人人都能看得明白，自己就可以预知未来。只有天下无道时，私欲泛滥，作奸犯科，人人心理上惶惶不可终日，不知所措，不知所终，鬼魅邪祟之事就会出现。所以，并非鬼神作怪，实是人心作怪。

当然，在那个时代要叫人不相信鬼神可能很难，所以老子又换个角度讲道，天下有道之时，即便鬼神还是有着神妙，但其神妙也不能伤人。这样的世道下，并非鬼神不伤害人，而是圣人不伤害人。仔细推敲，恰恰是因为圣人不伤人，所以鬼神才不伤人。正所谓邪不胜正、一正压百邪，人人都不做亏心事，哪来半夜鬼敲门？世上有鬼，是因为人心里有鬼、人变成了鬼。如此，则人鬼神各居其位、各管各事，互不相伤，百姓就安享太平日子，人君也就高枕无忧。

反之，如果让动作很大、很急的厨师，尤其是很多这样的厨师，来烹调大国这条鱼，结果会如何呢？那就会是政治伤人、鬼神伤人，会出现许许多多的怪异现象，搞得人心惶惶，人人不知所措。为什么呢？治国以动，必是有欲之为，则必然搅乱自然状态从而错乱百出。要弥补这些错乱，必然又得施以新的动作，结果就会越做越错、越错越乱。治国以静还是治国以动，如此就泾渭分明了。

"治大国，若烹小鲜"这个比喻非常传神、贴切。烹小鲜要轻、慢、慎，少施作为，这样才能保持鱼的完整性。其实，厨艺的高明与否，往往就在这翻的技术，越是高明的厨师，越是谨慎小心，观察仔细而又动作合宜。可见，从守静的角度讲，政治艺术有什么复杂的呢？不就是谨慎施为、少施作为嘛。多看少动，看清再动，不需要动就不动，方能称为真正的政治家。就这么简单？对，就这么简单，一个深明天道、摒弃私欲的政治家，所做的不过只是"辅万物之自然"而已。辅！

你真认为这很简单？其实这一点也不简单。没有"知常曰明"为基础和对静的修炼，是难以去除妄念、妄为并看准时机辅万物之自然的。就像开车一样，有些人老是在拨动方向盘，结果车子总是扭来扭去，坐车的人觉得不舒服，还容易出交通事故。而高明的司机则不然，他很少去拨动方向盘，除了大弯急弯这些以外，即便拨动方向盘也总是微不可见，结果车子开得稳当，乘客坐着舒适。这就是静中有动，主体是守静，不妄动则不需要那么多动作去拨乱反正。

所以，治国者守静，天下自然也就平静安定，就没有那么多鬼神怪事。真正的政治家都是如此，但政客的思路恰恰与此相反，不搞点动静出来，就害怕老百姓忘记了自己的存在，害怕百姓不知道自己的本事和能量，担心百姓不了解自己一片为民苦心，结果把天下搞得乱七八糟甚至千疮百孔。也正因如此，这样的人最多算是政客，绝对是够不上政治家称号的。

4. 不欲以静，天下将自定

> 道常无为，而无不为。侯王若能守之，万物将自化。化而欲作，吾将镇之以无名之朴。镇之以无名之朴，夫亦将不欲。不欲以静，天下将自定。(《道德经》第三十七章)

通常的认识是，只有勤政才能安邦、富民、定国，所以会认为老子的政治思想是一种懒人政治，是怠于政务、不思进取的遮羞布。他们会担心，国家事务这么复杂，若一味守静待治，会因为缺乏管理、治理而越来越乱；若守静待治，老百姓就会觉得这个政府、官员不思进取、无所作为；若有了些乱子，还是一味守静，岂不是不负责任、会越来越乱？但是，基于自然哲学和自然政治的思想，老子认为不用担心，"不欲以静，天下将自定"，没有私欲的静可以使天下自然而然地形成和谐秩序和安定局面。相反，有欲以动或者有欲以静，反而难以形成和谐秩序和安定局面。"自"，即自然而然、不求而得的意思。

对于静和动，不能片面理解。"不欲以静"的前提是"不欲"，标准自然也就是"不欲"。欲是什么？就是个人私欲，包括主观意志和个人理想这些出自私心而非自然的东西。没有私心，就只有自然之心；没有理想，就只有自然的目标。抛弃了这些主观，治理者才可能"至虚极，守静笃"，才能知常而明，才愿意无为而治，不妄加个人私欲于行政，从而使治国理政达到守静如雌的状态。"静"是出发点又是归宿，是路径也是目的。与"不欲以静"相对的有两种，即"有欲以静"和"有欲以动"。

"有欲以静"就是因为私欲而守静，那就可能是真正的懒人政治，甚或是别有用心了。无欲者，万物自化时不干预，不能自化时必出手辅万物之自然。但有欲者不同，万物自化时，他可能不守静，使万物不能自化，明显已经物壮而老充满甚、奢、泰的时候，他却来个静而不动。但这个静已经不是为了任万物自化，而是为了自己所谓的"政治利益"，并非坚定的守朴心态和追求，并非出于对自然之道的尊重和敬畏，其中包藏的必然是祸心，这就遑论道德了。

"有欲以动"就更不用说了。当怀有个人私欲的时候，他所想到的必然是个人目标的达成、个人理想的实现，自然之道就会被置诸脑后，就会犯"政治多动症"，一天一个花样，只会给社会增添乱源。但是，并非所有的动都不合道，有一种动也是合道的，即"不欲之动"。人类社会的发展往往是静极思动、动极思静，这也是辩证法。长期的守静和发展往往会"化而欲作"，这时候再不动又会出问题。怎么办？就必须"镇之以无名之朴"，使"夫亦将不欲"。"镇之以无名之朴"就是"不欲之动"，这是圣明的政治家必须秉持的动的职能。不过，这时候的动作必然是化欲、镇欲之动，是损有余而补不足、去甚、去奢、去泰、绝圣弃智之动，其目的是归于静，而且相对于私欲而言，还是静而不动。虽方式不同，但本质都是对自然之道的不离不弃。

对有道的为政者来讲，跟人欲做斗争是艰苦而长久的事情。只有以静为本，以动为辅，动静结合，才能真正达到辅万物之自然的根本目标。由此可见，别把有为当好心，别把有为者当好人，对有为者须防之又防，既要防其自私自利，也要防其损万物之自然。当人的意志和力量阻碍自然规律运行的时候，所有的人都将成为受害者。前面所论，我们会发现，静是一种力量、一种智慧，甚至是"定"的根本路径，但总有些人会担心这样会不会搞得一塌糊涂？老子肯定而乐观地说，不仅不会，而且"道常无为，而无不为""不欲以静，天下将自定"。

也正因为这样，老子认为关键在于"侯王若能守之"。谁是"侯王"？可以说是最高统治者，也可以是封疆大吏，还可以泛指所有的"上"。也就是说，关键在于官员，尤其是高层官员，如果他们不能守之，下面的人就难以守之，万物就不可能自化，只能是在人欲的裹挟下因人而异。由此可见，守静与无为而治可以说是同一内涵，或者说守静是无为而治的体现，静又是无为而治的结果。

"万物将自化"本是一个极好的结果，问题在于"侯王"往往不愿守之，也不愿意让万物自化。根本的原因在于，"侯王"往往难以"不欲"，往往也不希望甚至害怕天下自定。他们总认为自己有着超常理性，而这些理性都是指导实践的正确认识，即世界需要听从自己的意愿和指挥。老子为什么强调圣人治理？根本原因在于只有无欲之圣人才可能守静、无为，而这可能正是有为者不希望甚至害怕的事情。这样一来，在实践中我们看到有些为政者总是好动而不好静，他们总希望自己就是指挥家，可以把"下"指挥得转过去又转回来。而权力、威权下的鼓掌声，最后把他们自己也搞得忘乎所以了，对其中的问题和隐患甚至明显的弊病都视而不见。

怎样才能守静呢？老子认为其根本在于"侯王若能守之"。其实这很容易理解，因为"侯王"不仅可以带动、催动"下"的欲望，还能将这种欲望变成政府意志、制度要求。如果侯王不能守之，在政治这个机器的带动下，官员们就无法停止自己的运动，甚至时不时还必须加强自己的运动。侯王可以轻易地将自己的欲望转化为群体性、制度性、系统性的要求，比如政绩及其考核标准。若上有欲，则政绩考核必然难以自然为标准，而会以出众、卓越为标准。一个又一个的任务、考核、排序，会让下面的官员不能也不敢停下来，否则就会被从政治这个车上扔下去。由此而论，越是上层的官员，越要学会守静，本来下面的官员都有功名心，你不静他们就动得更欢，也就更离谱。

再比如经济危机。为什么会发生经济危机？是经济结构出了问题，远离了自然性，导致经济这个大厦的支柱不再平衡。通俗来讲，一定是供给和需求这两端有一端出现了大量有余，另一端显得非常不足，从而导致行业之间或行业内部链条的脆弱，进而造成整个经济体系的不平衡。为什么会出现大量有余？其实，就是部分人和企业的欲望涌动，导致生产严重过剩，如果需求跟不上来，连接这两个环节的资金链条就会出问题，这时候经济就生病了，曾经需求增长的"机"就会演变为生产过剩的"危"。

怎么办？是不是赶紧想办法人为地把需求提上来？或许会有一定效果，但这种欲望支配下的办法未必能解决根本，个别人的智慧和努力未必能解决系统性的问题。只有不欲以静，任天下自定，方为治本长策。"孰能浊以止？静之徐清"，危机本身就是一种损有余和补不足的方式，是给经济治病的方式，没必要去管它，管了也不会起多大作用，从长期来看甚至还会起坏作用，不如等它自己静下来的好。

这就好像人感冒一样，发烧、乏力、流鼻涕难受得很，这时就要去看病，但怎么治却大有讲究。中医认为"三分治七分养"，适当用点药，调整一下不自然的生活方式，用不了多久也就回复自然了。西医也一样，认为普通感冒根本就不用吃药，治疗要七天，不治疗也是七天。这些实际就是守静的办法。但别有用心的医生或者庸医，就会不一样了，可能不分症重症轻都会用猛药。因为有欲以动，他要显示自己用药管用，要挣你的钱，所以必须要眼下效果明显。但这种有欲而动的用药办法，可能会积累新的问题。眼下看着见效了，什么时候算个总账也未可知。滥用抗生素的问题就是这么出现的，一旦人到了需要用抗生素而又不起作用的时候，算总账的时候就到了。从这个角度讲，好动不如守静，寄希望以动来解决前面的问题，搞得不好就是越帮越忙，越忙越乱，越乱越糟，最终会出更大的问题。

5. 静之徐清　动之徐生

古之善为士者，微妙玄通，深不可识。夫唯不可识，故强为之容：豫兮，若冬涉川；犹兮，若畏四邻；俨兮，其若客；涣兮，若冰之将释；敦兮，其若朴；旷兮，其若谷；浑兮，其若浊；澹兮，其若海；飘兮，若无止。孰能浊以止？静之徐清；孰能安以久？动之徐生。保此道者，不欲盈。夫唯不盈，故能蔽而新成。(《道德经》第十五章)

"孰能浊以止？静之徐清；孰能安以久？动之徐生"，这句话据说被德国哲学家、20世纪存在主义哲学的创始人和主要代表之一、曾一度担任弗赖堡大学校长的马丁·海德格尔悬挂在书房里。

古代得道圣人是什么样的形象呢？"善为士者"在许多版本中作"善为道者"，帛书乙本也作"道"，甲本残缺，可见"善为士者"即"善为道者"，士即得道之士，并无本质区别。说得道之士"深不可识"，高深得看不透，为什么呢？因为其道通玄，知微入妙，深奥博雅，故能守静如雌；同时又变化通达，动则辅万物之自然。因此，就像道一样，要形象、准确地描述就非常困难，只能勉强用一系列比喻来描述它：

他小心谨慎，就像冬天行走于结冰之河，临深履薄，必精神专一、戒急戒躁。

他警惕戒惧，就好像畏惧四邻知其所为，力避干扰，清静守一，绝不肆意纵情，也不想功成而居。

他恭敬严肃，就好像在别人家做客，身端心正，气息从容，和颜悦色，光华不显。

他洒脱不羁，就好像冰凌之将消，无拘无束，无形无迹，不凝不滞，应时而动，自然而为。"涣"，流散之意，即冰雪融化而涣然流散。帛书甲乙本中均为"若冰之释"，没有"将"字。"涣"之流畅自然状态，道家养气之士可能更容易理解，当养气达到一定境界之后，就经络疏通、气血流畅、轻松自然、全身舒泰，全身无一处凝滞。

他敦厚朴实，就好像未经加工的本色木材，或者未经雕琢的璞玉。没有分别、忘我忘形、去私欲杂念，与天地万物融为一体。《说文解字》里讲："朴，木素也。"[①]指最自然的本色、本体。

他豁达开阔，就像幽静深广的山谷，清静、幽深、旷达，于群山之中显得豁然开朗，它能生长、包容万物，又生而不有、为而不恃，胸怀博大"若天下谷"。

他浑朴厚实，就像浊水一样没有层次分别，浑然一体。浑兮若浊就像"大白若辱"一样，是一种没有分别的心态和境界。

他沉静澹然，就好像浩渺无边的大海。大海可容天下溪，纳天下垢，但仍然是那么的清澈。

他飘逸绝伦，就好像清风一样永无停止。清风徐来，天朗气清，而清风

[①] 〔汉〕许慎：《说文解字新订》（卷六），臧克和、王平校订，北京：中华书局，2002年，第375页。

中的安静感觉最让人爽心悦目，更让人觉得大自然之美好。正因为清风"若无止"，才让人觉得它无处不在，无所不能照顾。

从这些描述可以看出，得道圣人之所以行事非常谨慎，喜静不喜动，这是因为他们明白一个根本的道理——静能止浊，动须徐生。怎样才能止浊见清呢？唯有守静方能自清。所以，圣人总是居浊待止，而不急于昭然。怎样才能让生机长久呢？只有让生机自然而然地慢慢地发生。所以，圣人总是能居静长守而不急于动作，静待万物自然而然地徐徐地发动生机。

浊之徐止，动之徐生，是自然的规律，非人力所能改变。故无论养生还是养国都重在"静"，静的表现在于一个"徐"字，其中正是暗含了守静如雌、戒疾戒躁的道理。近代著名国学家陈柱说："浊者而能清，安者而能生，在乎静之动之，使其徐而不疾，渐而不骤，顺其自然而不知其所以然。"[1]

那么，如果追求动之急生会怎样呢？"飘风不终朝，骤雨不终日"（第二十三章），来得快的必然去得也快。"保此道者，不欲盈。夫唯不盈，故能蔽而新成。"（第十五章）正因为不期望事事盈满，所以才能革蔽陈新、吐故纳新，蔽自去而新自成。"不欲盈"，既可以说是不敢自满，也可以说是不追求绝对的圆满。"欲盈"则是内心欲望的体现，"盈"则是物壮而老的状态，故"不欲盈"是追求一种自然的状态。而追求盈满必然是不断强化某一方面的力量，从而使蔽者更蔽，新者难呈，社会就难以充满创新活力。

这个道理很容易明白，就如一杯浑浊的水，你越是想要把浊与清分清楚而使劲搅动，越是不可能澄清。若使之安静，则可慢慢得以澄清。又如大自然一样，若想天朗气清，则须风轻云淡。若狂风大作，则必是昏天黑地、人神不安。同理，若侯王守静，则社会和国家的生机必然徐徐发动，国家最后也生机勃勃，因为"不欲盈"而能容纳新生事物，所以创新也就成为常态。为什么说"道常无为而无不为。候王若能守之，万物将自化"？因为"不欲以静"既是"静之徐清"的过程，同时又是"动之徐生"的过程，故能天下自定。

现在我们就明白舍静求动、舍徐求疾的弊端所在了，就像前面所说的经济危机，危机来了靠动是解决不了问题的，只有静之而待徐清。而日常的治国理政中，若想使其快速见效而大动、急动，就会搞得人们心无定止，"风乍起，吹皱一池春水"，不仅可能没有预想的勃勃生机，反而可能破坏其自然生机，只有让生机慢慢地起来，才能持久而平稳。"蔽而新成"是自然之理，不能追求快速和盈满，否则就会除蔽生蔽，除小蔽生大蔽，最终走向"物壮则

---

[1] 冯达甫：《老子译注》，上海：上海古籍出版社，2006年，第36页。

老，谓之不道。不道早已"的境地。

有人可能会觉得奇怪，这个描述怎么跟老子所说的"宠辱不惊"的圣人形象不一致，反而像一个随时"贵大患若身"的小人形象呢？其实不矛盾。为了顺应自然天道，圣人可以"外其身而身存"，同样为了顺应自然天道而"贵大患若身"。追求急功近利，无异于随时将自己、百姓和社会置于险地，这就是无知莽夫了。豫、犹、俨、涣、敦、旷、浑、澹、飘等九字，非但不能说圣人是一幅小人形象，反而显示了圣人的敦厚朴实、谦虚谨慎、虚怀若谷、自然无为，须知轻举必有妄动，最终必引妄灾。明白这个道理以后，我们才会真正从内心做到不折腾、怕折腾。

反之，有欲以动则天下难定，在个人私欲妄念左右下的妄动，反而会带来许多问题和矛盾。为了掩藏这些问题和矛盾，粉饰太平，突出业绩，要实事求是就不可能了，于是主要阵地就转到了玩弄文字和新闻上。最后，不是政绩出形象，而是智慧出形象，就看你搞些什么动作，而不管这些动作效益是否真好；就看你做什么宣传，而不管这些宣传内容是否真实、现实、落实。玩智慧变成了拿手好戏，喊口号变成了家常便饭，搞工作却成了业余爱好，这是非常可怕的事情。

历朝历代"其兴也勃焉，其亡也忽焉"的经历，也完全印证了"孰能浊以止？静之徐清；孰能安以久？动之徐生。保此道者，不欲盈。夫唯不盈，故能蔽而新成"的正确性。为什么会迅速兴起呢？有为而起，有为而兴！为什么会忽然之间就衰落了呢？有为而衰，有为而亡！前述夏、商、周各朝历时500～800年之久，就在于他们很长时期内可以无为而治，不为了兴盛、强大而有为，也就没有那么多动作，就能够守静，经济社会的生机是徐徐生长。当然，或许这也是受制于当时的生产条件。当他们变得有为、躁动以后，国家就迅速强大和兴旺起来，这说明有为是有短期显效的。但是，强大和兴旺的结果并不是长久，而是迅速衰落甚至灭亡。后世历朝的君主与他们相比显得更加有为，更加不愿意守静，所以无不是盛极一时，但兴盛并未改变其不超过300年统治时间的宿命，长生久视并未成为他们希望的结果。

在私欲引导下的好动，往往会导致失去自然之道。尤其是随着生产技术的进步，"侯王"们可能会更加忘乎所以，对自己掌握的权力和资源过分自信，也就更不愿意承认"不欲以静，天下将自定"，不愿意任其静之徐清、动之徐生。当他们以自己的意志代替自然天道，欲大展宏图、予民富强之时，实则已经是人道日强、天道日衰、祸在眼前了。当一个朝代失道至极之时，必然就会出现替天行道之人。原因只有一个：欲望现，政令出，祸患起！现在，我们国家正在提倡依法治国，其中很重要的一个是依法行政。为什么要强调依法行政？很重要的一个目的就是要限制政府官员的率性而为、任意而为、为所欲为，促使政府和官员守静，不让政府政令频出、朝令夕改，要管住自己欲望支配下的手乱来。

有趣的是，人类思想步伐的出发点其实大抵相同。翻开人类思想历史的篇章，我们会发现一个与老子思想非常接近，又几乎处于同时代的古希腊哲学家——伊壁鸠鲁，他以"快乐主义"哲学思想闻名于世，赞成者不少，批判者更多。只不过，伊壁鸠鲁在政治上最终走上了真正的逃避现实，这却与老子有本质区别，或许与庄子更加接近。

伊壁鸠鲁生于公元前 341 年，比老子约晚 230 年，其思想影响长达 4 个世纪之久，即便今天我们也可以从西方人的生活、行为方式中看到他的影子。更为相同的是他们两人哲学思想的命运，老子的哲学思想影响达六七百年后，几乎被世人尤其是统治者所抛弃，在后世还主要因其"无为而治"的思想饱受诟病和批评。伊壁鸠鲁的"快乐主义"哲学思想也是影响长达四百年后受到不少批判，因为他的一句名言"让我们吃喝，因为明天我们就会死亡"[①]，今天"Epicurean（伊壁鸠鲁）"这个词甚至已经是贬义，被用来形容那些追求享乐的人们。其实这对老子和伊壁鸠鲁来讲，都很不公平，也实属冤枉。后世人们对无为而治的理解已经大大偏离了老子的本意，而后世所发展出来的享乐主义和纵欲主义，毕竟也不是伊壁鸠鲁自己的思想，把罪过归于伊壁鸠鲁实属大谬。简单来说，老子和伊壁鸠鲁的思想有两大相似之处：

第一，他们都强调追求自然和心灵的宁静与快乐。老子认为"人法地，地法天，天法道，道法自然"，"小国寡民""使民复结绳而用之""甘其食，美其服，安其居，乐其俗""邻国相望，鸡犬之声相闻，民至老死不相往来"等说法，都是对心灵宁静而又快乐所必需环境的描写，是一种理想主义或浪漫主义的描述，是想说明在这样的状态下，人们才能享受到自然的宁静和心灵的快乐，而不是物质、功名等带来的快乐。

伊壁鸠鲁则认为人类行为的目的就是从痛苦和恐惧中解放出来以求得快乐，快乐是幸福生活的目的和开始，是善的唯一标准，美德只有同快乐联系起来才有价值。但重要的是，他认为只有自然的快乐才是真正的快乐。快乐并不仅仅是感性的肉体快乐，有自然的和非自然的两种状态。自然的快乐是适度的、健康的，非自然的快乐是过度的、令人厌恶的。感性快乐是基础，

---

① 经典课程编委会编著：《北大哲学课》，北京：北京联合出版公司，2014 年，第 182 页。

但精神的快乐高于感性的快乐。这种快乐就是"肉体的无痛苦和灵魂的无纷扰",亦即"不动心"的至善状态。他还劝人"要逃避任何一种教化的形式",要躲避公共生活,因为与一个人所获得的权势成比例,嫉妒他因而想要伤害他的人数也就随之增加。纵使他躲避了外来的灾难,但内心的平静在这种情况下也就不可能。有智慧的人必定努力使生活默默无闻,这样才可以没有敌人。达到身体健康和心灵的平静,是生活的目的。伊壁鸠鲁所说的快乐和内心宁静,与老子所说"至虚极,守静笃""不欲以静,天下将自定"可谓异曲同工,他们都有对自然的崇尚和追求,追求的是心灵的宁静和快乐。

第二,他们都强调必须节制个人欲望,生活简单才能真正快乐、幸福,通过守朴的路径才能达到心灵的宁静。老子讲"圣人为腹不为目",应该"见素抱朴,少私寡欲,绝学无忧",因为"五色令人目盲,五音令人耳聋,五味令人口爽,驰骋田猎令人心发狂,难得之货令人行妨"。这些身外的物欲,让人无法静心,也就不能享受到自然的快乐。伊壁鸠鲁"让我们吃喝,因为明天我们就会死亡"这句话,绝不是说人生苦短、享受为先,他虽然把快乐与幸福相等同,但却坚决反对把快乐与享乐相等同。他认为快乐分为三种:第一种是自然的和必需的,如食欲;第二种是自然的但却不是必需的,如性欲;第三种则既不是自然的又不是必需的,如虚荣心。从这种区分,我们就可以看出他所说的自然欲望,其实就是老子说的自然或无为,而第三种既不自然又非必需,这正是老子所说的"有为之为"和有欲而动。

从这种区分出发,他劝导人们要解除对神灵和死亡的恐惧,节制欲望,远离政事,审慎地计量和取舍快乐与痛苦的事物,从而达到身体健康和心灵平静。他认为像财富、荣誉这样一些不自然的愿望徒劳无益,它们会使得一个本可满足的人不能安静。所以他说"一切之中最大的善就是审慎,它甚至于是比哲学还更要可贵的东西"[①]。他认为胃可能是一切事物的根本,但是胃病的痛苦却可以压倒饕餮的快乐。因此伊壁鸠鲁只靠面包度日,在节日则吃一些奶酪,无意中却走入了另一个"物壮则老"的极端。

二人有这么众多的共同点,但他们思想在前进的方向上却出现了重大的分歧。伊壁鸠鲁认为人是以个人快乐为准则的生物,怎么解决人为了追求快乐而引起的矛盾呢?这就说到了国家的功能,他认为国家建立在相互约定的基础上,正义是人们互不侵害的契约,"正义就在于你的行为不至于害怕引起

---

① 杨春睿:《西方哲学史》,北京:煤炭工业出版社,2016年,第170页。

别人的愤恨"①，有利于人相互关系的便是正义的，否则是不正义的。由此，伊壁鸠鲁的快乐主义哲学绕了一个大圈，竟然绕到社会契约学说那里去了，契约社会的目的正是限制个别人非自然的欲望造成社会矛盾。老子的"道法自然"和"有德司契"与之极为相似，但从根本上讲还是最终回到了"小国寡民"的国家形态，似乎是更加坚定不移地在原生态里转圈圈。

---

① 罗素：《西方哲学史》，何兆武译，北京：商务印书馆，1963年，第309页。

第六章

以贱为本　以下为基

老子的《道德经》中，有着非常强烈的民本思想。在他看来，国家虽然还是要立天子、置三公，但百姓仍然是国家、政治的基础和根本。统治者要想稳居于上，就得以下位者为根基；要想稳居尊贵地位，就得以卑贱者为根本。否则，失去了卑贱者的尊贵者就会变成卑贱者，失去了基础的上位者就会坍塌成下位者。老子这一思想与其"水善利万物而不争""柔弱胜刚强"等思想完全一致，是其哲学思想的政治学延伸。由此也可以看出，《道德经》哪里仅仅是人生修养哲学，根本上就是一部成色十足的政治哲学！

1. 欲上民，必以言下之；欲先民，必以身后之

> 江海之所以能为百谷王者，以其善下之，故能为百谷王。是以圣人欲上民，必以言下之；欲先民，必以身后之。是以圣人处上而民不重，处前而民不害，是以天下乐推而不厌。以其不争，故天下莫能与之争。（《道德经》第六十六章）

江海之所以能成为百谷之王，使千川万水尽皆归流，因为它善于处在百谷的下游而纳之，所以才能成为百谷之王。推而言之，真正圣贤智慧之人想要居于人上，就必须对其下之人言语谦恭，要放得下架子；要想处于人前，就必须先置自身于人后。圣人居上而不自尊妄为，所以百姓不觉得沉重，不觉得有压力；处前而不蔽其后，反利其后，所以百姓也不觉得受到了伤害。正因如此，天下之人无不乐于推举他拥戴他，而不会厌烦他抛弃他。总而言之，圣人与世无争，不以势压人，不贪名夺利，别人也就没理由跟他争夺，没有必要与他争夺，所以天下就没有人能争而胜之了。

处下和处后都是向浩瀚的江海学习，江海因"善下之"而能成为百谷之王，人又有什么资格和理由高高在上呢？高高在上又怎么能成为人中之王

呢？"上善若水。水善利万物而不争；处众人之所恶，故几于道"（第八章），既然水最接近于道，向它学习准没错。"天下之至柔，驰骋天下之至坚"（第四十三章），既然只有至柔才能驰骋至坚，自然只有处下、处后方能上民、先民，方能战胜其他那些一心想要上民、先民之人，这既是战略也是战术。

在至柔驰骋至坚的规律面前，圣人不相信自己有改变自然规律的力量和能力。欲上民而上之，最终不可能得上；欲先民而先之，最终不可能得先。所以，圣人不愿意与人争名争利争功劳，在利益面前不敢为天下先。从更深层次来讲，圣人本来就没有那些强烈的非自然欲望。他们不期望改变世界和他人，只希望世界和他人都能自然运行、自然成就。这样一来，他们反而成了旁观者，也就什么都看得清清楚楚，既能看到别人的长处，更能看清自己的弱点，自然也就规避了大的风险。

这里需要正确理解"欲上民""欲先民"，老子不是认为圣人见素抱朴没有功名心利欲心吗，怎么又有欲而为呢？"欲"毕竟是欲望的体现。这可以有两种理解。一是理解为"如果"，即"欲"是假设，而非真有此私欲，但上民、先民却是自然而然的结果。当然，这也许是儒家思想窜入的结果，不过道家本来也并非出世，只不过入世的路径不一样。二是针对利欲心强烈的人给出的告诫，如果你有处上、处前的愿望，就更不能高高在上使民觉重，事事争先而使民觉厌，那样最终是不可能处上和处前的。这是一种策略，但更是符合天道的策略。

最后一句"以其不争，故天下莫能与之争"点出了其中的关键，争是争不来的，不争才能终有大得。对于不争之人来说，别人能与他争什么呢？不承担争的矛盾，却能享受不争之利。正如第七十三章所说："勇于敢则杀，勇于不敢则活。此两者，或利或害，天之所恶，孰知其故？是以圣人犹难之。天之道不争而善胜，不言而善应，不召而自来，繟然而善谋。天网恢恢，疏而不失。"俗话所说的"让人是福"，其实正是这个道理的浅显表述。

怎么处下和处后呢？老子说"必以言下之""必以身后之"，要放得下身段。是不是就是态度谦逊，装出一副尊重别人的样子？肯定不是这么肤浅，而是应该诚心诚意地谦逊，当然，不诚心诚意时装装样子那也比不装要好。但是，表面态度的装模作样很简单，要真正在行动上体现出来就不容易了。见素抱朴，过着普通人那般自然的生活；要深入百姓之中，真正体察他们的疾苦和需求；要绝圣弃智，哪怕不顾个人的面子和权威也要解决百姓的实际问题，而不把百姓玩弄于股掌之中；要见了利益就让，而不是见了好处就上。只有做到这些才是真正的处下、处后，不是伪装得出来的。要是伪装又能伪装多久多深呢？群众的眼睛是雪亮的，日久自然可见人心。或者，在巨大利益来临时,终究会图穷匕见。

同样,"以身后之"是不是遇到问题或矛盾就躲在后面呢?肯定也不是,滑头做法绝非老子深刻的政治思想所能容忍。老子所说的"以身后之",主要是指利益问题,矛头所指正是我们批判的"见利益就上,见困难就让""见荣誉就上,见风险就让"这些做法。如果一个人见利益就往前跑,不管是经济利益还是荣誉、权利,就会时时处于和别人争夺、斗争的状态,别人都会随时提防着他,又怎么能凝聚人心形成团队?老子这话告诉我们一个道理:让意味着得到,有利益的谦让才会有事业和地位的收获。

为什么有的人能够始终谦虚谨慎?皆因其心理上"处下",这样就会客观看待自己和别人,才不会导致对自己的过高评价、对别人的过低评价、对事情的轻率处置,正如日常所说"小心驶得万年船"。老子对此有诸多明确表述,如:"人之生也柔弱,其死也坚强。万物草木之生也柔弱,其死也枯槁。故坚强者死之徒,柔弱者生之徒。是以兵强则不胜,木强则折,强大处下,柔弱处上"(第七十六章);"是以圣人后其身而身先,外其身而身存。非以其无私邪!故能成其私"(第七章)。明白了这个道理,你还会认为处上、强势是真正的强大,会天长地久吗?

但这样一来,会不会被人批判为没有原则、闯劲,不敢闯不敢试,没有担当,和稀泥似的"明哲保身"呢?如果真是这样,那就真是不"明哲"了。"明哲保身",意思是智慧明理,以保全自己的德性和身体,一定是以"明哲"为前提,本质上是"上善若水""利万物而不争"。像阿谀奉承表现出来的看似不争,其实质是有所图,是变相的争,而且争得可以丢掉基本的自尊。所以,将"明哲保身"等同于阿谀奉承、无原则地和稀泥,认为是没有担当精神,无疑非常可笑。

从这个理论来看,官僚主义和形式主义作风的本质,不正是极其严重的欲上民而上之、欲先民而先之吗?在这些人的观念中不是"强大处下,柔弱处上",而是认为强大应该有强大的样子,天然应该处上,怎么可能处下呢?他们也不认为"兵强则不胜,木强则折",而是认为要以刚强取胜。所以,他们总是不愿意意深入基层了解群众的真实需求。即使深入基层,也只是前呼后拥,走马观花,一副官架子。这样的行为,怎么可能看得到细微处、真实处?做出来的决策又怎么能符合实际,符合百姓的真实需求和利益?被人责难是必然的事情。

另一方面,他们利益上的利己主义思想极其严重,于百姓有益但于自己不利的事情绝对不会去做,反而往往美其名曰为了国家和集体的利益。但是,有一个基本问题是这些人没有考虑过的,即国家和集体最根本的利益是什么？不是国家、政府、集体或官员的物质、名誉等利益，而是其成员尤其是其中弱势成员的利益。如果成员尤其是弱势群体这些"下"的利益总是被放在后面，致使他们没有了国家和集体的归属感，国家还成其为其国其家吗？集体还成其为集体吗？

为了官威而搞形式主义，为了自身利益而侵害甚至放弃百姓利益，为了表现亲民而视察就只能是作秀，这是不能真正"以言下之""以身后之"的必然结果，处上而民重、处前而民害也会是必然结果。领导的职能是什么？"受国之垢，是谓社稷主；受国之不祥，是谓天下王！"（第七十八章）这是对"欲上民，必以言下之；欲先民，必以身后之"的最好注解。"社稷主"不是用来高高在上摆谱的，而是用来"受国之垢"的；"天下王"不是用来和天下人争利的，是用来"受国之不祥"的。否则，就不配成为"社稷主""天下王"。所以，我们就得制定一些制度，让官员们不得不"以言下之""以身后之"，打击那些"民觉重"的"上民"行为和"民害"的"先民"行为。如果有一天这些人心中真正有了"下"，即使没有这样的制度要求，他们也会诚心诚意地以言下之、以身后之了。

2．知其荣，守其辱；知其白，守其黑；知其雄，守其雌

> 知其雄，守其雌，为天下溪。为天下溪，常德不离，复归于婴儿。知其白，守其黑，为天下式。为天下式，常德不忒，复归于无极。知其荣，守其辱，为天下谷。为天下谷，常德乃足，复归于朴。朴散则为器，圣人用之，则为官长，故大制不割。（《道德经》第二十八章）

圣人是怎样处下、处后的呢？老子认为，始终坚守质朴之道，以道治万事万物，而不是以器治器，这样才使他们最终成为事物的主宰。从这个角度出发，老子特别讲了如何"为天下溪""为天下式""为天下谷"。

圣人知道什么是强雄，但却不做强雄而守雌守柔。雌伏处下而为"天下溪"，生养万物，包容万物。雄乃强，雌乃柔。比如，"先"即为强、雄，"后"则为柔、雌，故圣人后其身而非先其身；"上"为强、雄，"下"为柔、雌，故圣人以言下之而非以言上之。正因为他甘愿为天下溪，所以才能保持天赋本性和恒常的德性，任何时候都能保持、回复婴儿般质朴的状态。

圣人知道什么是彰显、明白、洞察，但却对之以沉默、浑朴、糊涂，以自然本性而不以后天智慧治理国家，以此作为天下共同的模式。能以此作为

天下模式，就会始终保持恒常的德性，可以回归到无极——"道"的浑朴状态。"忒"，有差误、减少、游移不定、脱离本体等意思。"常德不忒"意思就是始终保持元始的浑朴本性，不会因为外界的影响而去追求雄、白。

老子这一思想与儒家可谓迥异，孟子说"贤者以其昭昭使人昭昭，今以其昏昏使人昭昭"①，感叹过去的贤者是自己搞清楚了再去让别人搞明白，现在的人是自己还没搞清楚就去教别人，认为这是不行的。可是老子却说圣人就是不要去搞明白，或者说搞明白了也不要说明白，要"知其白，守其黑"，这不是要"以其昏昏使人昭昭"吗？其中要义何在？细嚼之下颇有意思。

一是老子所说的是一种宏观的充满了包容思想的方法论。即，要允许多种观点、作法的存在甚至交锋，就像阴阳碰撞一样，这样的交锋可以使事物保持平衡，甚至可以促使新事物的诞生，这不是坏事而是好事。如果什么事情都搞得清清楚楚，那就水至清则无鱼了。二是教育教学中出现的传授式、灌输式教育与引导式、启发式教学的区别给我们的启示，传输和灌输可以使学生学到知识，但引导和启发却可以使学生学会探索、创造和创新，孰优孰劣一目了然。从另外的角度讲，传授和灌输是处上、处前，而引导和启发却是处下、处后，第七十章说的"圣人被褐而怀玉"也有这个意思。

圣人知道什么是尊荣，却甘守卑辱，而"为天下谷"。所谓"天下谷"，就是雌伏处下。因为处下，所以万物归顺。万物归顺，他却"生而不有，为而不恃，长而不宰"，而是"生之畜之，长之育之"。正因如此，他也就大德充足，保持着天赋的完美本性，再次回归至真而纯朴的状态，一如浑金璞玉，光华不显。

老子所说的婴儿、无极、朴都是指"道"，因为道是一种恍兮惚兮、纯朴而没有分别的状态，在哲学中它是形而上的概念。"朴散则为器"即是道生一，一则生二，二则生三，三则生万物，万物则为"器""用"，在哲学中是形而下的概念。人类进入社会以后，不可能不产生欲望，不可能完全没有分别，于是就有了万物的概念，有了分别心，有了万般作为。圣人之所以为圣人，正是因为他可以把深邃的目光透过万物而发现道分散之前的纯朴境界，并以道来治理天下万物，而不是以器治器，从而成为万物尊长和主宰。以道治器，则天下万物自为自成；以器治器，则天下万物互争互害，难有大成。

---

① 孔丘等著：《诸子百家》，沈阳：万卷出版公司，2009年，第87页。

3. 贵以贱为本，高以下为基

> 昔之得一者：天得一以清，地得一以宁，神得一以灵，谷得一以盈，万物得一以生，侯王得一以为天下正。其致之：天无以清，将恐裂；地无以宁，将恐废；神无以灵，将恐歇；谷无以盈，将恐竭；万物无以生，将恐灭；侯王无以贵高，将恐蹶。故贵以贱为本，高以下为基。是以侯王自谓孤寡不谷，非以贱为本耶？非乎？故至誉不誉。是故不欲碌碌如玉，落落如石。（《道德经》第三十九章）

不管事物成为什么样子，是二还是三，但其中都包含着永恒不变的"一"。一旦失去"一"，事物就成了另外的事物了。所以，"一"固然很小，但却是根本，是最重要的东西。自然界是这样，人类社会同样如此。老子说，天得"一"可以保持清明，地得"一"可以保持安宁，神得"一"可以保持灵妙，谷得"一"可以实现充盈，万物得"一"可以保持勃勃生机，侯王得"一"可以保持天下安定平和。

推而言之，如果失去了"一"呢？后果会很严重：天失去了"一"，将不再轻盈居上，恐怕就会崩裂坠落；地失去了"一"，恐怕就难以保持其形而破裂坍塌；神失去了"一"，就不再灵妙无比，恐怕也只有歇菜；谷失去了"一"，就不能保持充盈，恐怕就会干枯；万物失去了"一"，就不能保持生机和延续，恐怕就会灭亡；侯王失去了"一"，就不再高贵居尊，恐怕就会受到挫折、失败甚而至于颠覆、倾倒。由此可见，侯王失去了"一"，问题会相当严重，会危及其政治地位。

那么，"一"到底是什么呢？就是"道"，就是"本"。道不可分，故为"一"。"一，惟初太始，道立于一，造分天地，化成万物。凡一之属皆从一。"①（《说文解字》）所以，"一"就是万物之所以成为其本身的属性，是事物内部矛盾统一的结果，是事物能够稳定存在的根本。对人来说就是要保持自身的自然本性，不要滋生非分欲望，否则你就不是你了。就如佛教所讲魔由心生，人皆有佛性，顿悟可以成佛，欲念横生则会走火入魔，人就被异化了。一念成佛可以说是发掘了人内在的自然属性，而一念成魔则是因为破坏了人之所以成其为人的自然属性，于是破坏了生机。"侯王"的"一"是什么呢？是贱、下，也就是百姓，包括比他地位低的官员。

失去了官员，谁来帮他打理国家？失去了百姓，他还是谁的"侯王"？

---

① 〔汉〕许慎：《说文解字新订》（卷一），臧克和、王平校订，北京：中华书局，2002年，第1页。

失去了消费者哪还有企业？所以老子认为，高贵必以卑贱为根本，崇高必以低下为基础。正因如此，"侯王"的欲望就应该建立在贱、下的欲望的基础上，必须首先满足贱、下的欲望，而不能有自己的非分欲望。正是为了抱其元守其一，所以古代的侯王都自称孤、寡、不榖。孤即孤独无助，寡即少德缺才，言下之意为感谢其他人的襄助和拥护。"不榖"即"不谷"，言下之意是说自己不事农耕稼穑，对国家没什么贡献，就像一个白吃客。"不榖"在有的版本中作"不毂"，黄老哲学的集大成者、黄老道的开山祖师河上公注："不毂，喻不能如车毂为众辐所凑。"①意思是自谦不能像国之毂那样起到重要的连接和支撑作用。还有说"不榖"就是说自己不善不美，还需要别人多提意见和建议，需要仰仗众人的智慧和努力。但不管什么意思，处高位尊的侯王都这样谦称，难道这不就是以贱为本吗？老子在后面还加了一个反问予以强调："不是吗？"

老子明确地说百姓是君王、国家之本，下级是上级之基，这是非常明确的民本思想。可以想象没有老百姓的国家还叫国家吗？没有老百姓支持的君王还叫君王吗？没有下级支持的官员还叫上级吗？简直不敢想象。老子算是最早提出了民本思想，而且始终将这一思想贯彻到底的人，在第七章中老子说"是以圣人后其身而身先，外其身而身存。非以其无私邪？故能成其私"。圣人为什么"不自生"，因为要留下空间"生百姓"；为什么要外其身、后其身？因为要"存百姓""先百姓"。正因为圣人无私，反而能成就他的"大私"——百姓生、百姓存而国家兴，因为只有这样国家才能成其为国家，君王才能成其为君王，这正是民本思想的彻底体现。

既然百姓是国之所以成为国的"一"，那百姓就是永远不变的标准，任何时候、任何行政行为都必须以百姓的利益、需求、呼声为出发点、落脚点。这个原则是不能改变的，改变了这个标准也就改变了国家的"一"，结果不堪想象。当然，这里说的百姓的利益、需求、呼声，肯定不是指个别人、少数人的利益、需求、呼声，也不是指短期、特殊的利益，正是共产党所说的"最广大人民群众的根本利益"。

需要注意的是，根本利益不是特殊的、过分的利益追求，也不能简单地等同为绝大多数人的"共同利益"，一定是绝大多数人或全社会甚至整个人类的根本利益、核心利益。更不能简单地把"根本利益"理解为最大利益，恰恰应该是指最基本的符合自然需求、关乎每个人基本生存和生活的利益，这

---

① 邹德金整理：《名家注解〈道德经〉》（上），天津：天津古籍出版社，2012 年，第 40 页。

是所有人利益的最大公因数。如果片面理解为最大利益，就容易为了所谓最大利益而损害最基本利益。从这个角度讲，发展是人民群众最根本的利益吗？不见得，生存和自然的生活才是人民群众最根本的利益。如果发展影响了人的自然生活，就不再是合道的根本利益。总而言之，以贱为本、以下为基，就是要维护全社会的根本利益、自然利益，这就是老子想要表达的意思。

以民为本、民贵君轻，也是儒家思想的重要组成部分，二者在这一点上完全统一。《尚书·五子之歌》里说"民惟邦本，本固邦宁"①，意思是人民才是国家的根本，只有人民稳固了，国家才会安宁。孟子说得更直接："民为贵，社稷次之，君为轻。"②（《孟子·尽心下》）但是，很长时期内，民本思想事实上被忽视了，很多君王或统治阶级潜意识还是把自己当成了国家的根本。"孤家""寡人"这样的称呼实际上也变了味，成了只有我一个人能用的自称。古代有"父母官"的称谓，现在也有"人民主心骨"这样的说法，甚至还有人自命为"父母官"，或者乐于被人称为"父母官"，这都是官本思想的体现。

既然如此，那么，最重要的就是把基础打牢固了。基础打得越牢，房子就可以修得越高；房子修得越高，对基础的要求就越高。诚如孟子所言："得乎丘民而为天子，得乎天子为诸侯，得乎诸侯为大夫。诸侯危社稷，则变置。牺牲既成，粢盛既洁，祭祖以时，然而旱干水溢，则变置社稷。"③得到民心的才能做天子，得到天子欢心的最多做个国君，得到国君欢心的最多做个大夫。诸侯如果危害了国家，可以改立。祭品丰盛洁净，祭扫按时举行，但仍然遭受旱灾水灾，那就改立土神谷神。这些都是可以改立的，但是，你可以改立百姓吗？不能！不能改变的才是根本，能改变的肯定就不是根本。只有百姓，才是永远不能变置的！

4．大国以下小国，则取小国；小国以下大国，则取大国

> 大国者下流，天下之交，天下之牝。牝常以静胜牡，以静为下。故大国以下小国，则取小国；小国以下大国，则取大国。故或下以取，或下而取。大国不过欲兼畜人，小国不过欲入事人。夫两者各得其所欲，大者宜为下。（《道德经》第六十一章）

---

① 冀昀主编：《尚书》，北京：线装书局，2007年，第52页。
② 天宜：《孟子浅释》，济南：齐鲁出版社，2013年，第420页。
③ 天宜：《孟子浅释》，济南：齐鲁出版社，2013年，第420页。

老子更将处下之道用于国家之交，尤其是大国与小国的交往，提出了国家外交的重要原则——"或以下取，或下而取"，而不是谁的拳头硬谁就说话算数，也不是弱国必然无外交，这是"以贱为本，以下为基"在国际交往中的表现。正如海纳百川一样，大国应该以谦下的姿态对待小国，生养、包容万物，从而使大国成为天下士民交会之所。小国则应该以谦下姿态对待大国，从而获得大国的信任和庇护，为自己的生存和发展赢得空间。

大国是什么？就好比是天下之河的下流，是天下溪流的交汇之处，所以它好像是天下之母牝。牡，男性或男性生殖器。"牡，畜父也。"①（《说文解字》）"男露其牡，女张其牝。"（东方朔《神异记》）因此牝则是指女性或女性生殖器。正因为这样，牡牝也引申为山河的高处和低处，"丘陵为牡，溪谷为牝"②（《大戴礼记·本命》）。男女交合之时，女性总是居下、处静以待，反而能战胜雄壮刚强的男性，即"牝常以静胜牡，以静为下"。

老子以此进一步引申，将国家之交与牡牝之交相比喻。国家之交当何以相处？处下，即谦下，则可以下而取。大国以谦下的姿态对待小国，它就会取得小国的信任或归附。小国以谦下的姿态对待大国，小国就会取得大国的包容或支持。大国的谦下是一种包容、谦让的胸怀，小国的谦下则是一种求和、不争的姿态。要么是因为谦下而取得庇护或支持，要么是因为谦下而取得归附或供奉。结果是相互信任、相互支持，从而相安无事、各得其所。当然，老子绝不仅仅指一种态度，还必须有利益上的"利万物而不争"，或者说有利益上的谦让，最起码也有利益分配的公平。

为什么谦下就可以相安无事呢？老子认为，大国和小国之交的本质在于"大国不过欲兼畜人，小国不过欲入事人"。大国的目的就是圈地圈人，扩大自己的影响力。用现在市场经济的观点来看，还有扩大市场的意思。小国的目的不过在于得到大国的承认或支持，维持自己的领土和存在，也就是给自己创造一个和平生存和发展的环境。二者虽有差异，但是以互相尊重和互不侵犯为前提，如果互相侵犯那就是占有和奴役，大国就成了以强凌弱、以大欺小，当然就不存在小国的"欲入事人"了。小国就成了以小欺大，当然也就不存在大国的"欲兼畜人"了。"下以取"和"下而取"的结果，是"各得其所欲"的皆大欢喜，可以达成最理想的互相满足对方利益的良好格局，所以又印证了老子"夫唯不争，故无尤"的观点。

---

① 〔汉〕许慎：《说文解字新订》（卷二），臧克和、王平校订，北京：中华书局，2002年，第68页。

② 孔显军：《〈大戴礼记〉诠释史考论》，北京：社会科学文献出版社，2011年，第135页。

当今世界的格局与中国春秋战国时期其实大同小异，几个实力强劲的大国加上众多小国，"大国不过欲兼畜人，小国不过欲入事人"的本质并没有改变。不过，这个兼畜人或入事人的目的，可能不再是以取得人口为主，理论上讲是取得市场、实现市场的互补性为主，所以大家应该是平等、互利的。无论大国还是小国，都有满足本国人民日益增长的物质文化的需求，或者弥补本国人民物质或市场之短缺的需求。在资源分布不均的情况下，总有可能面临资源和市场的矛盾，这时候，任何一方有非分之利欲，都可能挑起争端甚至战争。但是，"以下取"和"下而取"在今天可以说比历史上任何时候都显得更加重要，更不要说春秋战国时期了，因为今天的科技水平使战争的破坏性更加空前，如果想以战争来解决问题，那绝对是整个人类的悲哀和噩梦。

在"下而取"和"下以取"两者之中，哪个最重要呢？老子指出，最重要的是大国首先要以谦下姿态对待小国。这个很好理解，因为大国处于强势，往往有着资源、人口、实力的优势，高高在上的姿态往往于不知不觉中形成，要它以谦下姿态对待小国，相对小国以下而取来说是一件更困难的事情。所以，老子更强调大国首先学会守静、取下，大国都如此谦下了，一般来讲小国也就不好意思骄横了。小国则具有天然的劣势，对大国怀有戒惧之心实属必然。在这种实力对比之下，只有大国首先放下架子，始终以谦下的姿态对待小国，才能换来小国真诚和忠心的归附。若大国居高自傲、刚愎自用、恃力逞强，则小国必惧大国、必远大国。这就提醒了那些大国领导人，若总是从自己利益最大化的角度出发，到处显示自己的存在和实力，或谋求个人影响力，将自己的价值观强加给别国，肆意干涉他国事务，处处点火然后又处处"灭火"，最终还是什么都得不到。

当然，老子也不是单方面来说这个问题，小国也不能因此"恃宠而骄"。若小国不以谦下之态对待大国，则必然引起大国的不满和警觉。最终，大国不敢兼畜小国，只能提防、压制甚至消灭小国；小国不能依附大国，要么只能转而去寻求别的大国的庇护，要么拼死一争把大国压制住甚至灭掉。如此一来，天下必然纷争四起，甚至狼烟遍地。春秋战国时期的天下形势正印证了老子的观点，大国不下小国反而恃强欺弱、蓄意吞并，小国不下大国反而不断谋大、伺机作乱，于是产生了合纵、连横等许多或扩张或自保的策略。到了后来，就时而合纵时而连横，怎么有利怎么做了，"春秋无义战"说的就是这种情形。所以，大国和小国都要以谦下相待，若有一方违背这个原则，和平相处自然就成了空话。换言之，两方处柔弱，可使双方共赢；若有一方示强，矛盾就会因此而生。对于小国来讲，"下以取"而"入事人"更为重要，否则，纷争一起，轻则伤国，重则亡国。

但如何表示自己的谦下,并非只是一个态度问题,许多时候需要有制度化的安排。中国古代的"和亲"制度,就是大国以下小国、小国以下大国的制度。中国历史上经常出现"和亲"现象,尤其是在民族或国家矛盾突出的时期更常见,或者为了和缓紧张的关系,或者为了建立和平共处、互相信任的关系。汉朝的昭君出塞和唐朝的文成公主入藏,实际上就是著名的和亲事件。

公元前54年,呼韩邪单于被他哥哥郅支单于打败,南迁至长城外的光禄塞下。这人很聪明,知道夹缝里生存不容易,于是主动同西汉结好,约定"汉与匈奴为一家,毋得相诈相攻"。不仅如此,他还三次进长安入朝觐见,并且向汉元帝请求和亲,自请要做元帝女婿。呼韩邪单于怎么想的呢?我在你强大的汉朝边上过日子,你要是不相信我支持我,我就会面临两面夹击,日子好过不了。现在,我主动要求做你的女婿,以后就是亲戚了,你可以相信我不会捣乱了,我够低调吧?这就是"小国以下大国"。对汉朝来说,北方匈奴历来是心腹大患,游牧部落收拾起来又不容易。听到呼韩邪单于反复自请为婿,觉得这个人还是有相当诚意的。行,那我就不小看你是"胡人",本着"大国以下小国"的态度,认了这个女婿,找个宫女当公主下嫁就是。确实如他们所想,因为王昭君出塞和亲,双方经历了大约60年和平相处的美好时光。

松赞干布,崛起于藏河(今雅鲁藏布江)中游的雅隆河谷地区,他统一藏区成为藏族的赞普("君长"之意),建立了吐蕃王朝。公元638年,吐蕃与唐朝发生松州之战,唐军击败了吐蕃军,松赞干布率部退出党项、白兰羌、青海吐谷浑等地。在强大的唐朝面前,松赞干布害怕唐朝乘胜追击,于是遣使向唐朝谢罪,并向唐太宗请婚。这就是"小国以下大国"的意思了。唐太宗见吐蕃愿意臣服,让"文成公主"下嫁松赞干布,这不就是"大国以下小国"了吗?

大唐和吐蕃互相这么一"下",则都以下而取了,既取得了对方的信任,又取得了对方的资源。文成公主入藏,有力地团结了藏汉两族人民,使双方保持了长时期的和平共处。同时,加强了藏汉文化交流,尤其是对藏族经济、文化发展起到了积极作用,汉族的纺织、建筑、造纸、酿酒、制陶等先进生产技术,以及儒家书籍、历法、医药等都陆续传入了藏族地区。这种以下而取,不仅仅是取得了信任和和平,还互相取得了资源和市场,完全是一种双赢结局。

历史上的和亲,有的是出于修好的出发点而和,但也有的是战败后被迫屈辱而和;有的是着眼于长远而和,有的是战争爆发前的应急之举,效果也参差不一。但不管怎么说,和亲在处理民族关系时都是一种重要手段和策略,它代表的双方互相的谦下,是大国和小国建立互信的重要机制。但是,我国史学界对此长期存在不同看法，持否定态度者认为和亲是一种屈辱妥协、投降卖国的政策。这是什么思想呢？从根子上说，这是一种狭隘、可笑的民族情绪、大国情结，只要有了这样的思想，最终就不会是共赢，只能是互伤。

在当今世界众多的国家中，仍然以小国居多。在大国尤其是超级大国面前，这些小国力量显得非常单薄。怎样才能保证自己的安全呢？"中立国"制度，就是小国保护自己的很好的"下而取"的法律制度。中立国分为战时中立国和永久中立国，我们一般所说的中立国是指永久中立国。有的来自单方面的主动承诺，而且要写入本国的法律；有的不仅来自本国的承诺，还来自其他大国的声明承认甚至担保。

作为永久中立国，它不参加其他国家之间的战争，必须一直保持中立；不得主动发动战争，但是当受到其他国家攻击时，为了保卫本国独立和领土完整，允许进行自卫战以及为此目的而在平时保持军备（有的国家甚至连军队也主动不保留）；不得参加承担进行战争义务的条约，如同盟条约、互助条约等；不得采取可能使自己卷入战争的行动或承担这方面义务，如让外国建立军事基地、外国军队过境、参与对别国的经济抵制或封锁、不得接受附有损害中立地位的援助。总之，除了自卫以外，一切与战争相关的事情都不能干。

作为永久中立国的法律承诺，是典型的"小国以下大国"，是"下而取"，体现了"以道佐人主者，不以兵强天下"。因为有了这样的承诺，意味着小国告诉大国，我知道再怎么强军也没用，打不过你也不和你打，而且永远都不和你打，这样你可以相信我了吧？你也就不要防我打我了吧？对于比他更小的国家来说，意味着告诉他们，你们也不要防着我了，我永远都不会和你们打仗的。如果军队都没有，能打什么仗呢？这又是典型的"大国以下小国则取小国"，是"下以取"。对永久中立国本身来说，大国对他放心了，小国也放心了，都不会防备他、侵略他。最终的结果，是永久中立国取得了永久和平的保障，有了和平发展的良好环境，并且可以心无旁骛地发展经济和社会，不必因军费开支而影响发展。

目前世界上的国家中，已有不少国家宣布为永久中立国，并得到国际上广泛承认。两次世界大战期间，瑞士因为中立国地位而幸免于战争。冷战期间，两大阵营也都尊重瑞士的永久中立国地位。1868年德意志邦联瓦解，列支敦士登解散了自己仅有的一支小型军队并宣布转为永久中立国，从而使他避过了两次世界大战的战火波及。中立国的历史，证明了老子"大国以下小国，则取小国；小国以下大国，则取大国。故或下以取，或下而取"的思想并非痴心妄想，而是可以实实在在地实践，它也间接证明了"兵者不祥之器，非君子之器"。从永久中立国的发展及与其他国家的交往来看，又实实在在地证明了"夫两者各得其所欲"的论断,大国和小国都可以通过和平相处、公平竞争求得共同发展。

中国可说是深受大国不下小国、小国不下大国的危害,所以一直致力于建立一个平等的国际交往准则和制度。1953年底,周恩来总理接见印度代表团时提出"互相尊重主权和领土完整、互不侵犯、互不干涉内政、平等互利、和平共处"五项原则;1955年4月,在印度尼西亚万隆举行的亚非会议(又称万隆会议)上发表了著名的《关于促进世界和平与合作的宣言》,采纳了这五项原则的全部内容。与此相应,中国在联合国从来都是提倡一国一票,不管国大国小。这样一来,就在一定程度上从理念和制度上解决了大国以下小国、小国以下大国的问题。和平共处五项原则的核心内涵是什么?2014年6月28日,在和平共处五项原则发表60周年纪念大会上,国家主席习近平指出:"和平共处五项原则的精髓,就是所有国家主权一律平等,反对任何国家垄断国际事务""和平共处五项原则摒弃了弱肉强食的丛林法则"[①]。所以,它首先解决的是"大国不下小国"的问题,想要实现的是"大国宜为下"的理想状态。

5. 天将救之,以慈卫之

> 天下皆谓我:道大似不肖。夫唯大,故似不肖。若肖,久矣其细也。夫我有三宝,持而宝之:一曰慈,二曰俭,三曰不敢为天下先。慈故能勇,俭故能广;不敢为天下先,故能成器长。今舍慈且勇,舍俭且广,舍后且先,死矣!夫慈,以战则胜,以守则固。天将救之,以慈卫之。(《道德经》第六十七章)

怎样的表现才算是以贱为本、以下为基呢?老子把所有的理论进行总结,进而提出了三个行为准则,或者说是三种行为方式,即慈、俭、不敢为天下先这"三宝",从而使抽象的理念得以具体化。其中"慈"又被老子最为看重,认为它既是保人又是自保的根本。

老子说,天下人都认为道德广大,大得什么都不像了。但是,正因为它太大,所以才什么都不像啊。不以任何具体事物为参照,不与任何事物相比较,这就是"大象无形"。若它像了什么具体的事物,反而早就显得渺小了。最能体现道大而不自恃为大的,是圣人秉持的"三宝"之性——慈、俭、不敢为天下先。即宅心仁厚对人慈爱;衣食住行用勤俭节约;为人处事谦虚退

---

① 新华网:《习近平:和平共处五项原则集中体现了主权、正义、民主、法治的价值观》,http://www.xinhuanet.com/politics/2014-06/28/c_1111364098.htm,2014年6月28日。

让，不逐利争名。拥有这"三宝"，才算得上是善利万物而不争，是真正的以下为基、以贱为本，从而可得天地护佑。反之，不具有仁慈本性，必然凌驾于人民之上，会处上而民重；不具有勤俭本性，必然使民劳民，民不堪其扰，必是处前而民害；不具有不敢为天下先的本性，则必然轻民贱民，民不堪其辱。这样的人作统治者，百姓怎么可能长期忍受呢？更不要说去爱戴了。

"慈"，是"三宝"的核心。所谓的圣人政治，就是始终坚守仁慈的施政思想和行为。换个角度讲，统治者是否有资格去统治社会，首先就要看他是否具有仁慈之心。如果他是抱着与天下以仁以慈而居其位，则其德当居其位。不过需要注意的是，老子所说的仁慈不是有意施恩的下仁下慈，而是"不德"之"上德"、"不仁"之"上仁"，即不是有意施为的仁慈，而是自然无为的仁慈。若统治者不具仁慈本性，自然会以有为之心而莅其位，必然强加个人意志于天下，虽有仁心却无仁行仁果。在老子这里，仁慈和无为断不可分割。

具体分析起来，慈、俭、不敢为天下先三者之间，却又各有侧重，作用也各有不同。"俭"，即勤俭、节俭等意思，是慈的修炼和保障。勤，须参与劳作，知四时、察民苦而后方能生慈。俭，即节制欲望，不沉迷于物欲才能齐人与我，而后方能由爱己及于爱人。俭是达到和保持仁慈、慈爱的途径和前提。俭的反面就是奢，不敢想象，一个贪婪物欲、暴殄天物、追求奢侈享乐之人会有什么仁慈之心！这样的人眼中心中必然只有物而没有人，当然就不可能有仁慈之心。

对于这一点，墨家学派的墨子极其赞同。墨子说："君实欲天下治而恶其乱，当为宫室不可不节……当为衣服不可不节……当为食饮不可不节……当为舟车不可不节……当蓄私不可不节……俭节则昌，淫佚则亡。"[①]（《墨子·辞过》）唐代诗人李商隐在《咏史》这首诗中也有振聋发聩的警示："历览前贤国与家，成由勤俭破由奢。何须琥珀方为枕，岂得珍珠始是车。运去不逢青海马，力穷难拔蜀山蛇。几人曾预南薰曲，终古苍梧哭翠华。"一个共同的道理就是：统治者勤俭，则天下可兴；统治者奢靡，则天下必亡。为什么呢？因为只有勤俭的统治者，才可能体察百姓的疾苦，才可能会爱民、恤民、由民。

"不敢为天下先"，则是慈的具体表现。不敢为天下先，就是舍先而取后，首先体现在名利上，差不多就是"先天下之忧而忧，后天下之乐而乐"之意。那么，"敢为天下先"就是"先天下之乐而乐，后天下之忧而忧"了，见好处就勇往直前，见名利就争先恐后。这当然与老子所说的圣人完全不合，圣人

[①]（清）毕沅校注：《墨子》，吴旭民校点，上海：上海古籍出版社，2014年，第19—23页。

的思维和行为方式应该是"生而不有,为而不恃,功成而弗居""善利万物而不争"。所以,如果一个人争名逐利,什么好事都先上后下,怎么讲他也不可能有真正的仁慈,最多就是假仁假慈假义。

但是,"天下大势,分久必合,合久必分",不外乎利欲在左右。当天下纷乱、战火四起之时,别人穷兵黩武,自己却以慈相对,会不会自取其辱、自取灭亡呢?老子认为,圣人以慈为武,才是最强的武力——"夫慈,以战则胜,以守则固。天将救之,以慈卫之"。用慈与敌作战,则战无不胜;用慈来防卫,则守无不固。如果老天要保护或拯救什么人,最好的办法不是给予他什么通天本领、钢铁长城,而是赋予他仁慈的品性。慈,并非不用武力,并非来而不战,但只有用仁慈武装起来的军队,才是最有战斗力的军队,才可以最终取胜。而失去仁慈的军队,即便可逞一时之勇,最终也会被打败,越残暴则败得越惨。慈的伟大力量,正是道的功用的最好体现。这个观点非常值得我们认真思考,怎么样才能让自己的地位更稳固呢?与其武装到牙齿,不如仁慈到心底。

汉语中有个词语叫"舍得",四川有一种白酒就取名"舍得",其文化味正是来源于老子思想。怎么理解呢?可以有两种堪称大相径庭的解释。意图功名利禄而欲有为者,往往解释为有舍才有得,意思是舍不得孩子套不着狼。于是伪装慈善,实则奸诈频出,权钱交易、买官卖官,为得名得利而不惜成本。他们信奉的是,不舍不得,小舍小得,大舍大得。而处无为之事者或存菩萨之心者,则解释为舍弃分别、执着,舍自我名利,得道性佛性,得天下太平幸福,这同样是不舍不得,小舍小得,大舍大得。对此,孟子说得极为精辟:"君之视臣如土芥,则臣视君如寇仇。"①(《孟子·离娄下》)

老子认为"三宝"是力量和智慧的源泉,是成功的基础,而舍弃"三宝"者必然没有好下场,为政者当戒。因为只有心怀仁慈之心,才有舍小我而全天下之勇气和英勇;只有身行勤俭之范,才能足民富民以求德广;只有不敢为天下先,才能后其身而身先,成为天下万物之长。现在如果舍弃仁慈,只单纯追求英勇,舍弃节俭而追求宽广,舍弃谦让而追求居先,就只有死路一条了!慈,用来征战就能取胜,用以守卫就能坚固。上天若要救助哪一个人,就会予其仁慈之性,用仁慈将他牢牢护卫。是"能够",而不是或许!

老子这话其实不难理解,不坚守仁慈而一味逞勇,则失道寡助,追随者必寡;舍弃节俭而求宽广,再多的财富也会被挥霍一空,哪会有仁慈可言?不讲谦让而事事争先,百姓也会起而争夺。舍本逐末,必是死路一条!相反,

---

① 郑训佐、靳永译注:《孟子译注》,济南:齐鲁书社,2009年,第131页。

以慈征战,必是师出有名,是为民而战,能爱兵如子,故必然拥戴者众、将帅用命,自然战无不胜、攻无不克。以慈守卫,必不会残暴争夺,是为民而守,故百姓相随,君民相安,人人相亲,天下太平,可安享幸福。以此而言,慈是安身立命、安国富民之宝。

有人就说了,这与我们平常的观念似乎不同,我们不是提倡敢为天下先么?尤其针对创新、创造、改革等时,都强调要"敢为天下先",这与老子说的不敢为天下先并不矛盾!首先,老子的"三宝"主要是针对名利,面对名利要强调"下""贱"的作用和利益,要让下者贱者先得其利。其次,创新、创造其实并非主观意志的体现,更不是天马行空地无中生有,所有的创新和创造都必须遵循规律,这时候的敢为天下先不过是利用天道而已。改革也是一样,改什么、革什么呢?那就是不符合道、德的东西,才需要去革弊陈新,要敢于去改革,这是辅万物之自然。反之,如果去改革符合道德的东西就是乱改,这不是敢为天下先,而是敢冒天下之大不韪,无异于自寻死路。

老子提倡的"三宝"的本质,其实是不与百姓争名争利,利百姓而使其先得,从而巩固社会稳定和发展的基础。仔细想想,很有意思的是,"三宝"可以在马克思恩格斯设想的共产主义社会得到最极致的体现。共产主义的目标是消灭私有制,消灭阶级制度,消灭压迫和剥削,最终实现各尽所能、各取所需,从而解放全人类。其兴起之时正是资本主义快速兴盛的时期,为什么会出现共产主义的盛行?第一,恰恰正是因为资本主义的快速发展,导致资本快速向少数人集中,资本主义的平等、自由、法治保护的不是"下""贱",而是那些资本家的利益,从而动摇了社会和政治的基础。财富向少数人快速集中,反映出当时的社会对大多数人已经失去了仁慈。第二,由于财富的快速积累,资本家们自然也就放弃了节俭,过上了奢侈腐化的生活。贫富差距的扩大和生活方式的巨大反差,使整个社会矛盾变得尖锐。第三,在利益分配上更加向资本倾斜,马克思所说的"资本从诞生的那一天起,从头到脚每一个毛孔都滴着血和肮脏的东西"[①],就是深刻的写照。

在这种情况下,完全可以说,资本主义从制度上都完全是抛开仁慈来谈勇敢,抛开节俭来谈广大,抛开后其身来谈身先,结果当然只能是"死矣"。这时候,共产主义出来解放全人类,其实就是回复社会的慈、俭、不敢为天下先。更主要的,就是要从制度上体现对下、贱者的倾斜,使他们能够感受到社会的仁慈;消灭个别阶级的奢侈,消灭利益分配上的贱后贵先、下后上先,使资产阶级和无产阶级都能够回归自然的生活状态。所以,我们才看到

---

① 马克思:《资本论》(第1卷),北京:人民出版社,1975年,第829页。

许多人为了全人类的解放不惜牺牲自我,力图让共产主义从理想变为了现实。也正因为这样,后期资本主义才被迫改良,通过社会福利等方式为社会披上一层温情脉脉的面纱,从而延长资本主义制度的寿命。否则,恐怕资本主义早就"死矣"!从这个角度讲,今天的社会主义市场经济也必须始终从思想和制度上体现对下、贱者的关注,更加注重社会公平,才能避免陷入资本主义一样的社会危机。

第七章

圣人治理　身寄天下

老子的治国思想中，有一个非常重要的概念——"圣人"。"圣人"是古今中外通用的一种尊称，中国的诸子百家、国外许多宗教里都有"圣人"，一般指思想、才能、智慧、德性、修养、威望都很高超并卓有成就的人，是一个综合概念。如中国儒家的孔子，就被尊称为"孔圣人"，就是因为其智慧、思想、教育贡献等非常了不起。但"圣人"绝非仅指才能，而是更重道德。《资治通鉴》说"才德全尽谓之圣人，才德兼亡谓之愚人，德胜才谓之君子，才胜德谓之小人"，又说"聪察强毅之谓才，正直中和之谓德"[1]，可见圣人须是德才都尽善尽美。儒家经典《大学》开篇即说"大学之道，在明明德，在亲（同"新"）民，在止于至善"[2]，那么，圣人就应该是止于至善之人。何谓"至善"？即须是才德全尽。但是，圣人的概念后来开始走偏，往往某方面才能高明至极或能力超强，就会被称为圣人。如，杜康被称为酒圣，杜甫被称为诗圣，张仲景被称为医圣，王羲之被称为书圣，吴道子被称为画圣，陆羽被称为茶圣，关羽被称为武圣，范蠡被称为商圣，孙思邈被称为药圣，等等，主要是指一种术而非道的至高成就。

《道德经》有关圣人的论述，竟然达十七处之多。但是，老子心目中的圣人，主要在于道德修养而非威望、才能，甚至可能与才能无关，而是更多地体现在对个人私欲的控制，对自然规律的把握和利用，对自然的发展结果的不懈追求。这样一来，有时候可能才能越高、贡献越大，离圣人的标准越远。世人所追求的成就，恰恰是圣人所不屑于为，普通人追求功名利禄，而圣人只追求"辅万物之自然"，对个人私欲的东西绝对是"不敢为"。在老子的观念中，圣人的修养应该成为官员的最高修养，圣人的标准就是为政的最高标准。圣人治国是最理想的状态，圣人和"侯王""上"相统一，才可能实现社

---

[1] 李金超、孟秀青、慕国栋选评：《资治通鉴赏析》，上海：远东出版社，2007年，第21页。
[2]〔汉〕戴胜：《礼记》，崔高维校点，沈阳：辽宁教育出版社，1997年，第222页。

会的自然发展、和谐发展、大下、大治。反之，能人治世之下，八仙过海各显神通，必然是天下动荡、祸乱频生。

1. 以身观身，以家观家，以乡观乡，以国观国，以天下观天下

> 善建者不拔，善抱者不脱，子孙祭祀不辍。修之于身，其德乃真；修之于家，其德乃余；修之于乡，其德乃长；修之于国，其德乃丰；修之于天下，其德乃普。故以身观身，以家观家，以乡观乡，以国观国，以天下观天下。吾何以知天下之然哉？以此。（《道德经》第五十四章）

修身，是中国文化一个重要的内涵，儒、释、道三家概莫能外。道家的修炼更注重修道、养性，核心在于去私欲，包括去掉"治国平天下"这样的雄心壮志而遵从自然。修德有多重要呢？老子认为，从身、家、乡、国、天下修德的情况，就可以看出其人、其家、其乡、其国、天下的治况与前途、命运。

老子认为，修道于己身，则不见可欲，爱气养神，益寿延年，其德纯真；修道于家，则父慈子孝，兄友弟顺，家财有余，荫庇子孙；修道于乡，则尊老爱幼，教诲愚鄙，人民富足，其德久长；修道于邦，则君信臣忠，仁义自生，政通人和，其德厚丰；修道于天下，则不言而化，不教而治，无为自富，其德普照。因此，根据一人、一家、一乡、一邦国、天下修德的情况就可以判断这个人、这个家、这个乡、这个邦国、这个天下的前途和命运怎么样。我是怎么来观察天下的状态好坏和前途命运呢？就是从道德修养来观察它的兴衰盛亡。

修德就是去私欲至无为，那么，就不讲建树了？当然不是。老子提出，真正善于建树者以道而建，不会刻意去拔除什么，故别人也不可能把他所建拔除；真正善于抱持者以道而抱，不会去刻意改变什么，别人也不可能把他的抱持改变。其子孙若能秉承此道，方能永守宗庙，绵延不绝。"建"，即建立、建树，意思就是形成一种理想中的或圆满的状态、秩序、格局、成果等，也有建功之意。"拔"，即革除、拔掉、去掉，与"建"相对应，意思就是改变一种状态、秩序、格局、成果。"抱"，即抱持、坚持。"脱"，即脱落、失去、改变。

原因在于，善建者、善抱者以道而建而抱，是以一种自然心态、原则构建的自然形态、格局、秩序、成果，是无建之成、无抱之持。这里面没有个

人主观意志，没有主观区分和偏好。《韩非子·解老篇》中说："一建其趋舍，虽见所好之物不能引，不能引之谓'不拔'。一于其情，虽有可欲之类神不为动，神不为动之谓'不脱'。为人子孙者，体此道以守宗庙，宗庙不灭之谓'祭祀不绝'。"①意思是说，善建者、善抱者之所以不拔、不脱，是因为他绝不掺杂个人欲望，绝不从个人理想出发去建，虽有可欲而神不为动，在任何情况下都能坚守自然之道的原则。因为，只有自然才能真正成就一切，而不去扰乱一切，别人当然也就不会想来拔除；只有自然成就的东西也才是我们真正需要的东西，是共同愿望的达成，所以它也用不着去拔除什么。这样的情况下，才会真正荫及子孙而无祸患。

怎么修德呢？"身以积精为德，家以资财为德，乡国天下皆以民为德。今治身而外物不能乱其精神。故曰：'修之身，其德乃真。'真者，慎之固也。治家者，无用之物不能动其计，则资有余。故曰：'修之家，其德有余。'治乡者行此节，则家之有余者益众。故曰：'修之乡，其德乃长。'治邦者行此节，则乡之有德者益众。故曰：'修之邦，其德乃丰。'莅天下者行此节，则民之生莫不受其泽。故曰：'修之天下，其德乃普。'"②（《韩非子·解老篇》）"修"，实际就是去私欲而见道德，就像胡锦涛所说："常修为政之德、常思贪欲之害、常怀律己之心。"③这就告诉我们，真正决定一个人治家治乡、治邦、治国水平的，不是学术和才能，而是道德修炼，即去私欲而不使为德之害。若以才能为判，则可能因私欲而为德之害，才能越大就会害德越深。这种贯彻大道的德，才是身、家、乡、国、天下绵绵不绝的福源。有史为证："自古昔以来，国之乱臣，家之败子，才有余而德不足，以至于颠覆者多矣，岂特智伯哉！"④

这是不是与儒家"修齐治平"思想一致了？相似却又并非完全一样。《礼记·大学》里讲："自天子以至于庶人，一是皆以修身为本""古之欲明明德于天下者，先治其国；欲治其国者，先齐其家；欲齐其家者，先修其身；欲修其身者，先正其心；欲正其心者，先诚其意；欲诚其意者，先致其知，致知在格物。物格而后知至，知至而后意诚，意诚而后心正，心正而后身修，

---

① 邹德金整理：《名家注解〈道德经〉》（上），天津：天津古籍出版社，2012年，第81页。
② 邹德金整理：《名家注解〈道德经〉》（上），天津：天津古籍出版社，2012年，第81页。
③ 新浪：《胡锦涛会上讲话：常修为政之德 常思贪欲之害 常怀律己之心》，http://news.sina.com.cn/c/2004-03-10/09272012175s.shtml，2004年3月10日。
④ 李金超、孟秀青、慕国栋选评：《资治通鉴赏析》，上海：远东出版社，2007年，第21—22页。

身修而后家齐，家齐而后国治，国治而后天下平"①。

由此而知，二者在修身的要求上其实比较相近，儒家讲"格物致知"，老子讲"悟"。儒家认为，修身又是齐家、治国、平天下的前提，而正心诚意、格物致知又是修身的前提和根本。不过，儒家的修身、齐家、治国、平天下带有明显的主观能动性，故其"正心诚意"更多地在于强调为民和爱民，这恰恰正是指导思想不同而导致的有为与无为的区别。从修身内容来看，二者区别更大，儒家的明德和修身，更多是讲仁义礼智信等方面的修炼。而在老子这里，"明德"就是明自然之道，"知至"就是知天道，"意诚"即为少私寡欲，"正心"就是道法自然、无为而治，而修身的重要方式就是"去妄"而至于自然，细想之下区别还是很大的。

但是，也不能把儒家和道家修身的内涵和方式截然对立，虽然他们对道德的内涵阐述不一致，但儒家提倡的"君子"与道家提倡的"圣人"在两个方面却又非常一致。一是修身为本。道家修身以至于圣人，而后治国可达于自然；儒家修身以至于君子，而后治国可以建功立业，身不修而治国绝无可能。孔子就曾说："为政以德，譬如北辰，居其所而众星共之。"②（《论语·为政》）二是修身的内容在"去私欲"上完全一致，相当于佛教的"去妄"。孔子明确说"君子喻于义，小人喻于利"③（《论语·里仁》）"饭疏食饮水，曲肱而枕之，乐亦在其中矣。不义而富且贵，于我如浮云"④（《论语·述而》）。可见，去物欲之妄同样是儒家修养最核心的内容。区别在于，理想、功名这些道家认为是私欲的东西，儒家并不明显反对。

综合来看，道家所说的善建者、善抱者，必是去私欲之后无任何建欲、抱欲之人，没有任何个人理想，其所建却于自然之中建成。儒家的君子却是欲建者、欲抱者，通常是雄才大略、雄心勃勃之人，"乐民之乐者，民亦乐其乐；忧民之忧者，民亦忧其忧。乐以天下，忧以天下，然而不王者，未之有也"⑤（《孟子·梁惠王下》），"王天下"才是他们最终的追求。所以，其所建成的非自然之成，只是个人理想的外化，于建成的同时又必然在破坏着自然之道。更重要的是，因为被理想这个欲望所左右，其价值判断的标准也就有了差别。于其有利，或伤害天理也敢去做；于其不利，虽天理所在也不一定去做。虽有余而不损之，虽不足而不补之，还指望谁会成为"善抱者""善建

---

① 孔丘等著：《诸子百家》，沈阳：万卷出版公司，2009年，第28页。
② 杨伯峻、杨逢彬注译：《论语》，长沙：岳麓书社，2000年，第8页。
③ 杨伯峻、杨逢彬注译：《论语》，长沙：岳麓书社，2000年，第32页。
④ 杨伯峻、杨逢彬注译：《论语》，长沙：岳麓书社，2000年，第6页。
⑤ 郑训佐、靳永译注：《孟子译注》，济南：齐鲁书社，2009年，第24页。

者"？其实，儒家修身的出发点也是要规避这点的，但因为对理想去除不彻底，对才能过于看重，在实践中就容易事与愿违。

问题在于，在儒家思想的影响下，自战国时期以后，中国在选拔官员时都更看重能力、学识、事业心，"学不学""欲不欲"的古训早已抛诸脑后，结果选拔了大量重名重利、有才无德的官员。他们最喜钻研学问，但若从修德的角度来看，会把天下治理成什么样子，从其进入官场那一天起实际上就已经注定。"愚者虽欲为不善，智不能周，力不能胜，譬之乳狗搏人，人得而制之。小人智足以遂其奸，勇足以决其暴，是虎而翼者也，其为害岂不多哉！"[①]因此，如何让官员们进行真正的道德修炼，如何正确看待成功和成就，永远是政治生活中最为重要而根本的问题，并且也是解决腐败和不作为、乱作为等诸多问题的根本出路。

2．生而不有，为而不恃，功成而不居

> 天下皆知美之为美，斯恶已；皆知善之为善，斯不善已。故有无相生，难易相成，长短相形，高下相倾，音声相和，先后相随。是以圣人处无为之事，行不言之教，万物作焉而不辞。生而不有，为而不恃，功成而弗居。夫惟弗居，是以不去。（《道德经》第二章）

圣人很重要的一个特点就是不居功，包容万物而不加以占有，无为而成却不自恃有功。为什么呢？因为圣人放任万物自化，不以主观意志和私欲加以干预，行的是不言之教，做的是无为之事，所以他并不自以为有功。但结果如何呢？正因为他不居功，反而抹杀不掉功劳，非他莫属。当然非他莫属了，辅万物之自然不正是居功至伟吗？

圣人行不言之教、处无为之事并非出于懒政或无能，而是有着深刻的理论前提。老子认为，天下人都知道美之所以为美，就变成了丑恶了；天下人都知道善之所以为善，就变成不善了。为何？因为有和无、难和易、长和短、高和下、音和声、前与后这些区分、对立的概念无不是相对而成、如影随形、接踵而至。"万物负阴而抱阳"，事物的正反两面正如一枚硬币的两面必然同时存在。既然如此，为什么要运用所谓的智慧，去制造一些对待、区分的概念，去树立所谓的善、美呢？造出了硬币的一面，必然会给予他另一面，坏的一面必然紧随呈现，条件成就时还会相互转化，稍不注意就翻了个。更重

---

① 李金超、孟秀青、慕国栋选评：《资治通鉴赏析》，上海：远东出版社，2007年，第21页。

要的，执着于概念的某一方面，事物反而会向反面发展。因此，立言、立行就是给世人立标准，引得人们竞相效仿或追逐，最终好事也会变成坏事。与其如此，倒不如任万物自然成就而不加以干预，反而会形成百花齐放、百家争鸣的状态，互相制约又互相促进，于世事更有补益。

有的书籍将"处无为之事"解释为以无所事事的态度或方式来处理世事，这种理解太有问题了。圣人并非无所事事，甚至有时候会很忙，只不过他不强加自己意志、以扭曲自然进程的方式来做事，即"为道而为"而非"为己而为"，所以害怕以自己的意志改变事物运行的自然之道。"辞"，干预之意。事物处于自然运行的过程中，圣人就无所事事。但如果事物处于非自然运行的过程中，他可能就忙得很，要忙着"去甚，去奢，去泰""损有余而补不足"了。

既然圣人什么都没有做，只是协助大道在处理具体事务，哪里还有什么功劳呢？所以圣人不敢居功。如果有了居功之心，必先有私欲之念，自然之道必然只有退避三舍。第七十七章里老子说"是以圣人为而不恃，功成而不处，其不欲见贤"，"见贤"是什么？就是居功，只有想要居功的人才会刻意地宣传和显示自己。而居功、见贤之举，必然是因有为而来，为更大的有为而去，更需要才，更排斥德。为政者"居功""见贤"的内心出发点，正是大多数社会问题和矛盾出现的根源。能人政治的最大问题在于，个人意志越强，人与自然、人道与天道的冲突就会越激烈，社会矛盾和社会动荡也就越激烈。

"其兴也勃焉，其亡也忽焉"，道理正在于此。国家兴旺发达其实并不困难，抛弃自然发展的天道，或许短时间内就可以实现。但是，国家最兴旺发达之时，往往也是统治者个人意志最强盛、最有为之时，而祸患正是隐藏在兴旺之中，稍一不慎即陷入万劫不复之地，灭亡只是转瞬之间的事情。就好像楼修得越高，抗震能力反而减弱，一旦出什么问题，风险和损失都将随之提升。所以，我们不应乐其高、誉其高，反而应该忧其高、惧其高才对。圣人之所以功成而不居，正是害怕居功的心态导致有为，最后于政事最兴之时造成覆灭之祸。

遗憾的是，许多人根本不信此道，而是专门想方设法居功，甚至想方设法"造功"，为此而不"知止"。行多言之教，夸夸其谈，似乎天下谁都没有他水平高；处强为之事，似乎天下谁的能力都没有他强，为了显能而不遗余力、不计后果去做。更有甚者，甚至吹出"没有做不到，只有想不到"这样不知天高地厚的话来。在政治上、官场上、社会管理上，他们把老子反对的智巧、利欲运用到极致，从而严重改变、扭曲了社会运行的自然性，使社会矛盾此起彼伏。这样的政治、治理，与尼采所提倡的"超人"政治有何区别呢？最终的结果也不会有什么区别，恐怕只能是像尼采一样精神崩溃。

第七章　圣人治理　身寄天下

"天下皆知"四个字，须仔细领悟才能明白其中真谛。哪种情况下对立双方会相互转化呢？核心在于"天下皆知"。"天下皆知"就意味着做到极致了，达到极致就会转向其对立面，这就是转化的条件。没有天下皆知，善不会变成恶，这就是度的问题、质变与量变的关系问题。"天下有人知"就是唯物辩证法所说的"量变"条件，"天下皆知"则是"质变"条件。"矛盾着的对立面又统一，又斗争，由此推动事物的运动和变化"①，它们之间又具有一定条件下的同一性，即在一定条件下会相互转化。所谓"一定条件"也就是"天下皆知"了，它造成了善和恶的这种从相向到反向的运动和变化。

"天下皆知"了，就容易使事物片面化、绝对化，呈现出单方面过度发展，就会成为人们判断善恶、美丑的唯一价值标准，终会"物壮则老，谓之不道"。然而，天下事物若有了区别对待，美、善的事情总会传播，如果经过人为推动就会传播得更快，哪能不天下皆知呢？尤其是在传播极其发达的今天，很快就会天下皆知。因此，尤须警惕的是，在今天这个信息时代、网络时代，善的、美的东西变成恶的、不美的东西，比之历史上任何时期，可能都要快无数倍。

居功、见贤这种区分的概念和行为，本身就是私欲的结果。居功必是喜功，喜欢功名所带来的好处；见贤必是好贤，喜欢贤能带来的利益。因此，他也需要以居功、见贤的方式为天下立言、立行，并且希望变成"天下皆知"。这样一来，无疑会出现庄子说的一种情况："非吾罪也，人之罪也。与己同则应，不与己同则反。同于己为是之，异于己为非之。"②（《庄子·杂篇》）最终只是抓住了主观认为真的善的美的，却放弃了别人认为真的善的美的，团结了一批人也放弃了一批人，形成"不善救人，故多弃人；不善救物，故多弃物"的状况。其实，事物之所以有对错、是非、正误的区分，正是因为有了主观的标准，而主观标准必然只是一个方面的判断，并不一定绝对正确。

还有个很关键的结果问题，老子认为，不居功者反而得功，即"夫惟弗居，是以不去"。一方面，恰恰有功而不居功，他的功绩反而不会被抹去。群众的眼睛是雪亮的，功劳会因为不居而被别人夺去吗？绝不可能。反过来，若刻意居之，大众心理最讨厌自以为有功的人，给予的评价甚至比实际要低。现实社会中，我们经常见到这样的现象：有些人常常吹嘘其"丰功伟绩"，好像事情都是他做的，业绩都是他创造的，没有他地球都不会转了，结果旁观

---

① 毛泽东：《关于正确处理人民内部矛盾的问题》，《毛泽东选集》（第5卷），北京：人民出版社，1977年，第372页。
② 〔清〕王先谦集解：《庄子》，方勇导读、整理，上海：上海古籍出版社，2009年，第290页。

者只当作笑料,即便他有些功劳,反而被人忽略。而有的人寡言少语,谦虚谨慎,绝不居功更不自傲,但旁观者对他却越发尊重,并不觉得他没有业绩。显摆自己就压低了别人,这不是给自己树敌吗?谦虚使人进步,骄傲使人落后,此亦原因之一。我们经常以"淡泊名利,宁静致远"而自励,原因就在于只有淡泊名利,方能宁静而致远。但是,面对前程和利益时,真正能淡泊名利者,天下又能有几人?

其实,追求强烈的人往往内心很痛苦,这就是佛教所说的"求不得苦"。求而不得当然会痛苦,难怪那些求来求去为功名而拼搏者,往往会变得孤僻、抑郁、怪诞、痛苦。或许,一则苦于言教,总要苦苦寻思整点什么新鲜理论、言辞、事情来做,想都想得很苦。二则苦于有为,总要苦苦寻思如何否定别人、肯定自己、抬高自己。为此,没事也得找事来做,尤其要找大事来做,其日子也不见得就好过。最后出事的人往往就是找事的人,有些官员动不动就患"抑郁症"跳楼自杀,不正是功名利欲害人吗?何苦来哉!

3. 宠辱不惊　身寄天下

> 宠辱若惊,贵大患若身。何谓宠辱?辱为下。得之若惊,失之若惊,是谓宠辱若惊。何谓贵大患若身?吾所以有大患者,为吾有身;及吾无身,吾有何患!故贵以身为天下,若可寄天下;爱以身为天下,乃可托于天下。(《道德经》第十三章)

宠辱若惊,是害怕大祸临头的表现。何为宠、何为辱?"辱"为下,比如失去、羞辱、蔑视等;"宠"为上,包括得到、尊敬、重视等。有的人就这样奇怪,受宠或受辱、得到或失去、得意或失意、重视或轻视都诚惶诚恐、战战兢兢、如临深渊,随时都害怕大祸临头,这就是"宠辱若惊"。为什么会宠辱若惊呢?老子认为,是因为把自身的身体安全和名利等看得太重,所以才经常患得患失。太珍视、太顾及自己的身体了,以至于得失都害怕出问题。"贵",重视、珍视的意思,引申为害怕、警惕。"若",在"宠辱若惊"里为"好像、似乎",在"贵大患若身"里为"至",在"若可寄天下"里为"你"。

身体是人存在的基础和证明,身在人在,身亡人灭,难道不应该重视它吗?当然应该重视。但也不能重视到害怕任何一点点风险,与大道相比,自身又算得了什么呢?若为护道,其身可抛!这里的"身"并非仅仅指身体,而是自我利益。如果把自我利益看得太重,肯定随时都斤斤计较、患得患失。如果把自我利益看得比较自然、淡然,当然就不会宠辱若惊了。没有超常的期待，也就不会有超常的恐惧。宠辱皆惊者，往往是失宠时最盼得宠之人，得宠时又最害怕失宠之人，这就是一个心态问题，太放不下自己的人一定是最缺乏生活乐趣和自由的人。"宠辱不惊，看庭前花开花落；去留无意，望天空云卷云舒"，就恰似老子心目中圣人的得失心态和处世方式。

宠辱皆惊者不仅是没有乐趣和自由，关键是别指望他会为道而战，他担不起大事，更不足以托付天下。"无身"并非说是轻率、鲁莽地处置身体和利益，而是将自身与天下相比，放在自然之道这个大框架下去看待，它就显得并不那么重要了，就可以看得比较自然了。所以，只有那些愿将自身献给大道的人，才能托以天下大事。换言之，珍视自身利益超过天下或自然之道者，根本就不值得托以天下大事。

有人会认为这可能不符合老子的无为思想，有向儒家修齐治平思想转化的倾向。其实不然，这只是说，将自身置于大道之下，才可能将自身及个人利益看得淡然，才能达到老子所说的"见素抱朴，绝圣弃智"的境界。否则，就很容易寄情于物、以物累形，最后会因为"生生太厚"，反过来伤及自身。眼中无身，心中有道，则不容易被外物所惑，最终也会使自身无患，这反而是对自身真正的珍视。

苏洵在《心术》里写道："为将之道，当先治心。泰山崩于前而色不变，麋鹿兴于左而目不瞬，然后可以制利害，可以待敌。"①圣人之治心，那就是忘记小我和私欲而谨遵大道，不使外事外物乱其心，才能在任何环境下都保持冷静和克制，否则又如何制利害、待敌？佛教有个看法与此相似，认为人身是地水火风"四大"假合而成，虚幻不实、污秽不净，不值得贪恋，故喻之为"臭皮囊"。这种说法固然可以使人把身体看得"自然"，但未免又太轻贱、太极端了一些。

"有身"与"无身"的人，谁值得托以天下？可以中国革命先烈为例。无数革命先烈前仆后继、舍生忘死，他们不珍爱自己的身体，是亡命之徒吗？绝对不是。他们珍爱自身，但与自身相比，他们更珍爱天道和天下，更希望大道得昌。天下贫穷、落后、不公之至，百姓生活于水深火热之中，这就远离了自然之道。这种情况下，作为护道者，他们不在乎自己能否当官、扬名、存活，而更在乎的是救民于水火和建立一个公平的大同社会。他们舍生忘死是"贵以身为天下""爱以身为天下"，所以最终老百姓才将天下寄托给他们。如果干啥都是为了自身利益，百姓还敢相信他们，还会心甘情愿地把天下托付给他们吗？不会。

---

① 〔宋〕苏洵：《苏洵集》，邱少华点校，北京：中国书店出版，2000年，第9页。

其实，换个角度就会发现，宠辱不惊恰恰是掌握自身命运主动权的基础和表现。因为，只有宠辱不惊，才能把自身的处置权永远掌握在自己手上。宠辱皆惊者因为"有身"，就有了许多顾虑和牵挂，也就落入了受制于人的窘境。宠辱不惊者因为"无身"，就没有了顾虑和牵挂，也就没有了受制于人的条件。为道而存身，也可为道而献身，谁奈我何？近代教育家严复就说过："夫世固不足以宠辱我也，以吾惊之，故有宠辱。亦无谓贵、大患也，自吾有身，而后有贵、大患。闻道则不惊，得道则无身。"又说："惟无身者能贵爱其身也。"①以道统欲，方可身物两忘，性情超脱。因此，"二十年后又是一条好汉"这样的话，分别由以身为天下和以身为自己的人说出来，含义和境界那是大不相同的。

一个很有意思的现象是，在战场上活下来的往往是那些舍生忘死的勇敢者。这是怎么回事呢？其实，从宠辱皆惊的角度来看，并不难以理解。过分珍视自己的人，枪炮一响就像惊弓之鸟般惶惶不安、六神无主，失去了冷静的观察和判断，有机会也因为患得患失而不敢利用，会失去进攻或反攻的良机。而奋不顾身者，因为"无身"而有道有爱，他们身先士卒、爱人如己，哪里危险哪里去，就能够形成团队合力。同时，在纷繁的危险中不会失去冷静的观察和分析，会爆发出惊人的力量和智慧，因此能够做出正确的决策，所以往往能活到最后，甚至最终成为托付事业和天下的领导者，这正是老子所说的"后其身而身先，外其身而身存。非以其无私邪？故能成其私"（第七章）。

3．爱养万物而不为主　万物归焉而不为主

> 大道泛兮，其可左右！万物恃之而生，而不辞，功成不名有。爱养万物而不为主，（常无欲，）可名于小；万物归焉而不为主，可名为大。是以圣人终不为大，故能成其大。（《道德经》第三十四章）

道体广博，若沉若浮，若有若无，虽不可见不可言，却上下左右无所不在。天地万物均依仗它而生长，道却从来不加以干预，功成业就也不居其功；爱护、养育万物，却不加以占有和主宰，从这点看它似乎很微小；万物自然归附它也不加以占有和主宰，从这点看它又很伟大。圣人始终不自以为伟大，也不去做什么伟大的事业，反而能成就大业。

---

① 伍杰编著：《严复书评》，石家庄：河北人民出版社，2001年，第398页；冯达甫译注：《老子译注》（卷上），上海：上海古籍出版社，2007年，第24页。

这就是圣人对待事物、社会的态度。圣人之所以是圣人，就在于不去追求主宰和归附，万物归附却还是那般云淡风轻，根本没有主宰的欲望，绝非一幅所谓的王者风范。"普天之下，莫非王土，率土之滨，莫非王臣"，是王者要求，绝对不是道者的追求。对有道者来讲，道之所及，自有王土，自有王臣，不求而得；道之不及，何来王土，何来王臣？虽愿不逮。居功、为主，必然是私欲心、功名心使然，最终不能成其大。天下大势，浩浩荡荡，顺之者昌，逆之者亡，意图以己之力加之于道，最终都只能是一将功成万骨枯或一将无成也万骨枯。所以，王侯将相们若不贪图宏图伟业、功名利禄，不追求个人功在千秋、名垂千古，不期望百姓感恩戴德、顶礼膜拜，而能任天下百姓自然而为，才真的是功德无量！

　　历朝历代，限制官员不断膨胀的私欲心、功名心，都是一个重要的课题，也是难题。对于总是幻想着功成名有、主宰万物的人来讲，总是喜欢谋划着做一些大事，官越大，做大事的欲望也越强，以功盖千秋为人生追求。或许，他们认为不做大事就没有影响力、能力和爱民之心。但是，要做大事，那就必须调动、集中物力、财力、人力，再不足时就只能靠寅吃卯粮搞得府库空虚，甚至于"以智治国"搜刮民财。其实，不管你显示了多大的能耐，失去自然增长以后，经济发展越快，社会就越脱离自然轨道，社会建设就反而可能越薄弱。千里之堤溃于蚁穴，社会建设中的蚁穴不堵住，就会使社会千疮百孔，说不定哪一天就会因为基础不牢而地动山摇。这绝非危言耸听！一切的一切，根源仅仅在于"为主""功成名有"的思想。

　　"为主"是什么？说穿了就是专制、独裁！不听取人民群众的意见，不顾及人民群众的利益，心底里看不起人民，自己想怎么做就怎么做，想要主宰人民群众的生活、发展和命运，这能不出问题吗？但是，怎么限制官员们"为主"的思想和行为，却一直是个延续至今的难题。但是，我们今天在认识上有了长足的进步，并把它落实到了制度上，同时借助信息的发达和技术的进步，在实现方式也有了不小的进步。比如，各种社会调查、民意测验、风险评估、公示等，已经逐渐形成了制度体系。这些制度越来越紧地捆绑了那些想"为民作主"的官员的手脚，这无疑增强了政府和官员们的圣性。不让他们"为主"了，而要让人民群众真正地自己作主。

4．常善救人，故无弃人；常善救物，故无弃物

　　善行无辙迹，善言无瑕谪，善计不用筹策；善闭无关楗而不可开，善结无绳约而不可解。是以圣人常善救人，故无弃人；常善救

物，故无弃物。是谓袭明。故善人者，不善人之师；不善人者，善人之资。不贵其师，不爱其资，虽智大迷，是谓要妙。（《道德经》第二十七章）

人上一百，形形色色，鱼龙混杂在所难免。为政者如何管束民众？现实中大体有三种方式：一种是斗智，以智治国，以智服民；第二种是斗勇，以强大的暴力工具使民畏惧；第三种是斗法，以人人都须遵从的法律为准绳。老子却认为，这些方法都是给百姓以有绳之约束，不能解决根本问题，反而会因为"有绳约"的区别对待造成更多问题。于是他提出了一个十分高妙的办法——"无绳约"。即以道为约束，则善救物、善救人，最终无弃物、无弃人，认为这才是管理天下的最高境界，这才是圣人之所为。

何谓"善行"？真正的善行是无行之行、无欲之行，顺其自然地处无为之事，故无辙迹可寻。圣人治国不搞那些刻意之作，更不会搞什么花架子，其行事遵从天理，因循自然，不用力，不着形，也不想让别人知道、感激，所以没有任何痕迹可寻。他们"功成而不居""不欲见贤"，所以也不想让人看出什么善行。他们所要的结果，不过是"百姓皆谓我自然"。

何谓"善言"？真正的善言是无欲之言、不教之言，无区分故无偏颇，也无瑕疵，无可指责。圣人即便讲话，也总是依天理而述，就事论事，以道论理，不会因为环境或对象之别而偏离事理和大道。

何谓"善计"？真正高明的算计是无欲之计、无计之计，顺应天理，无所偏私，自然公平合理，故无须借助，也无须防范。"筹""策"均指计算的工具，意为精密盘算。其实，私欲之下的算计，算得越精细越是劳心劳神，最后还漏洞百出、左支右绌。有句古话叫"亲兄弟，明算账"，可我们看见有几家兄弟因为明算账而真亲？总是算来算去算丢了感情，甚至算出仇怨而不惜诉诸武力。而那些大大咧咧、不算细账的反而容易兄弟情深，道理正在于此。

何谓"善闭"？真正的善闭绝不是使用各种高明的"关楗"，而是无闭之闭，不用门杠、门锁也不能解开。古话说锁君子不锁小人，有一锁必有一解，只要窃贼真心要偷，再高明的锁也有漏洞或解法。"夜不闭户，路不拾遗"靠的是什么？绝对不是锁也不是法律，而是人心、道德——不义之财绝不取，天道至德这把"同心锁"虽不可见却无处不在，虽无"关楗"却不可开解，这才是最高明的锁。

何谓"善结"？真正的善结绝不是花样百出的绳结，而是心结、道德之结，虽然连绳索都没有却无从开解。要使百姓依附，绝不能靠有形的绳索把他们拴在一起，只有自愿的归附才能使社会真正团结安定，否则，"绳约"越重，反抗就越强。

由此可见，"有绳约"的善行、善言、善计、善结在产生表面或一时作用的同时，也会扰乱百姓的心神，引起更多的不安定因素。"天下多忌讳，而民弥贫；民多利器，国家滋昏；人多伎巧，奇物滋起；法令滋彰，盗贼多有"，道理正在于此。而以道为本的"无绳约"虽然看不见、摸不着，却是一种无形的最有力的约束，把天下人自然而又紧密地团结在一起，真正达到"我无为而民自化，我好静而民自正，我无事而民自富，我无欲而民自朴""万物将自宾"。

《抓壮丁》的话剧和电影，揭示的正是这样一个道理。革命战争时期，国民党征兵总是用枪杆子抓壮丁，用绳子拴壮丁，壮丁却是抓了又跑，宁死不从。共产党征兵从来不威逼利诱，非自愿不予征用，年龄不到、家里单丁者还不让其参军，但是老百姓却争先恐后，虽死无惧。原因何在？因为共产党坚决抵抗侵略，救民于水火，老百姓的心都在共产党这里，这个"无绳约"比什么绳子拴着都管用、都牢靠。而国民党统治失道以后，人心已背，再结实的绳子也拴不住老百姓的心了，又怎么拴得住他的人？《抓壮丁》的电影之所以为数代人所喜爱，正是因为人们对"有绳约"的讨厌，对"无绳约"的期待。

正因为善用无绳之约，所以，圣人始终善于救人，而没有被他遗弃的人，虽有不善终必向善；始终善于救物，没有被他废弃的事物，虽有不善亦自有其用。为什么？因为他因循天道。"袭"，因循、顺应之意。明，指常道、天道。"善者吾善之，不善者吾亦善之，德善。信者吾信之，不信者吾亦信之，德信"（第四十九章），正是讲不以主观愿望和标准进行区别对待，而以道、德作为标准和底线，从而使善者与不善者、信者与不信者均化于道、同入于善、同入于信，这才叫作真正的智慧、真正的英明。若善者吾善之、信者吾信之，不善者吾恶之、不信者吾疑之，最后会怎么样呢？善者自善，恶者仍恶，难以天下得善；信者自信，不信者仍然不信，难以天下得信。你还怎么救人救物？恐怕到处是弃人、弃物。

圣人为什么会这样呢？因为，在自然的范围内，善者与不善者都具有不同的作用，是社会运行和进步同等重要的两种推动力量，不仅不应该抛弃，还应该重视或爱戴。善人有善人之所长，故能成为可以学习的老师；不善人有不善人的用处，故能为善人的资材。俗话说"恶人自有恶人磨"，这也算不善人的一种用途吧？若能各取其用，哪里还会有弃人、弃物呢？那些不尊重其老师，不爱护其资材者，看似聪明，实际上非常糊涂。这种境界，就是因循自然的精微奥妙之理！

老子哲学的一个核心前提就是无分别之心，救人救物的前提也正在于无分别之心。如果最初就以主观标准进行善人与不善人的区别，只对善人应之以善，而对不善人应之以不善，这个世界不就有了更多的不善吗？这样一来，世界就陷入了冤冤相报的恶性循环，不善人也找不到参照和标准。如果没有了区别对待，对善人、信人和不善人、不信人都同样的应之以善、信，对其予以重视或爱戴，那么何人、何物不可救？有个段子讲，成功要靠高人指点、贵人相助、小人监督、个人奋斗，其道理正是在于既贵其师又爱其资。看似不"智"或有是非不分之嫌，但却是真正的深得道之"要妙"。

说到这里，我们或许会想起一个小说人物——《水浒传》里的宋江。不能不说，宋江看起来似乎是水浒传里最"没用"的人了。论出身，他远不如卢俊义、柴进等许多人，仅仅是山东郓城一刀笔小吏，可谓出身低微、卑贱至极，连他的小妾阎婆惜都瞧不起他；论武功，他不会三招两式，不敢上阵对敌；论排兵布阵、奇诡韬略，他不如吴用等许多人。但就是这么一个平常得再平常不过的人，却坐了下凡星宿一百零八将的头把交椅，啥讲究？因为他低调谦虚，对柴进、吴用这些人满心佩服、善加利用，以善人为师。他也能看到李逵、孙二娘这些不善人的长处，同样善加利用，以不善人为资。在宋江这里，是真正的无弃人、无弃物，人人都能为其所用。

更因为他讲义气，为了朋友真可谓倾囊相助甚至两肋插刀，故得了个"及时雨"的美称。对这些江湖人物来讲，义气就是最大的天道，具有无可比拟的约束力和凝聚力。而宋江，就是用这样一个东西结成了一个最最高明的"无绳约"，使所有的人宁可杀身也要取义。于是，他就后其身而身先了。这帮下凡的星宿哪个不是混世魔王？却个个都对他服服帖帖，一个崇尚武力、不讲规矩的绿林，被他用无绳之约治理得井井有条，对宋朝江山形成了极大的威胁，可谓深明天道大德，虽不"智"却得其"要妙"了！

5. 自知者明，自胜者强

> 知人者智，自知者明。胜人者有力，自胜者强。知足者富，强行者有志。不失其所者久，死而不亡者寿。（《道德经》第三十三章）

"知人者智，自知者明"，意思是说看清别人算是有智慧，但只有看清自己才算是圣明，此所谓"人贵有自知之明"了。圣人与智者的区别，正在于他能够认清自己。认识别人容易，因为别人都在我们的视野之中。认识自己很难，因为自己恰恰在自己的视野之外。对自己而言，我们无异于瞎子，所以我们才经常活在别人的世界里。人们经受挫折的原因，往往就在于对自身认识不到或者不足。自知可是一个了不得的大事情,《韩非子·喻老》讲了一个很有意思的故事:"楚庄王欲伐越,杜子谏曰:'王之伐越,何也?'曰:'政乱兵弱。'杜子曰:'臣患智之如目也,能见百步之外而不能自见其睫。王之兵自败于秦、晋,丧地数百里,此兵之弱也。庄蹻为盗于境内而吏不能禁,此政之乱也。王之弱乱,非越之下也,而欲伐越,此智之如目也。'王乃止。故知之难不在见人,在自见。故曰:'自见之谓明。'"①

楚庄王很敏锐地看到了越国的问题,所以想乘其弱乱而攻之,这似乎是智慧。但他却看不到自身存在的问题,这就是不明。如果贸然进攻越国,后果必然堪忧。由此可见,明比智要重要得多,自知比知人重要得多。好在楚庄王能从善如流,及时止步,还算圣明。但是,就是这样一个圣明之君,也是知人而不自知,对寻常人来讲,要认识自己当然就更困难了。

老子提出一个"自知者明",这是非常了不起的论断。"知人者智",就是知道别人的优劣、长短、高下、好恶、情欲,用现在的话说这是眼神好、看得清楚人、能知人善任、世事洞明。但他认为这没啥了不起,更高层次的是"自知者明",能知道自己优劣、长短、高下、好恶、情欲,那才算是真正的圣明。综合而言,"自知"就是知道自己的自然需求和欲望而予以满足,知道自己的非自然需求和欲望而予以克制。明智明智,知人知己、容人克己者,才能叫真正的明智。

在明与智的认识上,儒家与老子思想基本相同,《荀子·子道》篇里就记载了孔子与几个学生关于智、仁的对话:"子路入,子曰:'由!知者若何?仁者若何?'子路对曰:'知者使人知己,仁者使人爱己。'子曰:'可谓士矣。'子贡入,子曰:'赐!知者若何?仁者若何?'子贡对曰:'知者知人,仁者爱人。'子曰:'可谓士君子矣。'颜渊入,子曰:'回!知者若何?仁者若何?'颜渊对曰:'知者自知,仁者自爱。'子曰:'可谓明君子矣。'"②

"自知"才能算是"明君子",基本就等同于老子所说的圣人了,其途径就是颜渊所说的"自爱",应是与"自胜"基本同义,被私欲所左右就不是"自爱",而是"自毁";"自爱"胜过"爱人",颜渊的思想与道家的思想有异曲同工之处。

"胜人者有力,自胜者强",战胜别人只能算是有力,但不算得强大,真正的强大在于战胜自己。反过来说,一个不能战胜自己的人,其实是一个真正的弱者。这包括两个方面,一方面是战胜自己的欲望,另一方面是突破自

---

① 邹德金整理:《名家注解〈道德经〉》(上),天津:天津古籍出版社,2012 年,第 93 页。
② 荀况:《荀子校注》,张觉校注,长沙:岳麓书社,2006 年,第 400—401 页。

己的极限。能战胜自己私欲的人，才能宠辱不惊而不受威逼利诱，才能顺应自然规律行事而至于大成。当然，从身体的角度来看，能不断突破自己极限的人，才会变得越来越强壮。

事实上，往往越是有力之人，欲望越是繁多，越容易自信心膨胀，越是自尊心、虚荣心强大。于是，我们经常看到那些所谓的强人，要么倒在糖衣炮弹之下，要么倒在虚荣心之下，要么倒在荣华富贵之下，要么倒在阿谀奉承之下，这都是因为他们不能战胜自己的私心杂念，从而使其看起来非常强大，实则极其脆弱，而且越是刚强就越是脆弱，所谓外强中干是也。《孙子兵法》说"知己知彼，百战不殆"，就强调知己在先，知己更重于知彼。知己之弱，重于知己之强。没有知己，知彼何用？若知彼而不能自胜，无疑是"动之死地"。

知己、自胜必然要体现在财富观念上。老子给"富"下了一个极其伟大的定义："知足者富"。只有知道满足才是、才有真正的富裕。如果富足而不知足，即便再富有，那也是贫穷，因为其财富相比于胃口来说差得太远了。他给"有志"也下了一个了不起的定义，只有坚定不移地遵道而行，才算真正的有志向、志气。若遇到外物诱惑就变来变去，这哪算真正有志向、志气呢？

有的人总爱以财富多少论英雄，对财富的追求似乎永无止境，永不满足，因此也就永远不觉得富有和快乐。有些人挣钱，起初可能是为改变境遇，到最后可能成了纯粹跟别人较劲。可我们想想，那些存在银行用不了的钱，真的算你的财富吗？它是银行的，你不断拼搏不断积累，不过是为银行打工而已。有些人身体累垮了还在拼命挣钱，这对自己真的有价值吗？更可笑的是那些钱多得不敢存银行的，还在不断地贪污受贿，不过是追求速死而已。我们必须明白，对财富的适度追求才能叫作物质文明，否则就是物质野蛮，终其一生都将疲于为财富而奔波和苦恼。

"不失其所者久，死而不亡者寿"，意即不丧失立身之本者可保长久，死而不朽者方可称为真正的长寿。"其所"，是指"道"，它是人安身立命之所。守自然之道者节欲养性，不失先天精气，不为物欲所累，这样就可以长久。但是寿命长并非就是真正的长寿，只有"死而不亡者"才能称为真正的长寿。目不妄视，耳不妄听，口不妄言，心不妄想，行不妄动，非但可以活得长久，而且无怨恶于天下，死了也不会被人忘记，这才是真正的长寿！"有的人死了，他还活着"（臧克家《有的人》），就像老子本人一样，虽然没有做出让世人炫目的成就，但仍然千秋万代为人景仰。而那些勤勉于自己"理想"的"有志者"，却可能因为离道而失其所，最终难以寿终正寝，更别说死而不亡了。"有的人活着，他已经死了"，更多的可能是这类人。

老子这就告诉我们，决定国运长短的根本因素，在于是否"失其所"，而不是物质财富的多寡。而不失其所的基础或前提又是"自胜","自胜"就是要战胜对物质的贪婪,克服私欲达到一切顺应自然,而不是永不知足的追求。这个道理其实非常易懂,如果人人都不知足,社会资源的消耗速度必然非常恐怖,随之而来的必然是很多严重的问题。再一个,如果人人都不知足,必然形成一个狼性的社会,一个"人吃人"的社会,这样的社会环境会让人安定、幸福吗?它能长久吗?肯定是不可能的。所以,逐利不如守朴,"侯王若能守之,万物将自宾……民莫之令而自均"(第三十二章),为政者之于百姓,导之以利不如导之以朴,全民知止就可保国家不殆。

老子的这一思想在杨朱那里得到了极致发挥。杨朱是先秦哲学家,战国时期魏国人,他创立的杨朱学说算是道家学派的一个分支,"杨朱、墨翟之言盈天下。天下之言,不归杨则归墨"①(《孟子·滕文公下》),可见其影响力之大,其直接思想来源即是老子。杨朱说:"伯成子高不以一毫利物,舍国而隐耕。大禹不以一身自利,一体偏枯。古之人损一毫利天下不与也,悉天下奉一身不取也。人人不损一毫,人人不利天下,天下治矣。"②杨朱将"损一毫利天下不与"和"悉天下奉一身不取",他认为,舍己为人于己不利,从根本上讲也于社会不利;而损人利己于社会不利,根本上来讲同样于己不利。杨朱对"自胜"应该说讲得更全面,既要战胜自己"舍己为人"的思想,同时还要战胜自己"损人利己"的思想,因为二者从根本上讲都是功利思想,不能说哪种好哪种不好,最终都有问题。二者一结合,就成了非自然之需之利不取,这是很有价值的一个思想。

德国哲学家亚瑟·叔本华对于财富和名誉的认识,与老子的思想十分接近,他说:"财富就像海水,饮得越多,渴得越厉害;名望实际上也是如此。"③叔本华认为,欲望是人生痛苦的根源,人的欲望是无限的、永不知足的,从而使人的生命中充满痛苦。"人生实如钟摆,在痛苦与倦怠之间徘徊",快乐只是痛苦的短暂消失。他认为逃脱痛苦的唯一方式是否定所有的欲望,达到一种对生命完全漠然的状态,这种状态有点类似于佛教的涅槃或道教的清修。叔本华对欲望的完全否定或许有些点过头了,老子虽说要少私寡欲,但并不否定自然的欲望,实质上体现的还是对生命的极度珍视,这又要客观得多。

由此可见,一个家庭如果能够自知、自胜、知足而不失其所,那这个家庭必然兴旺而长久;一个国家如果能够自知、自胜、知足而不失其所,那这个国家必然兴旺而长久。那么,怎样才能自知、自胜、知足而不失其所呢?

---

① 天宜:《孟子浅释》,济南:齐鲁出版社,2013年,第170页。
② 〔晋〕张湛注:《列子》,陈明校点,上海:上海古籍出版社,2014年,第204页。
③ 郭东斌主编:《格言大辞典》,沈阳:辽宁人民出版社,1992年,第105页。

佛教五祖弘忍弟子、禅宗北宗创始人神秀说得好:"身是菩提树,心如明镜台。时时勤拂拭,莫使有尘埃。"[①]拂掉的是什么?非自然的欲望。

6. 圣人为腹,不为目

> 五色令人目盲,五音令人耳聋,五味令人口爽,驰骋田猎令人心发狂,难得之货令人行妨。是以圣人为腹,不为目,故去彼取此。
>
> (《道德经》第十二章)

什么样的欲望才叫自然呢?老子提出了一个相当精练概括的标准——"为腹不为目"。为腹,即为了满足自然需求,类似于我们说的吃饱穿暖;为目,即非自然需求,类似于我们说的既不能吃也不能穿,或者吃不完穿不了,就只是为了看起来舒服,纯粹是一种心理欲望的满足。进一步说,老子认为只有"为腹不为目"的人,才能看清世事万象之中的天道,才可能"执古之道,以御今之有",才有资格作为国家的治理者。

老子认为,五色瞭眼会使人眼睛"变瞎",五音乱耳会使耳朵"变聋",五味杂陈会使人"味觉败坏",纵马追逐、驰骋狩猎会使人"心神狂乱",稀罕财货会使"行为犯错"。"爽",败、伤败、败坏等意思。因为败了胃口,所以自然的东西就难适其口,就会更加追求异味,实则已经走入歧途。人并非不能有欲望,自然的欲望是人类生存和繁衍的必要基础,而非自然的欲望对人来讲却是"余食赘行",没有任何正价值。老子所说的五色、五音、五味并非一定要理解为实指,而是指超出身体自然需要的享乐型或声名型的东西。耳聋、目盲等,也并不是指真的会耳聋眼瞎,而是指贪图美色会令人短视浅见甚至有眼无珠,贪图美音会使言路堵塞,贪图美食会使辨别滋味能力下降,贪图美物会使节气丢失,贪图田猎刺激会使心神浮躁狂荡。总而言之,就是使为政者不能抱元守一,会因此迷失本性、耗精伤气、心浮气躁,从而忘记天道、违背治德。

真是太有道理了,奢侈生活和难得之物有什么实际意义呢?试想一下,如果"不贵难得之货",宝石还是财富吗?它就是个石头。黄金还是财富吗?它也只是个物件。不打扮得珠光宝气,不配以金银珠宝、时装名表,人又会怎么样呢?啥也不会少!有了这些东西,人不可能超越生老病死的循环,反而可能还会陷入更多麻烦,甚至因"怀璧其罪"而飞来横祸。但是,珍爱这

---

① 印严、翟艳春:《印严绘画唐代禅诗百首》,北京:中央编译出版社,2015年,第9页。

些东西却会扰乱人的思维方式和行为方式。没有它，我们会在清心寡欲、轻轻松松之中修身养性、健康长寿、颐养天年，"俭以养德"的道理正在于此。

为什么老子如此强调制欲守朴？因为世俗之人都很容易产生非分的、非自然的欲望，尤其是拥有地位、声望、金钱、资源分配权力的人，更容易为外界的声色犬马所诱惑。只有从内心、从最初就自闭耳目，自觉地抵制外欲内侵，才能真正做到因循自然。"不畏浮云遮望眼，只缘身在最高层"，能克制非自然欲望之人，自然也就如登高山之巅，世事万象尽收眼底，而不会迷失于云雾之中。试看那些追逐五色、五音、五味、驰骋田猎、难得之货的人，哪个不是智慧超群？一旦身染重病或身陷囹圄，谁不慨然而叹说那些东西确实是障心迷智的身外之物、妨行伤身的多余之货呢？可惜，当他们明白这个道理的时候，往往是离死期不远了。

对非自然欲望的克制，是中国传统文化中一个极为重要的内容，非但道家如此，法家、儒家和佛教也都如此。《管子·主明》中说："目贵明，耳贵聪，心贵智。以天下之目视则无不见也，以天下之耳听则无不闻也，以天下之心虑则无不知也。辐辏并进，则明不塞矣。"①实际上，从法治思想最初的本意来讲，正是希望通过法律来限制人们非自然的欲望，使之归于自然的需求和秩序。"天下之目""天下之耳""天下之心"，就不是个人或部分人的目、耳、心，更不是为政者的目、耳、心。

古代的"礼"，虽然客观上起到了维护等级的作用，但最初的出发点是为了维护等级还是限制私欲，却值得思考。儒家强调"自天子以至于庶人，一是皆以修身为本。其本乱而未治者否矣，其所厚者薄，而其所薄者厚，未之有也"②（《大学》），注意，这里说的也是"本"。怎么修身呢？与道家的观点极为相似，如："富而可求也，虽执鞭之士，吾亦为之。如不可求，从吾所好"③（《论语·述而》）；"饭疏食，饮水，曲肱而枕之，乐亦在其中矣。不义而富且贵，于我如浮云"④（《论语·述而》）；"富与贵，是人之所欲也；不以其道得之，不处也。贫与贱，是人之所恶也；不以其道得之，不去也"⑤（《论语·里仁》）；"克己复礼为仁。一日克己复礼，天下归仁焉！为仁由己，而由人乎哉？"⑥（《论语·颜渊》）；等等。克什么？无外乎和道家所说的一样，如五音、五色、五

---

① 何怀远、贾歆、孙梦魁主编：《管子》（下），呼和浩特：远方出版社，2006年，第103页。
② 〔汉〕戴胜：《礼记》，崔高维校点，沈阳：辽宁教育出版社，1997年，第222页。
③ 杨伯峻、杨逢彬注译：《论语》，长沙：岳麓书社，2000年，第60页。
④ 杨伯峻、杨逢彬注译：《论语》，长沙：岳麓书社，2000年，第62页。
⑤ 杨伯峻、杨逢彬注译：《论语》，长沙：岳麓书社，2000年，第28页。
⑥ 杨伯峻、杨逢彬注译：《论语》，长沙：岳麓书社，2000年，第106页。

味、驰骋田猎、难得之货等。

我们总说"得天下易,守天下难",为什么?不是说建设比打仗更辛苦,而是说在和平时期战胜自己的欲望更难。环境变得安逸了,守成之君往往就容易沉迷于安逸甚至享乐。享乐了还想纵欲,最后沉迷其中不能自拔。不能自胜当然就会逐渐衰弱,最后为别人所乘。二是天下平静了就想显能,显能了又想建不世之功,最后反倒把天下搞得千疮百孔。老子所讲的"为腹不为目",不能仅仅从物质需求的角度来理解,还应该从政治、经济、社会、文化建设等角度来理解,即应该更多地引导人们"甘其食,美其服,安其居,乐其俗",使百姓人人都能见素抱朴、知足常乐,使官员不搞形式主义、"面子"工程。

按老子的意思,政府选择官员尤其是要员时,首先就应该选择奉行"为腹不为目"的价值观的人居其位,官员应该有圣人的修养。如果他们只是"为腹不为目",其实工资待遇几乎可以让他们一辈子衣食无忧。但有些人往往在贪欲的支配下"为目不为腹",行事的标准实际上变成了为自己的非分欲望而奋斗,以至于丢了前途、自由甚至性命。当他们身陷囹圄之时,连基本的需求都没有了,才会觉得基本需求的重要性,才会真正明白需要的究竟是"腹"还是"目"。所以,"为腹不为目"看起来简单,实为育人之道、识人之道、用人之道、圣人之道,也是长久之至道。

世间欲望很多,大抵可以分为两类,一类是物质、情色这些与身体相关的欲望,另一类是功名荣辱这些与心理相关的欲望。有些人可以抵制物质、情色这些欲望的诱惑,但却难以抵制功名荣誉的诱惑,为了功名荣誉,他们同样也可以什么坏事都干得出来,结果是没有什么好下场。功名荣辱之念,看似比物欲高尚,实则本质上并无太大区别。为什么他们步入仕途时,不先看看《道德经》呢?为什么我们教育干部时,不坚定不移地教育他们"为腹不为目",而喜欢教育他们"为目不为腹"呢?应该深刻反思。

欲望让人生充满想象,却也让人生充满困难、烦恼和风险。若不能去除非分之念,必然会有无妄之灾,而去除欲望的魔障又确实太难。尤其是在商品经济社会,人们更是很容易私欲膨胀,所谓的"人性的解放"就慢慢发展为"人性的泛滥",从"为腹"而发展为"为目"。或许,这也是人类的命数吧?

7. 以其无私,故能成其私

天地长久。天地所以能长且久者,以其不自生,故能长生。是以圣人后其身而身先,外其身而身存。非以其无私邪?故能成其私。
(《道德经》第七章)

第七章　圣人治理　身寄天下

圣人无私，故能成为圣人。这种无私并非指没有衣食住行之用，一点不享受科技进步的成果，而是指没有非分的、非自然的私欲。有人会问，那圣人还会有什么成就，对社会有什么用呢？这样的认识就大错特错了。对自己来讲，圣人无私；但对社会来讲，圣人却有一个大私——辅万物之自然。"以道莅天下"，使万事万物皆归于自然，避免争斗、倾轧、杀戮，能够和谐、有序、长久地共生，这就是他唯一的、最大的私心。而成就其大私的必然前提和路径，正是通过其无私，若有小私则大私不成。当然，大私已成，小私自然已成，故小私何用？老子反对私心私欲的根本原因，正在于此。

世间最长久者莫过于天地，天地为什么能那么长寿呢？因为它坚守自然之道，从不主动追求长生。"不自生"，意思是自己不刻意、过分注重养生、追求长寿，只是一切顺其自然。"人之生，动之于死地，亦十有三。夫何故？以其生生之厚"（第五十章），"自生"者往往不知不觉走入"生生太厚"的境地，本该长寿恐怕也会早死。原因很简单，一则过分追求养生和长生，其实是对自己的娇惯，反而会使自身的抵抗能力、自保能力降低；二则会使自身各方面不能协调发展，容易导致部分物壮则老、不道早已；三则会使自身与周围的事物产生矛盾，从而使自身常常处于矛盾、危险之中，甚至为此身心俱疲。

"道之尊，德之贵，夫莫之命而常自然"，道德的尊贵，正在于它没有干预事物的运行，事物却已形成了自然的状态和秩序，所以，自然之道正是万物自持的根本。一旦有了私欲，就会对事物的运行横加干预，事物反而难以形成自然的状态和秩序了。"罪莫大于可欲，祸莫大于不知足，咎莫大于欲得"，欲望一出就很难做到适可而止，声名带来的是对更大声名的追求，财富带来的是对更多财富的追求，如此就会越来越偏离自然，"自生"的结果就是如此。所以，"敖不可长，欲不可从，志不可满，乐不可极"①（《礼记·曲礼》）。"不自生"必须体现在两个方面：一是在名利上"后其身"，不会因为私欲而追求"敢为天下先"；二是在需要辅万物之自然时又能够"外其身"，绝不会因为小私而贪生怕死、见利忘道。

"天道无亲，常与善人"，正所谓善有善报，"后其身"者反而能够"身先"，能够得到所有人的尊敬和拥戴。因为，遵道而为者必然是上善若水，利万物而不争，处众人之处恶，处上而民不重，处前而民不害，所以天下自然会"乐推而不厌"。"外其身"反而得以"身存"，"受国之垢，是谓社稷主；受国之不祥，是谓天下王"（第七十八章），社稷主、天下王的职责就是护道，否则

---

① 〔汉〕戴胜：《礼记》，崔高维校点，沈阳：辽宁教育出版社，1997年，第122页。

怎么能成为社稷主、天下王呢？明此道者，道佑其身。

为什么呢？河上公说："先人而后己者也，天下敬之，先以为长。"①北宋王安石说："圣人，无我也。有我，则与物构，而物我相引矣。万物，敌我也，吾不与之敌，故后之。"②北宋范应元说："圣人谦下，不与人争先，而人自然尊之；圣人不争，不与物为敌，而物莫能害之。"③近代学者陈柱说得更明确："圣人治国亦如此……喻如有宝器然，私于一家，则出于一家之外为失矣；私于一国，则出于一国之外为失矣；若私于天下，则将安所失乎？此圣人所以无私以成其私也。"④这就指出了圣人之私在于"私天下"，这就是"小私"与"大私"的区别，大私不在，小私也必然难存，有了大私又何须小私？

老子醉心于圣人治理，希望能建立起一套圣人政治，他认为，去掉私欲的圣人才不会以个人的意志干预社会的运行，才能使社会运行真正和谐。这就给今天的我们提出了一个发人深省的问题：政府应该用什么样的人才？应该用什么标准考核官员？对于官员的选拔，中国数千年来都遵从儒家选贤任能的标准，希望用贤能带领百姓走向更加幸福的道路，同时给政府塑造良好形象，使执政基础更加牢固。这两种标准是有根本区别的，老子心目中的无为政府可以说是"观察型政府"，而选贤任能下的政府必然是参与型政府。

无私的圣人会怎么管理社会呢？他就好像"麦田守望者"，没有鸟儿来糟蹋庄稼时就当个巡视员、观察员；如果有鸟儿来糟蹋庄稼，就站出来驱赶。至于怎么种田、怎么出售，农夫自己去做便是。贤能政治则不然，他要显示自己经营田地的本事，会去指导百姓怎么种田。如果不听指导，就认为是百姓愚昧或没出息，不排除"攘臂而扔之"，矛盾也就出来了。个别"智慧"的贤能，甚至不排除先放任鸟儿来糟蹋庄稼，然后起来大声吆喝，想办法把鸟儿赶走或抓住，以显示自己有本事、有功劳。在这个过程中，麦田守望者也不能说没有私心，但他的私心仅仅在于让百姓能安心、平稳地种好田，如果没有什么来影响，他会默默地在旁边守望；如果有影响种好田的"鸟儿"出现，那即使"外其身"也是要解决的。但作为参与者的政府或官员则大为不同，他们的私则在于让人知道其重要性和能力，虽然也希望百姓能把田种好，但为了"自生"，有时候难免会在心底里希望种不好，经常有"鸟儿"来讨厌，这样他们就有显能的机会了。

---

① 邹德金整理：《名家注解〈道德经〉》（上），天津：天津古籍出版社，2012年，第8页。
② 王安石：《王安石老子注辑本》，容肇祖辑，北京：中华书局，1979年，第13页。
③ 老子：《道德经》，北京：华侨出版社，2014年，第25页。
④ 赵又春：《我读〈老子〉》，长沙：岳麓书社，2006年，第40页。

老子对政府和官员的这种职能定位，会不会让人觉得很熟悉？当然，这不正是与我们现在强调的政企职责划分如出一辙吗？根据老子对圣人政治的思想，我们可以获得三个方面的启示：

首先，政府官员不需要"企业家"。企业家的职责在于经济运作，目标是效益；政治家的职责在于社会管理，目标是秩序。政府虽然也有经济工作，但不是经济本身，而应该是经济秩序。"经济"二字，在政治家看来是"经世济民"；在企业家看来就是效益或者利益，投入少、产出多，成本低、收益高就是经济，否则就是不经济。同样一个问题，政治家和企业家看待的角度、评判的标准是不一样的，政治家讲的是社会稳定、人民顺服和幸福，虽不经济也须勤力而为；企业家讲的是效益突出、利益可观，成本太高、产出太小就不会去做。

因此，政府需要的是经世济民的人才，是不自生、后其身、无私的有道之士、无为之士，必须恭行损有余而补不足；企业需要的是创造经营效益的人才，它更能容忍行人道的有为之士，许多时候自觉不自觉地就会损不足以奉有余。如果企业家坐到了政治家的位置，那他经营的资本是什么呢？财政、土地、企业、权力，以及他能够加以利用的所有东西，问题就一串一串地跟着来了。真正的政治家在对待经济问题时，即便需要他懂经济，首先也应该是懂经济的政治家，而不是懂政治的企业家。他真正应该做的是维护社会的公平、平衡、自然秩序、自然增长。他需要深深明白，一个自然的秩序会给社会经济带来有效的内生动力，这种内生动力是一种自然的、稳定的、可持续的发展动力，这就是"我无事而民自富"。

如果官员、政府亲自参与经济，或以外力推动经济发展，给予市场的都是外生动力，建立起来的必然是非自然的经济秩序，看似动力十分强劲，其实就像侵入人体的邪气一样，会造成虚火上升、肝气过旺等不良后果，会破坏经济的内生动力，说不定哪一天就"病来如山倒"，这恰恰就是"我有事则民难富"。换言之，以经济为导向、以考核企业家的标准对政府官员进行考核，实则就是促使政府官员常怀名利之心，常常"欲得"而不知满足。这样一来，政府还能有道吗？一遇到利益的事情，它自己首先就软弱无力了。因此，秉持自然无为思想的得道之士，才是政府真正需要的人才。他们可能没有"辉煌"的成就，却可以使社会保持长治久安并且充满持续发展的内在活力。

第二，政府不需要野心家。要达到辅万物以自成的效果，政府需要的是"欲不欲""学不学"的人。"欲不欲"就是做别人不愿意做的事情，这就是服务型社会的要求。别人想着挣钱，你就得想着服务，就得想着维护秩序；别人学经济之学，你就得学经世之学。如果政府官员个人私欲太强，无论是功名心、事业心还是利益心，一上台必然将主观意志强加于社会发展的自然规律之上，必然是一朝天子一朝臣，换个官员换个套路，为害之大可以想见。因为官员成了野心家，实际就已经妖魔化，社会的自然、和谐就只能是水中月镜中花了。

　　第三，政府不需要谋略家。圣人遵道守朴，不崇尚以智治国。智慧、谋略无论被用来治人还是治世，都必将使社会变得混乱，使百姓找不到恒常的行为标准。为什么需要智慧和谋略？是因为有自生、自私的追求。智慧、谋略是什么？总体来讲，归根结底是谎言。以欺骗为目的的谋略彻头彻尾是谎言，而智慧，从某种角度讲在某一个阶段也是谎言。无论出发点是什么，播下的都是不诚实的种子。"信不足焉，有不信焉"，智慧必然会带来诚信不足，会削减社会对为政者的信任。"民无信不立"，社会失去了信用和信任，上下相猜，这个社会还怎么循环下去？所以，我们绝对不能将谋略家、智慧者等同于政治家，真正的政治家必须是"正治家"，是敢于、善于秉持"以正治国"的有道之士。

第八章

物壮则老　损余补缺

"和",是指一种自然、平稳的理想状态,它是中国传统文化和哲学中一个非常重要的概念,是中国文化最重要的落脚点,也是老子哲学思想的重要落脚点,而且是近乎终极标准的概念。道法自然、无为而治,一切的一切都是以"和"为标准和目的。但是,"和"的状态只能是博弈的结果,在博弈的过程中,"和"也只能是一种相对的状态,不可能绝对达到也不可能永久保持。如何实现"和",是一个技术和艺术兼备的难题。

1. 物壮则老,谓之不道,不道早已

> 含德之厚,比于赤子。毒虫不螫,猛兽不据,攫鸟不搏,骨弱筋柔而握固。未知牝牡之合而朘作,精之至也;终日号而不哑,和之至也。知和曰常,知常曰明。益生曰祥,心使气曰强。物壮则老,谓之不道,不道早已。(《道德经》第五十五章)

老子对"和"推崇备至,认为其德堪比赤子,它就像刚出生的婴儿一般纯朴善良,所以自有神灵护佑,万物不扰、百毒不侵。怀德深厚之人,毒虫不螫咬他,猛兽不抓抢他,猛禽不攫走他。赤子虽筋骨柔弱,但抓握东西却非常紧固。婴儿不知晓男女交合之事,但生殖器却自然坚硬勃起,那是元精元气充沛之至的缘故。婴儿终日号哭但喉咙却不会嘶哑,那是因为元气醇和之至。

所以,认识"和"就认识了世事常理、永恒规律,认识了"和"这个常理、规律就是真正的明道明理。以此而论,偏爱会使事物日渐异化,任性使气就会使事物日渐僵化。为什么呢?因为事物以自然为最佳状态,不自然就会失和而出现问题。"益生",指过度养生、重生、贪图享受、偏爱等意思。"心使气",指不能平心静气地处于自然状态,由人的意志支配精神、任性使气,

这就会导致阴阳失调。"祥"，指因违和而生的妖祥、怪事。"强"，通"僵"，指某一方面变得强大、强硬以至于僵化、僵硬，是违和的表现。总而言之，心不平则气不和，气不和则身心刚强，刚强则趋强硬、僵化。最终的结果就是事物或事物的某一部分发展过度，进入不道之境，就会促使其早早消亡。

"和"是自然的本质，和则通泰，不和则淤滞。中医对此有许多理论，认为人生病就是阴阳失调、气血不和、筋络不通，就是说身体失和了，原因往往是邪气外侵，而致阴阳"违和"。所以，老子认为"和"至关重要，乃通泰之本，知道"和"才能做出明智之举，永远保守和气。而过于爱护生命、贪图生活享受，就容易超过身体的承受能力，促使身体违和、失和，反而容易引出病患、遭到灾殃。事与物，一体如此。

本章中"曰""日"的分辨，各种版本的看法、组合很多。"知和曰常，知常曰明"中的"曰"在有些版本中作"日"，本书认为意思不通，应作"曰"为妥，是在讲道理、下定义。"益生日祥，心使气日强"的"日"在有些版本中都作"曰"，本书认为应为"日"为妥，意思是逐渐。意为人的欲望越是强大，越是放纵情欲，越是想活得好、更长寿而重生、养生，越是偏重、偏爱，就越是遭到灾殃、危害，日子越长积灾越重。任性纵气也一样，会使事物违和而日益变得刚强和偏颇，纵性越久越多，则刚强越甚，消亡越快。就像暴烈之人容易暴亡一样，或与人争执而死于非命，或气血愤涌而血管破裂，或身体多病寿命缩短。

老子看似在讲养生之道、养生之要，其实真正想要说明的是，万事万物包括治国之道莫不以"和"为本。"和"是什么呢？就是阴阳调和，是矛盾双方在斗争中的平衡状态，如果任何一方过于强大，事物就会变得不和。不和，就是"片面化"甚至"绝对化"或"一刀切"。由此，他总结出了一个自然规律："物壮则老，谓之不道，不道早已"，这是自然界和人类社会事物发展的共同规律。什么是道？自然即是道，自然就是一种"和"的状态，它因矛盾双方的制约而形成。而失和则失去了柔弱性，会变得僵化、僵硬、刚强，导致"不道早已"。因此，治事之要在于维护自然，而不是使某一方面过于突出，否则必然招致灾殃甚至覆灭。

这个道理或许我们都懂一些，但私欲往往使我们的行为背离了理念，很容易就益生、心使气，最终得到的也就不是预想的结果。比如爱，因为有爱，所以给予，这很正常。但如果因为甚爱而过分地给予，就会失和而至于邪，最终使其丧失生机，好事就变成了坏事。到最后爱就变成了恨，给予者恨其不如己意，受予者恨给予者剥夺了自由，封堵了他自我选择、成长的方向和空间。

这个思想运用到社会管理包括治国、治企、治家等方面，就告诉我们一个道理，任何政策都不能伤害事物本身的自然性，不能太强、太过分、太绝对化，当然也不能太弱，以辅万物之自然为度，否则再好的政策都会变成恶政、苛政，好心得不到好报。物壮则老是普遍规律，度自然就成为任何社会管理政策的要点。正因为这样，"物壮则老"就成为老子整个政治思想的核心之一——"损有余而补不足"政治思想的重要理论基础。

不仅仅是老子这么认为，在"物壮则老"这一点上，儒家所讲的"过犹不及"与老子的思想几乎完全相同。"子贡问：'师与商也孰贤？'子曰：'师也过，商也不及。'曰：'然则师愈与？'子曰：过犹不及。"①（《论语·先进》）孔子认为过、不及都有问题，这与老子的思想一致。而且，双方最终必然毫无疑问地归于同样的结果——损有余而补不足，孔子"执其两端，用其中于民"②的中庸思想的根本目的，还是在于"致中和"，"致中和，天地位焉，万物育焉"③（《礼记·中庸》），可见同样是指平衡、协调、自然才是最佳标准和状态。有子说得更明白："礼之用，和为贵。先王之道，斯为美，小大由之。有所不行，知和而和，不以礼节之，亦不可行也。"④（《论语·学而》）

老子和孔子的这一思想与启蒙思想家卢梭和古希腊哲学家亚里士多德遥相呼应。卢梭讲"情欲越激烈，便越需要法律的约束"⑤，这与"礼之用，和为贵"的思想基本一致，法律约束的正是导致"物壮则老"的情欲；而亚里士多德甚至将其运用于政体建设，他认为"最好的政治团体必须由中产阶级执掌政权"。为什么呢？因为，"中产阶级（小康之家）比任何其他阶级都较为稳定。他们既不像穷人那样希图他人的财物，他们的资产也不像富人那么多得足以引起穷人的觊觎。既不对别人抱有任何阴谋，也不会自相残害，他们过着无所忧惧的平安生活"⑥。按孔子的思想，就是富人和穷人来执政就过或不及了，而中产阶级则刚好居中，有欲但又没有过分的情欲。按老子的思想，这样的政治团体天然就具有损有余而补不足的经济基础和以此为基础的思想基础。

---

① 杨伯峻、杨逢彬注译：《论语》，长沙：岳麓书社，2000年，第99页。
② 〔汉〕戴胜：《礼记》，崔高维校点，沈阳：辽宁教育出版社，1997年，第186页。
③ 〔汉〕戴胜：《礼记》，崔高维校点，沈阳：辽宁教育出版社，1997年，第186页。
④ 杨伯峻、杨逢彬注译：《论语》，长沙：岳麓书社，2000年，第5页。
⑤ 卢梭：《论人类不平等的起源与基础》，李常山译，北京：商务印书馆，1962年，第104页。
⑥ 亚里士多德：《政治学》，吴寿彭译，北京：商务印书馆，2014年，第209页。

2．飘风不终朝，骤雨不终日

> 希言自然。飘风不终朝，骤雨不终日。孰为此者？天地。天地尚不能久，而况于人乎？故从事于道者，同于道；德者，同于德；失者，同于失。同于道者，道亦乐得之；同于德者，德亦乐得之；同于失者，失亦乐得之。信不足焉，有不信焉。（《道德经》第二十三章）

"希言自然"即"希言则自然"。听之不闻名曰"希"，故希言即是不行多言之教、疾言之教，不政令繁、急，任其无为自成。"然"，"成"的意思。"自然"，即自成。此与无为而治、无为自化等同，指不因私欲而妄施助力而任其自生、自长、自成。圣人之治，就是少说少做而任百姓自为、自成。正如孔子所说："天何言哉？四时行焉，百物生焉，天何言哉！"[①]（《论语·阳货》）老天说了什么做了什么呢？啥也没做，四季自然更替，万物自然而成！

老子以自然现象来直观地说明这个道理。狂风刮不到一个早晨，暴雨下不了一整天，这是人皆共知的自然常识。狂风和暴雨是谁干的？乃天地所兴！以天地如此强大的存在，都不能让暴风骤雨暴烈而长久，那人怎么又可以让猛政、暴政长久呢？飘风、骤雨都不是恒常、自然的事情，故无持久之力。只有绵绵春雨、潇潇秋雨才能整天整天淅淅沥沥地下，因为柔和所以持久。

这就告诉我们一个道理：致力于修道者，必然以道为行为准则；致力于修德者，必然以德为行为准则；只有不在乎修道修德者，才会无所顾忌地作为。最终的结果是，行事合于道的人，道也乐于得到他；行事合于德的人，德也乐于得到他；行事失于道的人，失也乐于得到他。这话看似绕口，其实不外乎种瓜得瓜、种豆得豆，要想长久就不能猛烈，故欲得其自然必施之以自然。这与佛教所讲的因果报应也很相近，种善因，方得善报。

"信不足焉，有不信焉"这句话来得奇怪，似显突兀，讲物壮则老怎么突然说到"信"去了？其实不奇怪，凡是壮的事情，就像飘风、骤雨这样的施政行为，不就是为了某种宏伟的承诺（目标）吗？最后不能实现预期的目标，就是失信于民了。长此以往，信用就不足了，老百姓还怎么信任你呢？人而无信，不知其可，政而无信，更加不知其可！老子这么说是什么意思？是警示为政者不要施猛政、急政，否则，物壮的结果是失信于民。就像人爬山一样，爬得太快了，过不了多久就力竭而止，最终欲速而不达。慢慢地爬，方能轻松到达山顶。

[①] 冯家禄：《论语三解》，北京：东方出版社，2014年，第433页。

天下事物，莫不是"道生之，德畜之，物形之，势成之"（第五十一章），承自然之道而生成，受自然之德而畜养，得外物之附而有形，应环境之势而成功，道德真正尊贵之处，不在于以人力而使其急成，恰恰在于"夫莫之命而常自然"。而凡是急于求成者，恰恰可能破坏其自然，使其难成或难以大成。有人可能会洋洋自得地说，你这不对，我已经大成了啊，别人不能做成、不敢做成的，我都做成了，如果遵从自然，反而可能一事无成呢！却不知，人力、智慧所促成的成就并非真正的成就，更非具有内在稳定性的"大成"，甚至不排除已经祸根深种。祸不在当今，必在后世；不在此任，必在后任。

3. 强梁者不得其死

> 道生一，一生二，二生三，三生万物。万物负阴而抱阳，冲气以为和。人之所恶，唯孤、寡、不穀，而王公以为称。故物或损之而益，或益之而损。人之所教，我亦教之。强梁者不得其死，吾将以为教父。（《道德经》第四十二章）

根据道家学说，任何事物均有阴阳即正反两个方面，只有阴阳调和才能形成稳定的事物，即合二方能为一。任何一方面过于强盛，都会导致事物不稳定甚至毁损。事物内部矛盾两方中任一方过于强大，最终就形成了"强梁"。"强梁"非但没使事物变得强大，反而使其本身甚至整个事物发生异变甚至消亡，老子认为自古以来这都是一个铁律——教父，所以必须始终谨记。

老子说"万物皆负阴而抱阳"，更主要的目的是说明必须"冲气以为和"。进一步来讲，"以道莅天下"者，最重要的职能就是维持"和"的状态和局面，从而让任何事物都有自然生存的空间。"和"，即是指事物最佳、最稳定、最协调、最和谐的状态，此时阴阳、矛盾之间协调和平衡，是对立中的统一。换言之，阴阳的存在和矛盾都是必须的，是事物存在的基础，没有阴阳不行，阴阳不在斗争中形成平稳也不行，阴太盛则阳必衰，阳太盛则阴必衰，最终是整个事物的变异或灭亡。"强梁者"，强横、强势而逞强逞凶者。"不得其死"，意思是不得好死，死无葬身之地。强梁的存在是强梁灭亡的原因，也是事物变化甚至灭亡的原因。

正因为这样，王公均以孤、寡、不穀自称。为什么？就是不想成为"强梁"，不想因增益过多而致减损。这也算是"弱者道之用"，算是一种自我提醒吧。为山九仞，功亏必在一篑，压垮骆驼的就是最后一根稻草。常常以此自我提醒一下，总是好事。王公身处最高阶层，他们难免战战兢兢，在称呼上低调一点，才不会忘记"贵以贱为本，高以下为基"。当然更不敢逞强，如果强势者再逞强，弱势者就没法活了，故在称呼上"以言下之"也让别人可以舒服一点。

官员的称谓历来都有讲究。古代将官员称为"父母官"，意指须爱民如子，又有尊敬、期待之意，但却有凌驾于人民之上的嫌疑，就远逊王公所称孤、寡、不穀了。现在，将公职人员统一称为"公务员"，这是一个很中性的称谓。共产党的领导干部自称"人民的公仆"，就很有古代王公的孤、寡、不穀之妙了。但是，现在有些官员的官本位意识很浓，偏偏自诩为父母官。可叹！若以此为豪、沾沾自喜，无异于自认无德，不知天高地厚。

老子这句话看似简单，却可以给我们太多的思考。一个团体或阶层、阶级可以成为社会的脊梁，但不能成为强梁。若不小心成为强梁，那就要赶紧"自废武功"，否则就只能"不得其死"。死，不一定是身体的消灭，可能是格局的改变，社会地位的互易，整个社会的动荡和变迁。总之，对强梁者必是很不利的变化。

为什么会这样？因为，社会如果出现了强梁，必然破坏矛盾的平衡，使社会秩序偏离自然轨道，造成社会的割裂和矛盾。这对强梁者本身也不是好事，可能意味着发展动能的最后释放，还意味着来自外部的矛盾和压力的最大化。所以，对于为政者来说，很重要的一个职责就是限制强梁的出现，发现已经出现的强梁并予以限制或消解。如果不去消解和限制，甚至乐于利用它，那说明管理者本身的理念出了问题，要么是想依托强梁行强为之事，要么是强梁已经绑架了社会运行，这时候其实大家都已经很危险了。

"强梁者不得其死"的铁律任何时候都不会改变，因为强梁者必然是社会关注的焦点，会成为各种资源像黑洞一样的"吸收者"，从而会自觉不自觉地破坏社会的公平和平衡。但是，人们往往难以真正认识到这个问题，不仅不因成为强梁而自省、警惕，反而会因成为强梁而沾沾自喜；不仅不阻止强梁的出现，反而会以培育强梁为荣耀和功绩。像这种理念和做法，是对天道的完全无知或漠视，无疑相当危险，甚至可以说是自作孽不可活。

4．天之道，损有余而补不足

> 天之道，其犹张弓者欤？高者抑之，下者举之；有余者损之，不足者与之。天之道，损有余而补不足；人之道则不然，损不足以奉有余。孰能有余以奉天下？唯有道者。是以圣人为而不恃，功成而不处，其不欲见贤。（《道德经》第七十七章）

第八章　物壮则老　损余补缺

　　老子所说的"物壮则老"，实际就是指事物内部阴阳两方的矛盾已经不可调和，其中的一方压制了另一方的力量，"老"就是失去了柔弱的特性和自然的状态。如果双方的力量对比过于悬殊，造成了其中一方的过度，这时候物壮者就变成了"强梁"，"强梁"的出现是失和的极端后果和表现。怎么样才能避免失和，或失和后如何校正呢？老子提出了"损有余而补不足"方法论。

　　别想得太复杂了！天道，不就像拉弓射箭一样简单吗？太高了就把它压低一点，太低了就把它举高一些；拉得过满了就减损一些，用力不足就弥补一些。天道之行，就是减损有余而弥补不足。但人道恰恰相反，是减损不足以供奉有余。谁会愿意将有余拿出来奉献给天下呢？唯有得道圣人。"常有司杀者"（第七十四章），如果没有人去管这种不足或有余、"物壮则老"的状态，天道自会显灵来收拾残局。如果有圣人来损有余而补不足，这也不过是在替天行道，所以也算不上替天行道者的功劳。圣人当然是明白这个道理的，所以他有所作为也不自恃有能，功成业就也不居其功，他根本不愿意显示自己的贤能，当然也就更不愿意别人恭维或吹嘘他们。

　　所谓"天道"，就是自然界的运行法则或规律；"人道"，则是指人类社会运行的法则或规律。如果说法则或规律应该是出自一种"意志"的话，那么老子认为，"自然界的意志"和"人类的意志"是完全相反的两个方向。准确地说，人类个体总是追求强大、独占，而对于整个"人类社会"来讲，却必须解决共生生态的问题，因此它同样会遵循损有余而补不足的规则，从而使人类个体得以共存共生。但是，如果个别群体掌控了社会以后，它还是有可能损不足以奉有余，形成一个无道社会，从而破坏人类共存共生的生存环境。

　　但是，人类是人类社会的个体，相对于整个自然界来说，人类社会也不过是其中的个体，因此它也必须实现整个自然界的共存共生，最终也就必须遵从"自然界的意志"——天道。所以，圣人的职责就是要通过损有余而补不足实现替天行道，从而实现人类社会的共存共生、人类社会与整个自然界的共存共生。天道的目的是什么？就是使阴阳调和，从而维持事物的自然运行和稳定存在。天道之所以这样做，是因为没有私欲，所以不会逞一时之能、图一时之快，物壮是其要避免的结果，强梁正是其斩杀的目标。人道的目的则不一样，私欲总会使其谋求利益最大化，即便事物自然运行受到破坏也在所不惜，更容易逞一时之能、图一时之快，物壮是其必然的结果，强梁正是其追求的目标。

　　老子在这里说出了两个非常重要的问题：一个是社会矛盾产生的根源在于人道，人道促使利益分配不均衡，而分配有余者又不愿意拿出来弥补不足者。另一个是说出了国家的基本功能和圣人治国的基本法则，那就是损有余而补不足，以有余奉天下，从而平衡社会矛盾，维护社会和谐。这是国家治理的理想范式，也是国家的基本职责、基本功能。如果国家不能替天行道，那还要这个国家干什么？如果为政者不依道而治，就是真正的不作为而非老子所说的无为。如果反天道而行之，损不足以奉有余，那就是苛政或暴政，就会产生激烈的社会冲突，国家的命运就堪忧了。

有人会问，在有余和不足的中间还有一个不太多也不太少部分，是一个相对平衡而又变动不居的区间，该怎么办呢？那就应该是放任，因为这是一个自然的区间。放任，就是交给自然之道，即任其自为、自生、自长，自我调整，为政者袖手旁观就可以了。因为，在这个区间的平衡和不平衡都是相对的，只要不达到物壮而老，或没有这种发展的趋势，都不应予以干涉。政府干什么？不外乎就是"替天行道，劫富济贫，除暴安良"，不干预自然，不使其物壮，不放纵强梁。

"损有余而补不足"这句十分简单的话，却包含了极为丰富的思维方式和治国策略。言下之意，起码从侧面揭示了损有余但不补不足、不损有余但补不足、既损有余同时又补不足这三种半合天道或全合天道的为政思路和举措，分别决定了社会和谐程度的不同。而与之相反的也包括了三种方式，即损不足但不补有余、损不足而补有余、既损不足也损有余，这就都是人道猖獗天道衰落的表现了，分别决定了社会矛盾的激烈程度。不同的为政方式，都可以在现实中找到实践案例，或者是不同的社会，或者是同一社会的不同时段。

人类社会总是在矛盾中前进，虽然"损有余而补不足"是理想范式，但理想境界总是很难达到，因为统治者绝大多数不能达到圣人修养，反而容易为人道所左右。尤其是和平时期，容易让人产生地位十分稳固的幻觉，人道施展腾挪的空间增大，反而容易使人道泛滥、天道衰落。不像在打天下或动荡时期，非奉天道为准则不能得天下或稳天下，人们容易自觉地克制欲望，限制人道的膨胀。历史地看，由于人类的自私天性，"损不足而奉有余"最终物壮而老几乎是难以避免的铁律，最终必致天道由盛而衰，使事物益之而损。当然，在我们以为天道不在之时，天道也从未缺席，并推动了历次的朝代更替或革命。所以，对一个有道的政府或官员来说，"损有余而补不足"就必然是日常工作的核心内容，如果说有政治斗争的话，这才应该是政治斗争的根本目的。

老子关于人道的认识，也就是对人性本质的认识。整体来看，他基本偏向人性本恶、人性自私的观点，认为只有依靠天道才能限制人性私欲的膨胀，这在当时及后世都有不少争论。战国时期儒家代表人物之一的孟子，就提出了与之相反的性善论，他认为善是人的固有本性，其"性相近"，因"习相远"。

孟子说:"恻隐之心,人皆有之;羞恶之心,人皆有之;恭敬之心,人皆有之;是非之心,人皆有之。恻隐之心,仁也;羞恶之心,义也;恭敬之心,礼也;是非之心,智也。仁义礼智非由外铄我也,我固有之也。"①(《孟子·告子上》)

但儒家的另一代表人物荀子却认为人性本恶,"今人之性,生而有好利焉,顺是,故争夺生而辞让亡焉;生而有疾恶焉,顺是,故残贼生而忠信亡焉;生而有耳目之欲,有好声色焉,顺是,故淫乱生而礼义文理亡焉。然则从人之性,顺人之情,必出于争夺,合于犯分乱理而归于暴。故必将有师法之化、礼义之道,然后出于辞让,合于文理,而归于治。用此观之,人之性恶明矣,其善者伪也"②(《荀子·性恶》),"尧舜之与桀跖,其性一也,君子之与小人,其性一也"③,故提出用礼、法来规范。从这一点来说,荀子这个儒家的代表人物,与老子思想的接近,其礼、法的作用或许也是限制人道以倡明天道。

正因为人性自私,喜欢损不足而奉有余,所以老子认为有道政府应该损有余而补不足,通过"均贫富,等贵贱"似的方式平息社会矛盾,这是一个非常重要的思想。孔子对此有着相同的认识,并且说得更为具体。在谈及季氏讨伐颛臾的目的时,孔子说:"丘也闻有国有家者,不患寡而患不均,不患贫而患不安。盖均无贫,和无寡,安无倾。夫如是,故远人不服,则修文德以来之。既来之,则安之。"④(《论语·季氏》),他还说"吾恐季孙之忧,不在颛臾而在萧墙之内也"。

孔子的意思是说,如果国家安定,季孙氏这个外来威胁不算啥,真正的威胁在于内部不和谐、不稳定。而要使内部和谐安定,就必须明白老百姓"不患寡而患不均,不患贫而患不安"的根本诉求,这样即使有外来攻击也不算什么,大家就可以同仇敌忾加以应对。能够均贫、安民,则人民日众、国无倾覆。现在许多人将孔子这一思想解释为人民希望各得其分,要求分配公平,但并非是要求平均,这种理解可能大有问题,是为"按贡献分配"的思想寻找理论基础,也可以说是为贫富分化寻找借口,与孔子的原意怕是已经大相径庭了。

国外也有许多类似于"损有余而补不足"的思想,而且,人性自私论基本上成为西方经济学和政治学的重要理论基础,包括国家起源、法治、三权分立等所有重要的政治理论在内无不如此。

英国政治家、哲学家、理性主义传统的奠基人托马斯·霍布斯(Thomas

---

① 郑训佐、靳永译注:《孟子译注》,济南:齐鲁书社,2009年,第188页。
② 孔丘等著:《诸子百家》,沈阳:万卷出版公司,2009年,第107页。
③ 李波译注、评析:《〈荀子〉评注》,上海:上海古籍出版社,2016年,第354页。
④ 孔丘等著:《诸子百家》,沈阳:万卷出版公司,2009年,第40页。

Hobbs，1588—1679）的国家起源思想就与老子极为接近。霍布斯认为，国家是人们为了遵守"自然法"而订立契约所形成。处于自然状态中的人们，由于自私自利的本性驱使，在社会生活中必然要发生利益上的冲突。"在没有一个共同权力使大家慑服的时候，人们便处在所谓的战争状态之下。这种战争是每一个人对每一个人的战争。"① "这种人人相互为战的战争状态，还会产生一种结果，那便是不可能有任何事情是不公道的。是和非以及公正与不公正的观念在这儿都不能存在。没有共同权力的地方就没有法律，而没有法律的地方就无所谓公正。"② 为了抑制这种战争状态的发生，社会就要一个超乎社会之上的巨大力量，而国家就是这种力量的化身。国家的功能，正在于抑制人道所带来的混乱、无序，抑制人道横行、人欲横流带来的"人人战争状态"，这也正是说明损余而补不足才最终形成"和"的状态。人性本是自私，但放弃自私正是为了成就自私，放弃是为了得到。霍布斯这一观点的立论支持了老子的观点，但去向却是像儒家一样走向礼与法。

"现代经济学之父"亚当·斯密也认为，人的动机都是自私而贪婪的，经济现象的产生就是基于人们的利己主义目的。人们的经济行为完全是为了追求私人利益，但由于人们的私人利益是互相限制的，这才迫使每个人必须顾及他人的利益，由此就产生了相互的共同利益，并进而发展为社会利益。可见社会利益是以个人利益为基础，又是个人利益博弈的平衡，社会利益的目的也是为了满足个人利益，社会利益实现的自动博弈机制，也就成了他说的那只"看不见的手"——市场。通过这只看不见的手，个人利益的目的也由此从单赢变成了双赢或多赢，或者说成了老子所说的"和"。由此可以看出，亚当·斯密其实是认为市场本身就具有损有余补不足的功能的。

马克思、恩格斯也有许多这方面的论述，在《德意志意识形态》中指出，"他们的需要即他们的本性"③ "需要的发展是人的本质力量的新的证明和人的本质的新的充实"④ "凡是有某种关系存在的地方，这种关系都是为我而存在的"⑤。这些关系的本质是不是利己而非利他？当然是！所以，《共产党宣言》说："代替那存在着阶级和阶级对立的资产阶级旧社会的，将是这样一个

---

① 托马斯·霍布斯：《利维坦》，黎思复、黎廷弼译，北京：商务印书馆，1985年，第94页。
② 托马斯·霍布斯：《利维坦》，黎思复、黎廷弼译，北京：商务印书馆，1985年，第96页。
③ 《马克思恩格斯全集》（第3卷），北京：人民出版社，1960年，第514页。
④ 《马克思恩格斯全集》（第42卷），北京：人民出版社，1979年，第132页。
⑤ 《马克思恩格斯选集》（第一卷），北京：人民出版社，1995年，第81页。

联合体，在那里，每个人的自由发展是一切人的自由发展的条件。"①这实际上与亚当·斯密的观点有某些契合，即，要实现利己必须完成妥协或利他，每个人的利益和发展，都必须以他人的利益和发展为前提。也就是说，共产主义同样认为，无私的目的还是为了天下之大私——每个人的私或者说共同的私。这不正是老子所说的"非以其无私邪？故能成其私"吗？大家放弃"小我"以成就"大我"，"大我"是什么？是"小我"之"和"，是损有余而补不足以后更加"自然的我"。

国外哲学家、政治学家从人性自私论发展出了国家起源、政治体制建构等学说，老子同样也发现了"损有余而补不足"的国家职能，但却没能提出什么体制建构性的理论，或许是他认为这种职能的发挥更需要人的道德层面的内省。有没有道理呢？仔细想想，人类发展到今天为止，任何政治制度不管设计得多么完善，其实都不能从根本上解决人性自私的问题，也许还真的只有依靠老子所说的自然之道，依靠人觉醒后的内省和自觉，才是终极解决之道。而国家"损有余而补不足"的职能，既是对天道的忠实执行，又是对人内心世界的天道的唤醒。

如果国家不去执行或唤醒，那么，天道就会以自己的方式来昭示其存在和重要性了。中国历代农民起义的口号中，都少不了"均贫富，等贵贱"这样的思想和口号，而且都显示出了强大的号召力和战斗力。这说明什么呢？说明了"有余""不足"对社会稳定的破坏力都极其巨大，而一旦形成了严重的有余或不足，"均贫富，等贵贱"的号召力就会极其巨大，"不足"者会爆发出无坚不摧的强大力量。因此，以贫富之均、贵贱之等实现社会的稳定、和谐运行，是为政治国的第一要务，行此道者道亦乐得之。

但现在有一个认识误区，有人认为，实行了市场经济，是不是就不讲"损有余而补不足"了？当然不是，正如亚当·斯密所讲，市场是一个人道的用武之地，但也是天道行使职能的场所，它们的工具是共同的，那就是竞争。因此，竞争机制的建立，是建立市场经济的核心，保护竞争也就是保护天道。没有竞争的市场就不是没有天道的市场，是一个虚假的市场，是一个人道真正可以无所顾忌的市场，所以吴敬琏先生才说比没有市场更可怕。从这个角度来看，维护市场的自然运行，本身就是一种公共品，是国家必须提供的公共品，在社会主义市场经济体制下就更是如此。

"贵必以贱为本，高必以下为基"（第三十九章），损有余而补不足正是自强基石的作为，须时时修炼，否则必然是搬起石头砸自己的脚。孟子说得好："得

---

① 《马克思恩格斯选集》（第一卷），北京：人民出版社，1995年，第294页。

道多助,失道寡助。寡助之至,亲戚畔(叛)之。多助之至,天下顺之。"①(《孟子·公孙丑下》)只有多助的事业,才会长久;只有多助的统治者,才会"长寿"。需要重视的是,老子并非是说坏的东西"物壮"不好,而是无论好与坏"物壮"了都不好,事物往往正是因为太好而走向了坏。就像孩子的逆反,往往不是因为不爱,恰恰可能是因为太爱,爱得太细、爱得太深、爱得一点都放不下、爱得孩子受不了,于是就出现了叛逆。

5. 功成名遂身退,天之道

持而盈之,不如其已;揣而锐之,不可长保;金玉满堂,莫之能守;富贵而骄,自遗其咎。功成名遂身退,天之道哉。(《道德经》第九章)

不停地往一个容器里加水,终会满而溢之,不如未满则止;刀剑磨得过于锋利,就越容易损伤刀口,其锋不可长保;拥有满堂金玉,没有人能长久守住;富贵之后还要骄纵,更是给自己埋下祸患。这就告诉我们一个道理:大功告成、声望至隆之时,就必须赶紧抽身而退,此乃永恒的规律!揣,即"捶",有锻炼、打磨等意思。

老子所说,其实都是非常简单的生活道理。金玉满堂者,要么财先于人亡,要么人先于财亡,总之人都只能短暂地占有它,部分地使用它。外物累形,财多害身,无论是奢侈或生生之厚,都是伤精害神之事。更何况,君子无罪,怀璧其罪,也是常有之事。更有甚者,难免富贵后就变得骄纵,就更是处处给自己树敌,自寻祸端。有些人信奉"没有钱解决不了的问题""钱能解决的问题都不是问题",若心生此念,不知不觉间祸根就已经深种。

怎么办?日中则移,月盈则亏;物盛则衰,乐极生悲;百尺竿头,再进一步即是悬崖。故莫若遵循自然之道,最好的办法就是功成名就立即抽身而退。可以有,但不能太有;可以富,但不能太富;可以贵,但不能骄纵,否则就是作死。人们对"富贵"往往难以堪透,总喜欢财富越多越好,地位越高越好,富贵来得越快越好,这是非常危险的一种心态。"君子无罪,怀璧其罪",祸非和氏璧,祸端绝对是和氏璧。忌妒可以杀人,骄纵必然树敌,这是常事。

怎么办?从"物壮则老,谓之不道,不道早已"的天道出发,老子提出了一个符合天道的最佳办法——功成名遂身退,以身退而求身全、身安;以

---

① 孔丘等著:《诸子百家》,沈阳:万卷出版公司,2009年,第62页。

身退远离死地，求得更长久的空间。退，是为了不至于"物壮则老，谓之不道"，是为了"损有余"，是典型的"为而不恃，功成而弗居"。之所以"木秀于林，风必摧之"，正是因为秀木过度地获取使其他的树失去了生长的自然条件，结果自己也因此变得脆弱，而且是越"秀"越脆弱。

一个国家的管理，也是同样的道理。真正的政治家或有道的政府，必然对事业、地位、荣誉、利益等都不能追求持而盈之、金玉满堂，否则必然挤占社会资源，造成越来越严重的社会矛盾，最终的结果必然是"莫之能守"，既守不住财富也守不住天下。"民之饥，以其上食税之多，是以饥；民之难治，以其上之有为，是以难治；民之轻死，以其上求生之厚，是以轻死。夫唯无以生为者，是贤于贵生"（第七十五章），食税太重、过于有为都是持而盈之、揣而锐之的行为，而轻税、无为正是避免求生之厚而无以生为的有道之举。

儒家与老子上述认识十分相近，《礼记·中庸》里讲道："子曰：舜其大知也与！舜好问以好察迩言。隐恶而扬善。执其两端，用其中于民。其斯以为舜乎？"①之所以说舜具有大智慧，正是在于他能广闻博取，却隐藏别人的坏处宣传别人的好处，既了解事物"过"又了解事物"不及"这两端，但却用适中的方式治国治民。"中庸"思想在现代饱受诟病，被批评为没有原则、和稀泥，这其实是将"中庸"庸俗化了。孔子"执两用中"的施政方法，可以说是老子"持而盈之，不如其已；揣而锐之，不可长保；金玉满堂，莫之能守；富贵而骄，自遗其咎"思想最精辟的实践路径。

以此出发，中华文化中形成了一个"留余"的文化。现存于河南省巩义市康百万庄园的中华名匾之一《留余匾》，是康家训示家中子弟的家训匾，是同治年间进士牛瑄所题，题写了南宋自号留耕道人的王伯大的《四留铭》："留有余，不尽之巧以还造化；留有余，不尽之禄以还朝廷；留有余，不尽之财以还百姓；留有余，不尽之福以还子孙。"②"留余"既是儒家"财不可露尽，势不可使尽"的中庸思想的集中体现，也是老子"物壮则老，谓之不道，不道早已"思想的灵活运用，是明哲保身和为政施德的要义，通过留余而远离祸患、泽被后世。当然，儒家的"留余"和老子的"功成名遂身退"也有些细微的差别，孰优孰劣，如何使用，可以慢慢去品味。

那么，做好事应该不适用这个理论吧？不，同样适用。坏事不可做绝，好事也不可做尽。久旱之雨是甘霖，长雨之后是洪涝。为政者便是要施仁恩于百姓，也不能过度。民间有个"升恩斗仇"的说法，即一升米养恩人，一

---

① 〔汉〕戴胜：《礼记》，崔高维校点，沈阳：辽宁教育出版社，1997年，第186页。
② 李楠编著：《中国古代家训》，北京：中国商业出版社，2015年，第32页。

斗米养仇人,许多人为此疑惑,我做好事还做错了?用老子"功成名遂身退"的思想来分析,理论上就变得豁然开朗。你已经功成名遂,还有何求呢?身退便是与人方便与己方便。

"狡兔死,走狗烹;飞鸟尽,良弓藏;敌国破,谋臣亡",可谓亘古不变的哲理。有史为证,功高震主而被杀身的开国元勋,历朝历代不在少数。但深明此理,能淡泊明志而得善终者,也有其人,春秋时期的范蠡、汉朝的张良、唐朝的郭子仪,都是功成名遂身退而得长久的典范。范蠡辅佐越王勾践灭吴后,深知盛名之下难以久安,遂乘舟泛海而去,后来从商成了被后世尊为财神的"陶朱公"。张良辅助汉高祖刘邦夺取天下以后,主动从"帝者师"变为"帝者宾",受封时也只请封与刘邦相遇的留地(今江苏沛县)。与彭越、韩信等功臣的悲惨结局相比,张良因功成名遂身退而得善终。唐朝的郭子仪平定安史之乱、仆固怀恩叛乱、破吐蕃,但他却屡次辞官回乡,国家需要时又毫不犹豫地挺身而出,"权倾天下而朝不忌,功盖一代而主不疑",竟至年八十五而寿终。

有人会说,这并非绝对规律,比如企业经营就不存在这个问题。这就错了!企业经营同样也须"功成名遂身退"。李嘉诚有一句名言——"不赚最后一个铜板",可以看作是"功成名遂身退"思想的白话版。任何产业都与人一样,有一个生命周期和利润区间,经营者如果不能控制住过分的欲望和贪婪,往往很容易陷入泥潭。想把最后一个铜板赚到手,搞得不好会丢掉所有的铜板,甚至是性命。还有,那些已经做到行业顶尖的企业,如果不知道从原来的模式或产品退出而创新模式、产品,最终也会被追赶者超越。

"飞来峰上千寻塔,闻说鸡鸣见日升。不畏浮云遮望眼,只缘身在最高层。"(宋朝王安石《登飞来峰》)人生中最容易"遮望眼"的浮云是什么?就是非自然的欲望。因为有非自然的欲望,政治家想保持精彩到人生最后;因为有非自然的欲望,企业家想把企业做大做强到极致。却不知,这种永不知足的进取精神,倒把自己划入了"人之生,动之死地,十有三"的行列了。

6. 将欲歙之,必固张之;将欲弱之,必固强之;将欲废之,必固兴之;将欲夺之,必固与之

> 将欲歙之,必固张之;将欲弱之,必固强之;将欲废之,必固兴之;将欲夺之,必固与之。是谓微明。柔弱胜刚强。鱼不可脱于渊,国之利器不可以示人。(《道德经》第三十六章)

第八章　物壮则老　损余补缺

　　如何损有余而补不足，尤其是如何损有余，不是一句简单的话就可以解决的问题，价值观还需要方法论加以辅佐方能实现。能于"有余"者"物壮"之时损之固然很好，但有时又恐非易事，不说以卵击石，搞不好就是杀敌八百自损三千，甚至把世间搞得更乱也不是没有可能。尤其是面对绝对的强梁，怎么去损就是一个很尴尬的问题。但老子通过对物壮者自身的利用，对"柔弱胜刚强"加以辩证运用，提出了一个非常高妙的办法：想要使其收缩，必先持续使其扩张；要想使其削弱，必先持续使其强大；要想使其废除，必先持续使其兴盛；要想将其夺取，必先持续给予。其间有着十分微妙的强弱转换道理和规律，这就是柔弱胜刚强。不能不说，老子将物壮则老、祸福转换的辩证规律看得很深透，也运用得非常神妙。

　　要准确理解老子对辩证法的这种利用，必须准确理解两个概念。一是"微明"，历来有微妙的谋略、微妙的预兆等解释。但本书认为这可能都有些问题，老子多讲大道而少谈谋略，说成谋略有损其哲学高度。"明"应作动词讲，意思为警示、彰显、显明，即是说这是天道的一种微妙的彰显方式，而不是直接通过损有余来彰显天道。因为"固张、固强、固兴、固与"到极致以后就是反面，这种对物极必反的矛盾转换关系的利用十分微妙。歙、弱、废、夺，即压缩、削弱、废除、夺取；张、强、兴、与，即使……扩张、刚强或强大、兴盛；"歙"，同翕，有敛、合、聚、收拢、收缩等意；"与"，同予，意为给予。

　　再一个是"固"，帛书中写作"古"，一般解释为同"姑"，意为姑且、暂且。但本书认为不妥，因为暂且、姑且是一种策略性、权宜性的谋略。尽管这种对物极必反规律的利用在时间上确有暂时性，但这么解释仍然不符合老子的整体哲学思想。结合"物壮则老，谓之不道，不道早已""强梁者不得其死"等思想，本书认为"固"应该是固执之意，衍生为持续、坚定、大力，不是给一次两次的问题，是给到"老"为止，只有这样才能放任甚至帮助它变"老"、变成强梁。平常所说的天要令其灭亡，必先令其疯狂，就是这个道理。

　　张之、强之、兴之、与之，代表的是示弱，是为了让对立面变得刚强，同时也使其能量得到消耗，因"固"而让它发展到"物壮"，然后到"老"而"不道"的过程。反过来讲，要想使自己永远存续不受损害，就必须要主动限制自己过度扩张、强大、兴盛、获取，否则必将远道而去。明白这个规律以后，我们就应该笃行柔弱胜刚强，以柔弱化戾气为祥和，而不是动不动就将国之利器拿出来吓唬百姓。

　　同时，这也揭示出了人类社会、国家、政府"其兴也勃焉，其亡也忽焉"的内在原因。兴衰盛亡往往就是一转眼的事情，兴旺之至也往往就意味着脆弱之至，所以才会在极其鼎盛、正以为可以万寿无疆之时，忽然就衰落下去，甚至突然灭亡。原因就是，在人们忘记一切风险的时候，矛盾已经积聚到了强弱易势的关键节点。一些历史事例，似乎正好印证了老子的这一理论。

"春秋小霸"郑庄公（公元前757年—公元前701年）可谓深得老子思想的精髓。郑武公有两个儿子，大儿子因为他母亲生他时难产，让母亲受了罪，就取名"姬寤生"，意似厌恶。但因为是长子，还是继承了王位，这就是郑庄公。二儿子共叔段（姬段），其母姜氏多次提出让他继位，武公都没有同意。于是，郑武公死后，姜氏就支持共叔段竭力扩充自己的封地，想要夺取王位。

郑庄公手下的人看不下去了，纷纷要求郑庄公把共叔段干掉，但郑庄公总是不同意。为此，大夫公子吕还很生气地对郑庄公说，你如果准备让位给他，那我就去侍奉他，如果不准备让位给他，那就应该把他除掉，让老百姓知道谁是国君。郑庄公当然没打算让位于他，但却依然不加干涉，共叔段觉得郑庄公懦弱无勇，于是更加肆无忌惮，进一步扩大自己的地盘。大臣祭仲又劝庄公，说你再不想办法，这样下去你的王位就是他的了。这时庄公说了一句很有名的话："多行不义必自毙，子姑待之。"①果不其然，共叔段在母亲姜氏里应外合下谋反，准备拿下郑国的都城。哪知道庄公早有防备，出奇兵捣了他的老巢，长期受他压迫的老百姓也群起而攻之，结果共叔段兵败如山倒，仓皇出逃到鄢。

你会想，郑庄公是不是太老谋深算了？是。但他的老谋深算是因为深明"柔弱胜刚强"的天道，而又微妙地利用了"将欲歙之，必固张之；将欲弱之，必固强之；将欲废之，必固兴之；将欲夺之，必固与之"这个物极必反的规律。"多行不义必自毙"的关键，就在于一个"多"字，即使那么多人相劝，庄公都一如既往地相让，正是固张之、固强之、固兴之、固与之，结果让共叔段得意忘形、忘乎所以、多行不义，最终自取灭亡。"固"，恰如滴水穿石，非一时一日之功。

再一个例子是元朝的兴衰盛亡。公元1276年蒙古人攻占临安，灭了南宋，1279年统一了中国，建立元朝，结束了自五代以来的分裂局面。蒙古人不断对外扩张，东讨日本，南伐东南亚，西征欧洲，领土横跨亚欧大陆。如此强大的元朝，统治竟然不到100年。这不正说明一个民族国家当其持续张之、强之、兴之、与之的同时，自身的力量也被消耗殆尽，被歙、弱、废、夺的末日也就到来了。

说到这里，你可能会想起一个时髦的词来——"捧杀"，捧你是为了杀你，被杀是因为被捧。把你捧得很高，捧得很了不起，捧得很高兴，捧得你忘记

---

① 左丘明：《左传》，张帅、程开元译注，济南：山东画报出版社，2014年，第1页。

了自己是谁，忘记了自己该做什么不该做什么，捧得人人都对你充满羡慕嫉妒恨，结果就出大问题了。要么是因为树敌太多，要么是因为多行不义。

这就告诉我们，任何事物的发展都必须始终保持"和"的状态，发展得越快，越应该注意"冲气以为和"。怎么"冲气"？损有余而补不足就是"冲气"！损有余，改变"固张之、固强之、固兴之、固与之"的态势，不使其物壮而老，保持自然发展的"和气"。平常所说的"和气生财"，一般理解为态度好，其实是很肤浅的认识，应该说是指保持均衡性、公平性、多样性等，这就是保持了"和气"。比如，企业经营中如果让大家都有得赚，而不是一方把另一方压得死死的，不就和气生财了吗？企业在规模扩张的时候，同样必须检讨是不是在"固张之、固强之、固兴之、固与之"，企业的"和气"还在不在，和气不在了就难以持续经营。

对于这一点，儒家"中庸之道"也讲得很明白。"中也者，天下之大本也；和也者，天下之达道也。致中和，天地位焉，万物育焉。"[①]（《礼记·中庸》）儒家认为"和"是通向繁荣兴旺的大道，其基本方法就是"执其两端，用其中于民"而至于"中和"，结果必然是"天地位焉，万物育焉"。如此可见，"中庸之道"与"损有余而补不足"并无根本不同，是明道以后深具大智慧的思维方式和策略。遗憾的是，后人渐渐忘记了这个好东西，所以孔子才感叹："中庸其至矣乎！民鲜能久矣。"[②]（《礼记·中庸》）为什么会忘记它呢？因为"君子之中庸也，君子而时中。小人之反中庸也，小人而无忌惮也"[③]（《礼记·中庸》），忘记"损有余而补不足"的天道以后，就肆无忌惮地往极端跑了，这不正是"固张之、固强之、固兴之、固与之"吗？结果当然也只能是"歙、弱、废、夺"，最终难逃"强梁者不得其死"的宿命。

7. 生生之厚，动之死地

> 出生入死。生之徒，十有三；死之徒，十有三；人之生，动之死地，十有三。夫何故？以其生生之厚。盖闻善摄生者，陆行不遇兕虎，入军不避甲兵；兕无所投其角，虎无所措其爪，兵无所容其刃。夫何故？以其无死地。（《道德经》第五十章）

根据"物壮则老，谓之不道。不道早已"和"强梁者不得其死"这个思

[①]〔汉〕戴胜：《礼记》，崔高维校点，沈阳：辽宁教育出版社，1997年，第186页。
[②]〔汉〕戴胜：《礼记》，崔高维校点，沈阳：辽宁教育出版社，1997年，第186页。
[③]〔汉〕戴胜：《礼记》，崔高维校点，沈阳：辽宁教育出版社，1997年，第186页。

想，老子又提出两个忠告：出生入死！生生太厚即动之死地！何为出生入死？一般有两种解释。第一种解释为：人始于生而卒于死，出即为生，入即为死。出，即出于母体，这就是出生、出世。入，即中国人所说的入土为安，故入即为死，就是去世、离世。第二种解释为：情欲自身体出，可得生存或者长生；情欲入于心胸，难免早死或速死。第二种解释当更为合乎老子之理，第一种似乎太过牵强。

老子认为，世上之人，先天素质良好可以长命者，十成中占三成；先天素质较差注定短命者，十成中也只占三成。"三"，或许只是为了陈述的需要，并不一定是确切的比例。更重要的在于引出后面一句，即先天素质决定本来可以长寿，却因为过度养生而导致早亡者，也是十成中有三成。这就是"动之死地"！原因在于"生生之厚"。

正常的、自然的情欲，是人的生存需要和发展基础，但过分的、非自然的情欲则可能使身体阴阳失调，即"生生之厚"就会导致"物壮则老，谓之不道。不道早已"。所以，情欲动，就可能因过于养生致精气外泄、阴阳失调，从而自伤精神、身体，本可长寿者也只得短命。总而言之，决定人寿数的固然有先天素质，同时也有后天修养，如果放纵自己的情欲恣意而为，不死于非命，也必死于对自己"太好"。

有句俗话说病都是吃出来的，这很符合自然之理。过去我们总说生活水平低，生活质量不高，所以人的寿命短，这有道理。现在生活水平倒是高了，但是，寿命增长的同时疾病却多了，什么高血压、糖尿病、冠心病、肥胖症都是因为吃多了，这又是为什么呢？这就是所谓的"富贵病"，原因在于"过犹不及"。又要吃得好又要耍得好，那就只有人工养殖，使用催长素、添加剂之类的东西。从根本上来说，吃出病就是因为违背了自然规律、自然原则，超过了身体的自然需求。吃得好、好东西吃得多、运动又少，入得多出得少，不该吃的东西进了身体出不来，积累下来就成了病。正因为这样，现在凡是带"土"字的东西都成了好东西、贵东西，如土鸡肉、土猪肉，等等。可见，真正的好东西就是自然的东西。换言之，真正应该追求的就是自然，"生生太厚"无异于自蹈死地。

有个说法很有意思，说皇帝多短命，名医多高寿，统计数据似乎也支持这样的说法。仔细分析原因，恰恰在于老子所说的"出生入死"和"生生太厚"。有人统计，"据史料记载，中国从秦、汉、三国、晋、南北朝、隋、唐、五代、宋、辽、金、元、明、清各朝，可以查出生卒年份的皇帝有209名，而其中活过80岁以上的只有4人；70至79岁的4人；60至69岁的24人；50至59岁的35人；40至49岁的29人；30至39岁的48人；20至29岁的

34人；不足 20 岁的 31 人。从以上数字可以看出，我国历代皇帝有三分之二以上的寿命不足 50 岁，209 个皇帝的平均寿命只有 39 岁"。其他统计大体也差不多。

而据《辞海》提供的材料，我国古代有医著传世、并有生卒年或年寿记载的大医家约有 40 人，其中活过 100 岁的 2 人，活过 90 岁的 2 人，80~89 岁的 15 人，70~79 岁的 14 人，60~69 岁的 4 人，50~59 岁的 3 人。活过古稀的共有 33 人，占 83%，未过半百的无一人，平均寿命高达 79 岁，是皇帝平均寿命的 2 倍！以清代为例，最有成就的医家约 14 人，其中寿过古稀的 10 人，未过半百的无一人。但同时期的皇帝就没这么幸运。清朝 11 代共 12 个皇帝，寿过古稀的仅高宗弘历（年号"乾隆"）一人（89 岁），未过半百的倒有 4 人。①皇帝生活、医疗条件这么好，为何反而容易短命呢？除了不少人因争权夺利死于非命外，更多是因为忙于政务，后宫妃嫔成群，酒色过度，乐极生悲。历朝皇帝除开国皇帝因心系天下，必须约束情欲，而得长寿或中寿之外，其子孙往往都因生活优厚、纵情使欲而日渐孱弱，寿命越来越短。更有不少皇帝为追求万寿无疆而热衷于炼制和服食仙丹，所谓的仙丹多数是含汞、铝、砷的化合物，长期大量服用，往往中毒死亡。唐代 9 个皇帝暴死，就与服食仙丹有关。这不是"生生太厚"而"动之死地"又是什么？乾隆为什么能活 89 岁？恰恰正是因为"不自生"而未至于"生生太厚"，其自幼重视骑马射箭练武，更深通养生的自然之道。乾隆总结了十六字养生之道——"吐呐肺腑，活动筋骨，十常四勿，适时进补"，"四勿"中有两个是"饮勿醉""色勿迷"，这与道家提倡的自然之道非常相符。

中国改革开放以后人均寿命增长、疾病增加的情况，也说明了自然是养生之要的道理。改革开放以前，中国因为天灾人祸而难以吃饱穿暖，较低的科技水平使人民陷于繁重的体力劳动，医疗保障水平极低使有病难以得到及时有效的医治。那时的经济条件根本不能保证人的自然需求，所以人均寿命较低很容易理解。那么，改革开放以后，中国经济水平和医疗保障水平都有了很大的提升，是不是人均寿命就大幅提升，疾病就大大减少了呢？事实可能并非如此。

1949—1978 年，中国人民相对于中华人民共和国成立前进入了一个休养生息的时期，人均寿命从 35 岁大幅增加到 68 岁，可以看出从战火纷飞、颠沛流离、挨冻受饿的非自然状态到相对可以休养生息的自然状态的巨大变化。但是，改革开放以后，1979—2003 年，中国的经济条件进一步大幅改善，人

---

① 舒平文：《皇帝多短命，名医多高寿》，《金融科技时代》，1999 年第 6 期，第 65 页。

均寿命却只增加了3岁，而同期基数比中国还高的韩国、马来西亚、新西兰、新加坡都分别增加了9岁、5岁、6岁和9岁。而在这20年里，我国的卫生总费用增长速度超过GDP约5个百分点，高于国际一般水平。更明显的问题是，中国人的整体健康状况令人忧虑，癌症和中风成为死亡的主要因素，这也是改革开放前没有的事情。①

为什么会出现这样的情况？因为所有的自然都被打乱，不少人陷入"生生太厚"的奢侈享受之中，就导致了许多的不自然。首先是饮食不再自然，物质突然极大丰富以后，什么都想吃，什么都敢吃，又厌恶体力劳动，不愿意或没有条件锻炼身体，导致人多出少，破坏了平衡。第二是许多人心理也不再自然，不是向往自然的生活，而是年轻时拼命挣钱，年老时花钱买命，从小到大都处于身心俱疲的过程中。再一个，过度的消费需要过度的生产，就使环境变得不自然，水、空气、泥土、食物都不再如原来那样洁净、健康。不自然反映在人的身体上，就是健康水平的下降和寿命增长的乏力。

总之一句话，"出生入死"，情欲越盛越折寿，得自然者方得长寿。如果我们能克制自己非自然的情欲，顺应身体的自然需求，使心理保持自然状态，真正视钱财为身外之物，视功名为过眼云烟，则在经济条件变好以后，必然可以使身体更加长寿，起码可使寿命达到或更接近先天素质的极限，不会因为"生生太厚"而出现"人之生，动之死地"的情况。出生入死，实乃至理之言！

我们由此可以悟出一个道理，养生的最高境界就是"不养生"。不养则自然而生，自然而成，养则容易物壮而老，老则不道早死。换个角度说，养生的标准是让它保持自然。如果已经是自然的，那就不要去养；如果某些方面太强而导致失衡，就要削弱一下它；如果某些方面太弱，才需要适当补一补。如果补得已经平衡了，达到了自然的"和"的状态，你还要去补，那就是"生生之厚"，就会"益之而损"。

注重自然之道，真正善于养生的结果，老子给我们描绘了一幅非常诱人的画面。他说，据说啊，真正善于养生的人，在陆地行走不会遇到猛兽（兕与虎，泛指猛兽），入军不为甲兵所伤。因为兕找不到抵角的地方，兵器找不到下手的地方。为什么呢？因为他没有进入死地。这就很邪门了，岂不是成了神人了？并不是这个意思，而是他没有让自己会殒命的地方。综合《道德经》全书，其因或许有三：

一是老子主张清静无为、道法自然，不主张为利欲而以身犯险。有欲之

---

① 作者注：数据均来自于统计年鉴、公开新闻，或根据这些数据计算所得。

人看到的是处处有机会，而无欲之人看到的是处处有危险，守道之人不会去加害别人，别人也就不会加害他，甚至都找不到加害他的理由。二是无为即不勉力而为，不因胆大而妄为，因此圣人就会处处谨慎，陆行不会"明知山有虎，偏向虎山行"，入军不会轻易犯险，绝对不会去打师出无名、争权逐利、无准备无把握之仗。三是老子主张以柔克刚，利万物而不争，因此他绝对不会去以力相搏，干那种杀敌三千、自伤八百的事情。同时因为利万物而不争，故无人与之相争，也无人能与之相争。这样解释总体来讲可以讲得通，但仔细想想总还是有些梗阻，所以，可能更多的就是一个比喻，未必一定要加以深究。

"出生入死"是养生之道，同样也是养政、养党、养国、养企之道。对政府官员太好，给的条件太优越，容易使他们生出"富贵病"，如此则政府就危险了。对一个政党、国家、企业太好，给的环境太优越，这个政党就会失去应有的自我净化、进化能力，就会失去对社会应有的作用。对国家、企业同样是如此，给他们的条件太优厚，它就会失去对创造、创新的追求和能力，就会失去危机应对能力。教育也是如此，给孩子爱太多，条件太优越，孩子就会失去自我学习的能力、对环境的敏感性和适应能力以及创新创造的能力。所以，爱他，就别宠他！予其自然，足矣！

第九章

至誉不誉　和光同尘

圣人是一个什么样的光辉形象？圣人又该如何去塑造自己的形象？这是许多人关心和想要学习的重大问题。然而，但凡抱有此种心思者，必会非常失望，因为圣人就像道一样，似有形而无形，似有状而无状。"圣人"不会充满光辉，不会像佛祖一样永远有着一道耀眼的光环，反而是道隐无名一样没有任何光华，甚至都平常得难以发现。如果说他有什么不平常之处，那就是太平常了。而如果以高大上的光辉形象寻出来的圣人，说不定真的就很容易把窃国者奉为诸侯了。

绝对的圣人虽然很难一见，孟子说"五百年必有王者兴，其间必有名世者"[①]（《孟子·公孙丑下》）。"王者""名世者"可能与圣人都还不同，圣人不要说五百年出不了一个，中华民族上下五千年历史中，"王者""名世者"可能不少，但真正称得上圣人的却屈指可数。

1. 不欲碌碌如玉、落落如石

> 昔之得一者，天得一以清，地得一以宁；神得一以灵，谷得一以盈；万物得一以生，侯王得一以为天下正。其致之，天无以清，将恐裂；地无以宁，将恐废；神无以灵，将恐歇；谷无以盈，将恐竭；万物无以生，将恐灭；侯王无以贵高，将恐蹶。故贵以贱为本，高必以下为基。是以侯王自谓孤寡不穀，非以贱为本耶？非乎！故至誉不誉。是故不欲碌碌如玉、落落如石。（《道德经》第三十九章）

"一"是万物之本源、万物之秉性，是某物之所以为某物的根本属性，是事物安身立命之根本，万事万物皆须守其本。具体地说，什么是"一"呢？

[①] 孔丘等著：《诸子百家》，沈阳：万卷出版公司，2009年，第63页。

就是"自然""朴",没有过分、过度的欲望,做一个朴实而自然的自己。若让欲望异化其秉性,"冲气"而不能"以为和"时,就此物非此物而异化。不坚守"一",就是为利欲所异化,就是"动之死地"。从这里出发,老子不但明白了"贵必以贱为本,高必以下为基"的道理,更进而提出"至誉不誉"的重要理论。

有道之士为什么即使贵为"侯王"也会"自谓孤寡不穀"?因为他们深知,与其追求光华如美玉、坚硬如顽石,不如保持自然、平凡。"落落",有的版本作"珞珞",意思是坚硬的石头、顽石,它们因为出众而被争夺,也往往因此而被毁坏。可见,碌碌之玉、落落之石,其实都是因誉而毁。不说你是玉,就没人动你。之所以不敢公开地正常地享受普通石头那样的快乐,就因为你有着玉的名头和光泽。如果已经是碌碌之玉、落落之石了,应该怎么办呢?那就别显摆!赶紧"被褐而怀玉""知其白,守其黑""知其荣,守其辱""以言下之"……别把自己打扮得那么完美,不要做那些夸耀和被夸耀的事情。尤其是已经处于最高位置和荣誉的人,哪里还需要夸耀、夸奖?!至誉而誉,那就成神了,就会被挤出人事之外,就没有了"下"为基,不就相当于被毁了吗?

"至誉不誉"在有些版本里甚至帛书里都是"至誉无誉",二者之间可能有些微差别,但又本质相同。"至誉无誉",应该是与"下知有之""百姓皆谓我自然"相对应,意思是说这才是最高的荣誉和赞誉,没有赞誉就是最高的赞誉,说明你做到了"太上"一样的水平。"至誉不誉",则可能更多地强调已经有了很高的地位和荣誉就不能再赞誉或被赞誉了,否则就不符合"贵以贱为本,高以下为基"了,与普通人的心理距离就会越来越远;同时物壮则老、物极必反,赞誉太多、太高,稍有差错反而会引起更大矛盾,因为一个普通人犯错是可以理解的,一个神人犯错是不可理解的;再则,一个愿意至誉而誉的人必然从心理上已经"异化",就很可能完成了从天使到魔鬼的衍变,你的行为也就会发生奇怪的变化,这肯定不是好事。但从全章前后意思来看,"至誉不誉"或许更妥当,也更符合老子的整体思想。

荣誉是什么?荣誉就像佛祖头上的光环,是世俗之人眼中的虚象,并非佛祖的真身。但佛祖却并非因为光环而成为佛,而是因为其佛法修炼而成为佛。圣人也一样,并非因为光环而成为圣人,是因为其道德修养、因为质朴无华而成为圣人。所以,真正有道之士不会去关注光环这样的虚象,而会去关注道德本身。关注光环者,其实已经被外界欲望所"异化",已经失去了决定其本质的"一"。因此,圣人会回避这种光环,绝不会追求至誉而誉,以保持其朴素本质的"一"。

夸耀和荣誉都意味着分别、对立，也就意味着矛盾的开始。一夸耀、一称赞，你就脱颖而出，在成为众人所仰慕对象的同时，也成为一个神一样的存在，不能再犯一点错误。另一方面，也可能成为嫉妒、痛恨甚至打倒的对象。同时，寻求夸耀和称赞本身就代表着欲望的外化，制欲守朴就成为空话，最终会做出许多自讨苦吃甚至自掘坟墓的事情。所以，始终保持自己的纯朴和自然，其实也是一种自保和长生久视之道。试想，那些自称孤、寡、不穀的人，还需要夸耀和吹捧吗？不夸耀、不吹捧也改变不了他们的"贵高"，而夸耀、吹捧却可能使其远离"贵高"。真正应该做也最有意义的，恰恰是常常给予提醒、警示，让其不忘本、不忘固本，知道自己乃孤、寡、不穀，这样才能长保"贵高"，也才能天下安定。

老子在这里又给我们上了一课，古代君王自称孤家、寡人，绝不是说他们居于最高层次，没人敢和他们相比，而是自谦、自警之称。称孤家、寡人，那就是提醒自己力量单薄，需要别人的帮助和支持；提醒自己不事农耕稼穑，要尊重那些提供衣食的人民。这些永远不能忘记，需要随时提醒。而后世称孤道寡却变成了自封为王，后世那些皇帝们，每日早朝还非得要满朝文武齐声高呼"吾皇万岁，万岁，万万岁"，结果却把自己真正地变成了"孤家寡人"，争权夺利、篡位弑君或许就因此而来。

明白了这个道理，就知道为什么"和光同尘"会成为中国文化中最重要的思想，就知道为什么中国文化中为什么会有那么多的谦称，越是"贵高"、有江湖地位的人，越是喜欢使用谦称。如，江湖中人喜欢自称"区区""在下"，那是表示对别人的尊重，其实真要论功夫或地位，他可能既不是区区，也不是在下，而是不愿意居上、显贵而开罪那些贱、下，不愿意显得特立独行。孔子说"躬自厚而薄责于人，则远怨矣"[1]（《论语·卫灵公》），多责备自己，少责备别人，就可以远离怨恨，这也是对"至誉不誉"的最好注解。责己则不会诿过，不诿过方可改过，至少责己的形式可以让人看到改过的诚意，从而取得别人的谅解或宽容，给予改过自新的机会。所以，自谦的称谓正是体现了"不争""守一"的理念和"至誉不誉"的美德。

古代一些皇帝就深明此中之利。"罪己诏"，是中国历史中一个非常有意思的东西，古代帝王们经常用来安抚天下民心。所谓"罪己"，顾名思义就是责怪自己、反思自己的过错。不但自责，还要诏告天下人知道，相当于帝王给天下人的公开道歉信，这是多么隆重的事情。向天下人诏告自己的过错，会不会有损帝王形象？非也。非如此难以泄天下人之愤、安天下人之心、取

---

[1] 冯家禄：《论语三解》，北京：东方出版社，2014年，第378页。

天下人之谅、给天下人希望。"受国之垢，是谓社稷主；受国之不祥，是谓天下王"（第七十八章），你是社稷主、天下王，你不担责谁来担责呢？反过来说，只有敢于担责的人，才能真正成为主、王。

据说，"罪己诏"应是从禹、汤"罪己"开始。禹外出见到罪犯，就开始省察自己统治的过失，而知天下民心之涣散，深以为自己不如尧舜而自责，"尧舜之人，皆以尧舜之心为心；今寡人为君也，百姓各自以其心为心，是以痛之"①（刘向《说苑·君道篇》）。汤灭夏后，为安抚民心，也算检讨过错，发布了著名的《汤诰》："尔有善，朕弗敢蔽；罪当朕躬，弗敢自赦；惟简在上帝之心。其尔万方有罪，在予一人；予一人有罪，无以尔万方。"②禹、汤可能都是诚心检讨自己的过失，害怕有失道德，所以百姓高兴，统治长久。甚至大旱之年，天降甘霖，这就有些神话意味了。

关于罪己诏的起源及数量，研究者看法略有一些不同。据中国政法大学副教授萧翰在一次学术演讲中讲道，根据他对《二十五史》的统计，在中国历史上共有 89 位皇帝下过"罪己诏"。最早的一份明确为"罪己诏"的是汉文帝在公元前 179 年所下，最后一份是民国五年（公元 1916 年）袁世凯所下，整个时间跨度为 2085 年。如果以"二十五史"为限，最后一份罪己诏颁布的时间为 1895 年，时间跨度是 2074 年。若包括袁世凯在内，其间约有 264 份罪己诏发布，平均约 8 年就有一份罪己诏。其演讲稿《"罪己诏"与中国古代政道》流传于网络。封建帝王们或于大灾之时，或于政权危难之际，发布一个"罪己诏"，反省自身过失，以安定民心。当然，也有一些君王并非诚心检讨自身的过失，而是纯粹作为笼络人心、稳定社会、稳固统治的手段，就是现在所说的"作秀"。

不管怎么说，"罪己"的效果之好是毋庸置疑的，所以后世君王往往予以借用，但是否诚心诚意就难说了，或许大多不过是借其形式以安民心而已。其中最有名的，可能是唐德宗的一诏定天下。公元 783 年，由于好几个节度使叛乱，致使长安失守，唐德宗仓皇逃亡，被叛军一路追杀至奉天城（今陕西乾县）。次年春，他痛定思痛，颁发了一道《罪己大赦诏》，反省自己"长于深宫之中，暗于经国之务，积习易溺，居安忘危。不知稼穑之艰难，不察征戍之劳苦。泽靡下究，情不上通，事既壅隔，人怀疑阻，犹昧省己，遂用兴戎，征师四方，转饷千里。赋车籍马，远近骚然，行赍居送，众庶劳苦，或一日屡交锋刃，或连年不解甲胄。典祀乏主，家室靡依，生死流离，怨气

---

① 刘向：《说苑全译》，王锳、王天海译注，贵阳：贵州人民出版社，1992 年，第 12 页。
② 冀昀主编：《尚书》，北京：线装书局，2007 年，第 70 页。

凝结，力役不息，田莱多荒。暴命峻于诛求，疲民空于杼轴，转死沟壑，离去乡里，邑里丘墟，人烟断绝。……上累于祖宗，下负于黎庶。痛心靦面，罪实在予，永言愧悼，若坠泉谷"，明确表示"朕晨兴夕惕，惟省前非，永言思咎，期有复于将来""将弘远图，必布新令"①。

怎叫一个反省深刻、真挚动人了得！太有感召力了，所以诏书一出，"四方人心大悦""士卒皆感泣"，民心军心为之大振，动乱不久即告平息。试想一下，如果唐德宗不是发布罪己诏，而是发布辩解诏，说自己并没多大的错，甚至仍然不失伟大，错在叛军作乱扰民，结果会怎么样呢？恐怕就是四方人心大愤、士卒皆感无望、民心军心为之大泄，就不可能反败为胜、平叛靖国了。

我们这里不是为了研究"罪己诏"本身，而是探讨这些帝王为什么要这么做，这样做了有什么好处。前述可见，从短期效果来看，可以很快地化解怨气，凝聚人心，甚至平息政治危机。从长期来看，它可以使政策制定者、执行者反思自己的过错，及时调整路线、方针和政策，以保证国家沿着正确的道路发展。正如《左传·庄公十一年》里所说："禹汤罪己，其兴也勃焉；桀纣罪人，其亡也忽焉。"②

反过来，至誉而誉却是一件非常可怕的事情。孟子说："有不虞之誉，有求全之毁。"③（《孟子·娄离上》）如果自誉，那就是骄傲自满，结果可能是"求全之毁"；如果他誉，就会失去监督，同样都会使人失去警惕，很容易就犯错误甚至是大错误。至誉而誉就好比什么呢？"捧杀"！没出事时使劲赞扬、吹捧你，让你飘飘然忘记自己是谁，放松了警惕，放弃了修养，最后摔得很惨很惨。孔子的一段话是对此思想最好的注解："昔者天子有争臣七人，虽无道，不失其天下；诸侯有争臣五人，虽无道，不失其国；大夫有争臣三人，虽无道，不失其家；士有争友，则身不离于令名；父有争子，则身不陷于不义。"④

2．和光同尘　挫锐解纷

"知不知，上；不知知，病。夫唯病病，是以不病。圣人不病，以其病病，是以不病。"（《道德经》第七十一章）

圣人是不是知识丰富，什么事情都明了呢？也许那是普通人的看法，其

---

① 黄进、姚文娟主编：《名君诏批九十九篇》，北京：华艺出版社，1992年，第230—231页。
② 蒋冀骋标点：《左传》，长沙：岳麓书社，1988年，第33页。
③ 郑训佐、靳永译注：《孟子译注》，济南：齐鲁书社，2009年，第188页。
④ 孔丘：《孝经》，陈书凯编译，北京：中国纺织出版社，2015年，第114页。

实圣人自己并不这么看。明白自己还有不知道的东西,甚至知道也不敢轻言明白,这是很了不起的事情;不明白却以为什么都明白,或装作什么都明白,则是一种缺点和毛病。恰恰是厌恶"不知而强以为知"的人,才会弥补所有的缺点和毛病。圣人之所以没有缺点和毛病,就是因为他担心自己有所不知而又自以为知,所以才不会多言多教,这样就显得没有缺点和毛病。"病",指缺点或毛病,意思是说是不好的品德。"病病",前一个"病"为动词,担心、厌恶等意思;后一个"病"为名词,意思是毛病,指前面说的"不知知"。

为什么这么说呢?庄子说:"吾生也有涯,而知也无涯。以有涯随无涯,殆已!已而为知者,殆而已矣!"[①](《庄子·内篇·养生主》)一个人的生命、见识都是有限的,但知识却是无穷的,有限的生命怎么可能认识无穷的知识呢?同时,事物是变化的,变化是永恒的,前知未必就是真知。比如,对某人、某地、某事的认识一定是过去的认识,过了那个时候来谈认识就可能变成错的了。所以,不要以为自己什么都知道,如果以为自己什么都知道,那就很危险了。因此,"知不知"的人能随时保持这种警惕心理,就不会轻易断言,会更多地听取别人的意见,这样当然就能规避许多风险,不容易犯错误。反之,"不知知"的人就会自以为了不起,自以为正确,就会喜欢言教于人,如果有不同意见时,更不可能洗耳恭听、俯身相就,这能不犯错误吗?甚至会犯难以弥补的大错。

更重要的,"知不知"的人也就不敢以言教人,也不敢以有为示人。为什么?因为未知的世界远大于已知的世界,未知的变化远多于已有的变化,你敢随便说什么?你敢以主观意志做什么?不敢,那就只有听取和放任。从这个角度出发,我们也就明白了圣人为什么要行不言之教、处无为之事,为什么要"和其光,同其尘",为什么"不欲见贤",因为他知道自己和普通人一样,即便知道得多一些,但未知的事物更多。在知识面前,大家都一样无知,那就不如干脆诚实点,知道就是知道,不知道就是不知道,千万不要不知道也假装知道。显得跟大家一样,并不一定会招致别人小瞧,反而会赢得别人的敬重,否则就会经常闹笑话。

> 知者不言,言者不知。塞其兑,闭其门;挫其锐,解其纷;和其光,同其尘。是谓玄同。故不得而亲,亦不可得而疏;不可得而利,亦不可得而害;不可得而贵,亦不可得而贱。故为天下贵。(《道德经》第五十六章)

[①] 孔丘等著:《诸子百家》,沈阳:万卷出版公司,2009年,第150页。

老子的"和光同尘"是中国传统文化中非常重要的思想，它不仅仅是圣人面对荣誉的态度，还是通向"贵高"的路径。所谓"天下贵"，可以说是地位超然、尊贵，也可以说是为天下人所宝贵。二者貌似一样，但本质上却不是同一个命题。地位看似高贵者，在百姓眼中未必真正高贵，甚至为人所轻贱、愤恨或唾弃，并不是真正的"天下贵"，甚至地位越高积怨越深，其离"贵"越远。老子认为，欲为天下贵者，反不得为天下贵。不欲为天下贵者，方能真正成为天下贵。和光同尘，正是不追求尊贵，不刻意让世人去宝贵他，反而成为值得天下人宝贵的人，是天下难能可贵的存在。

"知者不言，言者不知"，圣人治世，不贵在言，而在于处无为之事，行不言之教。世俗之人为了表现自己的聪明和智慧，为了受到别人的尊重和宝贵，往往爱好言辞，总想显得与众不同。老子认为，言教者并非明智之举，因为，言教本身即是区别对待的行为，容易使天下失去包容，容易制造矛盾；言教不是守柔而是守强，言教越强硬越易折损。"知"，有聪明、智慧、明智之意，但更偏向明智。

"塞其兑，闭其门"，是说圣人自堵口鼻这些欲望之孔，制欲守朴，不追求非自然的名利，就不会受外物所扰，不会被外物所累。兑、门，皆是欲望之孔，一旦打开就会像打开了潘多拉魔盒一样，烦恼、痛苦甚至灾难将无休无止，故老子说"塞其兑，闭其户，终身不勤；开其兑，济其事，终身不救"（第五十二章）。圣人自闭耳目，不问、不见、不言，不以分别心对待事物。他没有主观目标，所以不需要通过言教引导甚至引诱别人；他没有自己的标准，所以也不会对他人的言行轻率评判和纠正。正因为这样，天下也就平安无事，不像那些行多言之教者，到最后往往只有"攘臂而扔之"。

"挫其锐，解其纷"，即挫掉锋芒，而退守质朴；消除分裂、区别，脱离是非辨析和利益纷扰。"解其纷"，有些版本直接作"解其分"，意思并无区别。"揣而锐之，不可长保"（第九章），长期锋芒毕露，自然也难保平安和长久。再者，锋芒、区分都是个人情欲的表现，一旦有"锐"必然有"分"，有"分"也就会有锐，最终难免陷入"察察"之治，反而会堕入"无德司彻"的无边烦恼。

"和其光，同其尘"，就是掩盖其光芒，而与世俗混同一体。任继愈《老子新解》解释为"涵蓄着光耀，混同着诟尘"①，陈鼓应《老子今注今译》解释为"含敛光耀，混同尘世"②。就是说，不要把自己装扮得特立独行、光华尽显，要显得跟普通人一样。

---

① 沈善增：《孔子原来这么说》，上海：上海人民出版社，2008年，第225页。
② 陈鼓应：《老子今注今译》，北京：商务印书馆，2016年，第278页。

有人会说，这哪有什么圣人的样子呢？整个一普通人嘛。是的，圣人就是最普通的人，比普通人还要普通的人。但是，仔细想想，可能还是有很微妙的区别的。挫锐解纷、和光同尘以后，就进入了一种微妙的状态和境界。人们对他既不可能加以亲近，也不可能进行疏远；不可能进行利用，也不可能加以戕害；不可能加以宝贵，也不可能加以轻贱。正因如此，他反而受到天下的重视，成为"天下贵"。反过来讲，那些可以亲近、利用、宝贵的人或事物，或者可以疏远、戕害、轻贱的人或事物，最终都不能成为真正的"天下贵"。为什么呢？因为，对于没有分别和执着之念的人来讲，阿谀奉承、拉帮结派者不可能从他这儿得到好处，久之也就不再用这些伎俩了，这可不就以其昏昏而使人昭昭了嘛！公平、公正这些东西，也就自然而然了。世俗之人，亲近他何益？疏远他何用？利用他何益？伤害他何由？宝贵他何须？轻贱他何苦？他似乎就是每一个人或物，又不是某一个人或物，已经进入大自然之中，谁也无法将它进行区分。因此，只有像对待大自然那样尊敬他、宝贵他。

圣人者，乃极度寻常、极致自然之人也。圣人，绝不是一种刻意而为的面具，不是可以雕琢、塑造而成，恰恰是因为他们追求自然，绝不加以雕琢、塑造，才成为圣人，这就是老子的观点。所以，为了某种目的而把自己打扮成"圣人"的，绝不可能成为真正的圣人。那么，为什么我们又总是觉得圣人是一个迥异常人的了不起的形象呢？原因或许在于，恰恰是因为他太自然、太朴实了，世俗中人总有不自然之处和不自然之时，于是不知不觉间就造就了圣人的"光辉"形象。

自老子以后，挫锐解纷、和光同尘就成为中国传统文化、人格修炼中一个极为重要的内容。凡依此而为，能和百姓打成一片者，就能融入人民群众之中，得民心并最终得其天下。不能依此而为者，不管把自己塑造得多么高尚、神圣，最终都会离百姓越来越远，离理想越来越远，甚至往往没有什么好下场。道理很简单，和光同尘者必然是"处上而民不重，处前而民不害，是以天下乐推而不厌。以其不争，故天下莫能与之争"（第六十六章），而那些把自己打扮得与众不同甚至高明、高贵者，必然在私欲的追求中走入偏听、偏见和偏信、偏执，时时处处与人相争，与他人发生越来越严重的矛盾。

3．不自见故明，不自是故彰，不自伐有功，不自矜故长

曲则全，枉则直，洼则盈，弊则新，少则得，多则惑。是以圣人抱一，为天下式。不自见故明，不自是故彰，不自伐有功，不自矜故长。夫唯不争，故天下莫能与之争。古之所谓曲则全者，岂虚

言哉！诚全而归之。(《道德经》第二十二章)

《道德经》处处贯穿着阴阳相生相克和物极必反的辩证法思想，在对待名誉方面同样如此，老子认为，世俗之人要想求得显耀、居功，反而应该"低调"和"淡定"，应该坚持"抱一"。否则，越是猴急，越是追求圆满，越是什么都得不到，甚至迷失于名利之中。以此，老子提出了"不自见""不自是""不自伐""不自矜"的告诫。

曲和全、枉和直、洼和盈、弊和新、少和多，都是矛盾的阴阳两面，如果我们过分追求所谓美好、阳刚的一面，如全、直、盈、新、得、多，而厌恶其反面，如曲、枉、洼、弊、少，最终往往适得其反，甚至因此而迷失方向。反过来，如果甘居曲、枉、洼、弊、少，才可能达到全、直、盈、新、得、多。阴阳虽然相克却又相生，往往是委曲方可保全，弯曲才能伸直，低洼才能充盈，弊旧才有新生，少取才能真得，贪多反而迷失。

因此，圣人不会去做这种区分，而是始终抱朴守一。"一"，首先是不刻意区分阴阳、好坏、美丑、高下，具有极大的包容性，只要不突破极限，就不过是保持了事物的多样性，并不会影响整个秩序的自然。其次，圣人不会刻意追求阳刚、正面、美好，更不会刻意躲避柔弱、丑恶，最终反而能够使事物和谐共处。圣人以此作为立身处世和治理天下的不二铁律，结果人敬神佑、天下共襄、政通人和。第二十八章讲"知其雄，守其雌，为天下溪。为天下溪，常德不离，复归于婴儿。知其白，守其黑，为天下式。为天下式，常德不忒，复归于无极。知其荣，守其辱，为天下谷。为天下谷，常德乃足，复归于朴。朴散则为器，圣人用之，则为官长，故大制不割"，就是说因为不自见、不自是、不自伐、不自矜保持了常德，圣人以道治器则可为官长。

正因为能够始终坚持抱朴守一，所以，圣人不迷信自己的见解，反而能够洞明事理；不自以为是，反而能够是非自明、真理得以彰显；不自己夸耀和争取，反而能居其功；不自高自大，反而能显其所长、出人头地。圣人的这种态度和作风就是"不争"，正因为他不与人相争，反而天下没有人能与他争，这就是"全而归之"。"诚全而归之"即"诚则全而归之"，意思是只有一心一意顺道而为，才可能真正实现全、直、盈、新、得、多。诚，真诚，引申为始终不渝、坚定不移地恭行自争之道和不争之德。

可是，现实中为什么人们会努力去争取和表现呢？因为有所欲求，故须有所作为，因而执着于追求全、直、盈、新、得、多，这就难免要起争执之心。有了争执之心，则心迷神惑于外物，以致道远不亲，最终就会事与愿违。圣人则不然，他明白只有"受国之垢"才"是谓社稷主"，"受国之不祥"才

第九章　至誉不誉　和光同尘

"是为天下王",所以乐于接受曲、枉、洼、弊、少。俗话说"吃得亏,坐一堆;要得好,大做小",格言所说"谦虚使人进步,骄傲使人落后",道理都在于此。

> 企者不立,跨者不行。自见者不明,自是者不彰,自伐者无功,自矜者不长。其于道也,曰余食赘行。物或恶之,故有道者不处。(《道德经》第二十四章)

那么,如果自见、自是、自伐、自矜,结果会怎么样呢?那种自以为是、自以为了不起的自我夸耀,在老子看来不过是残羹剩饭或人身体上的赘瘤,人们都会讨厌它,有道之士是绝对不会选择的。老子直接指出"企者不立,跨者不行。自见者不明,自是者不彰;自伐者无功,自矜者不长",而且语气非常肯定,没有说"可能"而是说"不"。他认为,治国如立身,企而立者不可能长久和稳定,跨而行者也不可能走得久远。脚尖踮得越高越站不久、站不稳,步子迈得越大越走不了多久、多远。要想站得久、站得稳、走得久、走得远,只能站得正、步子小,以避免精力耗费太快或超过身体的承受能力而难以为继。"企,举踵也"①,"跨,渡也"②。(《说文解字》)

治国、治企也如行路,不能老踮着脚尖去够太高的目标,不能跨着大步快速发展,这与"飘风不终朝,聚雨不终日"是同一个道理。道贵和,企、跨则为疾,故不合于道。自见、自是、自伐、自矜同样是私欲冲动下的违和之举,是想见功、见快功的表现,却是欲速则不达,对于有道之士来讲,都形同残羹剩饭、附体赘瘤。残羹剩饭不好吃,附体赘瘤影响美,那些自见者、自是者、自伐者、自矜者,无异于沉迷于余食赘形反而自鸣得意,简直是滑天下之大稽,可笑至极!

中国传统文化中,有着非常厚重的谦逊文化,谦谦君子一直是文化人的共同追求和形象。比如,孔子说:"不患人之不己知,患不知人也。"③(《论语·学而》)别人不理解你没关系,你不理解别人才是大问题。还说:"古者言之不出,耻躬之不逮也。"④(《论语·里仁》),古人有什么事不轻易说出口,不是怕别人不知道自己的能力和功劳,恰恰是害怕说了做不到或做不到那么

---

① 〔汉〕许慎:《说文解字新订》(卷八),臧克和、王平校订,北京:中华书局,2002年,第518页。
② 〔汉〕许慎:《说文解字新订》(卷二),臧克和、王平校订,北京:中华书局,2002年,第124页。
③ 杨伯峻、杨逢彬注译:《论语》,长沙:岳麓书社,2000年,第7页。
④ 杨伯峻、杨逢彬注译:《论语》,长沙:岳麓书社,2000年,第33页。

好，这是很可耻的一件事情。如果我们没做得那么好，还要自见、自是、自伐、自矜，岂不是很无耻吗？子贡说："夫子温、良、恭、俭、让以得之。夫子之求之也，其诸异于人之求之与？"①（《论语·学而》）他认为，孔子的知识是从温和、善良、恭敬、俭朴、谦让得来的，而不是靠自以为是、自我夸耀得来的。东晋道学家葛洪说得好："劳谦虚己，则附之者众；骄慢倨傲，则去之者多。"②我们是怎么把追随者搞少了的？往往不是成绩、功劳宣传得不够，恰恰是宣传得过多了。而越是去之者多，又越觉得有自是、自彰的必要，容易形成恶性循环。

现在我们就会明白一个道理，自我夸耀似的宣传做得越多，老百姓不仅不会相信，反而会更不满意。说起来是为了形象而宣传，实际上是一种自毁形象的宣传方式。因为这样的宣传无异于自见、自是、自伐、自矜，不仅不是和光同尘，恰恰是极大地彰显其光，或者是至誉而誉，或者是以玉掩瑕，已经使我们陷于不道之地，在宣传理念上就已经出了根本性的问题。此不诚于道也，又何能"全而归之"？

4. 道隐无名　不欲见贤

> 上士闻道，勤而行之；中士闻道，若存若亡；下士闻道，大笑之。不笑不足以为道，故建言有之：明道若昧，进道若退，夷道若类，上德若谷，大白若辱，广德若不足，建德若偷，质真若渝，大方无隅，大器晚成，大音希声，大象无形。道隐无名。夫唯道，善贷且成。（《道德经》第四十一章）

大道至简，故不同人听说以后有不同的表现。上等之士闻之，会勤勉遵行；中等之士闻之，会半信半疑，行动中或会左右摇摆；而下等之士闻之，不免会觉得太可笑而大笑，这东西对我有什么好处？我为什么要这样去做？简直太可笑了。但是，老子说这就对了，不笑它就够不上称为"道"。故古人有言：

大道光明却好似暗昧，循道而进却好似后退，行道平易却好似崎岖。夷，平坦的意思。类，不平的意思。

道德高大却似溪若谷，不居其高而处其下，却使细流尽归，可容纳、生养万物。

道德广盛却好似有所不足，有所欠缺。因为圣人不会追求极致、完美、

---

① 杨伯峻、杨逢彬注译：《论语》，长沙：岳麓书社，2000年，第4页。
② 葛洪：《抱朴子》，颜玉科整理，济南：山东画报出版社，2004年，第328页。

圆满。

道德刚健却显得软弱、不求进取。因为柔弱胜刚强，刚则易折。建，应为"健"的通假，意为刚健。偷，应为"愉"的通假。"愉，薄也。"①（《说文解字》）

道德质朴纯真却似乎不很坚定，就像水一样因势而化、因循自然。渝，变化之意，即老子所说的"无执"。

"大白若辱"，最洁白无瑕的东西却往往显得暗黑甚至污浊。"辱"，污浊之意。莲之高贵不在于濯于清涟，更在于其出于淤泥。

"大方无隅"，最大的方正却看起来没有任何棱角。如果有棱角，那它就不是最大的方正。勤勉行道为"方"，且是大方，行道却"圆"，故无隅。

"大器晚成"，最大的器物却无所成就。帛书《老子》乙本中为"大器免成"，"晚者，免之借。免成犹无成……晚借为免，义通于无"②（陈柱《老子集训》）。这个解释颇有道理，"晚成"毕竟是主观追求"有成"，就会产生主观标准而区别对待。只有不追求有成，才从根本上符合了道法自然、无为而治的本质。

"大音希声"，最大的声音却听之不见。"听之不闻名曰希"，真正的大音正是"听之不闻"，能听到的声音都是小声音。从科学的角度讲，"大音希声"极有道理，比如频率高于 20 000 赫兹的声波——超声波就非人类所能听见。河上公解释为"大音犹雷霆待时而动，喻当爱气希言也"③，则是讲不多说但又并非不说，故犹如"于无声处听惊雷"，"惊雷"须于"无声处"，这也有一定道理。

"大象无形"，最大的形象一定是无形无象。人类视域所及，再大也不能算大，一定还有更大，即便超越地球也是渺小。随着科技视野的扩展，人类的视野从身边而至于全球、太阳系、银河系、河外星系，"孰知其极"呢？只要能说得出形状，就绝不是最大的物体，所以老子说"夫唯大，故似不肖。若肖，久矣其细也"（第六十七章）。

南宋道教学者范应元说："大道无声，而众音由是而出，乃音之大者也。大道无象，而众象由是而见，乃象之大者也。既无声无象，焉得有名。"④（范

---

① 〔汉〕许慎：《说文解字新订》（卷十），臧克和、王平校订，北京：中华书局，2002年，第704页。
② 冯达甫：《老子译注》，（卷下），上海：上海古籍出版社，2007年，第82页。
③ 邹德金整理：《名家注解〈道德经〉》（上），天津：天津古籍出版社，2012年，第42页。
④ 冯达甫：《老子译注》，上海：上海古籍出版社，2006年，第99页。

应元《老子道德经古本集注》)此解道出了无声、无形具有最大的包容性。这也就是"道隐无名"。"隐"即不彰扬、不显明。道在哪里？就隐于无名之中，故不能从有名之中去求道。圣人之所以不追求自身形象的大白、广德、建德、大象、大方、大器、大音、质真等，而选择挫锐解纷、和光同尘，就是为了于无名中求道，以使万物可恃之而生，不使分别、对立压制更丰富事物的出现和成长。

只有遵道而行，才能有好的开始而且有好的成就。"善贷且成"在帛书乙本里作"善始且善成"。"民之从事，常于几成而败之。慎终如始，则无败事"（第六十四章），原因何在？因为一般人会因为成功而使欲望增强，甚至由此产生贪婪、野心，这样就使事物的发展脱离了自然轨迹，从无名而进入有名，由慎重而冒进，最终"物壮则老，谓之不道，不道早已"。如此看来，所谓善成，必是自然而成，而非刻意成就。

这些虽然是讲道的特性，其实也是讲圣人的特性。圣人就像道一样幽隐而不可名状，一切都遵从自然而然的大道法则。他总是以十分平常的形象出现在人们的视野中，绝不是英雄、伟大、崇高的光辉形象，让人觉得高高在上、难以亲近，反而是隐匿自己的光辉，以免失去爱养万物的包容性，这就是幽隐而且无名，原因在于"其不欲见贤"。这就告诉我们一个道理，为政者宜行不言之教，处无为之事，包容众声众形就可以成就自己的大音和大形。大象须于无形中求，大音须于希声中闻，否则，再大的象、再大的声音都没有意义，再美的形象都会变成意料之外的不美，"欲见贤"反而不能见其贤、成其贤。

> 天之道，其犹张弓者欤？高者抑之，下者举之；有余者损之，不足者补之。天之道，损有余而补不足；人之道则不然，损不足以奉有余。孰能有余以奉天下？唯有道者。是以圣人为而不恃，功成而不处，其不欲见贤。（《道德经》第七十七章）

"不欲见贤"是老子思想中非常重要的一个内容，前面所讲的挫锐解纷、和光同尘以及"明道若昧，进道若退，夷道若类；上德若谷，大白若辱；广德若不足，建德若偷；质真若渝，大方无隅；大器晚成，大音希声，大象无形"等，本质上讲都是"不欲见贤"。再者，上善若水，水利万物而不争，故圣人见名利必然谦让，使别人也能享其誉、得其功，可以给所有人都带来快乐，也能因此而实现和谐共处。

圣人行天道，故一切合于自然。反映在对待名誉上，就是"不欲见贤"。"不欲见贤"，就是不想显现其贤其能，不想有贤能的形象。其前提必然是无私欲、无非分欲望，而后才会有功不居，更不会恃才傲物。"欲见贤"则是非自然欲望的外化，损不足以奉有余就成为极大可能。"不欲见贤"的思想可以引申出许多内容，如团队精神、奉献精神等。虽然只有四个字，要做到却不容易。

相比之下，儒家则有浓厚的成贤思想。孔子说"见贤思齐焉，见不贤而内自省也"①(《论语·里仁》)，应该是一种贤士思想，体现了内在的成贤欲望。当然，老子也说过"善人者，不善人之师；不善人者，善人之资"(第二十七章)，不过他说的善与不善的标准不在于贤与不贤，而在于是否遵守自然大道，而不是以贤或不贤进行主观区分。但是，在"不欲见贤"这方面二者的思想又非常一致，孔子说"君子依乎中庸，遁世不见知而不悔，唯圣者能之"(《礼记·中庸》)②，遵循中庸之道，即便默默无闻一辈子也不后悔。他还说"素隐行怪，后世有述焉，吾弗为之也"，靠歪理邪行来争取史书留名，他是不会干这样的事的。如此看来，欲见贤者就并非善人，不欲见贤者才是善人，欲见贤者哪怕青史有名，却极大可能是骂名或笑料。

从历史来看，"不欲见贤"甚至还是一种明哲保身之道。这是当然的，因为道佑其身，其身必存。《史记·淮阴侯列传》中就有蒯生对韩信说："臣闻勇略震主者身危，而功盖天下者不赏……夫势在人臣之位而有震主之威，名高天下，窃为足下危之。"③韩信的结局被蒯生不幸言中，而历史上因见贤而身首异处者，实在不胜枚举。

韩信是汉朝开国功臣，中国历史上杰出的军事家，与萧何、张良并列为汉初三杰，连刘邦都说"战必胜，攻必取，吾不如韩信"。但西汉建立以后，刘邦深为忌惮韩信的才能，想方设法都要除掉他，虽然韩信经常装病不参加朝见或不跟随出行，都不能让刘邦放心。最后逼得韩信不得不起了反叛之心，却被吕后和萧何共谋所杀，并且还诛其三族以绝后患。这样的事例还有很多很多，唐朝的功臣长孙无忌，明朝的李善长、常遇春，清朝的年羹尧等，无不是功高震主而死于非命。功高是什么？就是"见贤"了，而且贤过了君主。

不仅活着应该和光同尘、不欲见贤，死了也应该"不欲见贤"，否则死了都不得安生。中国有一个见不得光的行业，叫作"盗墓"。盗墓是古已有之的社会文化现象。从对新石器时代(大约1.4万年前开始、距今约4000年左右结束)的考古发现，就已经可见有意识的墓葬破坏现象。春秋时期后期，"礼坏乐崩"，社会弃朴，厚葬之风兴起，从而也使盗墓行为更为盛行。

---

① 杨伯峻、杨逢彬注译：《论语》，长沙：岳麓书社，2000年，第32页。
② 〔汉〕戴胜：《礼记》，崔高维校点，沈阳：辽宁教育出版社，1997年，第187页。
③ 司马迁：《史记》，长沙：岳麓书社，1986年，第685页。

不仅有民间盗墓贼，还有官方性质的盗墓者，如西汉时期广川王刘去就堪称盗墓狂人，但凡有点名气的墓葬，都很难逃其发掘。春秋战国时期的王族墓，如魏襄公、晋灵公的陵墓，都没逃过他的魔爪。还有五代时期的温韬，三国时的董卓、曹操，近代的孙殿英，都是带有官方性质的盗墓者。温韬可以说是历史上最大的盗墓贼，他利用职务之便大肆盗墓，关中地区大小唐皇墓陵无一幸免，起获大量珍贵宝物。东汉末年时的权臣董卓，曾经组织了对汉武帝刘彻的茂陵的盗墓，以解军饷之愁。曹操更是曾以官方组织的形式进行盗墓，在军中设有"发丘中郎将""摸金校尉"等职位，组织数十人专门负责盗墓以筹措军饷，其中最著名的陵墓是芒砀山汉梁孝王刘武和李王后的陵墓。国民党第六军团第十二军军长孙殿英，则因盗掘清东陵而闻名。

到今天为止，几乎可以说历史上有名的墓穴，很少有没被盗墓贼发掘过的。盗墓贼为什么要盗墓呢？根源在于"厚葬"之风，盗墓的目标绝大多数在于其中的金银财宝，民间盗墓、官方盗墓概莫能外。什么是厚葬？就是陪葬的祭品丰厚，档次高、价值大，想在死后继续享受生前的荣华富贵。

因为盗墓猖獗，古代王公贵族也想了不少办法来反盗墓，比如建立"疑冢"干扰盗墓者的视线。民间传说中，曹操就有"七十二疑冢"。还有的设立重重机关，如清东陵。还有的以巨石建陵，把陵寝建得固若金汤。可以说五花八门，无奇不有。但这些都无济于事，天下无难事，只怕有心人，这些办法都难以有效防止盗墓。

为什么盗墓贼能找得到这些大墓呢？有两个原因，一是它们的外形往往富丽堂皇或风格独特，让人一看就"有货"。二是它们往往都处于所谓的"风水宝地"，只要找到风水宝地就可以找到大墓。外形堂皇、风格独特、风水宝地，这些不都是"欲见贤""至誉而誉"吗？想要与其身前的显赫身份或家世相匹配，更想延续至子孙万代，哪知道反倒让子孙后代被人挖了祖坟。越是与众不同，越是引人注目，就越会引人觊觎。试想，如果"和其光，同其尘""不欲见贤"，也就不会有那么丰厚的陪葬品，其陵墓建筑也就一般无二、无所可盗，还会有人去盗墓吗？其子孙还会被人挖了祖坟吗？

那么，许多人难免生前功名显赫、地位尊崇，已经见贤了该怎么办呢？老子有语："功成名遂身退，天之道哉。"身退，不仅指要从那个位置上退下来，退不下来也要考虑如何褪去贤能、权力和地位的光环，从而和其光、同其尘，让人不再有嫉恨、防范和觊觎之心。

> 吾言甚易知，甚易行；天下莫能知，莫能行。言有宗，事有君。夫唯无知，是以不我知。知我者希，则我者贵。是以圣人被褐而怀

玉。(《道德经》第七十章)

"不欲见贤"说起来很重要，但能做到的人却少之少。老子忍不住感叹：我的话很容易明白，也很容易施行，但天下却几乎没有人能够理解，更没有人都够认真践行。其实，我所说的话，都是言论有主旨、原则，行事都有根据和方寸。人们正是因为不理解我说的道理，所以也才不能理解我这个人。但是，恰恰是因为理解我的人少，才说明我之难能可贵。因此，真正的圣人，都是非常普通平常的形象，就好像穿着粗衣布服，但怀里却藏着宝玉的人一样。

"宗"，即宗旨、根本原则、理论依据，这里即是指"道"这个最终规律和理论。有道之人虽然顺其自然、因势而化，但一定是紧守天道的根本，绝不可能像追名逐利者那样因利而变，见人说人话、见鬼说鬼话。"君"，指主宰，指事物运行的规律、依据，这里同样是指道。意思是说，无论是言还是事，都不能离开道这个根本。"不我知"，即"不知我"。为什么不知我呢？因为人们容易忽视"道"这个至简至朴的东西，所以也就对"被褐"的圣人容易忽略，反而会去重视华而不实的代表道德虚华的东西。

这里有两个必须注意：一是"知我者希，则我者贵"。我的珍贵是通过什么体现出来的？不是我之闻名于天下，恰恰是不显才贵。那么，如果经常宣传，到天下皆知之时，是不是就变得很普通而不珍贵了？或许正是这个道理。二是"圣人被褐而怀玉"。圣人往往被褐，因为遵从简朴的原则，但这并不能说明他就没有值得珍贵的东西，珍贵的东西往往就隐藏在简朴的外表之下，这就是典型的"和其光，同其尘"。反之，如果"被玉而怀褐"呢？那就是金玉其外而败絮其中了。把最好的东西都拿到外面来展示了，怕也就只有这么点东西了，没有什么更珍贵的了吧？

> 信言不美，美言不信。善者不辩，辩者不善。知者不博，博者不知。圣人不积，既以为人己愈有，既以与人己愈多。天之道，利而不害；圣人之道，为而不争。(《道德经》第八十一章)

但是，太多的人不明白和光同尘的价值，总有些人为了说明自己的真诚守信，不惜信誓旦旦。老子认为，真正真诚的言辞不会华美，华美的言辞不会有真正的真诚。信誓旦旦者往往成为信用扫地者，正是因为他们有欲而作信言、美言，必怀有特殊的目的。真正重视信用者，最害怕的是失信，故不敢轻易作信言、美言，而会和其光、同其尘。世界上什么人说得最好听？骗子。诈财骗色之人最是能说会道，故事编得天花乱坠，信誓旦旦，张口即来。如果他不想骗你，用得着说得那么漂亮？越是华美之言，离本质和现实必然越远。

善良无须巧辩，巧辩必非善良。辩，并非指所有的辩解，更非指为明理而作的辩论，而是指透过饰非的狡辩。善良之人不求非分之利，也就不会推诿自己应该承担的过错和责任，所以绝对不会通过辩解来透过饰非。辩解的目的，往往是怕承担过错和责任会影响别人对自己的评价，会影响自己的光华和前程。还有一些巧辩之人，狡辩的本身就是为了显摆智慧和能力，是为了见贤。对于这样的人，其出发点本就不善，你还怎么可能指望他是善良的呢？

司马牛和孔子的对话，对此有很好的解释。"司马牛问仁。子曰：'仁者，其言也讱。'曰：'其言也讱，斯谓之仁已乎？'子曰：'为之难，言之得无讱乎？'"①（《论语·颜渊》）司马牛向孔子请教仁，孔子说仁者必然言语迟钝。司马牛很奇怪，言语迟钝就能说明怀有仁心吗？孔子说，做起来不容易，说起来能不迟钝吗？计划没有变化快，认为容易做到的事情也难免变化，故不敢随便承诺。当然，他承诺了的，虽然不是美言，但一定是"信言"。孔子又说："巧言令色，鲜矣仁。"②花言巧语，外表装出一副和颜悦色甚至谄媚的样子，这样的人仁心就很少了。

同理，广博必无真知，真知不会广博。既博大又精深其实很难，往往博大就难以精深。不能精深，能说一定是真知吗？人生有涯，不博者才可能用有限的精力成为专家，而追求广博者，不管他如何旁征博引、夸夸其谈，都可能是真正的"砖家"，最后也是要被人拍砖的。所以，追求"博"还是"专"，是一个人的战略选择问题，是时间和精力分配的问题。更重要的是，必须认识到，无论是博还是专，我们永远都存在缺陷和不足，永远都只能掌握部分真理，无限接近终极真理，而不能掌握全部真理或终极真理，许多时候不过是在证伪。因此，你还有什么底气为"见贤"而"辩"呢？

江湖上一些人经常标榜自己讲义气、够哥们，以换取别人的信任和尊重。但是，说讲义气、够哥们的人一定真讲义气、够哥们吗？如果真讲义气、够哥们，需要自己来说明吗？肯定用不着，因为需要用行动来检验，需要别人的评价和认可。《水浒传》里的宋江，全书中他从未说过"我这个人很讲义气、够哥们"，可江湖上却送给他"及时雨""呼保义"的雅号。

"及时雨"不是他自封，而是不少江湖豪杰遇到难处时都淋了他的"毛毛雨"甚至"大雨"，才送此雅号。比如，"生辰纲"事发后，宋江私传讯息，使晁盖等人脱险。晁盖上梁山后，宋江的小妾阎婆惜发现了晁盖给宋江的书信，并以此要挟，宋江又怒杀阎婆惜。哪一样没彰显他的义薄云天？他也没

---

① 杨伯峻、杨逢彬注译：《论语》，长沙：岳麓书社，2000年，第107页。
② 杨伯峻、杨逢彬注译：《论语》，长沙：岳麓书社，2000年，第2页。

给兄弟们讲团结就是力量的大道理,而是以身为范,让人人都自觉地团结于"义",从而获得了别人的尊重和不可替代的地位。晁盖死后,吴用、林冲等人根本不管晁盖"哪个捉得射死我的,便教他做梁山泊主"的遗嘱,异口同声对宋江讲"若哥哥不坐时,谁人敢当此位"。确实是美言不信不如以行代言啊!

将这些道理运用到宣传工作上,我们就会发现,老子实际上讲出了宣传工作的顶层设计问题。宣传什么、宣传多少,这是一个理念问题,是宣传工作的顶层设计问题。第一个,宣传必须是实事求是,必须"信言",哪怕不好听,也不能胡说八道。再一个,不能净说好话,更要少说自我夸耀的话,就是不能只说自己听起来好听的"美言"。总之,做得到的事情就说,做不到的事情就别说,说也用不着搞得那么华丽,尽可以实在一点,多一些"干货"少一些"水分"。如果没做到、做错了,也不必遮遮掩掩、文过饰非。华丽的文字难以掩盖百姓的真实感受,不如说得实在一些、深刻一些,反而可以取得理解和原谅,还可以多些加分,就像罪己诏的作用一样。我们日常所说的舆论监督,恰恰可以起到损有余而补不足、去甚去奢去泰、去除强梁,从而辅万物之自然的作用。舆论监督就如同"照镜子、正衣冠、洗洗澡、治治病""亮亮丑、红红脸、出出汗、排排毒""杀杀菌、排排毒、红红脸、出出汗""出出汗、排排毒、醒醒脑、爽爽身"。这对整个躯体的健康是极其有益的事情,没必要畏之若虎狼。若不能"受国之诟""受国之不祥"而一味追求"见贤",怎么能做好"社稷主""天下王"呢?

然而,偏就有那么些人,做了一点点事情都要大肆宣扬,把自己打扮成一个完人,似乎天下无双、唯我独尊,实则是远离了百姓、失掉了根本。理解了老子的思想,才会理解这样的宣传在宣传艺术上的巨大差距,离政治家的要求还差得很远。

什么样的人可以称为政治家?必须是"以正治国"的有道之士。政治家只关注道,只有永恒的道而没有永远的利益和朋友。而政客只关注利益,没有永恒的道,也没有永远的朋友,只有永远的利益。以智慧讨巧逐利者,不过只是政客而已。真正的政治家谋求的是标准,而政客谋求的只是势和利。正因为这样,政治家不怕闻过,而是闻过则改。而政客则害怕闻过,喜欢讳过饰非。这就是区别,就是层次的差距。正因为这样,我们一直强调要政治家办报、办网、办台、办媒体,就是希望媒体能够有道,宣传能够合道。从老子的思想来看,怎样才算得上政治家办媒体呢?

第一,政治家办媒体必须坚守"至誉不誉",尤其是不能自誉。自誉,尤其是讳过饰非之誉,虽能逞一时口舌之快,甚至得一时之名,但却不免往自己脸上贴金之嫌,最终的结果必然是"信不足焉,有不信焉",因此不如"犹兮其贵言"。

"天下皆知美之为美，斯恶已；皆知善之为善，斯不善已"，故善不必扬，恶不必隐。俗话讲"好事不出门，坏事传千里"，通常解释为传播学规律，即好事不容易宣传出去，坏事传播速度更快。但从老子的角度，或许可以解读为好事不要让它出门，坏事让它传播千里，意思就是抑善扬恶。有道理没有？有。好事不出门，就不至于天下皆知，就不容易成为"不美"和"恶"。而坏事传千里，就是要让天下皆知，或者说让恶无处遁形、无人敢为，从而走向美和不恶。

第二，政治家办媒体就会不自见、不自是、不自伐、不自矜，为而不恃，功成而不处，不欲见贤。自见、自是、自伐、自矜，看似智慧实则愚蠢。道隐无名，反复宣传大白、广德、建德、大象、大方、大器、大音、质真，这不是从有名之中去求道吗？则反而失道了。片面的宣传既失去制约，也失去了包容，怎么可能长久呢？

美学上有个术语叫"审美疲劳"，意思是说长时间的审美导致对美的敏感度降低，甚至产生疲劳或厌恶的感觉。通俗地讲，就是审美者对于一种事物的反复欣赏所产生的一种厌倦心理。从心理学的原理来讲，则是因为以同样的方式、强度和频率反复刺激的时候，受刺激者的反应不但不会被强化，反而会开始变弱，直至消失甚至向负面发展。长期持续的正面宣传，同样难免受众的审美疲劳，最后我们又能得到什么呢？

第十章

大治不割　浑朴为本

"大制不割"也称"大制无割",主要是指制度建设。从社会治理角度,有时也被称为"大治不割",是说好的制度、治理不能去做概念的区分、对立。"大制(治)不割"是老子非常重要的为政思想,它既是建立在对"道"的浑朴本质的认识基础上,又贯彻了矛盾相互对立而又想互转化的辩证法,目的是"抱元守一",避免片面追求某一方面而忽视其对立面。道家不提倡用世俗既有的甚至是一种统一的价值观去做评判,理论根源就在于此。

这会不会有浑浑噩噩、是非不分的嫌疑呢?这可能也是杞人忧天。"政者,正也。"①(《论语·颜渊》)所谓政治,必以正方能得治。何为正?自然即为正。只要不过分、不过度、不成为强梁,在自然的范围内,就不属于为政者解决而属于人民自决的范畴。过分偏离自然的范围,才需要天道进行损余补缺。相反,"有割"的结果必然是非左即右、非右即左,勤政、明政的结果往往会是"无政(正)",社会何时能够得治呢?若静心体悟,或许会发现"大制(治)不割"真的是妙不可言,真能解决许许多多的现实问题。

1. 朴散则为器,圣人用之,则为官长,故大制不割

> 知其雄,守其雌,为天下溪。为天下溪,常德不离,复归于婴儿。知其白,守其黑,为天下式。为天下式,常德不忒,复归于无极。知其荣,守其辱,为天下谷。为天下谷,常德乃足,复归于朴。朴散则为器,圣人用之,则为官长,故大制不割。(《道德经》第二十八章)

一般人喜欢显示尊崇、雄伟、勇敢、争先、强势等让人仰视、敬佩的品

---

① 杨伯峻、杨逢彬注译:《论语》,长沙:岳麓书社,2000年,第112页。

性，圣人明白"雄"是怎么一回事，却甘愿弃之而坚守卑贱、柔和、温顺、谦让等让人不重视甚至瞧不起的品性，甘愿作天下的小溪。溪处低而能纳万流，无论清浊，如此则如婴儿般浑朴自然、无智无欲，永远保持恒常的德性。小溪对万物不会加以区别对待，无所喜纳也无所厌弃，从而能形成一个完整、有效的生态系统。如果知其雄而守其雄，那么雌必被弃，如何得生万物？

一般人喜欢明察、昭昭、聪敏，圣人知道"白"是怎么一回事，但却甘愿弃之而坚守暗昧、昏昏、糊涂，并以此作为治理天下的模式。能以知白守黑作为治理天下的模式，就可使恒常的自然德性始终不变，从而使天下复归于大道。如果知白守白，则黑无从显，白无从抑，最终"白"也物壮而老，强梁者不得其死，社会矛盾会更加突出，社会动荡会更加剧烈。"忒"，差、变化等意思。"无极"，指无形无象的元始状态，这里就是指道。

一般人喜欢尊贵、光荣、荣耀，圣人知道"荣"是怎么回事，但却弃之而坚守贫贱、卑下，而甘愿做天下的溪谷。溪谷能容汇涓涓细流，最后汇成滔滔江河甚至茫茫大海。所谓虚怀若谷，没有虚谷之纳哪有江海之大？能为溪谷，则万物自成而无需干预，故无需以智以力统治，即可使天下尽皆归往。正因为无需以智以力，故可以始终保持充足的天赋自然本性，复归于无所分别的纯真朴实。

老子讲这么多的目的，是为了强调包容性的极端重要。有容乃大，是因为有容才成就了它的大，因此，治事之要不在于区别对待，不在于爱憎分明，而在于有容，有容则能使万物恃之而生、而长、而成。圣人正是靠这种"常德不离""常德不忒""常德乃足"而使万物和谐相处。而圣人本身却又"跳出三界外，不在五行中"，于是能透过万象看清本源和本真，以其昏昏而使人昭昭。这种"昏昏"，正是不加分割的因循自然之法，是国家管理的至道。"常德"，即恒常的德性，无智无欲的天然秉性。

"朴"即道，道是浑朴无区分、阴阳和谐的存在，而阴阳对立的区分就说明朴的分散，朴分散以后才有天下万物万象，即万物万象都是道的变化。一般人喜欢区分并予以区别对待，喜欢以一物制另一物，即执"有""器"以制天下，哪知却为外物所累，难以真正成为万物之"官长"。因为他们不知道消除了区分、对立，也就消弭了矛盾和冲突的根源。圣人之不同，正在于始终以道制物，故能真正成为万物之"官长"，这就是真正完善、高妙的政制——大制、政（正）治——大治。

由此，老子提出了"大制不割"的治理思想。所谓"大制不割"，就是指因循自然而不加以分割，不主观制造分别、对立的概念和观点，就是不要轻易地用自己的价值观去区分雌雄、黑白、荣辱，如果非要区分，那莫如知雄守雌、知白守黑、知荣守辱。这还是在说圣人的修养须善于处下、处后，实合二为一也。如果大制有割，那就会追求事事洞明、明察秋毫，然后有恶其所恶、好其所好，那就是处强、处白、处荣和以言上之、以身先之，非但无益反而有害。老子对孔子的赠言对此有精辟的解释："吾闻富贵者送人以财，仁人者送人以言。吾不能富贵，窃仁人之号，送子以言，曰：'聪明深察而近于死者，好议人者也；博辩广大危其身者，发人之恶者。为人子者毋以有己，为人臣者毋以有己。'"①（司马迁《史记·孔子世家》）这就是说，分得太清，死得梆硬！

当我们习惯了是非有别、爱憎分明以后，要理解这个问题是非常困难的，但现实中却也有不少现象可以说明。以家庭、家族、单位为例，什么样的人容易成为家族、家庭、单位真正的"官长"？现实告诉我们，绝对不是是非分明、疾恶如仇的那些人，而往往是"无割"的人。在有些人眼里，这样的人会像"和稀泥"，但稀泥不正是物与物之间的黏合剂吗？没有黏合剂，人与人之间、物与物之间，就会截然分离，必然产生对立和矛盾。当然，"无割"者并不是真正的"和稀泥"，因为他只会在自然的范围内"和稀泥"，超出自然范围之外，他就会损有余而补不足以及去甚、去奢、去泰了。

所以，你会发现一个奇怪的现象——并不是强将手下无弱兵，往往是强将手下皆弱兵。凡是家长、单位领导聪明睿智、法眼如矩、是非分明者，反而容易导致内部矛盾重重。更重要的是，正像大树底下不再有其他大树的生长空间一样，这样的家庭和单位往往难以再出现大才大用，甚至会出现后继乏人的现象，难使事业长久稳定地发展。为什么呢？因为明确的区分，会使其成员缺乏宽松的成长环境。明确的"标准"看似目标引导，实则缺失了对错误、挫折或失败的包容，反而使人失去创新创造的勇气。

古人说得好："礼义之不愆，何恤人之言？水至清则无鱼，人至察则无徒；冕而前旒，所以蔽明；黈纩充耳，所以塞聪。明有所不见，聪有所不闻，举大德，赦小过，无求备于一人之义也。'枉而直之，使自得之；优而柔之，使自求之；揆而度之，使自索之。'盖圣人之教化如此，欲其自得之；自得之，则敏且广矣"②（班固《汉书·东方朔传》），因为太清之水没有鱼的食物，自然是什么鱼也不会有；过于是非分明，哪还有人能够入得了他的法眼，能够、敢于成为他的朋友或伙伴呢？没有了朋友和伙伴，当然也就成不了什么大事。所以，不看得太明，不听得太细，就是为了使民能够自索之、自得之，这才

---

① 司马迁：《史记》，长沙：岳麓书社，1986年，第409页。
② 班固：《汉书》，李士彪、张文峰译注，济南：山东画报出版社，2012年，第240页。

是真正的聪明,才会真正博大。老子为什么讲"法令滋彰,盗贼多有"?原因就在于区分使得事情要么合法,要么非法,这就失去了包容,事情反而会变得复杂。

从民主与集中的角度来讲,"大制不割"还是民主的重要形式或源泉。知雄守雌、知白守黑、知荣守辱,领导者方能听取不同方面的意见,从而使"割"复归于"朴",使不自然回归自然。若知雄守雄、知白守白、知荣守荣,则难以听取不同的意见,最终就形成强横、强梁,这就是我们经常批评的"死板""一根筋""一边倒"。家长制作风、一言堂的形成,有时候并不因为本质有问题,相反,恰恰是本质太好,太高尚太纯洁了,以至于眼里容不得半点沙子,结果不停地"割",随时随地"割",最终"割"得别人体无完肤,自己也就常德不在了。

综上所析,我们会明白一个道理,最好的家长,不是是非分明的家长;最好的领导,也不是是非分明的领导。"大制(治)不割",对孩子和群众予以包容,给他们留下创造空间、营造创新环境的家长、领导,才是真正的好家长、好领导。明白这个道理以后,你还会随时随地地管束、教训你的孩子吗?只要没有影响别人的自然权利,且由得他去闯去试好了。孩提时代犯错的过程就是学习的过程,这比长大以后总犯错要划算得多。所以,如果你的孩子再来问你"这样做对不对啊?""这样子好不好啊?"你会回答"对"或"不对"、"好"或"不好",还是回答"你觉得呢?呵呵呵……"?

2. 其政闷闷,其民淳淳;其政察察,其民缺缺

> 其政闷闷,其民淳淳;其政察察,其民缺缺。祸兮福之所倚,福兮祸之所伏。孰知其极?其无正也!正复为奇,善复为妖。人之迷,其日固久。是以圣人方而不割,廉而不刿,直而不肆,光而不耀。(《道德经》第五十八章)

闷闷,意为暗昧、懵懂、混沌,似有而不明。统治者闷闷,绝对不是昏庸、昏暗、黑暗,而是因为"大制(治)不割",实际上是宽容大度,是因为知其雄其守雌、知其白守其黑、知其荣守其辱,不因为分割、区别而造成对立、矛盾。闷闷,也是无事、无为的表现,不以私欲而生事、造势扰民。正因为其政闷闷,所以治下民众反而诚实淳朴,人人相亲,社会和谐。反之则不然。"淳淳",诚实淳朴之意。

"察察",意为洞察、明晰、分明,喻政教分明、行政严苛。统治者精明

强干、洞察分明、政令严苛,百姓反而缺乏诚实淳朴,人人相防,人性狡诈,难以相亲,社会难以和谐,虽法令滋彰,却难免盗贼多有。"缺",缺乏之意,即缺乏"淳淳",其政察察则民缺淳淳。"缺缺",即指缺乏淳朴的品德,意指政清则民诈。

为什么政察而民缺呢?因为"察"即是分别,有分别就有对立、矛盾、冲突。民缺首先是因为政缺,其政察察则缺乏宽宏,稍偏即责不免人人惶恐、人人自危,只能人人相防以试图自我保护。另一方面,"察察"就是知其雄守其雄、知其白守其白、知其荣守其荣,从而使"天下皆知美之为美,斯恶已;皆知善之为善,斯不善矣"。进一步说,朴散而为器以后,不执道施政而是以器治器,统治者没把自己放在官长的位置思考问题,而是与器等同,所以也就难为万物"官长"。

这不是"好人难做"吗?为什么会得非所愿?这是因为"祸兮福之所倚,福兮祸之所伏"。《塞翁失马》的故事可能让人觉得过于巧合而显得玄妙,然而世事往往就这么蹊跷、玄妙,许多人觉得难以解释,只好把它归咎于命运。其实,这仍然是道的显现——"反者道之动,弱者道之用"(第四十章),矛盾双方相互转化的辩证法无所不在、无时不在。"有无相生,难易相成,长短相形,高下相倾,音声相和,前后相随"(第二章),失去了"一",矛盾一方显明时,另一方将同时显现。

知道了祸福相倚以后,你还会执着于以祸为祸、以福为福吗?还会因畏祸而刻意避之、因祈福而刻意趋之吗?为政者还会知雄守雄、知白守白、知荣守荣吗?还会执着于正确与错误、先进与落后的区分吗?若使不脱离自然的事物均有其存在的空间,反而使正得以生、误得以灭,福得以至、祸得以避,怨得以消、和得以成。由此可见,为官执政最重要的不在于察,而在于容。

有人可能要迷惑了,祸福这样变来变去、变去变来,有完没完了?不光我们会迷惑,老子也不知道:"孰知其极?其无正也!"谁也不知道什么时候是终极、极限,简直就没有静下来的时候!极,有些人解释为标准、准则,但这个解释可能大大偏离了老子的本意,应该是极限、终极,指什么时候静下来不再变化。老子认为,它就不可能停下来不变,而是永远处于变化的过程中。这倒符合了唯物主义思想,唯物主义认为运动是绝对的、永恒的,静止是相对的、暂时的,以此而论,祸福相互转化是绝对的、永恒的,不转化而停顿是相对的、暂时的。"正",即定、静的意思。

矛盾双方的这种转化,就使我们常常看到这样的现象:正常之事反而成为怪异,好心之为反而成为祸害。"奇",即怪异;"妖",即妖祥、灾害、祸害。为何?或是因为物壮则老,或是因为"反者道之动","察察"之后的雄、白、荣在老而不道之时，就会影响社会的正常运行，扼杀新生事物的出现，再则其反面会紧随而至。那么，作为社会的治理者，怎么做才好呢？唯有"容"，"容乃公，公乃全，全乃天，天乃道，道乃久，没身不殆"（第十六章）。不司察察之政，而施闷闷之政，则自然之事物均在包容范围之内，圣人可无为而坐享淳淳之世矣。天下本无事，庸人自扰之。不行有割之治，何事之有？

可能有人还会疑惑，闷闷之治如何体现治理者的善呢？关键就看你想要什么样的善！若你想要真正的善、合道之善，那就应该遵行"善行无辙迹，善言无瑕谪，善数不用筹策，善闭无关楗而不可开；善结无绳约而不可解"（第二十七章）的自然之善，而不是"有亲"之善，只有这样，才能做到常善救人而无弃人，常善救物而无弃物。那些随时随地都想体现善的治理者，正是老子所说的"虽智大迷"。

但是很多人会担心这不能体现建树和政绩，更不能留名青史。这还真是个大问题，但又根本不是问题。"生而不有，为而不恃，功成而弗居。夫惟弗居，是以不去"（第二章），一心想要建功立业者，未必真能有功；遵道而行不欲建功立业者，青史之上想不留名都不行，而且留下的是真正的善名、美名，"非以其无私耶？故能成其私"（第七章）！而且，"善建者不拔，善抱者不脱，子孙祭祀不辍"（第五十四章）。统治者人人都想要去建树，而一旦有了建树这个概念，就会有对立的拔除和破坏。没有了建树的概念，自然也就没有了拔除和破坏，没有分别之心、执着之念，不行察察之治，才会达到永恒的建树和抱持。如果子孙后代能永远把握这种根本的人生至道，就能够像大道一样绵延不绝。反之，非善建之建、非善抱之抱，可能只是一时的建树、抱持，祸不在当今也会殃及子孙。

闷闷之治等于昏暗之治吗？当然不是，二者有着本质区别。"闷闷"是不加以区别对待，以宽宏的政治求得自然的发展。孟子曾经批评"贤者以其昭昭使人昭昭，今以其昏昏使人昭昭"①，但老子这不正是"以其昏昏使人昭昭"吗？是的。但是，老子的"闷闷"绝不等于昏暗、愚昧。"闷闷"或"昏昏"，是对人情世故的昏昏，对天道至德的"察察"，是"不以智治国"，故为国之洪福。而"察察"或"昭昭"，则是对人情世故的"察察"，对天道至德真正的昏昏，是"以智治国"，故为国之贼。

可惜"人之迷，其日固久"，很久以来人们都没想通这个道理，已经迷失了方向。在老子之前或许还略好一些，而自《老子五千言》变成道教的经典束之道观以后，察察之治就通行于世了，世界因此变得矛盾频出、风云变幻。

---

① 孔丘等著：《诸子百家》，沈阳：万卷出版公司，2009年，第87页。

更大的问题在于，出了问题以后，治理者不去反思闷闷之治的益处、察察之治的问题，反而怀疑、怨尤自己不够"察察"。到了"法治社会"，就更没有半点可能了，万事皆是非白即黑、非对即错、非善即恶，这无异于"动之死地，十有三"，这些人多半只有划入这个行列了。

如何说明闷闷之治和察察之治的区别，或者说察察之治存在的问题？我们可以官员考核制度加以说明。当今世界，对官员的考核大致有两种基本的思路或者说方法，一种是以 GDP 为中心的考核体系，另一种是以"国民幸福指数"为中心的考核体系。以 GDP 为中心，那就是以经济发展为中心，这就在政治建设、经济建设、文化建设三者之中有了偏重，有了偏重就可能出现偏颇，有了偏颇就不可能"抱元守一"，社会的建设就会出现漏洞。GDP 考核在改革开放之初我们用过，每年都有地区排名，排名靠前的升，排名靠后的降，难免就出现了一些在考核上作奸犯科的人和事，也让我们的经济和社会吃了不少苦头。所以，后来我们基本抛弃了，将整个考核体系逐渐平衡，而更关注整个社会的公平、正义、和谐、安定、幸福。

国民幸福指数（GNH），最早于 20 世纪 70 年代由不丹王国的国王提出，他认为"政策应该关注幸福，并应以实现幸福为目标"，人生"基本的问题是如何在物质生活（包括科学技术的种种好处）和精神生活之间保持平衡"。在这种执政理念的指导下，不丹创造性地提出了由政府善治、经济增长、文化发展和环境保护四级组成的"国民幸福总值"（GNH）指标。国民幸福指数=收入的递增/基尼系数×失业率×通货膨胀，其中基尼系数（Ginico efficient）是反映收入分配公平性的指标。与此类似的还有"绿色 GDP"、联合国人类发展指标、英国的"国内发展指数"（MDP）等。[①]

"国民幸福总值"评价指标的目的是为了促进社会的综合发展、平衡发展，而不仅仅关注经济发展的指标。从某种程度来讲，它体现了向"大制（治）不割""其政闷闷"方向的靠拢。当然，这些评价指标总体上还是一种"有割"的思路。如果真正"无割"，则一定不会分解，只在于每个人内心的感受，而无须去寻找原因或来源。只要人们自己感到幸福，不管这种幸福感来自哪里，或者管理者、专家们认为还有什么缺陷或不足，它都是最为有效的。从政府的角度来讲，只要老百姓觉得幸福，社会必然和谐稳定，那就说明这个政府尽到了责任，社会管理的效果非常良好，夫复何求？因此，或许只评价一个幸福感就足够了，不要嫌它过于简单，要实现它并不容易。发展的目的是什么，不就是让老百姓幸福吗？如果老百姓觉得幸福、满意，即使经济发展速

[①] 王志平：《应慎用"幸福指数"的概念》，《学习与探索》，2008 年第 1 期，147—151 页。

度较慢，经济水平不高，那说明它就已经是老百姓需要的了，社会会因此而稳定。反之，经济发展再快，经济水平再高，老百姓觉得不幸福，这样的发展除了给他们带来折磨或痛苦，还有什么用处呢？不要也罢！

所以，如果就以百姓的幸福感代替官员的所有考核指标，或许会考出一些新气象来。这种改革可以营造一种十分包容的政治环境，促使各地发展模式更符合实际，不再抹杀地区的差异性（包括资源差异和文化差异），从而使创新创造层出不穷，环境破坏不再那么严重。那么，有人会说，幸福感的考核不也是有标准吗？确实如此，它有标准，但这个标准却是"方而不割，廉而不刿，直而不肆"。虽然方正却不到伤手的程度，虽有棱角却不到伤人的程度，虽然正直却不到放肆的程度。因此，圣人也因此"光而不耀"，虽有光辉却不耀眼。"廉"，棱角、锐利的意思。"刿，利伤也。"①（《说文解字》）不割、不刿、不肆、不耀，都是指不伤害自然之道，不伤害他人，合于老子"大方无隅""大象无形""既知其子，复守其母"等思想。

3．圣人常无心，以百姓心为心

> 圣人常无心，以百姓心为心。善者吾善之，不善者吾亦善之，德善；信者吾信之，不信者吾亦信之，德信。圣人在天下怵怵，为天下浑其心。百姓皆注其耳目，圣人皆孩之。（《道德经》第四十九章）

以什么样的心态和方式来处理问题，才能使社会建立起善良的风气和良好的信用呢？是不是应该严格地赏善罚不善、赏信罚不信呢？非也。基于大制（治）无割、浑朴为本以及"其政闷闷，其民淳淳"的理论，老子认为，面对各色各样、良莠不齐的人，必须"圣人常无心"，只能以百姓之心为己心。对善良之人和不善良的人同样都待之以善良，最终会天下皆善；对诚实守信之人和不诚实守信之人同样都待之以诚实信用，最终会天下皆信。"同于道者，道亦乐得之；失于道者，失亦乐得之"，就是这个道理。

"圣人常无心"在帛书中写作"恒无心"，有些版本写作"圣人无常心"，"常无心"或"恒无心"当更符合老子本意。"常无心"指总是、永远以百姓之心为己心，百姓想什么需要什么，无论其想法和要求在你看来善与不善、信与不信，圣人都会站在百姓的立场去考虑，这样对任何人他都能够理解。而"无常心"是指主观上没有固有、固执、恒常不变的观念和看法，但毕竟

---

① 〔汉〕许慎：《说文解字新订》（卷四），臧克和、王平校订，北京：中华书局，2002年，第278页。

是先有心，这就有点互相矛盾。善与不善、信与不信，往往因立场或角度不同而结论迥异，所以圣人不去区分善与不善、信与不信，而一律待之以善以信。

仔细想来，这种思想确有大用。为什么呢？如果，无论对长幼、良莠、聪愚、顺顽，既无偏爱也无厌恶，则人人皆可以本心示人，无须伪诈。但是，有人会怀疑，以善对不善，以信对不信，岂不是让不善者、不信者有空子可钻，会变得更不善、更不信，反而把天下搞乱了？其实不然。第一，如果以不善对不善，以不信对不信，针尖对麦芒，结果必然是人人互相倾轧，天下完全失善失信，那不是更要乱套了吗？第二，果必有因，要想天下得善、得信，必然需要有人种善因、信因。善待与被善待、信任与被信任，都是一种力量，是推动社会向善、向信的正能量。正如英国作家萨克雷所说："生活是一面镜子，你笑，它也笑；你哭，它也哭。"最起码，被善待、被信任的不善者、不信者，会产生一点羞恶之心吧？"羞恶之心，义之端也"①（《孟子·公孙丑》），有了羞恶之心，他必然义而行善、守信，并因此而成为传扬善良、诚信的使者。

所以，治理天下不在于区分善与不善、信与不信，不在于赏罚分明，而在于持俭无欲，使天下人保持纯朴的心智。如果天下人都无非分之欲，那还需要智慧做什么？圣人"为天下浑其心"的目的，正是以无名之朴镇住人们非分之欲，以及因非分之欲而产生的不善、不信，使其不善、不信的念头都不会产生。"怵怵"，有版本作"歙歙"，指少私寡欲而与世无争的状态。

正因如此，统治者的职责不是授民以智，而是化民如孩，使其如孩童般只有自然之欲，无须使用奸诈智伪，也就无须花心思和精力于去伪存真，大家都变得简单。当百姓打开欲望之孔时，圣人必须通过"浑其心"使其回复婴儿般纯真自然的状态。"百姓皆注其耳目"这一句在帛书中为"百姓皆属耳目焉"，解释可谓五花八门，很多人说是百姓都集中视听于圣人，有说百姓都倾注耳目于视听上的，但这些都与老子的思想谬以千里，而且与后一句"圣人皆孩之"不连贯。老子讲"绝圣弃智"，故不可能有集中视听于圣人这样带有专制或个人崇拜思想的语言。再一个，老子认为耳目皆是欲望之孔，"注其耳目"更多地有打开欲望之门的意思。综合来看，是讲当百姓心生欲念打开欲望之门时，圣人却化掉他们的欲望，使"复归于婴儿""复归于无极"，以免引起纷争。"孩之"，"使……回复如婴孩"之意。

不对百姓进行善与不善、信与不信的区分，实际上就是莫大的包容，是政治的宽宏，是争取百姓最大范围支持的最有效举措，革命战争时期中国共

---

① 孔丘等著：《诸子百家》，沈阳：万卷出版公司，2009年，第61页。

产党的思想工作就可以很好地说明这个问题。在那时，共产党除了打倒地主恶霸这样的强梁以外，对普通群众绝对是"善者吾善之，不善者吾亦善之""信者吾信之，不信者吾亦信之"。百姓在思想上一时不愿意接受，行动上一时跟不上来，没关系，没有人会打击你，还是一样给予应得的利益，舍命都要保护他们的生命财产安全。于是最终"德善""德信"，天下人都知道共产党不说假话、不玩虚的，于是心甘情愿地跟着共产党闹革命、求解放。反过来，如果我认为不善者、不信者就予以冷落甚至打击，结果会怎么样呢？恐怕就没有多少人相信、跟随，反而会把工作对象变成坚强的反对力量。区别对待的结果必然是人为制造矛盾，当人们难以找到坚信不疑、确定不变的标准的时候，就会离心离德、纷争四起了。

4. 夫礼者，忠信之薄，而乱之首

> 上德不德，是以有德；下德不失德，是以无德。上德无为，而无以为，下德为之，而有以为。上仁为之，而无以为；上义为之，而有以为；上礼为之，而莫之应，则攘臂而扔之。故失道而后德，失德而后仁，失仁而后义，失义而后礼。夫礼者，忠信之薄而乱之首；前识者，道之华而愚之始。是以大丈夫处其厚而不居其薄，处其实而不居其华。故去彼取此。（《道德经》第三十八章）

对封建礼法制度之害，我们有不少批判，批判其本质上在于通过等级、礼法制度来维护封建地主阶级和权贵阶层的利益，所以平民阶级从来都想改变这种制度，以实现真正的"均贫富，等贵贱"。但是客观地说，到今天为止，社会制度的变革并没有从根子上废除封建礼法，它们在许多方面都还根深蒂固地存在着。因为，礼法本身就是"忠信之薄而乱之首"，不明其害究竟何在，最终只能是"法令滋彰，盗贼多有"。

老子认为，失去道而后才有了德，失去德而后才有了仁，失去仁而后就只有讲义，失去义而后就只有讲礼。到了礼这个层次，实际上已经道德凋敝、仁义不明、忠诚信用缺失了，而礼本身又成为混乱的起因。怎么办？有两种思路。一是老子的思路，他认为应该倒回去明道，应该"以道莅天下"，即使天下复归于朴。另一种思路是想把礼制定得更加细致明确，试图通过"定分"而"止争"，使天下百姓安"分"守己。

但是，礼真的可以定分止争吗？老子认为，礼不可能治世只会乱世，它会使忠诚信用衰减、淡薄，是社会动荡纷乱的罪魁祸首。即便是上礼之为，

也不会有多少人响应，最终只有以武力"攘臂而扔之"。"攘臂而扔之"既指强制性地贯彻，包括使用武力和礼制完备以后的刑罚。所以，礼制必有法随，"礼之所去，刑之所取，失礼则入刑，相为表里者也"①（《汉书·陈宠传》）"出于礼，入于刑。礼之所去，刑之所取"②。事实上，礼、法、刑几乎同时而生，因为"有礼"必有"失礼"，要维护礼的权威，只能用法来约束，用刑来惩处。

  法和刑能填平各种区别、对立之间的鸿沟吗？如果可以，我们就让那些有先见之明的人，把法律制定得非常完备，岂不是就可以高枕无忧了？老子认为，这绝对不可能。法和刑看似解决了问题，但它本身却又是问题的开端，合法律而不合道德的事情我们见得太多了吧？所以礼本身又会使忠诚信用衰减、淡薄甚至消散，成为祸乱起始的罪魁祸首。正因为这样，制定礼、法的所谓先见之明，恰恰正是道德的虚化、消散，是愚昧、昏暗的开始。所以，真正的上德之士不会以礼治国、以法治国、以智治国，而会以道治国，处身于淳朴、浑厚之道，而不会处身于那些华丽却浅薄的代表道德虚化的礼法制度。

  老子认为礼、法这类东西不能解决问题，而且又是带来问题的根源。原因何在？因为礼、法这些概念通过既定的标准，人为地制造出分别和对立，从而失去了朴的淳厚，使浑朴的道成为分明的术，看似充满智慧可以平息矛盾，但却导致了新矛盾的产生。并且，这些新产生的矛盾不再以道来解决，只能通过不断的"定分"来"止争"，最终矛盾就成了没完没了的恶性循环，可以说是预见性地制造矛盾，然后又陈腐性地解决矛盾。老子此论，或许也是在反思基础上对周公制礼的批判。可以说，老子和孔子的区别正在于此，从礼开始，孔子这个传说中老子的学生与老子就算是正式分道扬镳了。

  春秋后期，诸侯们为利欲所驱，致使天下群雄纷争，周礼事实上已经被束之高阁。一方面，诸侯们想要打破礼的束缚，消除与周天子这个天下共主的区分。但另一方面，诸侯们又需要用礼来维护内部的稳定。这是一对矛盾，怎么办呢？这就只有变成两面派，争利夺权时祭出"道"这个法宝，谁无道就可以"天下共诛之"。守土守权时就祭出礼这个法宝，谁失礼就以法刑约束。"春秋无义战。彼善于此，则有之矣。征者，上伐下也，敌国不相征也。"③孟子认为，春秋的战争就没有合乎道义的，一国比另一国好一点的事情只能说有之，但不能说谁完全合道或失道。所谓征，是指上级国家的天子讨伐下级诸侯小国。同等级的国家之间是不能征伐的，如果出现征伐，那就是礼崩乐坏了。

---

① 文心工作室编著：《孟子》，北京：中央编译出版社，2014年，第251页。
② 张光博主编：《简明法学大辞典》，长春：吉林人民出版社，1991年，第393页。
③ 孔丘等著：《诸子百家》，沈阳：万卷出版公司，2009年，第86页。

孔子其实与老子也深有同感："天下有道，则礼乐征伐自天子出；天下无道，则礼乐征伐自诸侯出。自诸侯出，盖十世希不失矣；自大夫出，五世希不失矣；陪臣执国命，三世希不失矣。天下有道，则政不在大夫；天下有道，则庶人不议。"①（《论语·季氏》）为什么呢？因为诸侯、大夫、陪臣等制礼乐、命征伐，必然是为私利私欲所驱使，必然是各弹各的琴、各唱各的调，怎样有利就怎样说，谁有实力就谁说了算，天下必然因此而乱。这时，"分"会更多更随意，"争"会更容易更频繁。这样一来，天下更替就成为常态。

孔子还认为，天下有道，老百姓也不会议论政治。换言之，老百姓喜欢议论政治的时候，则说明天下已经失道，绝非"关心政治"这么简单。孔子说得有没有道理？虽然他是从礼制被破坏的角度来讲的，但从老子的思想来看也非常有道理。因为政令出于天子，毕竟会少许多"规矩"，天下还算归朴。但如果诸侯、臣子都可以制定规矩，必然是按自己的意志制定规矩，那就会政令频繁，区分、对立更多，人人都来割一刀，大制（治）也就成了乱制（治）了。

破除礼教的禁锢，我们为此奋斗了上百年甚至可以说几千年，但直到今天，我们对礼的危害及其根源都没有认识清楚，甚至还在许多时候予以强化。比如，在奴隶社会、封建社会里，"礼"代表着不同等级地位、权利、义务的区分，今天森严的官员等级制度，又何尝不是如此？表面看这没什么，但实际上许多社会问题正是因此而生，由等级生出的规则及由此衍生出来的潜规则，不见减少似有增加的态势，不打破这种礼制，很难实现真正的和谐。不但在成人间强化，而且在学生时期就开始强化，比如一个不断强化的"尊师重教"，就让孩子们不敢随便"冒犯"老师，不能随便挑战他的学术，在消灭孩子反叛意识的同时，也杀死了创造的因子。但是，如果不从思想根源上消除区分、对立的思想，封建礼教思想就不可能根除，自然的生活会始终距离我们很远。

---

① 孔丘等著：《诸子百家》，沈阳：万卷出版公司，2009年，第42页。

第十一章

尚贤则争　尚智则乱

"不以智治国"老子此论让人难以想通。但如果真正想通了，会发现这是一个振聋发聩、洪钟大吕似的警醒，是成为真正的政治家的修炼之道。真正的政治家必须是"正治家"，不在于随机应变，而在于以不变应万变。因为，世道在变，但天道恒常不变，而紧守不变的天道，防止智慧成为乱世之源，才是"圣人"的根本职责。

老子所说的智并非指做事的知识、学问、方法，更多的是指实现个人私欲的智巧——奸智。他认为，以"道"为指导的政治学才是治世安民之学，而以"智慧"为包装的所谓政治学必然是投机取巧之学。当这样的智慧进入学问以后，学问也就成了一种毒害，奉行的必是实用主义哲学、功利主义哲学，最终是一种乱世之学。

1．不尚贤，不贵难得之货，不见可欲

> 不尚贤，使民不争；不贵难得之货，使民不为盗；不见可欲，使心不乱。是以圣人之治，虚其心，实其腹；弱其志，强其骨。常使民无知无欲，使夫知者不敢为也。为无为，而无不治。（《道德经》第三章）

"贤"应指贤能，有才又有能方为"贤"；"难得之货"，即稀罕之物，而非寻常财货；"可欲"，应该是指使人欲动的事物，比如美色。老子认为，这三种事物是离道悖德、乱心乱世之源，如果不推崇贤能之人、不以难得之货为贵、不为美色而心动，不仅个人无虞，整个社会都会和谐安定。

贤、难得之货、可欲，这些都是从普通事物中分别出来的特殊事物，区别的前提是一个主观的心理标准。一旦心理上有了这种标准，进行了这样的区别，也就远离无名之朴了。尚贤则必然人人思与贤齐，贵难得之货则人人

思居奇货，见可欲则人人思藏其美。难得而又人人求之，则必然智计百出，纷争、盗窃由是而起，小者窃珠，大者窃国。"难得之货令人行妨"，追逐难得之货、可欲者，又能干出什么好事呢？以稀罕财货为难得者，若求而不得，会偷财劫物；以权力、地位为难得者，若求而不得，就会离经叛道、投机取巧；以美色为难得者，必然心乱而后行乱。

把人进行或贤或愚的区分以后，当然没有人愿意成为愚者，于是就竞相成为贤者。"见贤思齐焉，见不贤而内自省也"①（《论语·里仁》）"尊贤使能，俊杰在位，则天下之士皆悦，而愿立于其朝矣"②（《孟子·公孙丑上》），说的就是这个道理。若人人思与贤齐，必然偏离自然本心而产生竞争。正当的竞争倒也不可怕，怕就怕把智慧用于争贤，稀奇古怪的手段也就出来了，世道也就被搅乱了。所以，"不尚贤"就可以"使民不争"。再者，社会"尚贤"，必然给予贤能之人超常的利益和声誉，赋予贤能以难得之货、可欲，社会的导向就出了问题，不乱也就不可能了。

什么是贤呢？通常所说之贤往往达不到儒家所说的君子般的贤才，而只是从能力和结果来看的过人之处。其实，有能未必是贤，每个人都有自己的特点和长处，平常之人只要没有争名逐利的非分之念，愿意过自己应有的、能过上的生活，自然也就显出其贤其能。那些所谓的贤能，为了显贤而逞其能，非但不贤，或许为恶，故而尚贤不若尚道。什么是难得之货呢？你不贵它，它也就并非什么难得了，所谓视钱财若粪土，非人生所能用之钱财，可不就如粪土一般嘛！什么是可欲呢？不以其为美，紧守着自己的本分，也就可以不见可欲了。古话说"娇妻美妾非闺房之福"，苦苦求之又何必？

中国自古还有"红颜祸水"一说，这绝非说红颜天生就是祸水，而是因为有些人醉心、沉溺于红颜，必心乱行妨，红颜就变成了祸水。如周幽王沉溺于褒姒之美貌，演了一出"烽火戏诸侯"的旷世大剧，就有了后来被犬戎攻破镐京后的身首异处。商商纣王沉溺于苏妲己之妖美，才有"酒池肉林"和"炮烙之刑"，也才有牧野之败和自焚而亡。从历史上看，历朝历代的衰落或灭亡似乎都与美女有关，但历朝历代的美女多了去了，若不沉溺其中，何祸之有？

统治者都特别喜欢尚贤，这又是为什么呢？最根本的原因还在于"有为"，统治者想要有所作为，就需要能辅其成不世功业者。如果行无为之治，才会需要"辅万物之自然"的得道之士。统治者为了让更多的人追随自己，于是就树立起贤能的标准，并给贤者相应的声名、地位、利益，使人们都知其贤、

---

① 杨伯峻、杨逢彬注译：《论语》，长沙：岳麓书社，2000年，第32页。
② 郑训佐、靳永译注：《孟子译注》，济南：齐鲁书社，2009年，第53页。

第十一章 尚贤则争 尚智则乱

为什么贤、贤有何益,以使更多的人效仿和追随。却不知,尚贤所调动起来的,不过是非自然的欲望,得到的也不过是非自然的发展和结果,以及有人与人之间的纷争和倾轧。有人可能还是觉得很难理解,古希腊神话中"不和的金苹果"这个故事,足以作为老子不尚贤思想最为经典的注解。

传说人类英雄珀流斯和海洋女神忒提斯结婚时,邀请了奥林匹斯山上的众神,唯独没有邀请不和女神厄里斯。于是厄里斯大为不爽,来到婚宴上投下了一个写着"赠给最美丽的女神"字样的金苹果。天后赫拉、智慧女神雅典娜、爱神阿佛洛狄忒当然都很美丽,问题是她们又都自认为最美丽,为此争执不下,就一起去找宙斯裁判。宙斯就很为难,于是让她们去找美男子特洛伊王子帕里斯评判。

三位女神找到帕里斯,都答应给他最大的好处。赫拉许诺让他成为最伟大的国王,享有无上权力;雅典娜许诺他勇气和力量,成为最勇敢的英雄;阿佛洛狄忒许诺他娶世界上最美丽的女子为妻。帕里斯反复掂量,觉得权力和地位通过继承他老爸的王位就有了,要成为英雄他可凭自己的一身好本事大胆去闯,但美女却不是随时可遇,遇到了也不一定都爱他,于是就将金苹果判给了阿芙洛狄忒。

这下子可惹毛了赫拉和雅典娜,发誓要报复帕里斯,从而埋下了特洛伊战争的导火索。阿佛洛狄忒也果真没有食言,后来帕里斯到斯巴达做客时,她帮助帕里斯拐走了斯巴达王墨涅拉俄斯的妻子——整个希腊的绝世美人——海伦,还掠去了许多财物。这一行为激起了各部落的公愤,他们推举迈锡尼国王阿伽门农为首领,调集10万大军和1000多条战船,渡海攻打特洛伊,著名的特洛伊战争于是爆发。战争进行了10年,奥林匹斯山上的众神也分成两派各帮一边,最后希腊联军采用了奥德赛的木马计,终于攻陷了特洛伊城。

试想,在"不和的金苹果"出现以前,女神们美还是不美?肯定是美者自美,不美者自不美。众神们没有去想过谁"最"美这个问题,或者说女神们自己没想过这个问题。在她们眼里,自己可能就是神中的一员,与其他的神、女神没有什么区别,因此能够和谐相处。可是"不和的金苹果"出现以后,众神们就开始思考她们之间的区别,思考谁比谁美、谁最美,有了区别就有了对立。正是这种区分、对立概念的出现,众神之间发生了认识分歧,就出现了争端。而如果帕里斯不为"最美丽的女子"所乱心,就不会搞出行贿受贿、作奸犯科的行为,也就不会有一场旷日持久、波及神人的特洛伊战争。

非常明显,是"尚贤"(谁最美)导致了众神之间的分歧和争端,是帕里斯王子"贵难得之货"、为"可欲"所动导致了特洛伊城的毁灭。在整个过程中,行贿受贿、拉帮结派等各种"智慧"相继而出,世界变得不再纯洁和平静，归根结底，原因只在于最初的"尚贤"。听了这个故事，你还会认为尚贤、贵难得之货、见可欲是正常事，是好事吗？老子所言不虚！

"贵难得之货"的道理与此类同，其危害同样巨大，不仅危害个人，还可能危害整个社会。人类历史上第一次有记载的金融泡沫并导致荷兰衰落的，竟然是因为人们"贵难得之货"而引起，这就是荷兰的"郁金香事件"。1593年，植物学家克卢修斯将郁金香球茎从奥地利带到了荷兰，培育出了高雅脱俗的郁金香，很快就赢得了权贵阶层的青睐和竞相追捧，成为绝对的"难得之货"。投机商们发现以后，开始炒作郁金香球茎，后来就连贩夫走卒都参与到了郁金香球茎的炒作中。到了1634年，大量外国商人闻讯奔赴荷兰，参与到郁金香投机当中，郁金香球茎价格不断飞涨。而阿姆斯特丹交易所为了满足郁金香的狂热交易，还设立了专门的郁金香买卖市场，并开设了期货交易。

这导致郁金香的价格进一步飞涨，达到了骇人听闻的水平。例如，一种稀有的品种"永远的奥古斯都"的价格从1633年的1 000荷兰盾涨到了1636年的5 500荷兰盾，1637年2月又涨到了6 700荷兰盾，足以在阿姆斯特丹的运河边买下一幢豪宅。而当时荷兰人的年均收入只有150荷兰盾。1637年2月4日，在正常交易的过程中，不知是谁推倒了第一张多米诺骨牌，开始将自己的郁金香合同倾售一空。随后，所有人争先恐后地开始抛售自己的郁金香合同，因为谁也不想也不敢成为最后一个傻瓜。郁金香的价格瞬间跌到冰点——几乎一文不值。交易所内传出各种歇斯底里的怪声，整个阿姆斯特丹沉浸在一种末日般的气氛里，郁金香泡沫宣告彻底破灭。4月27日，荷兰政府下令终止所有郁金香合同的买卖。荷兰"郁金香事件"引发了无数的惨剧，许多人因为高价购入郁金香而血本无归，跳河自杀；有人从富翁一夜间变得一贫如洗，沿街乞讨。荷兰的金融业因此迅速萎靡，商业经济也开始走下坡路。①

如果要问这场金融危机是怎么引起的，经济学家们会说是投机造成的。老子会告诉你，不对！是因为"贵难得之货"以至于贪婪到无视风险，使郁金香成为与众不同而后身价不断飙升，使人们忘记了风险。从而，他们抛弃了平凡的生活，希望这枝花能带着他们进入到天堂，哪知道却把他们带到了地狱。有人会说，这是过去，是极端的个例，其实仔细想想，生活中无不经常重复着同样的故事、演绎着同样的结局，只是我们被裹胁其中，变得麻木或无奈罢了。

那么，为政者怎样才能使人不尚贤、不贵难得之货、不见可欲呢？那就是行"圣人之治"——"虚其心，实其腹；弱其志，强其骨。常使民无知无欲，

---

① 王少毅编著：《谁在领跑世界：世界经济中心的变迁》，北京：中国三峡出版社，2011年，第61—64页。

使夫知者不敢为也"。意思就是：让民众不怀心机，使民众只关注吃饱穿暖；使民众少些理想，而更重视强身健体。按今天的说法，就是注重解决基本保障，安于平凡、简单、自然的生活，不使其存非分之欲念，从而使民众不受私欲牵引，不以智巧行事，那些想要以智巧得志者也不敢随便造事。这样一来，人人以自然之心，足自然之欲，则天下太平无事。

"仓廪实则知礼节，衣食足则知荣辱"①（《管子·牧民》），老子同样认为须首先解决百姓的基本需求——"实其腹""强其骨"，百姓能够安居乐业就有了安全感，能身体健康就无后顾之忧。但是，老子又不像马斯诺的需要五层次论说的那样，满足了基本需求以后还要追求个人的价值实现，而是要限制个人价值实现的欲望——"弱其志"，更不允许以非正常手段来实现所谓个人价值，所以要"虚其心"。他认为只有"为无为，则无不治"，只要大家都不抱有为之心、行有为之事，则天下没有不得治的道理。

要让百姓"为无为，事无事"，首先必须是统治者奉行无为而治。如果统治者没有非自然的私欲，"使我介然有知，行于大道，唯施是畏"（第五十三章），他就不会"尚贤"，也就不会去追求"使能"。那么，统治者为什么不愿意"行于大道"呢？因为"上德无为，而无以为"，统治者往往害怕"无以为"，那样显得自己没有本事和作为，似乎走邪路方显得自己有本事、有作为。施为，必求追随，故须尚贤使能，需要奖优罚劣。然而，当我们尚贤尚智之时，奸伪就横行于世，变得德贱而言贵、朴贱而文贵，乡里有小奸，社稷有大奸。

需要注意的是，老子这样的思想会经常被批评为胸无大志、无所作为，好像成了昏庸无能的代名词。其实这两者完全风马牛不相及，老子之所以提出"不尚贤"，是因为贤能之人会追求自己的理想，制定自己的规则，会将天道的理想、规则置之不顾。这样一来，个人的事业可能辉煌了，个人的理想可能实现了，却会使社会陷于争权夺利、尔虞我诈之中，并最终使社会陷入混乱和纷争，与统治者的根本目标越来越远。所以，只有断了"尚贤"这一根本，才可能绝智、绝巧、绝利，使社会始终运行于自然规则和自然轨迹。

巧合的是，古希腊伟大的哲学家柏拉图的观点竟然和老子一样！柏拉图认为国家最好的治理就是"贤人政治"，不过他说的"贤人"并非指能人，而是"哲学家"与"国王权力"的结合"哲学王"，从而使社会保持理性的自然状态。"哲学王"是拥有大智慧的人，但这种大智慧不是我们通常所说的某种具体知识，比如农耕、制造工具、炼铁这些技能型的知识，而在于能够把握自然的理性，善于对规律进行把握和利用，从而善于谋划、通观豁达，亲近

---

① 孔丘等著：《诸子百家》，沈阳：万卷出版公司，2009年，第235页。

真理、正义。[①]这不是与老子的思想一模一样吗？

2．以智治国国之贼，不以智治国国之福

> 古之善为道者，非以明民，将以愚之。民之难治，以其智多。以智治国国之贼，不以智治国国之福。知此两者，亦楷式。常知楷式，是谓玄德。玄德深矣远矣，与物反矣，乃至于大顺。（《道德经》第六十五章）

在人人都向往做一个智者的俗世之中，老子提出了一个让人匪夷所思的口号："以智治国国之贼，不以智治国国之福"。国家之大，事情之杂乱，人民之繁杂，实在难以想象，有大智慧的人尚且难以应付，难道让不懂谋略的"糊涂蛋"来治理还要强一些？其实这样不奇怪，老子从来都将智和明分得很清楚，"知常曰明""知人者智，自知者明"，智和明是两种不同的修养境界，甚至是两种不同的修行方向。前文已经讲过，智是一种区别对待的思想，也正是矛盾的起源。而不懂谋略的"糊涂蛋"并非真的愚笨，而是极有坚持、始终如一地以浑朴为本。是"得一"，而"侯王得一以为天下正"。浑朴，无分辨，则有容，可为天下溪、天下谷，则天下无所不归。

因此，古时候真正善于以道治国的圣人，并不去努力开启百姓的智慧，而是努力使之憨厚淳朴。"明"意为使其聪明，变得有智慧、伎巧、奸诈等。"愚"，即使之归于诚实、质朴，乃是返璞归真之态，而非使其愚蠢之意。圣人为何"愚"民？因为他们明白，百姓之所以难以治理，问题就出在机巧智伪太多，否则，不就很好管理吗？所以，以机巧、智慧、奸伪治国，看似聪明、机智、智慧，实则挑起百姓尔虞我诈、钩心斗角，争斗日增则国家日乱，不是祸又是什么？不以机巧、智慧、奸伪治国，看似痴傻愚钝，但却可捐伪弃饰而使官直民正，上下相亲而社会和谐，岂不是国家洪福？

"不以智治国"就像俗话所说"你有千变万化，我有一定之规"，智者千变，明者应以不变，这岂不正是大智若愚吗？若人民施以智计，统治者终以道朴应之，则人民必然最终遵从于道，此所谓"同于道者，道亦乐得之"。若是你有千变万化，我也应之以千变万化，则必然使社会成为智计的表演场和角逐场，最终人民必然崇尚智慧，而不再尚道守朴，社会不乱套才怪，此所谓"同于失者，失亦乐得之"。

老子非常反对统治者精明无比、智慧超群，认为驭下有术不如驭下有道。

[①] 柏拉图：《理想国》，北京：商务印书馆，1986年，第140页。

从这个角度讲，知道以智治国之贼、不以智治国之福这两个道理，就是知道了治国的定式、最高准则。时刻谨记这一最高准则而能坚持运用，那就是合于天道大德了。天德深远广大，与物欲完全相反。物欲追求利己，天德却追求自然，他既不利己也不利人，而是以自然为规则、限度。如此一来，天下就无比自然、平顺了。

老子此说道出了一个前提，即要想人民质朴，统治者必先憨愚。统治者憨愚，人民自然质朴，去智守朴实为消灾弭祸之宝。反之，统治者搞些自认为聪明的手段，无非是为了显得比别人聪明，可这样一来，"下"势必只能以智自保或以智求荣，问题就会越来越多。

如果领导自认为很智慧，别人都比不上他，那基本上政事也就会越来越荒芜。因为谁要表现出自己的能力，会不知不觉地受到挑剔、打压，最后就变成了一言堂，没人敢于、愿意提出反对意见。反之，那些显得不怎么智慧，也不自以为智慧，和光同尘而与下级混同一体的领导，整个单位都会显得质朴无华，互相之间甚少钩心斗角、争权夺利，而将精力和知识专注于事业本身。干实事者也不会受到挑剔、打压，结果是事业发达、政通人和。可见，有一个智慧的领导，未必是单位之福；有一个质朴的领导，却一定是单位之福。

庄子讲了一个故事，就很好地说明了这个道理：尧之师许由，许由之师曰啮缺，啮缺之师曰王倪，王倪之师曰被衣。尧问于许由曰："啮缺可以配天乎？吾藉王倪以要之。"许由曰："殆哉，圾乎天下！啮缺之为人也，聪明睿知，给数以敏。其性过人，而又乃以人受天。彼审乎禁过，而不知过之所由生。与之配天乎？彼且乘人而无天。方且本身而异形，方且尊知而火驰；方且为绪使，方且为物絯；方且四顾而物应，方且应众宜，方且与物化，而未始有恒。夫何足以配天乎？虽然，有族有祖，可以为众父，而不可以为众父父。治乱之率也，北面之祸也，南面之贼也。"①

尧想请王倪出面邀请啮缺出来做天子，就向他的老师许由打听啮缺此人怎么样，许由分析得太有意思了！许由说这下危险了，将要危及天下了！啮缺这个人非常聪明而且智慧超群，办事情也非常敏捷。他天赋超过常人，以至于竟然想用人力去调配天赋。这个人善于审查违规和过失，但却不知道过失是从哪儿产生的。你觉得他配做天子吗？如果他做了天子，肯定会只有有为之人道而无自然之天道了。他就会从自己的观点、标准出发去区分事物，会尊崇才能和智慧而政令频急。结果，就会开启事端，被繁杂琐事所役使，最终被搞得一片忙乱、四顾不暇，但却没有一个既定的法则。这样的人，怎

---

① 李安纲编著：《南华经》，北京：中国社会出版社，2004年，第165页。

么有资格去做天子呢？他可以去当一个下级长官，但肯定不配做天下长官的长官。治理，正是混乱的开端啊，是天下百姓的祸患啊，是国家君主的贼寇啊。

　　这说明什么呢？说明尧和他的老师都不崇尚智慧和才能，都强调自然无为而不喜有意施为，认为强力施为是逆天之为。所以，他们都认为智慧不是什么好东西，简直可以说是万恶之源，是为物所役的表现。智慧，看似可以应时而变，但会使百姓找不到行事的固定标准。这个故事，很好地诠释了老子"民之难治，以其智多。以智治国国之贼，不以智治国国之福"的思想，指出问题的根源正在于统治者自身。

　　正因为这样，老子才认为"其政闷闷，其民醇醇；其政察察，其民缺缺"（第五十八章）。"闷闷"的要义在于"不智"，智慧的人就闷不起来；"察察"恰恰就需要"智"，不智慧的人就明察不了。他认为，看似政教闷闷昧昧，似若不明，其实是宽厚宏大，可使百姓保持温和质朴、宅心仁厚，而不滋生奸诈虚伪。百姓朴实了，统治者不就可以高枕无忧了吗？反过来，若政教分明、世事洞明，善于司察他人过失，哪怕是赏善罚恶，百姓也会因此缺乏醇和、诚实、质朴，会日益狡黠难治。闷闷，就是和其光、同其尘，保持最大的宽容，让社会不至于分裂。这样的作为，让百姓觉得亲切、舒适、随意、温暖，不用提防、害怕，故而可以安居乐业，天下祥和太平；为政者也不需要经常裁决是非、夙夜在公。

　　有言为证，比如"水至清则无鱼，人至察则无徒"，清楚明白得都没有朋友了，那还能做什么事情？再如俗话所说的"清官难断家务事"，再善于明辨是非的官员，也难以把家务事的是非曲直说清楚。更奇怪的是，家里有一个太明白的主事之人，往往家人性格怪异，缺乏包容豁达之心，家庭和谐反而难以实现，甚至难出人才。为什么？问题正是出在智慧明辨，明辨往往带来的是求全责备，让人不敢逾越规矩，就失去了思想的碰撞和创新的尝试，于是"正复为奇，善复为妖"了。反之，那些没有善于明辨是非，而有善于"和稀泥"的主心骨的家庭、家族，家人却往往显得豁达包容，甚至人才辈出，因为没有人限制其思想、爱好、发展，他们反而得以各偿所愿。

3. 绝圣弃智　绝学无忧

　　　　大道废，有仁义；智慧出，有大伪；六亲不和，有孝慈；国家昏乱，有忠臣。(《道德经》第十八章)

　　老子从辩证法的角度分析了仁义、大伪、孝慈、忠臣等出现的原因，什么时候才能见到仁义、智慧、孝慈、忠臣这些我们希望的、赞赏的美行呢？从辩证的角度思考，老子认为，只有大道荒废之时，才会见到仁义。因为天下有道，必然是上德不德、上仁不仁，是看不出什么仁义来的，没有人故意施仁。天下有道，也就不需要以仁义作为口号。就老子所处的春秋时期那些王霸之人，哪个不是经常以仁义作口号？实则还是为了个人的理想、抱负，说穿了就是私欲。他们既用仁义治理天下，也用仁义笼络人心、招揽人才，同时也用仁义杀人，他说谁不仁就可以攻谁、杀谁，离道远矣！正因如此，庄子对"仁"是非常畏惧的，他认为"虎狼，仁也"，真正的仁是"至仁无亲"，应该是"利泽施于万世，天下莫知也"①（《庄子·天运》）。

只要智慧一出，必然就有奸巧伪诈出现。因为天下守朴，就没有任何奸伪的必要性，智慧也没有任何用处，作伪也没有任何必要。智慧这个东西就是一把双刃剑，它既能解决许多问题，又能造成更多的问题，它的另一面不就是奸诈吗？

只有六亲不和之时，才看得出、才需要孝顺慈善。六亲和顺之时，人人皆出于本心地孝慈，反而看不出谁孝慈谁不孝慈，也用不着谁特意来表现孝慈。如果刻意表现孝慈，实际也是智慧的体现，是非本心、自然之心的行为。翻开中国历史，历朝历代的帝王，所谓的慈许多时候不过是安抚子女的手段，是一种软约束。而王子们所谓的孝，又不过是获得父王青睐的手段，是一种软实力。当孝慈展现出来的时候，实际就已经说明六亲不和了。

只有国家昏乱之时，才会出现也才需要忠臣。国家稳定和谐之时，统治者绝圣弃智，百姓们绝巧弃利，人人以自然心态生活，因此也就看不出谁是忠臣谁是奸臣，也不需要什么忠臣。如果这时候臣子之间有些斗争，也不过是观念的不同，而不是利益的争斗。忠臣是因为有奸臣，同样，奸臣也是因为有人刻意去做忠臣，以通过忠而获利、而排挤他人，这时候忠臣就成了奸臣。许多时候，奸臣正是那些忠臣逼出来的。就像曹操、司马懿这样的人，在夺位之前哪个不是忠臣？又哪个不是最终变成了奸臣？忠臣显现出其可贵之处，必然天下已经乱套、奸臣遍布朝野了。

有些版本对本章有不同表述，如唐初学者傅奕的《道德经古本篇》均为"焉有"，即是说"大道废，焉有仁义；智慧出，焉有大伪；六亲不和，焉有孝慈；国家昏乱，焉有忠臣"②。这种修订，明显受到主观思想的严重干扰，把仁义、智慧、孝慈、忠臣放在了非常重要的地位，极不符合老子自然道德

---

① 李安纲编著：《南华经》，北京：中国社会出版社，2004年，第201页。
② 阎建中释译：《原本大学中庸 原本道德真经》，北京：知识产权出版社，2015年，第139页。

的思想。帛书《老子》也有不同，甲本有"案有"二字，乙本有"安有"二字，即是"大道废，（案/安）有仁义；智慧出，（案/安）有大伪；六亲不和，（案/安）有孝慈；国家昏乱，（案/安）有忠臣"，但在解释时又被一些学者解释为"乃有""则有"，即是说"大道废，则有仁义；智慧出，则有大伪；六亲不和，则有孝慈；国家昏乱，则有忠臣"，这样解释虽然符合了老子的思想，但在字面上似乎又颇有牵强之感。

但大道废、智慧出、六亲不和、国家昏乱这些问题是哪里来的呢？不是普通人，恰恰是那些"侯王"，包括制礼的周公这些"圣人"搞出来的。故庄子说："故纯朴不残，孰为牺尊！白玉不毁，孰为珪璋！道德不废，安取仁义！性情不离，安用礼乐！五色不乱，孰为文采！五声不乱，孰应六律！夫残朴以为器，工匠之罪也；毁道德以为仁义，圣人之过也。"① 不以工匠的思维方式治国，不自以为是圣人，也许就不至于朴残了。

> 绝圣弃智，民利百倍；绝仁弃义，民复孝慈；绝巧弃利，盗贼无有。此三者，以为文不足，故令有所属：见素抱朴，少私寡欲，绝学无忧。（《道德经》第十九章）

道之不在，智巧奸诈、六亲不和、国家昏乱都已难免，怎么解决这个问题？老子提出了惊世骇俗的"三绝"学说。弃绝所谓的圣明智慧，不要火眼金睛、事事洞明，于百姓有百倍之利；弃绝所谓的仁爱正义，不要满嘴仁义道德和一副大义凛然的样子，百姓自然回复孝顺慈爱；弃绝所谓的智巧名利，不要赏智罚朴、贵货贱德，百姓自然不起取巧偷盗之心。这三个问题，如果用文章写出来恐怕写得再多都难以说得清楚，所以三句话归总："见素抱朴，少私寡欲，绝学无忧。"

"见素抱朴"，就是愿意过平凡的生活，从而使思想归于质朴。"素"，未染色的丝，指纯净之色、自然之色、本来之色。"朴"，未经加工的木材，同样是纯净之质、自然之质、本来之质。一个朴素的人，就不会生出非分之欲，也就是无妄念，必然也无妄举，在社会中他就是一个稳定的因子而不是一个不安定因素。

"少私寡欲"，就是要减少私欲，不要有那么多功名利欲的想法。老子并未说要绝私欲，因为人还有自然之欲，这是不能断绝的，否则就不是人了。但从自然之欲与私欲的划分来讲，私欲都是应该绝掉的，这也就是宋明理学后来提出"存天理，灭人欲"的理论依据。当然，我们不能太机械地理解老子的表述。

---

① 李安纲编著：《南华经》，北京：中国社会出版社，2004年，第132页。

"绝学无忧",就是说应该彻底地放弃智慧之学,这样就天下归朴,人人相亲;也不要心忧天下,妄图造福百姓,以免用主观意志干扰社会的自然运行。绝学,要绝的是智慧之学,不是科学知识。无忧,没有了私欲,自然也就会放弃所谓的施仁施义,而会放任事物自生、自为、自成。

这三个方面可以说是相辅相成,还有点互为因果的意味。只有见素抱朴,才可能少私寡欲,才可能绝学无忧。如果不能安于自然,私欲越重则学习和运用智慧的劲头越足,智巧这个玩意儿,不过是实现私心和欲望的方法,没有了私心和欲望,智巧自然也就没有用处。如果能够做到老子所说的"三绝",人们也就回归了自然朴素的本心,达到"沌沌兮,如婴儿之未孩",从而使心性、行为皆与道相合,一切皆顺于自然,最终无为而无以为、无不为。

> 唯之与阿,相去几何?善之与恶,相去几何?人之所畏,不可不畏。荒兮,其未央哉!众人熙熙,如享太牢,如春登台。我独泊兮,其未兆,(沌沌兮,)如婴儿之未孩。乘乘兮,若无所归。众人皆有余,而我独若遗。我愚人之心也哉,沌沌兮!俗人昭昭,我独若昏;俗人察察,我独闷闷。忽兮若海,漂兮若无所止。众人皆有以,而我独顽似鄙。我独异于人,而贵食母。(《道德经》第二十章)

老子反问,顺从与反对相差又有多远呢?善良与丑恶相差又有多少呢?没有多少!唯,意思是顺从、同意、赞成等,如唯唯诺诺。阿,帛书中为"诃"。"诃,大言而怒也。"①(《说文解字》)意思是呵斥、反对、违背等。通常来看,人们都喜欢顺从、善良,讨厌违背、丑恶,这是思虑、智慧的产物。其实,二者的区别未必有想象中那么大,祸福相倚而又可以相互转换,哪个正确哪个好,谁又能说得定?没有了反对者,正确者也会犯大错;没有了丑恶,善良者也没有了警惕。所以,执着于这种区分者,必然自身不堪其忧,别人不堪其扰。没有了这种分别心,自然就去掉了这些烦恼,这不很好吗?

祸患乃人所共畏,圣人岂能不畏?比如,唯或能避祸,诃可能招灾;善或有善报,恶或有恶报。但畏惧是一方面,怎么处理、避免却又是另一方面。而且,真的是这样吗?祸福相倚,变化莫测,想要通过智慧去避免,通过惩恶而扬善,惩逆而招顺,怕是不能绝对。老子感叹,道德广大,真是无边无际啊!"荒",广大的意思。"央",意为尽头、止境。其中要义,或许就在于私欲和智慧,有私欲、用智慧,怕是怎么做都是祸不是福。

---

① 〔汉〕许慎:《说文解字新订》(卷三),臧克和、王平校订,北京:中华书局,2002年,第156页。

所以，当众人皆沉迷于欢乐快活之中，或放纵情欲或追逐名利，如同享受丰富而盛大的全牛全羊筵席，又如同春暖花开之时登上高台，沉迷于繁花似锦、美不胜收的自然景色，但圣人对这些东西毫不动心，就像婴儿一般没有任何感受，更没有任何行动，甚至觉得这些东西很没劲。这些欢乐来自哪儿呢？来自外界环境的影响，来自物欲的满足，是一种浮华的欢乐，而不是自然的快乐。当这种环境消失的时候，快乐也就跟着消失了。"泊"，有些版本作"怕"，"怕，无为也。"①（《说文解字》）"未兆"，没有开始行动。"孩"，有些版本作"咳"，"咳，小儿笑也。"②（《说文解字》）婴儿还未变成小孩，还没有学会笑，所以对于别人的欢乐、快活完全没有感知，完全是混混沌沌的状态。同时，闲闲散散而无所凝注。乘乘兮，也有写作"儡儡"或"累累"等语，意思是自然地随意而动，没有目标，无所定止，意指不会特别关注什么，总是混沌、闲散的样子，对大人们刻意追求的东西甚至觉得茫然、搞不懂。

众人都已经丰足有余还胸怀大志之时，圣人却好像失去了什么一样。"失去"了什么呢？因受外物之惑而失去了自然的本质。当一个社会都为物欲所惑之时，最终必受外物所累，这就是圣人所担心的事情。圣人总是一副混沌无智的状态，对这些东西搞不清楚，也不想去搞清楚。俗人都喜欢精明智慧、明察秋毫，圣人却喜欢无智无欲、懵懵懂懂；俗人都喜欢显示聪明高妙，圣人却喜欢昏昧无智。老子将圣人这种状态形容为恬静如大海般深不可测，闲淡如飘风般似无所止。澹，意思为静。沌沌、昏昏、闷闷，意思都相似，形容无欲望无智慧无分辨的状态。"飘，回风也"③（《说文解字》），清代段玉裁注释说"回者，盘旋而起之风。庄子所谓羊角"。无止，无归依、无停止的意思，意为无特别的关注、无专注的执着等。

众人都想着要有所作为，圣人却唯独愚顽无用。"有以"，有用、有所施展、有所志向。"顽似鄙"，冥顽不化之意。圣人独异于俗人，不为外物惑心，只重视吃饭穿衣的自然本能。圣人真的是很愚蠢无知吗？非也！圣人这种状态，恰恰是明而不智，是注重自然之道。"食母"，同于"既知其子，复守其母"之"母"，意为自然之道这个根本，大体与"为腹不为目"之意相同，因

---

① 〔汉〕许慎：《说文解字新订》（卷十），臧克和、王平校订，北京：中华书局，2002年，第702页。
② 〔汉〕许慎：《说文解字新订》（卷二），臧克和、王平校订，北京：中华书局，2002年，第74页。
③ 〔汉〕许慎：《说文解字新订》（卷十三），臧克和、王平校订，北京：中华书局，2002年，第894页。

为需求简单、欲望自然,所以思想和行为方式也都化繁为简了。

正因为这样,又何须有分别之心、执着之念?又何须去学习什么智慧之学,何须去尚贤尚智?恰恰只有绝圣弃智,才能复归于朴;只有绝外伪之学,才能平安无忧。所以,"唯之与阿,相去几何?善之与恶,相去若何",无疑是老子对"世事洞明皆学问,人情练达即文章"最深刻的批判。在他看来,智慧越多,分辨越明,执念越深,就离道越远,身累、心累就越多,祸患也就无穷。

那么,哪种人更算人才呢?如果把那些显示智慧的知识视为"才",则难免出现司马光说的"小人挟才以为恶"的情况,但在老子看来,未必肯定是"君子挟才以为善",实际上"君子挟才以为恶"的情况更多,只不过这种恶因为君子的主观标准而不自知罢了。用现在的话来说就是"有理想、有文化"但却难以"有道德、有纪律"。"胜人者有力,自胜者强",试想一想,如果一个不能"自胜"的人占据了高位,结果会是什么呢?结果只能是,因为尚贤而致使人人相争;因为贵难得之货,而致使人人为盗;因为见可欲,而致使人人心惑行乱。所以,还是"虚其心,实其腹;弱其志,强其骨"的好,只有"常使民无知无欲",才可能"使夫知者不敢为也"。

5. 魂魄抱一,涤除玄览

> 营魄抱一,能无离?专气致柔,能婴儿?涤除玄览,能无疵?爱民治国,能无知?天门开阖,能无雌?明白四达,能无知?生之畜之,生而不有,为而不恃,长而不宰,是谓玄德。(《道德经》第十章)

孩提时代,无论贫穷与富裕、高贵与卑贱、乡村与城市,我们都自得其乐,很容易得到快乐。我们不思考未来要干什么,也没有远大的理想,简单的快乐就可以让我们入迷。因为懵懂,所以简单,所以快乐。

少年之时,我们开始各种各样的学习,向成年人学习,向老师学习,向有成就的人学习。于是我们开始思考人生为什么,人生的目标应该是什么,成功的标志是什么,怎么样才过得有意义,才不白来世上一趟。我们从此开始觉得生活不再那么简单,开始有了各种各样的压力和烦恼、失落和羡慕,能让我们快乐的事情渐渐地越来越少。因为尚智、尚贤,所以变得很有压力。

长大以后,我们进入社会,怀揣着理想,想要干出一番事业,想着要出人头地。于是混迹于各种社交场合,出入于各种饭店酒肆,编织着自己的人脉关系网络。或许左冲右突一无所成,于是我们无比郁闷,甚至有人忧郁成疾，有人跳楼自杀。因为无成，所以变得彷徨、忧郁、愤世嫉俗，甚至失去了活下去的勇气。

或许拼命表现终有所成，或许虽有所成但一身疲惫甚至满身伤痕。于是许多人觉得并没有想象的成就感，朋友越来越少，能说话的人越来越少，找得到的快乐就更少。于是更需要表现自己的成就，体现自己的尊严和能力，怎么办？有的人就开始包养情妇，大肆敛财，或者跑到澳门、公海上去豪赌。因为有成就，所以变得找不着自我。

这是怎么了？丢失了自己！有句话说"丢什么也别丢了自己"，可人类总是很容易就丢掉自己。自然的东西不再得到我们重视，浮华的东西很容易把我们吸引。出来混总是要还的，当年龄渐老回首往事之时，当为自己的行为付出代价之时，我们才发现"强扭的瓜"真的不甜，富贵荣华真的是过眼云烟。

是什么让我们失去了自我和快乐？是崇尚智慧和贤能。年老之时，人们总喜欢回忆孩提时代的快乐，其实正是回忆那无智无欲、无欲无智的时代和记忆。那么，怎样才能让我们不丢失或找回自己而快乐永远？老子说："营魄抱一""涤除玄览"！

"营魄抱一"，是身体与精神合一、需求与大道合一的状态，也就是我们通常所说的人格不分裂。有的版本作"载营魄抱一"，唯"载"字难懂，也与后面的句式有别。有人认为，"载"应为第九章末句"功成名遂身退，天之道"的尾字，原文应该是"天之道哉"，后人抄录断句时误入下一句，并讹传为"载"。[①] 这很有道理，也符合古人的语法，并且如此一改顿使语句排比工整，故本书直接予以采用。

老子问，身心相合，抱元守一，能不能做到屏除一切杂念，精神与身体需求不离道而行呢？魂魄抱一就是持道守德、精神专注凝聚于自然，对非自然的诱惑视而不见、听而不闻、神不外驰，从而达到外物不扰、邪气不侵。失去了"一"，就容易形成二元人格，容易关注自然需求以外的一些事物，为美色、难得之货、权力等外物所累。

凝神聚气，自然放松，能不能做到像婴儿那样呢？"专气"即"抟气"，集聚真气之意。道家讲抱元守一、凝神聚气，以意念催动真气在体内筋络中运行，从而使气血畅通、功能旺盛、长生久视，要求就是达到一种非常舒服、轻松的身体状态。最佳状态是像婴儿那样筋骨放松、畅通无滞、心气合一，从而能够守柔守静、浊止新生。

---

① 冯达甫：《老子译注》，上海：上海古籍出版社，1991年，第20页。

净化心灵,能不能做到没有任何幻象呢?"涤",洗掉尘埃的意思。"除",去除污垢的意思。"玄览",有的作"玄鉴",指人内心的光明,它就像一面深藏内心的明镜,可以照出人本身和天下万象的真实。"圣人之心,静乎天地之鉴,万物之镜也。"①(《庄子·天道篇》)。意思就是要经常拂拭心灵,莫使非自然欲望诱其偏离自然之道。就如同禅宗大师神秀偈语所说的"身是菩提树,心如明镜台。时时勤拂拭,勿使惹尘埃"。但还有人说"玄览"即是不真实的、非自然的物象,所以才称为"玄"。玄,变化,玄览就是变化了的、非真实的、非本质的、非自然的认识,如声色之象、名利之象,这种解释或许更妥。总之,就是去除因非分欲望和智慧而生的幻象,保留真心、本心、自然之心。

爱护百姓、治理国家,能不能做到不运用智计呢?圣人爱护民众,出于自然之心,正所谓"天地以万物为刍狗,圣人以百姓为刍狗"均遵循自然之理、自然之道,哪里需要智谋计巧呢?而以智治国本是以智求治,却不知正是向社会注入乱源,使人人背离真实本心。

大千世界,变化多端,能不能做到守静如雌呢?"能无雌乎"在帛书中作"能为雌乎","雌"有母、柔弱、安静、处下等意,亦即无为。"天门"即"玄之又玄"的"众妙之门",虽不可见却是天地之始、万物之母。"开合",比喻变化。面对宇宙万物、大千世界的无穷变化,治国者若能不为外物、变化所扰,就做到了守静如雌。

世事洞明无所不知,能不能不自以为知呢?明白四达就是无所不懂了,但懂会带来区分和对立,会产生主观先见,越认为自己明白四达的人越容易产生固执,改造客观世界的愿望和自信心也就会越强,其实犯错误的机会也就很大了。"知者不博,博者不知"是也。

做到了这几点的人,就能做到魂魄抱一,就可以做到尊道而为,无为而治。就可以做到生养万物、包容万物,任万物自生自长,任万民自作自息,辅育万物而不据为所有,万物自成而不自恃有功,虽为官长而不加以主宰,这就是至德、天德了!不求名利或回报,也就不想有人称赞其作为和功劳,不损物、不扰民,当然是最大的德了。

从前面的分析可见,"涤除玄览"就是把外伪之学带来的智慧予以根除,否则必然劳形伤神。"凡人所生者神也,所托者形也。神太用则竭,形太劳则敝,形神离则死。死者不可复生,离者不可复反,故圣人重之。由是观之,

---

① 李安纲编著:《南华经》,北京:中国社会出版社,2004年,第183页。

神者生之本也,形者生之具也,不先定其神而曰我有以治天下,何由哉!"①(《史记·太史公自序》)而"涤除玄览"后的"营魄抱一",正是定其神而不讲我有以治天下,以保国家安定祥和。"民之难治,以其智多",试想,若官员以智治国,以官员之寡、百姓之众,官员如何应付得过来、斗得赢?百姓一人一计,一定搞得官员们心力交瘁、了无生趣。然而,很少有人明白,民智之所以多,往往在于官员的带动,官员以智治国,百姓必以智相对。所以,要想民不用智,首先官员必须涤除玄览、绝圣去智。因此,那些不以智多为耻,反以智多为傲,把智计等同于政治智慧,把《厚黑学》这样教人奸伪的书籍奉为至宝,真是愚蠢至极!

"天下皆知美之为美,斯恶已。皆知善之为善,斯不善已",天下的问题,往往就是从尚贤、尚智而致力于分辨善恶和美丑,并用智慧去扬善惩恶、显美抑丑开始的。与出发点相悖的是,智慧、明辨的结果,却是事与愿违。人们往往只看到矛盾的解决者是智慧者,但不明白矛盾的制造者恰恰也是智慧者,不明白到底是该以智为才还是以智为患,更认识不到"智"比"不智"更可恶、更可怕,只有回到道朴这个根本,才能从根本上解决问题。智慧乱世的背后必然是私欲,只要有了私欲,无论是君子还是小人,最终必将殊途同归,沦为同一类人,即以智治国的贼人。

对此,司马光说得极好:"凡取人之术,苟不得圣人、君子而与之,与其得小人,不若得愚人。何则?君子挟才以为善,小人挟才以为恶。挟才以为善者,善无不至矣;挟才以为恶者,恶亦无不至矣。愚者虽欲为不善,智不能周,力不能胜,譬之乳狗搏人,人得而制之。小人智足以遂其奸,勇足以决其暴,是虎而翼者也,其为害岂不多哉!夫德者人之所严,而才者人之所爱。爱者易亲,严者易疏,是以察者多蔽于才而遗于德。自古昔以来,国之乱臣,家之败子,才有余而德不足,以至于颠覆者多矣,岂特智伯哉!故为国为家者,苟能审于才德之分而知所先后,又何失人之足患哉!"②(《资治通鉴》)

如何改变这种状况?有人认为必须依靠严明法纪。这样能行吗?怕是不能!"今修文学,习言谈,则无耕之劳而有富之实,无战之危而有贵之尊,则人孰不为也?是以百人事智而一人用力。事智者众,则法败;用力者寡,则国贫。此世之所以乱也。"③(《韩非子·五蠹》)如果官员们都心怀大志,渴

---

① 司马迁:《史记》,长沙:岳麓书社,1986年,第942页。
② 李金超、孟秀青、慕国栋选评:《资治通鉴赏析》,上海:远东出版社,2007年,第21—22页。
③ 韩非:《韩非子》,盛广智译评,长春:吉林文史出版社,2004年,第249页。

望建功立业、青史留名，或渴望既富且贵，那么"事智"则必然难免，最终必然法败、国贫、世乱。真正的解决之道，只有像老子说的那样，镇之以无名之朴，通过静心澄虑、涤除玄览、专气致柔等路径，达到营魄抱一的"无离""婴儿""无疵""无知""无雌""无为"的状态。不尚贤、不尚智，世道也就自然平静，事情也就好办了。

第十二章

上善若水　利而不争

老子的政治思想中,有两个最高的核心原则,一个是辅万物之自然,另一个就是利万物而不争。紧紧抓住这两个核心,就可以将老子的思想体系融会贯通。辅万物之自然,是不与自然规律抗衡、争锋,人的作为仅仅在于使不自然的回归自然。他强调了自然规律的不可违抗性,也肯定了人的作用,但又对人的作用进行了限制。利万物而不争,就是利万物之自然,不因私欲而改变自然。若统治者利而不争,则天下互利;若统治者争而不利,则必将天下互争。故,守此两者方可称为"政(正)治",才能保天下不乱、社稷不失。

1. 上善若水,利万物而不争

> 上善若水。水善利万物而不争,处众人之所恶,故几于道。居善地,心善渊,与善仁,言善信,政善治,事善能,动善时。夫唯不争,故无尤。(《道德经》第八章)

老子认为,最善莫过于水,水利于万物生长、成就,它自己却甘于卑下而不与人相争,甚至甘处所有人都厌恶之地,所以它最接近于道的特性。水都有些什么特性呢?

若水,居则善于择地而处,静可观照万物。它遇阻则回,绝不强行通过,低处就是它的归宿,污浊它也不拒绝。天底下还有比水更谦卑的吗?没有了。

若水,则心胸广阔,包容万物。就像大海一般深不可测,不仅海纳百川,而且里面竟包容着如陆地一般的纵横沟壑。

若水,则与人交往热情而友善,万物皆恃之而生,乐于与其相伴。"与",交往的意思。"仁",友爱、热情。

若水,则坚守诚信。因为与世无争,所以不会行多言之治,更不会背信弃义,而是谨言慎行、言出必行。

若水，则因循自然，无为而治，无为而无不为，故为政最善于治理。若其有争，必然有为，有为则必然乱世。

若水，则顺其自然，应势而化，故无所不能，无所不通。

若水，则善于因时而动，若物处自然则顺其自然，若物壮而老或积弱难振，则损有余或补不足。

还有比水更重要的事物吗？没有。水是万物生长最不可或缺的因素，如果没有水，任何生物都将无以为生，更不可能有大千世界的纷繁与美丽。就是这么重要的一个东西，却从来不与他物相争，自始至终都甘于处下。因此，老子对水已至崇拜境地，并将其引入到政治学，成为其政治哲学的最高范畴、最高原则。认为统治者只要学习水的德性，利万物而不争，则可国泰民安、普天同乐。

据说孔子曾经求教于老子之时，老子手指浩浩黄河对孔子说："汝何不学水之大德欤？"孔子问："水有何德？"老子说："上善若水：水善利万物而不争，处众人之所恶，此乃谦下之德也；故江海所以能为百谷王者，以其善下之，则能为百谷王。天下莫柔弱于水，而攻坚强者莫之能胜，此乃柔德也；故柔之胜刚，弱之胜强坚。因其无有，故能入于无间，由此可知不言之教、无为之益也。"孔子闻言，恍然大悟道："先生此言，使我顿开茅塞也：众人处上，水独处下；众人处易，水独处险；众人处洁，水独处秽。所处尽人之所恶，夫谁与之争乎？此所以为上善也。"

老子点头说："汝可教也！汝可切记：与世无争，则天下无人能与之争，此乃效法水德也。水几于道：道无所不在，水无所不利，避高趋下，未尝有所逆，善处地也；空处湛静，深不可测，善为渊也；损而不竭，施不求报，善为仁也；圜必旋，方必折，塞必止，决必流，善守信也；洗涤群秽，平准高下，善治物也；以载则浮，以鉴则清，以攻则坚强莫能敌，善用能也；不舍昼夜，盈科后进，善待时也。故圣者随时而行，贤者应事而变；智者无为而治，达者顺天而生。汝此去后，应去骄气于言表，除志欲于容貌。否则，人未至而声已闻，体未至而风已动，张张扬扬，如虎行于大街，谁敢用你？"孔子道："先生之言，出自肺腑而入弟子之心脾，弟子受益匪浅，终生难忘。弟子将遵奉不怠，以谢先生之恩。"①

故事的真假不知道，但从这个论述可见，水最重要的特性是利万物，而又不自恃有功。利万物，则万物恃之而生。利一物者，必获一物之依附和支

---

① 秋至乐主编：《中国古代十大思想家》，北京：红旗出版社，2014年，第8页；胡哲编著：《武当方圆八百里》，武汉：武汉大学出版社，2015年，第13页。

持；利一类物者，必获一类物之依附和支持；利万物者，必获万物之依附和支持。为政者若明此理，就应该以"善利万物"为准则，如此则万物无须驱策而自然宾服。反之，不利万物，则万物避之而处。不利一物者，必致一物之反对；不利一类物者，必致一类物之反对；不利万物者，必致万物之反对。是利物好还是不利物好，不是很明白的道理吗？

当然，圣人不会做仅仅利一物、一类物之事，若为之也必是于万物有利。原因有二：一是仅仅利某物或某类物，恰恰是协助某物或类物与他物相争，这不是真正的利万物；二是仅仅利一物或类物属于分别之心，会因区别对待而失朴，终将会"天下皆知美之为美，斯恶已；皆知善之为善，斯不善已"。因此，圣人利某一物、某类物时，必是于整体回归自然有补益。在老子看来，利万物的程度决定了圣性的多少，并且是检验"上"是否明道守德或道德深浅的最重要的标准。若不能利万物、利百姓，其智慧越多、能耐越大则越是失道寡德，百姓越难以生存，反对者越众。在人民群众这个汪洋大海面前，最终只有被淹死。

利万物就必须甘于处下。人皆喜欢处上、处高洁，而水则独喜处下、处污浊——"处众人之所恶"。卑下者，天下之所恶也。可水却不争其高，不恶其卑，哪儿低它往哪儿走。还有比水更低的吗？没有，世界的最低处就是水。雨露起于高山，却终归要化作涓涓细流归入江河湖海。还有比水更浊贱的吗？没有，流水不腐，任何污秽最终都得它来容纳或清除。水居不择地，地方则水方，地圆则水圆，完全应形应势而变化。不像那些强硬之物，非得让地形来适应它。所有这些，都可以说是无比谦卑。

但是，甘于处下和处卑非但没有使水成为被抛弃的东西，反而成就了水的宝贵，万物须依赖它方能生存。不仅如此，老子认为处上得险，处下得安。"会当凌绝顶，一览众山小"的感觉固然不错，但却一步不慎即万劫不复。处下之水却可安然无恙，它还可能下到哪儿去呢？天旱之时，它却成了最受人关注和最需要的东西，还得把它抽到高处灌溉庄稼，反而处下得上了。"故圣人云：受国之垢，是谓社稷主；受国之不祥，是谓天下王"（第七十八章），说的正是这个道理。

由此可见，居高位者若想得贵，并非要始终摆出一副高高在上的姿态，而在于善于处下、处后，在于虚怀若谷能够包容万物，此即"圣人欲上民，必以言下之。欲先民，必以身后之"。然而，许多人并不明白这个道理，总喜欢高高在上、夸夸其谈，害怕别人不知道他是官员、官有多大权有多重、多么有思想有理想有作为，慢慢就形成了官僚主义作风，一副当官做老爷的做派。他们不甘于人下，不断追求傲居人上；不愿意往下走听取群众呼声，而喜欢往上跑揣摩上层意图；工作上不愿意居于客观规律之下，而喜欢凌驾于客观规律之上，搞主观臆断瞎指挥，搞命令主义、文牍主义等。长此以往，必然是处上而民重、处前而民害，不可能真正得到人民群众的尊重、爱戴和拥护。

利万物、甘处下，自然也就必须不争，不争名、不争利、不争时、不争势。百川终归大海，但若在归海的过程中遇物与之争道，水要么迂回而过，要么就地安营以待时势。不争的理念运用在工作方法上，就是顺势而为，绝不逆势而为、勉力而为，尤其不会明知不可为而为之。不争，是为了利人，遇阻则只是为了不影响别人的需求和发展，把机会让给别人，这是另一种方式的利人。当然，不争也是利己，不会因争而遭受打击，甚至可能因此让他人帮助自己实现目标，无形中给自己的需求和发展扫清了阻碍，创造了良好的生存和发展环境。

不争还是一种错位发展。你做你的事，我做我的事，你的需求我不阻碍，我的需求你才不会阻碍，各自去寻求新的发展方向，这就是不争而带来的必然结果和市场格局。如此一来，就形成了互利互补的和谐局面。比如，如果人人都争着学乐器中的同一种，就不可能有乐队的和谐奏鸣；如果不同的人学不同的乐器，加在一起就可以组建成一个乐队，人人都有其位有其用，就可以听到乐队和谐美妙的共奏。

老子利万物而不争的思想，与其柔弱胜刚强的观点完全相符。争，是刚强；不争，是柔弱，故"不争而善胜"。用在施政方面，为政者就必须利百姓而不与百姓相争，利同僚而不与同僚相争。"夫唯不争，故无尤"，一个不与百姓相争的统治者，会有什么麻烦呢？尤，可以说是百姓的怨尤，也可说是统治者的忧虑。国家和政府的忧患、忧虑，不都因老百姓的怨尤而起吗？故，要想无忧，"夫唯不争"！

由此可见，争，其实是一个伤人伤己的路径和方法，最终的结果是得不偿失或不能各得其所。不争，才是利人利己的最佳路径和方法，最终的结果必然是人人皆有所得的共赢局面。当然，有人会说世间不可能没有竞争，不可能完全错位，在直接冲突不可避免的时候，唯有狭路相逢勇者胜。真的是这样吗？让太极功夫来告诉你吧。

太极根源于老子上善若水、利而不争、以柔克刚、顺其自然的思想，核心正是"不争"，其中又以太极推手最具代表性。顺势而为就是不强调与对手死拼硬抗，不搞硬碰硬，不以争强而取胜。顺什么势呢？一是人体结构之势，此乃自然成就。哪些地方弱哪些地方强，攻敌之弱，攻敌之所必救，这就是顺势、无为。二是力量发生、变化之势，避敌力量之强，接敌力量之弱，甚至借力打力、虚实转换。以柔克刚,还是利用"物壮极老"、动静转化的规律,通过刚柔相济、避实击虚达到以弱胜强、以小胜大,是有所为有所不为,有所敢为有所不敢为。事实上,太极拳早期曾被称为绵拳、软手,从名称即可见其特点。太极功夫可谓深得无为而无不为的精髓,堪称"事善能,动善时",是"夫唯不争,故无尤""不争而善胜"的最佳典范。

太极功夫的成效并不来自力量的强大,也不来自"兵来将挡,水来土掩"的抗争,而是来自"不争之争"。在太极里面,不争是将来兵挡甚至将来无挡,让对手找不到着力点,最终有力无处使。同时,它还将对手的力量通过身体结构和力学原理引导到空虚之处,使之"物壮则老,谓之不道。不道早已",从而起到以虚避实的作用。这样一来,越是强大的对手,就越是空耗力气,对手没伤到,自己先累坏了。而且,强者往往会因为打不着对手而变得浮躁,最后反而被轻而易举地制服或击败。反过来设想一下,如果遇强则强,希望以争强而取胜,则以卵击石和两败俱伤的情况都不会少见。

社会管理中的"不争",最重要的体现还在利益上。一是经济政策必须有利于全体民众的生存和发展,恭行"损有余而补不足"的天道。为了不让有余损天下,故必先损之;不让不足乱天下,故必先补之。尤其是补不足,是典型的予民以利。二是必须有正确的利益观、财富观,必须善于藏富于民而不是藏富于国。"甚爱必大费,多藏必厚亡。知足不辱,知止不殆,可以长久"(第四十四章),如果追求甚爱、多藏,必然不利百姓的生活和发展,会引起政府和百姓的争端。如《庄子·天下》里说:"以本为精,以物为粗,以有积为不足,澹然独与神明居。"[1] "有积"反而是"不足",因为它会妨害"神明",结果必然是祸患。"善利万物而不争"并非只是一句简单的话,老子有着系统的施政路线、方针和策略。

不与民争利,其实也是整个中国传统文化中一个非常重要的思想,比如儒家的"德本财末"思想,就与此非常接近,也阐述得更为清楚。《礼记·大学》里说:"道得众则得国,失众则失国。是故君子先慎乎德。有德此有人,有人此有土,有土此有财,有财此有用。德者本也,财者末也,外本内末,争民施夺。是故财聚则民散,财散则民聚。是故言悖而出者,亦悖而入;货悖而入者,亦悖而出。"[2] 好一个"财聚则民散,财散则民聚"!为政者到底是要聚财还是聚民,确实得好好掂量掂量。为政者乐于与民,则天下归心,尽为君主、政府所有,不就是更多吗?如果喜欢索取于民,则民心离散,天下

---

[1] 陆永品:《庄子通解》,北京:中央编译出版社,2005年,第375页。
[2] 〔汉〕戴胜:《礼记》,崔高维校点,沈阳:辽宁教育出版社,1997年,第224—225页。

似有而不属，君主、政府即使看起来很富有，实际上不是更穷了吗？

　　道家与儒家这些说法，实际上都提出了藏富于民还是藏富于国的问题。他们都深刻地认识到，藏富于民则民富国安，藏富于国则民贫国乱。"百姓足，君孰与不足；百姓不足，君孰与足？"①（《论语·颜渊》）老百姓富足了，不就是国家富足吗？你还要与百姓争什么利呢？所以，老子说："圣人不积。既以为人己愈有，既以与人己愈多。天之道，利而不害；圣人之道，为而不争。"（第八十一章）君主、政府轻利，结果必是墨子所说的"兼相爱，交相利"（《墨子·公输》），君王、政府和百姓均获其利。

　　俗话说"人为财死，鸟为食亡"，并不是说人、鸟一辈子必须求财求食，更深层的意思是说，人过度为财、鸟过度为食，都会给自己招致灾祸，必然只有死路一条，甚至是早死、暴死。要么因为"生生之厚"而病死，要么因为夺人财食而招致灾祸，要么是"怀璧其罪"而死于非命。政府同样如此，其兴亡往往也在一个"财"字。政府过度敛财，必然导致非正常"死亡"，哪怕是为了百姓发展的良好愿望。因为，过度敛财的举动必然削弱百姓发展的根基，国家发展得越好，与普通百姓的关联度甚至可能更低，对百姓来讲有什么意义呢？所以，政府树立什么样的财富观，是不是真的能做到利而不争，其实是关系着兴亡盛衰的重大事项。

2. 强大处下，柔弱处上

> 人之生也柔弱，其死也坚强；万物草木之生也柔弱，其死也枯槁。故坚强者死之徒，柔弱者生之徒。是以兵强则不胜，木强则折。强大处下，柔弱处上。（《道德经》第七十六章）

　　人活着的时候绵柔软和，死后就变得僵硬刚强；万物花草树木莫不如此，活着的时候绵柔软和，死了就变干枯坚硬。为什么呢？因为万物生长之时皆存和气于内，从而可使躯体精神灵动、运转变化。万物皆负阴而抱阳，阴阳调和故而生机勃勃。阴阳平衡就有生机，故虽然柔弱却能运行通达。而一旦死亡便和气不再，阴阳失衡二去其一，故生机不复存在。

　　老子的思想最好理解之处，便在于它大多从生活中、从自然的变动中观察而来，以小见大，格物致知，窥一斑而见全豹。这些事物和现象为人所常见，只不过很少静下心去领悟其中的天道。从万物柔弱和坚强的变化之中，老子就悟出一个大道：坚强的事物其实就是死物，或者是已经丧失了生机；

---

① 杨伯峻、杨逢彬注译：《论语》，长沙：岳麓书社，2000年，第110页。

柔弱的事物才是生物，或者说是充满着生机。以此推之，兵强反而不能取胜，树强反而易遭折损。

为什么呢？关键就在于"争"还是"不争"。强大的军队必然习惯两军相遇勇者胜，胜的次数多了，就会"勇于敢"，必致骄兵而败。而柔弱者必然更加重视对手，会更加"勇于不敢"，所以就更重视"以奇用兵"，欲胜敌先自胜，未谋胜先谋败。《孙子兵法》说"兵者，诡道也"，明白自己柔弱而谨慎用兵者，最终必会不以力取而以智取胜，可永远居于不败之地。"兵"，指军队，也可以指一切争锋之事，如人际关系、名利之争、商业竞争等。

再一方面，强大者往往具有威胁性、扩张性，往往处处树敌。敌人多了又无法战胜他，弱敌必会团结以对，最终弱敌会变得强大，强大者的灭亡之期也就不远了。骄兵必败、哀兵必胜，道理之一正在于此。骄者，刚强也，恃强而欲凌弱。哀者，柔弱也，知弱故能让强。比如树木，越是高大雄壮、挺拔笔直，越容易被伐木者和工匠看上，就不可能求得永年。即便不被人毁，往往也是木秀于林风必摧之或雷必击之。在这点上柳树就很有意思，长到一定的高度，它就开始下垂，绝不坚挺直上。其干虽坚而韧，其枝则是柔若无骨，风来则顺风，水来则顺水，绝不追求与之抗衡。所以，柔弱的柳树相对于坚挺的大树，反而容易存活。柔弱，正是柳树的自保之道。

老子进而悟出一个大道：强大者最终只能居于下位，柔弱者必然最终居于上位。换言之，真正强大并最终能处上者，不是那些看起来坚强者、强大者，恰恰是那些善于居下和柔弱者。"江海之所以能为百谷王者，以其善下之，故能为百谷王。是以圣人欲上民，必以言下之；欲先民，必以身后之。"（第六十六章）如果江海要想处上，它就成不了百谷王。同理，圣人要想处于人民的上面、前面，就必须善于处在人民的下面、后面，这是治理国家的经典要义。

换言之，统治者要想稳居于人上，不是要变得越来越强大、坚强、完美，那样反而是变得脆弱。而是要变得柔弱、谦下，善于和光同尘，这才是真正的强大。于是，我们就必须树立一个观念：没有坚不可摧，只有柔不可摧。争强好胜未必能胜，不争方能善胜。君王礼贤下士，利人而不与人争，自有效命强者前来；君王刚愎自用，与人争而不利人，效命强者必然远遁。喜欢处上、争、害而不利，只能是口惠而实不至，名至而实不归，甚至无法善终；利而不争，反而是口不惠而实至，名不至而实归，而且可保长久。当一切成为历史的时候，我们会发现，它或许又变成了名至而实归，因为"夫唯不争，故天下莫能与之争""夫唯不居，是以不去"。

我们以此来看《三国演义》中的刘备，更会发现"强大处下，柔弱处上"

极有道理。刘备，让人最大的感觉就是没有什么才能，后来竟然三分天下有其一，这让人颇为不服气。以刘备如此"庸才"，却让义薄云天、武艺高强的关羽、张飞、赵云等一干武将和谋略出众的诸葛亮等一干顶尖谋士甘居其下，这更让人想不通。其实，刘备此人并非完全无才，十五岁时外出游学，拜原九江太守卢植为师，算得上是有学问；刘备也并非全无武功，三英战吕布时他也曾挥舞双股剑直接参加战斗，竟然还没有挂掉，这牛皮不是吹的。但是，这些都不重要，乱世出英豪，当时天下文武干才不计其数，而拥有刘备一般宽厚仁义、谦下待人者，就并不太多了。能归入天下英雄之列，三分天下有其一，几乎完全靠他的谦下。有三件事足以为证。

第一件事：公元 191 年（汉献帝初平二年），刘备因为累次建立功勋而升为平原县县令，后领平原国相。据说当时普通百姓都可与他同席而坐、同簋而食，因而深得人心。可是郡民刘平不服刘备，唆使刺客前去暗杀。刘备毫不知情，还对刺客十分礼遇，刺客深受感动，反而坦露实情后离去。

第二件事：公元 195 年（兴平二年），徐州牧陶谦病重，对别驾糜竺说"非刘备不能使徐州安定"。陶谦死后，糜竺率徐州人民迎接刘备做太守，刘备竟然不敢接受。在陈登、孔融的再三劝说下，刘备才最终接受。

第三件事：公元 199 年（建安四年），曹操与刘备"煮酒论英雄"，曹操对刘备说"天下英雄，唯使君与操耳"，刘备吓得筷子都掉在了地上。有人说刘备精于心计，但或许并非是他狡猾，而是真心地认为曹操太高看他了。所以不能不说，正是其柔弱、谦下的品德屡次拯救了他，最终成就了他。

> 天下之至柔，驰骋天下之至坚。无有入无间，吾是以知无为之有益。不言之教，无为之益，天下希及之。（《道德经》第四十三章）

为什么柔弱之人反能成就大事业？因为最柔弱的事物能攻克最坚硬的事物。天下至柔，莫过于水，当然那时候老子还不知道同类的还有空气，它"居善地"，遇形化形，遇物避物，无所相争，似乎没有任何形质一般。所以，老子称之为"无有"。天下至坚，莫过顽石金属等物，坚硬致密堪称"无间"。但是，滴水可以穿石，山风可以化石，至刚之物能抵挡其他刚强之物的攻击，却不能抵挡水、空气这样最柔弱之物的攻击。从无形质之物能贯穿有形质之物的现象，老子知道了"无为"的巨大功效。"天下柔弱，莫过于水。而攻坚强者，莫之能胜。其无以易之"（第七十九章），这就是道的体现。"反者道之动，弱者道之用"（第四十章），道的作用并不是通过刚强来体现，恰恰是通过柔弱来体现。

老子认为，不以言教、不求有为正是不争的重要表现，而言教、有为就是争的表现。与谁争？与受教者争，与自然天道相争。老子认为统治者就应该学习水这种至柔的德性，行不言之教、无为之治，为而不恃，功成而不处，功成不名有。不言之教、无为之治，可以克天下之至刚，化暴戾为祥和，自然政通人和、百废可兴。相反，有言之教必以教令政文为载体，其本质是要求别人做这做那，禁止别人做这做那，同时又是自己想要做这做那，从根本上说都是刚强的体现。这就叫"有欲则刚"，而刚则易折易损，亦如孟子所说："其进锐者，其退速。"①（《孟子·尽心上》）

但是，虽然"不言之教，无为之益，天下希及之"，世俗之人却很难感觉得到，因为"功成事遂，百姓皆谓我自然"，虽最终大成却见功慢，显不出人的主观能动性的作用，这是许多为政者万万不能接受的。我的作用从哪里体现呢？我的功劳、形象从哪里体现呢？这才是他们更关注的问题。但是，我们想想，有了"不言之教，无为之益"，社会得治，百姓得富，个人还需要什么呢？如果将社会管理的目标不知不觉中替换为个人能力的体现，无疑是岗位职责的异化，不搞事才怪，不搞出事才怪。所以，要真正享受到"无为之益"，必须有一个前提，那就是必须有"不欲见贤""功成而不处"的心理准备。想要居功、见功，那当然得搞出兢兢业业、热火朝天的气势来，虽有无为之益、不言之益也不愿遵行，那些行强政、暴政者，不过是意气用事而已，即便有些震慑力或轰动效果，最多也就得一时之治，是绝不可能长治久安的。而且于为政者来讲，必然是"处上而民重，处前而民害"，老百姓最后是会厌烦的。

3．天将救之，以慈卫之 勇于敢则杀，勇于不敢则活

> 天下皆谓我：道大似不肖。夫唯大，故似不肖。若肖，久矣其细也！"夫我有三宝，持而宝之：一曰慈，二曰俭，三曰不敢为天下先。慈故能勇，俭故能广；不敢为天下先，故能成器长。今舍慈且勇，舍俭且广，舍后且先，死矣。夫慈，以战则胜，以守则固。天将救之，以慈卫之。（《道德经》第六十七章）

从"善利万物而不争"思想出发，老子对勇敢和仁慈的关系有一个非常伟大的定义，即勇敢的本质是仁慈——"慈故能勇"，而不是残暴、掠夺这些东西。老子所说的"人生三宝"——慈、俭、不敢为天下先，其核心正是在于"慈"，本质上是不争之道德的最好体现，是"善利万物而不争"思想的具

---

① 郑训佐、靳永译注：《孟子译注》，济南：齐鲁书社，2009年，第238页。

体化。一个没有仁慈本性的人会节俭、不敢为天下先，这是不敢想象的事情。一个具有仁慈本性的人，会不利万物而与其相争，也同样是不可想象的事情。

勇敢的内在动力是什么？大多数人会认为它来自内心和能力的强大，以及由此产生的无所畏惧。但老子认为，勇敢不来自无所畏惧或者天生的胆大包天，更不来自利欲熏心，而是来自"慈"，因为有慈所以才有勇。什么是慈呢？就是仁慈，"慈，爱也"①（《说文解字》），也就是孟子说的"仁者爱人"。因为心怀慈爱，所以不能允许他所爱的人受苦，不允许他们的生存和发展受到限制，由此就产生了勇敢和舍己，在关键时刻甚至体现为勇于牺牲。那么，不蕴含仁慈本性的所谓"勇敢"又是什么呢？其实不是勇敢，而应该是残暴、凶残这些东西的替代词，因为人们的错误理解才变成了"勇敢"。

老子认为，仁慈是一个人最根本、最重要的"平安符"——"天将救之，以慈卫之"；仁慈也是一个人最根本、最重要的"成功梯"——"以战则胜，以守则固""故能成器长"。老天要保一个人平安无事，或者要拯救一个人使之化险为夷，不是让其智勇双全、能力超人，而是会赋予其仁慈的秉性。仁慈者必获仁慈的回报，会获得其他人的真心拥戴和爱护。获其他人拥戴，则有众志成城的效果；获其他人的爱护，则其他人都会成为他的庇护神。这样的人，想不成功都不可能。既如此，为什么要不仁呢？为什么还要与人相争呢？

道理其实很简单。慈爱自然必须谦让，须成人之美而不掠人之美；在物质需求上必然追求节俭，节俭故而德广；面对势、利或是功、名，必然不会争先；在大灾大难面前，必然身先士卒、慷慨赴难。总之一句话，就是利万物而不争。这样一来，这样的人在做事的时候总是"不争而善胜，不言而善应，不召而自来，繟然而善谋""夫唯不争，故无尤""夫唯不争，故天下莫能与之争""后其身而身先，外其身而身存""夫惟不居，是以不去""不敢为天下先，故能成器长"，成功是必然的结果。

有人会说"我是超人我怕谁""我是超人我管谁"，这种自我感觉良好、自然感觉强大无比的人并不在少数，但是，"超人"并不是超越天道不受天道限制的人，任何远离天道的人都必然会受到天道的制裁。任何"超人"都会受到条件限制，不可能无所不能、无时不能，何况老虎都有打盹的时候，脱离仁慈以后的超人，必然是"勇于敢则杀""舍慈且勇，舍俭且广，舍后且先，死矣"，故自我感觉变成"超人"之日就是步入"动之死地，十有三"行列之时，这是不会有例外的。

---

① 〔汉〕许慎：《说文解字新订》（卷十），臧克和、王平校订，北京：中华书局，2002年，第698页。

对仁慈的重要性的认识，儒家与老子同样十分接近。孟子说："君子所以异于人者，以其存心也。君子以仁存心，以礼存心。仁者爱人，有礼者敬人。爱人者，人恒爱之；敬人者，人恒敬之。有人于此，其待我以横逆，则君子必自反也：我必不仁也，必无礼也，此物奚宜至哉？其自反而仁矣，自反而有礼矣。其横逆由是也，君子必自反也：我必不忠。自反而忠矣，其横逆由是也，君子曰：'此亦妄人也已矣。如此，则与禽兽奚择哉？于禽兽又何难焉？'是故君子有终身之忧，无一朝之患也……非仁无为也，非礼无行也。如有一朝之患，则君子不患矣。"①（《孟子·离娄下》）。在孟子看来，因为始终存有仁心，所以不会与人相争，不会动辄发怒用强，反而会不断地自我反省，尧舜一样的圣人，可能就是这样修炼出来的吧？

再看儒家的孝、悌、忠、恕、礼、知、勇、恭、宽、信、敏、惠等核心思想，本质上还是以仁慈为最重要的内核。没有仁慈的内在秉性，这些行为都不可能出现。尤其是儒家的"己欲立而立人，己欲达而达人"②（《论语·雍也》，"己所不欲，勿施于人"③（《论语·卫灵公》）等达到仁的途径，更是老子"善利万物而不争"方法论的体现，指出了立人是立己的前提，达人是达己的前提，这与老子所说的"夫唯不争，故无尤""夫唯不争，故天下莫能与之争""后其身而身先"等完全一致，二者堪称异曲同工。孔子还明确说过："人而不仁，如礼何？人而不仁，如乐何？"④（《论语·八佾》）一个人失去了仁德，礼乐对他还有什么意思呢？孟子更是提到了"仁者无敌"的高度："仁人无敌于天下，以至仁伐至不仁，而何其血之流杵也？"⑤苏洵也说："儒者不言兵，仁义之兵无术而自胜。""凡兵上义；不义，虽利不动。非一动之为害，而他日将有所不可措手足也。"⑥当然，道家和儒家所说的"仁"的本质、内涵和外延都是有所不同的。老子的"仁"指自然、放任，儒家的"仁"是爱人，二者的差异微妙而又非常根本。

> 勇于敢则杀，勇于不敢则活。此两者，或利或害。天之所恶，孰知其故？天之道，不争而善胜，不言而善应，不召而自来，繟然而善谋。天网恢恢，疏而不失。（《道德经》第七十三章）

---

① 郑训佐、靳永译注：《孟子译注》，济南：齐鲁书社，2009年，第141页。
② 杨伯峻、杨逢彬注译：《论语》，长沙：岳麓书社，2000年，第57页。
③ 杨伯峻、杨逢彬注译：《论语》，长沙：岳麓书社，2000年，第150页。
④ 杨伯峻、杨逢彬注译：《论语》，长沙：岳麓书社，2000年，第18页。
⑤ 郑训佐、靳永译注：《孟子译注》，济南：齐鲁书社，2009年，第241页。
⑥〔宋〕苏洵：《苏洵集》，邱少华点校，北京：中国书店，2000年，第9—10页。

第十二章　上善若水　利而不争

　　通常情况下，我们都崇尚勇敢。但老子却与此相反，他更崇尚勇于不敢。老子认为，勇于敢无异于自寻死路，勇于不敢者才是安身立命的活路。这里所说的"勇于敢"，并非前面所说的因慈而生之勇，而是指逞强之勇、违背道德之勇。"勇于不敢"，则是因为对大道的敬畏而生的柔弱。"勇于敢则杀"切合了"强梁者不得其死"的认识，"勇于不敢则活"则与"柔弱者生之徒"相同。世人只知"勇于敢"为雄、强，知其强而守其强、知其雄而守其雄。但却因此惹杀身之祸；世人只知"勇于不敢"为雌、弱，知其雄而守其雌、知其强而守其弱，但却能因此而安身立命。

　　老子所讲有为与无为，是有所为有所不为。哪些可为呢？符合天道、自然之道的就可以为。这种合道之为就是"无为"，因为顺天道而为，也就是"不争"。哪些不可为呢？偏离自然之道的就不能为，若勉力为之便是人为、有为，因为逆天道而为，也就是"争"。无为乃当为之为，有为乃不当为之为。如果不当为而为之，就是"勇于敢"。人之生存于世，大多难免"人之道"，总会产生一些幻想和追求，所以，勇敢总是为人所期望和敬畏。但正因为这样，"勇于敢"不值得稀罕，反而是"勇于不敢"——勇于放弃而不敢为，才是真正了不起的品质。老子认为，"勇于不敢"可以使人独善其身、避祸而存；"勇于敢"，甚至勇于敢到冒天下之大不韪，那就是自不量力，必遭杀身之祸，可谓"天将灭之，以暴害之"。

　　"勇于敢"和"勇于不敢"这两种勇气，一个有利一个有害。"勇于敢"害身、杀身，所以不利于人；而"勇于不敢"存身、益生，所以利于人。究竟是什么原因呢？说不清楚，老天要厌恶什么，谁知道是什么原因呢？很难搞得清楚。那么，"勇于敢则杀"与老子讲的"外其身而身存"是否矛盾呢？"外其生"是置之死地而后生，当然是勇于敢，但却能"身存"，确实让人迷惑。但是，如果明确了标准在于"道德"，就不会迷惑了。老子所讲的"勇于敢"是指敢于违背自然之道，"勇于不敢"则是敬畏自然之道，所以他的意思是说顺道者昌、逆道者亡，这是不可能有错的。而"外其身"虽然看起来是"勇于敢"，但却是体道合德的行为，换个角度来看，它也是对天道的"勇于不敢"，所以天道"以慈卫之"。这样一想，道理就通了。

　　虽然不知道它是什么原因，但"勇于不敢"却符合利而不争的天道，所以，不强争力夺却能自然取胜，不豪言壮语却能自然响应，不主动召唤却能自然归顺，看似随意之举却自然是最佳谋划。而且，这个规律从来都没有失灵过，"天道"这个网虽然恢宏无比，看起来网眼稀疏，却从来没有遗漏的时候。所以，也就不用去置疑了，不用再去问为什么，照着做就是了。与其挖空心思去巧取豪夺，不如秉持天道利万物而不争，这才是得民心、得天下、得功名的永不枯竭的源头活水!

在人们的心目中,"勇于敢"那是需要勇气的,但在老子看来,"勇于不敢"更需要勇气。这很有道理,勇于敢可能就是头脑一发热的事情,不需要思考,就像醉汉一样,能力不强胆子倒出奇地大。而勇于不敢则要权衡当为与不当为、可为与不可为,要坚定不移地遵从天道,需要舍弃名利、地位、权势、面子等许多世俗之人认为很重要的东西,需要极其理智和克制,这还真不是一件容易的事情。

历史上"舍慈且勇"的极致案例并不少见,而其结果也无一不是"勇于敢则杀",正印证了"天网恢恢,疏而不失"的恒常天道。成吉思汗的跨洲征战和日本军国主义的侵华战争的最终结果,正是对"勇于敢则杀"的最佳诠释。

成吉思汗铁木真于1206年春天建立大蒙古国后,就多次发动对外征服战争,其征服地域不仅包括汉族及其他民族居住的区域,甚至西达中亚、东欧的黑海海滨,其旷世帝国的辉煌背后,也是蒙古军队旷古绝今的"勇于敢"的杀戮。有人统计,成吉思汗一生共进行了60多次战争,除十三翼之战因实力悬殊主动撤退外,无一失败。中国学者刘乐土在其《成吉思汗》一书中说:"成吉思汗是后人难以比肩的战争奇才。他逢敌必战、战必胜的神奇,将人类的军事天赋穷尽到了极点""他麾下的铁骑,势如破竹,硝烟漫卷到了俄罗斯、阿富汗及印度北部。在广袤的欧亚大陆,成吉思汗已经成了战无不胜的神,对手无不闻风丧胆,屈服于脚下""什么人才能称得上战神?惟有成吉思汗!"[①]

成吉思汗政权在征战的过程中,可谓"舍慈且勇""勇于敢"的典型。蒙古人征服世界的利器就是空前绝后的杀戮和种族灭绝,以此摧毁敌人的斗志,并因此载入1985年版的世界吉尼斯纪录。成吉思汗在西征归来的途中教育后代时,说了一段名言:"人生最大的乐趣,是把敌人斩尽杀绝,抢夺他们所有的财产,看着他们的亲属痛哭流泪,骑他们的马,强奸他们的妻子和女儿。"[②]难怪毛泽东要在《沁园春·雪》中嘲讽"一代天骄,成吉思汗,只识弯弓射大雕",恩格斯则评价说"成吉思汗在中世纪踏碎了欧洲人的心灵"[③]。

勇则勇矣,慈则未有。如此残暴杀戮的后果是什么呢?是"死矣"。首先是汉人后来的血腥报复。明朝初期都坚持了大规模的"杀鞑子"政策,凡蒙古人必杀无疑,从黄淮流域到塞北地区,都实行过杀光政策。成吉思汗舍慈

---

① 宋乃秋:《成吉思汗传》,北京:中国戏剧出版社,2007年,第255页。
② 〔法〕格鲁塞:《活着就为征服世界 蒙古帝国史》,北京:光明日报出版社,2015年,第232页。
③ 金志远:《成吉思汗精神在文化强国战略中的价值及传承》,载于张诗亚、杨如安主编:《民族文化传承研究文集》,重庆:西南师范大学出版社,2015年,第131页。

且勇、勇于敢带来的不仅是其他民族的深重灾难，对蒙古本民族最终带来的也是残酷杀戮和深重灾难，可谓"其事好还"。因此，将成吉思汗奉为"人类历史第一人"和"人类之王"，不如说他是人类历史上舍慈且勇第一人、勇于敢第一人，甚至是人类最大的魔王。其次是元朝的迅速崩溃和灭亡。元朝从1271年建国，到1368年灭亡，历时仅仅98年，这个中国历史上第一个由少数民族建立的大一统帝国，很快就雪崩般瓦解了。

还有一个很重要的后果，是以杀戮摧毁对手反抗意志的侵略思想的长期流毒。众多对成吉思汗充满羡慕的野心家，从成吉思汗身上看到了以少胜多的可能，于是就有了二战时德国、日本这些盲目自大、给世界人民和人类文明再次带来了深重灾难的侵略者。日本是研究成吉思汗最为狂热的一个国家，日本学者小林高四郎认为，成吉思汗的制胜之道是依靠烧杀掠夺的恐怖政策[1]，这既可以说是对成吉思汗的批评，也可以说是揭示了日本军国主义思想的起源。受这种思想的影响，从1931年"九一八事变"开始的日本全面侵华战争，日本军国主义同样以掠夺和恐怖政策为震慑，妄图以残酷的杀戮摧毁中华民族的意志，从而堕入了成吉思汗一样的"勇于敢"。

日本军队在许多地方实行"烧光、杀光、抢光"的"三光政策"，针对中国人的残杀手段多达250种之多。北起黑龙江，南至海南岛，东起海岸，西到重庆的广大地域，日寇铁蹄、飞机所至，奸淫掳掠，生灵涂炭；屠刀所向，血流成河，尸骨如山。在日本占领区，处处是白色恐怖。14年抗战中国死了多少人，已经难以全面、准确地统计。但根据1995年最权威的数据，中国军民伤亡达3500万人以上。其他甚至还有4100万、5000万以上等说法。[2]当然，结果也是一样——"死矣"。二战并没给日本带来什么好处，同样死伤惨重，国家财力几近枯竭。日本成为战败国后，除了支付大量的战争赔款，还长时间地处于美国的管制之下。真是天网恢恢，疏而不漏，以日本军队先进的武器和强大的战斗力，也不能逃过"天谴"。

"勇于敢则杀，勇于不敢则活"不仅仅是体现在战争上，将其运用于企业经营，同样很有道理。现代企业战略管理理论中，就有一个"放弃战略"理论。所谓放弃，某种角度讲就是勇于不敢。管理大师、哈佛大学商学研究院著名教授、竞争战略之父迈克尔·波特（Michael E.Porter）在《什么是战略》一书中提出："真正的战略，以竞争性定位为核心，对运营活动进行取舍，建

---

[1] 内蒙古社会科学院哲学研究所蒙哲室：《蒙古族哲学思想史研究》，内蒙古社会科学杂志社，1985年，第170页。

[2] 洛河：《日本侵华战争与战俘问题——从内海爱子的观点说起》，《抗日战争研究》1997年第4期，第179页。

立独特的配称。"①这就告诉我们,战略的本质不仅仅在于干哪些事的选择,更重要的在于不干哪些事的选择。企业必须对战略定位做出取舍,如果想在某件事上做得更到位、更具特色、更具优势、更加长久,就必须舍弃另一些方面。有所为,更须有所不为;有所得,就必须有放弃。也就是说,"不干什么"的决策比"干什么"的决策更有价值。

基于取舍、放弃的理论,波特提出了差异化竞争战略。所谓差异化竞争,就是错位竞争,也就是兵法所说的避敌锋芒、攻其不备,或者说是以己之长攻敌所短,也可以说是敌进我退、敌退我进等。归根结底,其实就是老子所说的利万物而不争之争。如果企业都靠"勇于敢"而赤膊相向,搞得不好就是两败俱伤,谁也捞不着便宜。但如果错位竞争,就是你做你的产品、我做我的产品,或者你有你的专长、我有我的特色,做对手不愿做或不能做的事情。尤其是产品的错位竞争,看起来有竞争,实际上也可以说没有竞争,因为根本就不能成为对手,怎么竞争呢?没有竞争,就没有伤害,而是双赢或多赢,结果是市场上产品的越来越丰富和越来越进步。

现在所提倡的创新,本质上也是一种错位或差异化竞争,也是一种不争之争。什么叫创新?人无我有,人有我优,人优我新,其中最重要的是人无我有。别人有了你跟着做,就是挑起竞争。而创新则是不与别人成为对手,而成为于市场有利的补充,从而成为市场受欢迎者而不是被排斥者。这不是无能的逃避,而是"勇于不敢",于是可以得到生存和发展。别人没有的你才做,别人又怎么与你相争?这正是"以其不争,故天下莫能与之争"。从这个角度来看,中国人惯于一窝蜂的经营模式,根本问题就出在思想观念上。哪个行业赚钱,哪种方式赚钱,大家就一窝蜂冲进去,很快就行业饱和,只有进行你死我活的价格白刃战。看似"勇于敢",实则并非最佳生存和发展之道,即使暂时取胜,也未必于行业、产业发展有利。

5. 受国之垢,是谓社稷主　受国之不祥,是谓天下王

天下柔弱,莫过于水。而攻坚强者,莫之能胜,其无以易之。弱之胜强,柔之胜刚,天下莫不知,莫能行。故圣人云:受国之垢,是谓社稷主;受国之不祥,是谓天下王。正言若反。(《道德经》第七十八章)

---

① 张文松、郝宏兰编著:《商业模式再造　中国企业转型的路径选择》,北京:北京交通大学出版社,2012年,第13页。

第十二章　上善若水　利而不争

　　天下还有比水更柔弱的吗？没有！但以至柔至弱之水去攻天下至坚至强，却没有什么能够抵挡它、代替它。柔弱能够战胜坚强、刚硬，普天之下没有人不知道这个道理，但却没有人去认真践行，也很少有人能真正做到。所以圣人说，能够以己身承受国家之垢浊、屈辱者，才能成为、称得上一国之主；能够以己身承受国家之灾祸、苦难者，才能真正成为、称得上天下之王。这本是正道之言，但一般人听起来却以为是说反了。

　　柔弱如水者凭什么战胜刚强呢？靠的正是"以其善下之"，利万物而不争。这种不争不是躲避，恰恰是对"国之垢""国之不祥"的主动承担。老子认为，面对屈辱和灾难，必须是"社稷主""天下王"来承担，而不是让百姓或其他人来承担。为什么？因为"我"在最下面，落下来必须全部都压在最下面的人身上，不像上面的人还可以躲一躲，最下面的人还往哪里躲？换个角度看，这又是"外其身"的表现，不在乎荣誉、尊严，不在乎利益、性命，只需要天下、百姓得利，这无疑是一种无疆的大爱和无私的奉献精神和牺牲精神。我们平常所说的有担当，不就是在关键时刻才需要担当么？所以，老子说，只有这样的人才有资格做或才能够成为"社稷主""天下王"。

　　这可能与我们平常心目中对"上"的角色定位大不一样！所以，许多人觉得好像听错了、听反了。一般人把"社稷主""天下王"看得万分尊崇，不可亲近更不可侮辱，是社稷、天下的象征和希望，应该是最后一个承担风险的人。除非天下人都死绝了，否则轮不到他来受国之垢、受国之不祥。如果让社稷主、天下王先来承担，其他人就是没尽到本分和责任。但老子却反过来了，将"社稷主""天下王"定义为"天下谷""天下溪"一般，是专门用来"受国之垢""受国之不祥"的，这就和他"曲则全，枉则直；洼则盈，弊则新；少则得，多则惑""夫慈，以战则胜，以守则固""柔弱胜刚强"等思想完全统一起来了。

　　老子这是一种什么思想呢？是典型的"民贵君轻"思想。君王更加近似佛教中的我不入地狱谁入地狱的普度众生的佛的化身，这可谓"民贵君轻"思想的极致了。事实上，中国文化中很早就有着深刻的民贵君轻思想，关于尧、舜、禹的故事，没有一个是把他们描述得尊贵无比的，恰恰是其平凡无比才显得宝贵万分。即使是夏、商、周时期的君臣、君民关系，我们也不要被《封神演义》这样的后世小说给误导了。或许可以这样说，君贵民轻的思想到了战国后期才慢慢明显起来，到大一统的封建中央集权制度确立以后，君王才事实上有了最尊贵的地位。

　　关于"民贵君轻"的思想，各家各派均有论述。例如，先秦诸子中赵国的慎到，是法家的代表人物，因为早年学的是"黄老道德之术"，故或认为他是道家或认为他是法家,有人干脆就说他是道法家。慎到说:"故立天子以为天下,非立天下以为天子也;立国君以为国,非立国以为君也;立官长以为官,非立官以为长也。"①(《慎子·威德》)儒家的孟子更是说:"民为贵,社稷次之,君为轻。是故得乎丘民而为天子,得乎天子为诸侯,得乎诸侯为大夫。诸侯危社稷,则变置。牺牲既成,粢盛既洁,祭祀以时,然而旱干水溢,则变置社稷。"②(《孟子·尽心下》)但从总体来讲,都没有老子讲得这么透彻、坚持得这么彻底。

可能到了春秋战国时期,因为战争频繁,君王在国家行政中就逐渐处于核心地位,于是逐渐提出了君贵民轻的思想。周公制礼时或许只是一个角色和职责的划分,但到孔子时代开始有质变的迹象。《论语·颜渊》记载:"齐景公问政于孔子。孔子对曰:'君君,臣臣,父父,子子。'公曰:善哉!信如君不君、臣不臣、父不父、子不子,虽有粟,吾得而食诸?"③为君要有国君的样子和规矩,为臣要有臣子的样子和规矩,为父要有父亲的样子和规矩,为子要有子的样子和规矩,规矩是不可逾越的。孔子的本意可能是叫人都要守规矩,不能乱来,但这客观上就把国君捧上了神坛。孟子也提出"父子有亲,君臣有义,夫妇有别,长幼有序,朋友有信"④的"五伦"道德规范。这些在客观上都使君王开始"脱颖而出",从而使政治地位的天平开始向君王倾斜。

孔子和孟子都是从礼的角度来进行角色等级区分,还不能说完全发生了质变。但到了法家这里,质变基本形成。法家的韩非子反对礼,认为定分止争之要在于法,故讲"臣事君,子事父,妻事夫,三者顺则天下治,三者逆则天下乱。此天下之常道也"⑤(《韩非子·忠孝》),没想到却由此将礼法思想进行了完整结合。还有人更讲"臣闻之,为人臣者,君忧臣劳,君辱臣死"⑥(《国语·越语下》),这就好像是说君王之忧、辱为天下至忧、至辱,比之老子的思想可谓180度的巨大转变。

当然,春秋战国时期,虽有百家争鸣,但道家思想其实还有很大市场。到了西汉初期也仍然奉行黄老之治,所以才有"文景之治"这样的空前繁荣。但到了汉武帝时期,情况发生了剧变。儒家思想之集大成者董仲舒提出了"天人感应,君权神授"的思想,迎合了汉武帝的有为之心,从而把道家思想彻

---

① 孔丘等著:《诸子百家》,沈阳:万卷出版公司,2009年,第294页。
② 天宜:《孟子浅释》,济南:齐鲁出版社,2013年,第420页。
③ 孔丘等著:《诸子百家》,沈阳:万卷出版公司,2009年,第35页。
④ 天宜:《孟子浅释》,济南:齐鲁出版社,2013年,第138页。
⑤ 韩非:《韩非子》,盛广智译评,长春:吉林文史出版社,2004年,第272页。
⑥ 刘倩、鲁竹著:《国语正宗》,北京:华夏出版社,2008年,第368页。

第十二章　上善若水　利而不争

底赶出了朝政，儒家思想占据了统治地位，基本上这个时期就成了道家、儒家政治思想地位的分水岭。董仲舒提出了"三纲五常"，即"君为臣纲，父为子纲，夫为妻纲"，将君权置于最高地位，"君贵民轻"的思想自此为统治者甚至社会全盘接受。

关于什么是"纲"的问题，存在很大的争议，一般认为是纲纪、主宰之意，正如蛇无头不行，鸟无头不飞，国家必须唯天子之命是从。但也有可能董仲舒的话遭到了歪曲，应该是表率的意思，也就是指上梁不正下梁必歪，他主要是强调上梁要正。《汉书·董仲舒传》有言："故为人君者，正心以正朝廷，正朝廷以正百官，正百官以正万民，正万民以正四方。四方正，远近莫敢不一于正，而亡其邪气，奸其间者……四海之内闻盛德而皆徕臣。"[1]朱熹也说过："天下之事，千变万化，其端无穷，而无一不本于人主之心者，此自然之理也。故人主之心正，则天下之事无一不出于正；人主之心不正，则天下之事无一得由于正。"[2]可见他们都是强调先"正上"，很可能是被别有用心者宣传成了"君要臣死，臣不得不死；父要子亡，子不得不亡"这样的"封建糟粕"。

明白"受国之垢，是谓社稷主；受国之不祥，是谓天下王"的道理以后，你还会觉得"共产党员跟我上"这样的话可笑吗？仔细想想，共产党夺得天下，不正是靠的"受国之垢""受国之不祥"吗？在国家、民族饱受侵略之害、处于水深火热之中时，是共产党员在"受国之垢""受国之不祥"；每有艰难、危险时刻，是共产党员挺身而出，义无反顾地"受国之垢""受国之不祥"。"共产党员跟我上""共产党员先上"这样的话语，在和平年代的人看来可能有些不可能甚至有些好笑，但在那时候，恰恰是真实的现实，是他们"受国之垢""受国之不祥"的神圣的历史责任感的体现。这样一个群体，自然就当得社稷主、天下王，得天下是天下归心的必然结果。

"上善若水，善利万物而不争"在老子的思想中，是居于最核心地位的一个论断，由此延伸出来的"柔弱胜刚强"则居于策略的顶端，整个《道德经》的所有论断几乎都由此而来。"受国之垢，是谓社稷主；受国之不祥，是谓天下王"无疑是其中非常重要的一个政治理论，它很好地解决了"上"的职责定位问题，也就是说，"上"不是用来养尊处优的，不是用来让人供奉的，而是关键时刻承担责任的那个角色。这一论断，也很好地批驳了许多人认为老子思想教人软弱、没有担当精神的观点。

---

[1] 魏文华编著：《董仲舒传》，北京：新华出版社，2003年，第312页。
[2] 李士全：《理学思想内涵精神分析》，北京：中国文联出版社，2001年，第239页。

第十三章

多忌弥贫　无事自富

老子的哲学思想是自然哲学，由此衍生出来的经济思想则是自然经济、自由经济的观点。老子经济管理思想的核心，是"以无事取天下"总体原则指导下的"我无事而民自富"，无论是经济发展的内在动力、外在动力，还是经济发展的方式、速度和结果，都应以自然为最高准则。在经济发展处于自然范围内时，应该相信并充分尊重市场的作用，即"现代经济学之父"古典经济学代表亚当·斯密说的那只"看不见的手"，认为超过自然限度时应有"损有余而补不足"的政府干预，即凯恩斯主义经济学所说的"看得见的手"，根本的目的都是"辅万物之自然"。

1．圣人欲不欲，不贵难得之货；学不学，复众人之所过

其安易持，其未兆易谋。其脆易破，其微易散。为之于未有，治之于未乱。合抱之木，生于毫末；九层之台，起于累土；千里之行，始于足下。为者败之，执者失之。圣人无为故无败，无执故无失。民之从事，常于几成而败之。慎终如始，则无败事。圣人欲不欲，不贵难得之货；学不学，复众人之所过。以辅万物之自然，而不敢为。（《道德经》第六十四章）

与为政者的根本职能在于"辅万物之自然"一样，其经济工作的核心职能同样在于"辅万物之自然"，而不是主观努力和作为，更不是为所欲为。那么，怎样才能辅经济之自然呢？老子认为，核心的前提在于"圣人欲不欲，不贵难得之货；学不学，复众人之所过"。只有这样，才能够遵循从小事谋划、从小苗入手、从脚下的每一步开始行动的自然发展，方能有事物的自然成就，才能有最终的大成，这是不可抗拒的自然规律。想要一蹴而就、跨越发展阶段和超越发展规律的愿望只能是空想，最后必然坏事。而事物脱离自然发展

的轨道最终归于失败，根本的原因就在于不能始终如一地坚守天道，干着干着就放松了警惕，就开始头脑发热、欲望迸发，有为之心开始作怪，而忘记了辅万物之自然的职责。

从最宏观的角度讲，为政者所进行的只有一项工作，就是社会管理，因此，经济管理必然是整个社会管理的一部分，也必须遵循社会管理的总体原则。从经济管理来讲，老子"辅万物之自然"的思想包含了丰富而深刻的哲学思维，有三个点尤其需要注意。

第一，自然是经济运行的最高标准也是最高目标，是国家经济管理的最高追求。经济运行的总目标是"自然"，经济管理的总原则是"辅万物之自然"，发展经济的方式则是必须循序渐进，对发展速度的要求也是"自然"。经济自然发展的过程，依靠的是自然发展过程中积聚起来的内生动力，而不是外在推力。但是，为政者在经济发展不自然的时候又需要施以一定推力，以辅助经济达成或回复自然。老子这个概括，可以说比任何一个经济学派都要凝练、明确、准确，把政府和市场的职责定位和目标进行了准确地区分。所谓自然，就是经济发展与社会发展、文化发展等方面的齐头并进、协调发展，是经济内部各行业、各部门的协调、平衡发展，是整个经济秩序的和谐和稳定。如果不以"自然"为标准和目标，那么必然是不协调、不自然、不平衡的结构，也只能是单赢而不是多赢，最终谁也赢不了，只能是多输。

第二，政府在经济工作中虽然有"辅万物之自然"的作用，但必须明白其作用是"辅"而不是"主"。除了"辅万物之自然"以外，政府在经济工作中绝对是"不敢为"，当然更不可能是无所不为、无所不敢为。老子这句话有两层意思，一是如果经济运行处于自然的状态中，政府不得妄施干预；二是在市场不自然又不能形成自然的时候，则需要政府施以调控手段，这就是"辅"，"吾不敢为主而为客，不敢进寸而退尺"（第六十九章）。老子无疑是提出了市场这只"看不见的手"的主导作用，自由放任的经济思想显露无遗。同时，他又认识到了政府还应该有一只"看得见的手"，只有"两只手"共同作用，经济才可能真正达到自然。非常了不起的是，他对"两只手"的作用进行了明确、准确的区分，对"看得见的手"的作用进行了最大程度的限制，将自然和不自然作为政府发挥作用的边界。即使在今天，老子这种思想也是相当地了不起，仍然具有非常重要的指导作用。

在市场经济条件下，为什么会发生结构失衡甚至经济危机？从老子思想来看，要么就是政府忘记了"辅万物之自然"的职责，将经济完全归于自由放任；要么就是政府"看得见的手"伸得太多、太长，不该管的也去管，不是为"客"而是为"主"。那么，高度管制的计划经济为什么也会出问题呢？

这更是因为政府高度为"主"而不是为"客",试图以不自然的方式来实现自然,以主观愿望和意志促进目标的达成。事实上往往是,"看得见的手"越强悍,"看不见的手"被压制得越厉害,经济就越是不自然,危机也就越多越大。

第三,经济发展必须是循序渐进式、自然增长式,而不能是跳跃式或跨越式地发展,否则必然是"几成而败之"。经济的发展,社会财富的增加,是一个自然增长的过程,必须依靠生于毫末、起于累土、始于足下的自然增长,才能最终成就大业。如果不从小事一步一步做起,慢慢积累成效,而总是想着大干快上,企图执着于以个人私欲、理想而设定的路径和目标,去干预经济自然运行的客观规律,最终肯定会以失败告终。以自然而发展的成果来之不易,有的人刚开始很谨慎,看着发展形势不错就容易野心膨胀,就幻想着做几件大事来个什么跨越式发展,老子说这最终也会以失败告终。

同样,经济发展中的问题和矛盾的解决,不能任其积累到很大的时候来个毕其功于一役,须认识到"其安易持,其未兆易谋。其脆易破,其微易散",所以必须"为之于未有,治之于未乱"。怎么解决呢?不是靠做大事,不是靠更快的发展来解决发展中问题,仍然必须是靠生于毫末、起于累土、始于足下的自然增长。只有这种自然增长所积累的内生动力,才能兼顾发展的速度和质量,同时又能自动地、最有效地解决经济运行中的矛盾。而这种"自然"的状态,总体来讲是市场自然运行客观形成,而不是人的主观作为形成,市场是经济发展之"主"。

第四,为政者必须明白并始终坚持,他所进行的是经济管理,而不是经营管理,所以必须"欲不欲""学不学"。"欲不欲",就是提醒为政者,不要与企业经营者一样陷入经济效益的追求,政府对经济工作的追求仅仅在于"辅万物之自然",而不是经济发展的更快速度和更高效益。速度和效益是企业经营者们的问题,是很具体而微观的要求,而平衡、稳定的自然发展才是为政者的追求,是很宏观的要求。国家的经济管理者不能和企业的经营管理者想一样的事情,否则任何一个事情都容易很快就"物壮则老,谓之不道。不道早已",就要出问题。"欲不欲,不贵难得之货"还提醒我们,在经济发展的过程中,不能掺杂管理者的主观意志,"自然"必须是市场按其自身规律运行的结果。这个结果也是市场各方博弈而致的平衡、自然、和谐的结果,博弈即各方意志声张与屈服并重,因此它又是各方利益的平衡和多赢。所以,为政者放任市场竞争并保护市场竞争,就成为其辅经济之自然的重要手段,这是需要引起重视的问题。

当然,辅经济之自然需要放任,但也不是坐在那里什么都不管就可以绝对实现的,还是需要懂得什么时候去辅、怎么辅,这都需要知识的学习。学什么？老子说得很有意思——"学不学"！学什么呢？不是经济学、经营学，而是不经济学、不经营学。听起来很拗口，实际上就是经营管理者"为学"，经济管理者就必须"为道"。为学者可以增加理想、雄心、智慧，但为道者却要减损理想、雄心、智慧，而仅仅专注于自然之道。结果就成了，一般人渴望财富，圣人不能渴望财富，满足于知足之富、知止之富；一般人渴望快速致富，圣人不能渴望快速致富，只希望自然发展。为政者应该想的是，自然的状态能够支撑多大发展就只去做多大业绩，能够发展多快就只保持多快速度，绝不违背自然规律而提出过大、过快的目标，万不可将一般人所学的致富之学、功名之学、取巧之学、速成之学用于经济管理。这样一来，为政者就不会追求有为，不会落入"为者败之，执者失之"或"民之从事，常于几成而败之"的尴尬境地。而且，因为所想不同、所学迥异，反而能够规避、弥补由私欲主导的经济效益追求者们对"经济自然"的伤害。

政府与市场的关系、职责区分，政府管理经济的方式，历来是各种经济学流派关注甚至争论的焦点。老子的表述相当简单，却又堪称十分完美地解决了这个问题，可以说比任何一个经济学派都要凝练、明确、准确。在老子这个思想指导下，政府的职责变得明晰而简单，不外乎两大项：一是充分保证"我无事"而使"民自富"，坚持营造"民自富"的环境，谁要生事、多事而让民不能自富，那就要与之做斗争，要"镇之以无名之朴"，这一点我们可以简称为"欲望管理"；二是辅经济之自然，不断地观察有没有人让经济不自然，经济有没有变得不自然，如果有，那就要路见不平一声吼或该出手时就出手，这一点我们可以简称为"自然管理"。这是不是很简单？不仅相对容易把握，而且就不需要那么多搞经济管理的人了。但这又并非一个非常简单的事情，真正难就难在"欲望管理"。对于有理想、有志向的人来说，这是非常困难的一件事情，他认为会影响他的"价值实现"；对于一个希望展现仁政的人来讲，也不是一件容易的事情，他更愿意给百姓一个"美好愿景"，展现自己的仁慈爱民。

试想一想，我们经济工作中通常出现的问题，不都是因为"有为""执"而出现的吗？不都是因为"为主"而不"为辅""为客"带来的不自然结果吗？许多时候，人的主观愿望是好的，希望经济又好又快地发展，但好和快平衡的度在哪里？在欲望驱使下，这个度很难把控。"自然"是内生动力，而"快"却需要外在动力；自然只能表现政府或官员的无为，而"快"却能表现政府或官员的有为。在以有为作为评价标准的情况下，"自然"就很难成为一种敬畏，最多只是用来装点门面。因此，我们才经常听到"危中有机"的口号，而少有"机中有危"的警醒。

这样一来，经济管理者就不是"欲不欲"，而是在和企业家想着同样的事情——如何发展得更快。也不是"学不学"，而是学其所学，都以经济学知识丰富为骄傲，所以才有政治家和企业家同班上 MBA 或 EMBA 这样的奇怪现象。于是，以累土之积、毫末之增、跬步之行换得平稳、平衡、自然增长就成为幻想。在两股巨大的欲望洪流的搅动下，整个社会变得功利、浮躁，甚至不计成本、不顾后果。

很长时间以来，中国社会都存在关于经济发展速度的争论，2011 年前后，社会上出现了对 GDP 增长可能会低于两位数的忧虑情绪，觉得这会引出许多社会问题，希望经济能继续保持两位数的快速增长。这实际上是深受发展速度支撑就业的理论的影响，认为只有更快的发展才能解决更多的问题。甚至有人放言，如果 GDP 增速达到 20%以上，一切问题都将迎刃而解。当时正在提倡转变发展方式，他们认为转变方式也是为了能发展得更快。2014 年，经济学家任泽平却提出"新 5%比旧 8%好"①的观点，引起了社会的反思，慢慢地越来越多的人认识到，只有降低发展速度，才能提高经济发展的质量，使经济发展更加自然，才能真正解决经济社会领域积累的矛盾。

关于这个问题，城市"垃圾车"可以作为很好的例子。为了追求运垃圾的经济效率，垃圾车往往会"多拉快跑"。但事实上，装得多了，速度快了，掉的垃圾就多，而且跑得越快掉得越多。如果我们边走边清理，很麻烦、成本高、效率低；如果等运到目的地后再回头清理，同样问题多、成本高、影响更坏，还难以达到清洁城市的根本目的；跑得太快了，如果遇到紧急情况甚至会出现车祸，会掉下整车的垃圾，导致解决起来更加复杂和麻烦。因此，解决的办法只有一个，就是适当的运量配合适当的速度，这样既可以保证效率又可以保证质量。到最后一看，看起来拉得不快，效果可一点都不差，质量还高得多。经济发展的速度与此同理，当经济增长的速度快了以后，就必须主动调低速度，让原来的矛盾得以解决，然后再往前走，或许更为符合规律。以此而论，经济发展中的低速恐惧症可以休矣。

更重要的是，辅万物之自然的职能定位，意味着在考核政府经济工作成效时，不能纯粹地、简单地以经济增长、规模等指标去考核政府官员，而应该看其是否维护了市场的自然秩序，释放的是否是自然的潜力，成长起来的是否是市场的内生动力。否则，谁去关注社会的发展呢？难道社会建设就不是政府的中心了？社会的发展就不是硬道理了？经济发展就能代替社会发

---

① 财新网、任泽平：《任泽平：新 5%比旧 8%好》，搜狐财经，2014-11-04，http://business.sohu.com/20141104/n405749845.shtml。

展？所以，只要我们始终坚持"辅万物之自然"的政府职能定位，经济和社会都会保持自然、平稳、高质量的发展，反而不会出现我们"生命中难以承受之重"。因此，无论从社会管理还是经济管理来讲，"以经济建设为中心"可以休矣。

2. 我无事而民自富　天下多忌讳，而民弥贫

> 以正治国，以奇用兵，以无事取天下。吾何以知其然哉？以此：天下多忌讳，而民弥贫；民多利器，国家滋昏；人多伎巧，奇物滋起；法令滋彰，盗贼多有。故圣人云：我无为民自化，我好静而民自正；我无事而民自富，我无欲而民自朴。(《道德经》第五十七章)

把自然、无为、守静等核心思想运用到经济管理上，老子再次强调了放任、自由的经济理念和管理方式的重要性，提出了两个非常重要的经济管理理念："天下多忌讳，而民弥贫"与"我无事而民自富"。"天下多忌讳"就是禁忌很多，不允许做的事情很多。这也不许做那也不许做，老百姓就不知所措了，就失去了闯劲和创新精神，结果当然就只能更加贫困。反之，若天下少忌讳，也就多了包容，百姓就会创新不断，自然就会民富国强。再一个，为政者好事、多事，好大喜功，必然集中民财、民力以造功，老百姓就不容易致富。只有为政者无为而不生事，老百姓才能够自然而然地致富。

老子因此总结出：为政者无为而治，则百姓自然繁衍归化；为政者守静如雌，则百姓自然风清气正；为政者不好大喜功，则百姓自然丰衣足食；为政者泯灭私欲，则百姓自然见素抱朴。这就告诉我们，经济发展的关键在于为政者，为政者的态度和做法决定了社会响应的方式和施政行为的结果。但这个关键不在于为政者做了多少、多大，恰恰在于为政者是不是没做什么。只要为政者不掺杂个人私欲，不去干预经济的自然运行，不去亲自参与经济的运作，一切都会变得简单，结果也会变非常美好，而如果为政者掺杂了个人私欲，国家和百姓想要富裕就变得困难了。

从更深层次来看，老子所说应该还是一种自由经济思想的深刻表述。一是必须无为，即放任经济自然运行、自然发展。为政者没有建功立业、扬名立万的私心，就会放任老百姓做自己希望做的事、能自富的事，而不是将主观意志强加于市场。二是开放，不"天下多忌讳"就是遵循开放的市场原则，让天下百姓能够做自己想做的事，而不是有人能做有人不能做。三是公平，不"多伎巧"就是要公平、公正、公开，让各方开展公平竞争，不搞歪门邪

道，天下就不会有那么多奇奇怪怪的事情。四是无事，就是放任和少干预的原则，尊重市场这只"看不见的手"，不轻易伸出政府那只"看得见的手"，动不动就多事、生事，非要整点动静出来不可。

老子强调的我无为、我好静、我无事、我无欲是相辅相成，甚至互为因果的，其根本前提又在于"我无欲"。"我无欲"就不会有个人英雄主义似的理想，不会人为地设定政绩目标，因此也不会刻意去生事、造事，才愿意放任经济自然发展。我无欲，则治理者自身会守正、守静、守朴，百姓自然也就自化、自正、自朴。同时，老百姓也因此而少私寡欲、清静淳朴，也就不会有"人多伎巧"，也就不需要"法令滋彰"。同时，百姓就可以按自己的意志、按市场的规律进行投资和经营，资源就会得到更充分地挖掘，物质就可以极大程度地丰富。所以，仔细分析，我们就会发现老子其实是最早的自然经济或自由经济提倡者。他认为，经济管理必须以"自然"为最高标准，以"无为"为行动准则，以"无事"为实现路径。

但是，对于老子提出的经济工作的总原则——"我无事而民自富"，我们从来就没有很好地正视，甚至从心底里以无所作为、不思进取而加以鄙视，甚至认为是对百姓不负责任。反思世界经济发展的进程，我们会发现，这其实是经济有机发展、协调发展的至宝。有两个问题值得现代人认真思考：

第一，过度发展经济，实际上也是在刻意地挖掘老百姓的欲望并予以满足，这在多大程度上对人甚至整个人类算是好事呢？这种欲望的满足对天下的"安平泰"在多大程度上是好事呢？欲望是推动人类社会进程的重要力量，不过，在一定程度内是正面力量，超出了这个程度就会成为破坏性力量。比如，欲望是推动人类科技进步的内在动力，但却可能是推动人类走向灭亡的外在动力。科技的发展于自然没有太大好处，唯一的作用就是使人凌驾于自然之上，使人类的欲望无限膨胀，最终助推人类走向灭亡。"罪莫大于可欲，祸莫大于不知足，咎莫大于欲得"，过度的发展其实就是"生生之厚"。欲望的满足必然是以产品为载体，产品又必然是以资源的消耗和环境的破坏为代价，短期内过大、过快的消耗和破坏，说不定就有一个"其事好还"的问题。而且，欲望和欲望之间的冲突，往往就是战争的起源。所以，对经济管理者来说，与其过度"开其兑，济其事"导致"终身不救"，还不如约束经济发展的速度、规模，甚至劝导百姓"塞其兑，闭其户"，以保个人甚至整个社会"终身不勤"。

第二，政府究竟要不要参与经济的直接运作？政府是"禁忌""法令"的制定者，甚至是解释者，更是"利器"的掌控和运用者，如果再直接参与经济运作，就是"运动员"，难免有些时候又要当裁判员，弊端肯定是很明显的。

第十三章　多忌弥贫　无事自富

老子入木三分地认识到，以政府的特殊地位直接参与经济，力量所至必是欲望所指，就是欲他人之所欲，政府必然会远朴而去，就难以形成一个阴阳协调的自然的有序的经济体系，最终结果必然是奇物滋起、盗贼多有。相反，政府在经济工作中以辅经济之自然为职能，成为轻易不出手的一方力量，则可使市场博弈双方间加入一个第三方力量，从而成为一个稳定的三角形，会使各方都有所为有所不敢为。

"我无为民自化，我好静而民自正；我无事而民自富，我无欲而民自朴"虽然简洁，但内涵却十分丰富，既明确了政府和市场关系，又还包含着政府的经济管理方式，还有经济建设与道德建设的丰富内涵。而老子提出的政府和市场的关系，恰恰与后世西方经济学的经典理论不谋而合，自亚当·斯密和约翰·梅纳德·凯恩斯以后，政府和市场的关系基本可以简化为"看不见的手"和"看得见的手"的争论。

比老子晚 2000 多年的英国（苏格兰）著名经济学家亚当·斯密（1723—1790）是古典经济学创始人，他提出的"看不见的手"理论，基本构建了自由市场经济的基本框架。亚当·斯密被称为"现代经济学之父"，又被称为"自由企业的守护神"，他所著《国民财富的性质和原因的研究》（简称《国富论》）的重点之一便是自由市场。亚当·斯密认为，放任政策是最大程度增加产品的唯一有效方法，放任政策会尽可能地促进生产率的提高。在他看来，自然秩序是从人的本性产生并符合人本性的正常的社会制度。他认为，自由市场表面看似混乱而毫无拘束，实际上却是由一双被称为"看不见的手"（invisible hand，无形之手）所指引，会引导市场生产出正确的产品数量和种类。比如，产品发生短缺时价格便会上涨，生产这种产品所能得到的利润便会刺激其他人加入生产，最后便消除了短缺。如果许多产品进入市场，供给的增加会将产品的价格降低，甚至最后会接近产品的生产成本。如果价格降低至零利润后仍继续下跌，生产者将会脱离市场；如果价格高于零利润，生产者将会进入市场。斯密认为人的动机都是自私而贪婪的，自由市场的竞争将能利用这样的人性来降低价格，进而造福整个社会。

放任和自由的市场不仅会满足资本的利己要求，还可以满足社会公共需求，因此市场的东西不需要为政者去操心。"的确，他一般既无心要去促进公共利益，也不知道他对之正在促进多少……他这样做只是为了他自己的利益，也像在许多其他场合一样，他这样做只是被一只看不见的手引导着，去促进一个并不是出自他本心的目的。"[①]（《国富论》）斯密甚至认为其效果比他真

[①] 亚当·斯密：《国富论》（第 4 卷），上海：世界图书版公司，2009 年，第 456 页。

正想促进社会效益时所得到的效果还要大。而 20 世纪后期新自由主义的著名代表人物、奥地利裔英国经济学家弗里德里克·A·哈耶克干脆称其为"自发的秩序",他认为:"我们的文明,不管是它的起源还是它的维持,都取决于这样一件事情,……就是在人类合作中不断扩展的秩序……这种扩展秩序不是人类设计或意图造成的结果,而是一个自发的产物。"[①]因为利己反而会促进公共利益,"看不见的手"会自发地形成秩序,甚至比"看得见的手"作用还要大,用老子的方式来讲,就是政府无为、无事比有为、有事的效果要好,他们的观点和老子何其相似!

3. 损有余补不足,以有余奉天下

> 天之道,其犹张弓者欤?高者抑之,下者举之,有余者损之,不足者补之。天之道,损有余而补不足;人之道则不然,损不足以奉有余。孰能有余以奉天下?唯有道者。是以圣人为而不恃,功成而不处,其不欲见贤。(《道德经》第七十七章)

天道和人道是什么样的关系?老子认为,天道是保障世间万物包括人类社会得以顺畅运行的共同规则,故也可以看作共性、理性。天道是怎样的呢?它总是追求平稳、平衡、公平等自然的结果。对待世间万事万物,它就像拉弓射箭一样,如果高了就压低一点,低了就举高一点;过多的就减损一点,过少的就弥补一点。天道的体现,正在于损有余而补不足,目的在于利万物。

人道或者说人性,则是使人类个体得以生存和发展的品性,故也可以称为个性。人道与天道截然相反,总是把不足的拿给有余,高了的还想更高,多了的还想更多,永不知足不知止。从客观效果来看,人道会使人生有活力很精彩、出众,但也总是使人充满坎坷、灾祸,往往会不知足而辱、不知止而殆,明显遵从的是利己性,从人性来讲也就是自私性,它正是西方经济学的立论基础。

天道和人道导致的结果截然不同,天道虽然不能使人生有那么多的精彩、刺激,但却可使人生宁静、平稳、幸福,更可以保证整体群体得以恃之而生。虽然人类自认为是理性,但就天道而言很可能是非理性,人类只有认识、保持了天道的理性,才能使人类及人类社会得以有机、顺畅地运行。西方古典经济学派认为,人道的这种非理性在市场经济的博弈中,出于利己的目的会

---

① F. A. 哈耶克:《致命的自负——社会主义的谬误》,冯克利、胡晋华译,北京:中国社会科学出版社,2000 年,第 1 页。

限制利己的限度，从而就形成了利他的理性，因此放任就足够了。但老子并不完全相信市场的博弈会形成理性，他认为需要恭行天道的圣人出来"损有余而补不足"，以有余奉天下，从而限制人道、昌明天道，从而保持整个社会平稳自然地发展。

落实到经济管理上，老子实际上就提出了一个政府辅经济发展之自然最重要的方法论——"损有余而补不足"。这不就是那只"看得见的手"吗？政府在经济管理上并非什么事都不做，同样必须"损有余而补不足"，要"高者抑之，下者举之；有余者损之，不足者补之"，这才是有道政府之所应为。当经济发展偏离自然轨迹的时候，必须出来损有余或补不足，从而使经济发展回复自然轨迹，而不能完全依靠市场的自发行为。或者说市场即便可以有自发，那也是到了严重的"有余"或"不足"，这可能会是一种破坏性的结果，这是老子所不愿意看到的。一句简单的"损有余而补不足"，把高度复杂的经济管理进行了最为深刻、准确的凝练和总结，老子何其伟大！

老子关于经济管理的这一方法论有没有道理呢？现代经济学思想对此进行了回答。1929—1933年爆发的资本主义经济危机，似乎证明完全放任也存在很大问题。在一些经济学家看来，这只"看不见的手"在当时已经成了"黑手"，必须要另找出路。其代表人物就是英国经济学家约翰·梅纳德·凯恩斯（John Maynard Keynes 1883—1946），他于1936年发表了《就业、利息和货币通论》一书，创立了现代宏观经济学的理论体系。凯恩斯主义主张政府对经济的积极干预，突出了政府赤字支出对总需求的扩张作用。他认为，在总需求不足，即经济陷入产出水平远远低于潜在产出水平的状况下，如果政府增加其购买量，总需求就会增加。于是，政府这只"看得见的手"就这么长出来了，从此"两只手"就开始不停地较劲。

其实，这个问题并非由凯恩斯最先发现，亚当·斯密早就发现了，只不过他的解决方式与凯恩斯大不一样。亚当·斯密认为，人性的贪婪和自私可以成就经济，到一定程度后又可以毁坏经济。如何克服人性贪婪和自私的弱点？斯密于是写了《道德情操论》一书。《国富论》是斯密的经济学思想，《道德情操论》则是他的经济伦理学思想。"道德情操"是什么呢？是人这一本能上自私的动物具有的令人难以理解的能力，即使得追逐私利的商人判断并克制私利的感情和行为的能力。自私的商人有了这种能力，才有可能确立行为准则，使整个社会和经济进行有规律的活动。

亚当·斯密认为，追逐利润、利润最大化是具有利己主义本性的个人（主要是追逐利润的资本家）自私的感情和行为，因此才有必要确立一个具有行为准则的社会，从而进行有规律的活动。正因为身处市场经济之中的人们常常感到被自私、虚荣、妒忌、仇恨、贪婪和背信弃义等不道德的情感所包围，因而更加向往感恩、大度、慷慨、正直、勤俭、自我克制等人性的美德。换言之，也只有规则才能更好地保护自私目的的实现，当然是保护所有人自私目的的实现，而不是某一个人。再换个角度讲，只有正视自私的人类本性，才有可能更加重视公平正义，才会因此致力于构建实现社会公平正义的社会秩序。换句话说，是以其有私故能无私，为了实现长远的稳定的利益，商人们不得不照顾到公共利益，不得不克制私利的感情和行为。

老子与凯恩斯也有很大区别，比起凯恩斯的积极干预政策，老子的可称为消极干预政策，即只有不自然时才能干预，"积极"则可能意味着主观意志的掺和，"消极"则是对"看得见的手"有限制。当然，即便强调政府干预的凯恩斯其实也是有前提的，即只有在总需求不足，经济陷入产出水平远远低于潜在产出水平的状况下，政府才能增加其购买量促使总需求增加。这说明，他同样认为政府那只"看得见的手"也不是想用就用的，必须是该出手时才能出手，不该出手时就只能袖手旁观。如果这样理解，他们不都是在讲"多忌弥贫""我无事而民自富"？目标不都是"自然"吗？不都是为了"辅万物之自然"吗？2200年以后的理论，并没有超越老子的思想，最多也就算是具体化了。可惜，中国人却几乎完全忘记并抛弃了老子！

还有一个奇怪的事情，在解决危机的方法上，在法律思想比较浓厚的发达资本主义国家英国，亚当·斯密没想到"万能的法律"，没有寄托于法令滋彰，否则就走到孔子一样的"礼"上去了，而是寄托于道德情操的同情心和正义感的道德自律，这让人感到非常奇怪。表面看似乎显得无奈和脆弱，但这却又与老子的思想极其神似，说明他同样对法令滋彰不太信任，认为道德自律比法律更可靠更持久。

根据上面的分析，是不是可以认为"看得见的手+看不见的手=经济自然"呢？还不能简单地这么说。马克思主义认为，只要资本主义制度（本质上就是市场经济）存在，经济危机就不可避免，还有一些西方经济学家持同样观点，认为"看得见的手"也只能延缓经济危机的发生。2007—2009年爆发的世界金融危机（或者称次贷危机、信用危机），似乎就对此理论做了很好的注解。这场危机，本身来自"看得见的手"——美国联邦储备委员会连续17次加息，将联邦基金利率从1%提升到5.25%。在这场危机中，世界各国都伸出了"看得见的手"，但仍然未能制止危机的发生和蔓延，而且一度搞得手忙脚乱，到今天为止，还是一种按下葫芦浮起瓢的状态。

为什么会这样？从老子的思想来分析，或许可以有两点解释。一是度的问题。如果"看得见的手"伸得太长、太深、太广，已经不再是"辅"而是

"主"，市场其他力量就只能亦步亦趋地跟随，从而破坏了市场的内生制衡力量。而且，政府的强力参与无疑增加了市场之"忌"，导致其他市场主体运作的难度提高、成本增加、成长受限。二是时机的问题。等危机真正发生了再来辅，很可能就不能解决问题了。这就像开车一样，方向盘只有顺势而动，慢慢地动。如果等到已经远远偏离路线了再动，可能就只能使大力，甚至难以避免危机的发生。或许只有"为之于未有，治之于未乱"，才能于自然中求得自然。但是，从根本上讲，老子和斯密都认为人类的理性可能很难完全把握天道，很难时刻与天道相合，因此危机难以避免，或许有时候真的只有依靠人的道德情操或无欲的圣人才能做到，如果这也不行，那就只能通过不自然的破坏——危机的发生，方能实现自然。

经济发展中的"有余"有多种表现，其中最重要的一种表现就是垄断。所谓垄断，对产业和企业来讲，往往意味着官僚，决策变得程序化、低效化，企业精神逐渐缺乏进取，失去了创新精神，跟不上形势发展，这就是"有余"。但另一方面它块头又大，变得过于强大，成为产业、行业甚至整个经济发展的绊脚石，压制其他新生事物的孕育和成长，这就是"强梁"。强梁者不得其死，不仅可能是企业本身"不得其死"，甚至可能带动整个经济"不得其死"。因此，政府经济管理的一个重要职责就是通过损有余而补不足的方式去强梁、保和气，形成或保持各方面都能同步、协调发展的经济环境，使产业配置充满弹性，在一部分产业发展遇到问题时，其他产业能够起到支撑作用，不至于处处碰壁。

损有余而补不足对强梁企业的效果，非常近似于"鲶鱼效应"（也称鲇鱼效应）。沙丁鱼没有了威胁，就会变得懒散，没有活力，甚至于难以存活。而在"懒得要死"的沙丁鱼中放入鲶鱼，就可以刺激沙丁鱼的紧张度从而保持整体活力，市场主体同样如此。对创新型企业、小微企业的扶持，就像在慵懒无活力的强梁企业之中放入鲶鱼一样，让他们产生危机感，从而激发它们的内部活力，并进而使整个经济保持活力。

企业管理中也有这个问题。真正的企业家，就应该善于在自己的团队中引入鲶鱼型人才，不断扶持尚处弱小的人才或创意，通过这些人才和创意的竞争来保持整个团队的活力。可以这么讲，善于通过损有余而补不足培育鲶鱼型企业、产业的经济管理者，才是真正合格的经济管理者；善于通过损有余而补不足培育鲶鱼型人才的企业家，才是真正合格的企业家。"一花独放不是春，百花齐放春满园"，只有善于损有余而补不足，才可能使经济发展百花齐放、春色满园。

反过来，如果对"强梁"进行扶持，也就补有余而损不足，结果会怎样呢？则"物或损之而益，或益之而损"，越是给力越会向相反方向运行，危害也就越大。"将欲歙之，必固张之；将欲弱之，必固强之；将欲废之，必固兴之；将欲夺之，必固与之"（第三十六章），持续、片面地对某一经济张、强、兴、与，短期内或许可以使它不断扩张，看起来在不断增强、兴旺，却可能使其生机流失，最终走向灭亡。经济领域中的强梁，无疑是人道使然，人类的欲望总是希望它能不断做大做强，但强梁到了严重干扰整个经济自然运行秩序的时候，不道而亡就必然不期而至。所以，经济管理者对强梁给力，无异于助纣为虐，徒然增加经济运行的风险。

"损有余而补不足"除了有调控经济的作用，它还是鼓励创新创业的有效方式。从政府经济管理角度讲，损垄断企业之有余，可以给创新、创业者腾出空间。垄断企业往往是创新的绊脚石，除了自身会变得官僚主义以外，也压制了其他企业创新的空间，因此破除垄断就是损有余的重要内容。另一方面，给初创企业以必要的扶持，就是补创新、创业者经济实力的不足，可以弥补中小微企业发展能力的短板，这同样是政府经济管理的重要而长期的内容。

而就创新创业者自己的角度，损有余而补不足还是一种寻求创新、创业方向的有效思路。淘宝、天猫一类的电商网站，凭什么取得成功的呢？从现代经济学来看，对现代科技的利用和赢利模式的独特是成功的根本。但从老子思想来看，它就是靠运用"损有余而补不足"的天道所取得的成功，是"无为而无不为"的最经典注解。电商的出发点，其实在于损实体店商铺购物花费时间太多、租赁成本居高不下、销售层级多、商品价格居高不下、商家强势地位等之"有余"，补消费者选择范围小、购物时间灵活度小等"不足"，补市场经营主体竞争直接度、强度和商品信息透明度之"不足"，从而获得了经营主体和消费者的双重追捧。同时，电商们还有效地弥补了创业者的资本和能力不足，创业者只需要很少的资金、以家代店就可以开展经营。可以说，电商们通过替天行道、劫富济贫的天道，靠一帮穷人翻了身。①

以此而论，所谓创业，不外乎就是对原有行业、产业"物壮则老，谓之不道"的因素大胆地损，市场需要而又缺乏或不足的因素很好地补。一个项目方向对不对，就看是不是损"老""有余"或补"不足""缺"。一损一补，则合于天道，创业成矣。正所谓"道生之，德畜之，物形之，势成之"，创业项目不外乎因"有余"或"不足"而产生，"少忌"的政策环境任其自然发展而畜养，具有相应的物质支撑等而成型，利用科技发展、人心所向等大势而成功。再比较一下现代创新、创业的理论，是不是显得过于复杂却又肤浅了？

---

① 虽然电商也有其弊端，但那又是另一个问题了。

"损有余而补不足"一句简洁的话,即可作为终极评判和检验。

损有余而补不足无异于"锦上不添花,雪中必送炭",毫不客气地说,中国文化中有太多锦上添花的思想,就缺乏雪中送炭的理念,就像俗话所说的"客走旺家门""富在深山有远亲,穷居闹市无人问"。中国企业在投融资上面临的困局,就是最好的说明。当一个企业还很弱小的时候,银行不愿意借钱给它,资本市场也懒得理它。等它做大做强了,银行抢着借钱给它,资本市场也抢着投资。中国的民营企业成长的历程,恰恰证明了老子"损有余而补不足"的有效性。阿里巴巴、盛大、分众、腾讯、京东、途牛等新兴企业的发展历程几乎雷同,往往都是在国内融不到资金,只有投靠国际风险资本才获得生存和发展。它们要上市时融资时,国内市场不能接纳,只有到国际市场上市。等到它成功了,我们才发现原来丢掉了这么大一个宝贝疙瘩,后悔不迭、捶胸顿足。但是我们想想,是谁生了它?中国创业者。谁养了它?风险资本。

风险资本是干什么的?损有余而补不足的!它所扶持的企业往往就是挑战传统大行业或大企业这些强梁的,而风险资本因此获得的回报也极为可观。例如,2014年9月19日,阿里巴巴在美国上市,开盘以后市值即达到2380亿美元,日本风投公司软件银行集团此前对阿里投资的2000万美元,单是按承销价68美元/股计算即升值为580亿美元,升值达2500倍。气没有用,骂也没有用,我们应该从文化上进行深刻反思,必须痛下决心根除损不足以奉有余的理念和做法,必须从制度层面和经济行为上重视、落实损有余而补不足的天道!否则,风险投资就永远是别人的天堂。对为政者来说,更关心的应该是百花齐放,而不是几枝独秀。不明"损有余而补不足"的天道,不明"强梁者不得其死"的至律,我们的经济就永远不可能有百花齐放春满园的喜人景象。

4. 圣人不积,利而不害

> 信言不美,美言不信。善者不辩,辩者不善。知者不博,博者不知。圣人不积,既以为人己愈有,既以与人己愈多。天之道,利而不害;圣人之道,为而不争。(《道德经》第八十一章)

君子爱财,取之有道,国家需要财力才能发展,那么怎样才能获得越多而又不影响社会发展,甚至于百姓、社会发展有利呢?基于天道的利而不害和为而不争,老子提出了圣人的发展经济之道——"既以为人己愈有,既以与人己愈多"。越是将财富用于百姓的生财,国家就会、才会获利越多,就会、才会越加富有；越是将财富用于百姓的发展，国家就会、才会获得更好的发展。这就是说，发展经济的手段，不是夺取，而是给予。给予得多，获得就多。更有可能是，有给予才有获得，没有给予就没有获得，给予越多，获得才多。

　　这是老子这句话所突出的因果关系，所以就不能简单地将这句话理解成为处世之道或财富观念，必须看到，其核心是对发展经济的方式和手段的认识。老子认为，民富是国富的基础和路径，没有人民的富裕，就没有国家的富强。因此，国家富强和发展的路径就是让老百姓富裕起来，而国家富强的手段绝不是夺，而是"予"。而且不用担心财富会因散而少，恰恰是给予越多自己获得就越多。这当然是极好的事情，财不聚而富，民因富而聚，实在是一个双赢的结果，有了这样一个定心丸，为政者还害怕予民以财吗？需要注意的是，"予"应当从两个方面理解，首先是机会的给予，即不要多"忌讳"，其次才是财富意义上的给予。

　　反之则不然。如果与民争利，是害而不利，则有悖于天道，结果只会是两败俱伤，人民不得富裕，政府也没有了财源。没有财源还想聚财，那就只有为政以苛、巧取豪夺了。这样的政权，就像朱熹所说，是"施之以劫夺之教也。盖财者人之所同欲，不能絜矩而欲专之，则民亦起而争夺矣。外本内末故财聚，争民施夺故民散，反是则有德而有人矣"①。若民心尽散，而且官民相争、人民互争，天下哪还有安定的日子？天下都不安定了，政权不就"多藏必厚亡"了吗？所以，政治以经济为基础，经济以政治为目的，为政者必须明白，若民心不聚，聚财何用？

　　讲散财是生财之道，这看似让人费解，仔细一想实则深合现代经济学思想。若百姓没有财力，就没有消费、购买力基础，没有购买就没有生产的必要性，这时想要发展经济也不可能，即使想法启动了经济发展，发展也是没有底气的虚旺，不但不能保持稳定，还可能带来风险。相反，百姓财力越充足，则经济的消费、购买力基础就越雄厚，经济的发展内生动力就越充足，发展的基础就越牢固。同时，百姓财力越充足，就越可能进行生产和商业投资，社会经济就会越活跃，财路也就更丰富，这都是良性循环。

　　社会分红理论和凯恩斯主义都在某种程度上阐述了相似的经济学思想。1977年诺贝尔经济学奖获得者、英国经济学家詹姆斯·米德提出的"社会分红"理论认为，政府可以直接发钱给国民，将它作为"反周期"的政策工具，在经济萧条时期可起到扩大消费的作用。②经济萧条往往会出现老百姓消费信

---

① 朱熹：《大学中庸章句》，北京：中国社会出版社，2013年，第11页。
② 闻媛：《经济分析与道德哲学》，上海：上海交通大学出版社，2016年，第97—98页。

心不足或购买力不足，政府给国民发钱则可增强消费信心和能力，从而带动消费增长。消费增长后又会带来工厂生产的增长，然后再带动就业增长和老百姓收入增长。这样一倒腾，投资、生产、消费、再投资、再生产就形成了一个完整、良性的循环。这不就是通过"予"而启动经济吗？经济启动了政府又会增加税收，整个社会都会增加活力，从而保持顺畅的运行，这不就是典型的"既以为人己愈有，既以与人己愈多"吗？而且，百姓的支出比政府购买的支出可能更加有指向性，对经济发展的带动更直接。

凯恩斯主义与此类似，但又有所不同，它主要以增加政府支出、扩大财政赤字等为提振经济的主要路径。政府购买可以刺激企业生产，然后可以带动就业增加百姓收入，然后可以带动消费，从而完成一个经济循环。二者的共同点在于向社会散财，不同点在于是针对企业还是广大百姓。而且，凯恩斯主义的方式要经过一个完整的产业链循环，才能使钱真正到达老百姓的手中。中间可能因多种原因产生大量的资金沉淀，比如资金循环中向强势群体的聚积效应，最终到达老百姓手中的钱就不会有投入的多。再一个，政府直接投资带动的是政府想要带动的产业，对消费刺激或许就不够直接，效果不会有百姓自己决定怎么花那么直接和明显。

5．功成名遂身退，天之道

> 持而盈之，不如其已；揣而锐之，不可长保。金玉满堂，莫之能守。富贵而骄，自遗其咎。功成名遂身退，天之道哉。（《道德经》第九章）

"功成名遂身退"很容易让人理解成事业、功名成就而后退隐，成为一种明哲保身的政治策略，这样理解当然没错，但很少有人想到这也是一种经济管理和经济发展的原则，比如，对某一产业、企业的扶持、培育，都应该有一个限度。极弱时予以扶持，回复自然时则当功成身退。其理论基础，正是来自强梁者不得其死、物壮则老等思想，退出的效果则间接等同于损有余而补不足和辅万物之自然。

在经济工作中讲功成名遂身退，有人会觉得难以理解，如果是错误的或不好的政策，要退出都能理解，但一项好的政策、事实证明行之有效的政策，退出不是可惜了？其实，根本不需要有任何担心。要明白这一点，必须首先明白经济管理的目的、标准都在于"辅万物之自然"，一项经济政策的推出，其目的必在于损有余或补不足，使经济结构和发展保持或达到自然。若目的一旦达到，已经功成名遂而不赶紧退出，必然会导致物壮而老，走入不道之境，最终结果就可能是被迫再去损有余。而如果及时退出，则可避免损有余的过程，看似所为的事情少了，但却是无为而无以为的体现。

"持而盈之，不如其已"，发展经济须近满则止，否则就会像往酒杯里倒酒一样，酒溢出来了，既白费力气又浪费资源，客人还有意见，还不如早点停下来。"揣而锐之，不可长保"，刀枪磨得太尖锐太锋利，反而不能长久保持，很容易脆断。经济政策不能搞狂风暴雨，锋芒太甚、持续太久都不如"动之徐生"。"金玉满堂，莫之能守。富贵而骄，自遗其咎"，如果追求财富极致增加、经济效果极度明显，本身就是不可能的事情。如果以此为功，甚至居功自傲，妄图长久保持，而不求对弱势群体、产业加以扶持，必然会带来祸患，而且这些祸患的罪魁祸首不在外部，恰恰在于决策者和政策本身。

经济政策如果功成名遂而不退，结果会如何呢？刚推出时社会期待、百姓拥护、市场欢迎，经济发展成效也确实明显，可是再后来往往就变成了各方不满、一地鸡毛。这并非政策本身不好或者问题很大，要么是因为"持而盈之"，不知其已；要么是揣而锐之，或疾风暴雨，或雷厉风行；要么是已经"金玉满堂"，还追求金玉更多，富贵而不怜弱。结果，就导致政策"物壮则老，谓之不道"，反而成了经济发展的阻碍。

以此而论，功成名遂身退应该成为所有产业扶持政策的基本原则，必须知足、知止。当行业、产业、企业由弱到强发展到一定的程度以后，扶持政策就应该功成名遂身退。产业发展，同样适用"罪莫大于可欲，祸莫大于不知足，咎莫大于欲得"，同样有"知足不辱，知止不殆，可以长久"（第四十四章）的问题。功成名遂身退，正是"知足""知止"的高度精练概括。"孰能安以久？动之徐生。保此道者，不欲盈。夫唯不盈，故能蔽而新成"（第十五章），秉持自然之道发展经济，不追求快速、盈满而追求徐徐发动的生机，才能自动除蔽陈新，才可以保持自然和长久。

举例来说，投资是拉动经济增长的重要因素，但过度的投资则不仅不能拉动经济增长，反而可能使经济矛盾变得日益严重，最终使经济发展不平衡，甚至拖垮经济。为什么呢？因为拉动经济发展的通常有投资、消费、出口这"三驾马车"，三者平衡发展，经济才能保持平衡发展。若过于促进、倚重投资，结构性矛盾就会随之而来，投资就会出现边际效益递减，最后反而会变成负效益，成为经济发展的绊脚石，只能满怀痛苦地去产能、去库存了，还会造成环境等各种各样的问题。但如果功成名遂身退，则可使经济进入自主发展、自然发展、健康发展的轨道。

第十四章

明德慎罚　圣人司契

法律的起源可以追溯到人类社会诞生之初，原始人类群居中产生的习惯虽然未形成律条，但它却是人类生活秩序不可缺少的法则。中国在夏商时期就设置了治理刑狱的理官，春秋、战国时期经过管仲、士匄、子产、李悝、吴起、商鞅、慎到、申不害、乐毅、剧辛等人的大力发展，开始成为一个学派——法家，也称之为刑名之学，《汉书·艺文志》将其列为"九流"之一。战国末期韩非子集法家之大成，其理论成为秦国富国强兵的王霸之道，从而使法家的影响力趋于鼎盛。也正是从这时起，德治与法治就开始成为思想界争论的重要问题。

奇怪的是，作为法家思想的集大成者、精于"刑名法术之学"的韩非子，其学术之本却归于道家黄老之术。他对《道德经》有相当精深的研究，并著有《解老》《喻老》等文章。这可能跟当时纷乱的政治和社会局面有关。春秋战国时期，礼崩乐坏，周天子与诸侯之间的等级制度体系开始崩溃，各诸侯国之间互相征伐，战火纷飞，社会混乱，道德凋敝。怎样才能回复自然状态？韩非子没有简单地回复到老子的"道"，也没有停留在孔子的"礼"，而是走向了法治。但他却将法家的根基定位于道家，或许说明了这样一个逻辑：法是礼的必然，是维护礼的手段，但根本目标却是"道"。法不过是德的手段，德本法末、明德慎罚、德主刑辅才是主流，忘本而逐末不可能真正解决问题，这或许正应了老子"朴散则为器，圣人用之，则为官长，故大制不割"的本意。

1. 德本法末，明德慎罚

有物混成，先天地生。寂兮寥兮，独立而不改，周行而不殆，可以为天下母。吾不知其名，字之曰道，强为之名曰大。大曰逝，逝曰远，远曰反。故道大、天大、地大、王亦大。域中有四大，而

王居其一焉。人法地，地法天，天法道，道法自然。（《道德经》第二十五章）

对于法律的渊源、作用和手段的认识，通常认为法律是统治阶级意志的体现，是统治阶级用来维护自己利益的工具，但从法律的起源来看，这种说法还需要仔细分析。若就成文法之前的习惯法来讲，原始部落基本没有什么统治者，习惯法只是一种维护自然秩序的手段。维护了这种自然秩序，就维护了所有人的利益。而倡导法治的法家，重要初衷也恰恰是限制王侯的权力，想通过法律使王侯不能随意作为甚至肆意杀戮，这样就可以保护普通人的权利和利益。所以，法律的制定，统治者肯定会起到重要作用，但其内容有统治阶级制定的，也有统治阶级总结或继承的。其作用有维护统治阶级利益的，也有维护所有人利益的或者被统治阶级利益的。这里面最核心的问题在于，体现了谁的意志，制定法律的依据或标准是什么。

如果说认为"夫礼者，忠信之薄，而乱之首"的老子有法制思想，那么，他的法制思想与他的自然哲学思想一样，同样是基于"人法地，地法天，天法道，道法自然"，完全属于自然法的思想范畴。法律的目标和作用是什么？在老子看来，天道所指，就是法律的职责所在。道、天、地、人这域中四大，最终以道为最大，人中之王在它面前也微不足道。道如此之大尚且必须取法于自然，法律当然也必须"法自然"，其作用和目标也必须是"辅万物之自然"。若万物已经自然，则法无用武之地。若不再自然，则法如出鞘宝刀，当替天行道、劫富济贫、除暴安良。正因如此，法治只是辅助手段，统治者最重要的职责在于使人们明道明德，若以人的意志为标准制定法律，无论是以实现被统治阶级的意志还是实现统治阶级的意志，法出之日即是不自然之时，即是乱世之时。

这就是说，如果法律是"法自然"而出，以"万物之自然"为目标，能起到"辅万物之自然"的作用，无论是统治阶级制定还是其他什么人制定，它都是合乎天道至德的法律，是善法良法；反之，则是恶法坏法。评价法律好坏的标准，不在于它由谁组织、主导制定，根本的还在于它遵循了什么原则，想要达到什么目标，这才是需要充分重视的一个问题。严格来说，老子并没有系统地谈到法制（治）的问题，最根本的原因就在于，他认为若以正道治国，天下必然归于自然，就不关法律什么事情。当然，出现不以正道治国的情况完全有可能，怎么办呢？用法律辅万物之自然是一个途径，但老子认为根本的办法只有回复到"法自然"的"以正治国""以道莅天下"上去，否则什么法律都不能从根本上解决问题，反而会引出更多的问题。

有人会对此表示怀疑,认为孔子说的"礼"可以通过制定行为规范来避免问题的产生,但是老子正告说"夫礼者,忠信之薄,而乱之首""上礼为之,而莫之应,则攘臂而扔之"(第三十八章),这不正是乱世了吗?有人会说没关系,那就制定惩罚性的法律,来保证行为规范得到切实遵守,它也就乱不起来了。但老子又警告说"法令滋彰,盗贼多有",法律越多越严,问题就越多越大。所以,最终还得回到"自然"上来,以自然为出发点,以自然为目标,才会有自然的结果,其他一切都是乱世而不能治世。春秋战国时期就是很好的例子,礼法并出却世道日乱,同时也就进入了朝代更替频繁的历史。

非常巧合的是,在与老子几乎同时代的古希腊和古罗马,也出现了自然法的思想。什么是自然法?通常是指宇宙秩序本身所具有,从人的自然本性、物的本性、社会的本性中演绎出来的、符合正义的最基本和终极的原则。与自然法相对的是实在法,即制定法,自然法给实在法提供人的意志之外的客观价值。其中古希腊的智者学派还将"自然"和"法"加以区分,认为"自然"是明智、永恒的,而法则是专断的,不过是权宜之计。这里有三层意思:

一是宇宙中存在着一种真正符合正义的最基本和终极的标准,它决定着宇宙包括人类社会的运行秩序,能真正地实现公平、正义。古希腊哲学家苏格拉底、柏拉图和亚里士多德等都断定能发现永恒不变的标准。亚里士多德认为,有一种无论何处均具有同样权威、通过理性可以发现的自然法或者正义。

二是法律的制定必须以决定宇宙秩序的最基本和终极的原则为依据,即实在法的制定必须以自然法为依据或参照。自然法学派特别重视法律存在的客观基础和价值目标,如人性、理性、正义、自由、平等、秩序等,重视对法律的终极价值目标和客观基础的探索。古典自然法学派基本上都以昭示着宇宙和谐秩序的自然法为正义标准,相信真正体现正义的标准是在人类制订的协议、国家制订的法律之外、存在于自然之中的自然法,而非由人们的协议产生的规则本身。[①]

三是制定出来的法律是否符合正义,必须以宇宙秩序中的终极原则来衡量和检验,即自然法可以作为成文法优劣的参照。比如,古罗马的执政官西塞罗就认为:"除了自然的规则,没有其他规则能使我们区分善的或恶的法律。"[②]

自然法思想的立论依据,就更是与老子如出一辙,所谓最基本的、终极的原则与老子所说的"天道"或者"常"几乎同义,而其中的干扰因素都是

---

① 付子堂、时显群主编:《法理学》,重庆:重庆大学出版社,2011年,第27—29页。
② 张乃根:《西方法哲学史纲》,北京:中国政法大学出版社,1993年,第60页。

人道、私欲。比如，斯多噶学派就认为理性是人所共有，被理性控制的和谐状态就是自然状态。但是这种自然状态已经被人类的自私所破坏，所以应当恢复原来的自然状态。所谓按照理性去生活，就是按照自然状态去生活。老子讲"不欲以静，天下将自定"，无私欲就没有法存在的基础和必要，若多欲多动，必然天下纷乱，法的重要性才会得到体现。因此，自然法的本质应该是协助人们去除私欲，即去除非自然的欲望。

而对于法的作用，二者同样非常一致。自然法思想可以说直接推动了社会契约理论的出现。比如，近代国际法学奠基人、荷兰法学家胡果·格劳秀斯（Hugo Grotius，1583—1645），就基于自然法的理论提出了天赋的自然权利和社会契约等观点，认为国家是人们为了享受法律利益和谋求共同福利而组成的最完善的联盟。换言之，国家的功能之一在于限制个别人的妄想利益，以此保证所有人的自然权利。英国的哲学家托马斯·霍布斯认为，每个人都有自私、邪恶、贪婪、好色、残忍等人类天生的劣根性，都想从有限的资源中获得更多的资源，这就很可能引起战争、杀戮这样一些极端行为。这就需要人们放弃一些自由建立国家，通过国家权力的限制辅佐社会的存在和发展，社会契约正是为走出自私和残酷的状态而赋予统治者以管理权的契约。但统治者必须遵守自然法，国家的权威也以自然法为界线，只要不去伤害他人，国家的权威就不会去管他。法国哲学家让-雅克·卢梭也认为，人类在原始社会的"自然状态"时，本来是平等、自然的，随着科学和艺术的发展而产生了私有制，最后摧毁了平等和自由，"人生而自由，但却无往不在枷锁之中"[①]。因此，需要每个人同等地放弃全部天然自由，将之转让给整个集体，人类才能得到平等的契约自由。

但是，国家并不能天然地、确定地保障自然状态的实现，于是，自然法思想又直接催生了三权分立思想和政体的诞生。古希腊哲学家亚里士多德（公元前384—前322）提出了著名的政体三要素论，他把国家的政权划分为议事权、行政权和审判权，这种划分既是逻辑上的，同时也是哲学上的，因为只有这样才能使权力不致过分集中，不致被非自然的欲望扰乱自然的状态。孟德斯鸠（1689—1755）则将国家权力分为立法权、行政权和司法权三种权力，"三权分立"就是将这三种权力分别交给三个不同的国家机关管辖，使其权限不同而可以相互制约，从而保持平衡，这正是"自然法"的实现手段。权力分离就限制了个别人或机构权力过分集中，从而将统治者的权力、名利欲望限制在相对自然的范围，避免形成强梁似的权力格局，进而保持社会相对自

[①] 让-雅克·卢梭：《社会契约论》，何兆武译，北京：商务印书馆，1987年，第4页。

然的运行。应该说，西方现代政治制度的理论来源，根本上讲还是以自然法为思想基础。①

不能不说，西方关于自然法的这些思想，可能因为语境的不同而与老子的表述有区别，但他们的基本观点是一致的。一是自然是目的，遵从自然是原则，辅万物之自然则是国家或法律的根本目的和职能，契约或三权都是为了保持社会的自然，保证每个人自然权力的公平实现。二是其立论基础都在于去除人的私欲或者说非自然欲望，都认为私欲是扰乱社会的根本原因。三是实现的自然状态的途径就是通过法律的"损有余而补不足"，其中损有余的思想似乎更为明显。再一个是"有德司契"，"社会契约"就是为了解决回复自然秩序的问题。可见，自然法思想其实为人类所广泛接受，不管它的表述方式和实现方式有多大不同。

但是，同样是自然法思想，却又有着很大的不同。老子虽然也说过"若使民常畏死，而为奇者，吾得执而杀之，孰敢"这样的话（第七十四章），但从根本上讲他是畏惧制定法出现的，基本上就停留在天赋的自然法上。在他看来，遵从"自然法"本身就是为了从根本上消除区分和对立，是以百姓心为心和大制不割，虽然不能明确定分，却能在人们心中结成一个最具约束力的"无绳约"。如果再制定法律就预先作了区分，容易成为以我心为百姓心、有割之制（治），走向了"忠信之薄"，法律就成了定分起争而不是定分止争。但西方的自然法思想却不一样，他们认为自然法是天然、永恒存在的，但人们必须去找到它，并把它落实到实在法上，以实在法去符合、体现自然法，从而保持人类社会的自然状态。应该说，西方自然法思想这种实践的连续性的探索是非常有价值的，而中国却自老子以后就被"统治阶级的意志"打断，使其永久停留在了"道"这个最宏观的层面，以至于后来"道"本身也就成了一个玄而又玄的无聊话题，道法自然也就成了一个难以达到的伊甸园、桃花源似的理想所在。

落实到司法实践上，二者也就有了巨大的区别，中国最终成了体现"统治阶级意志"的制定法的天下，而在西方，迄今为止，自然法学派仍然是世界范围内居主流地位的法学学派。尤其是在世界司法界占据着相当重要地位的判例法制度，可以说就是由自然法思想演变出来的。判例法作为法律的渊源，其精髓并不在于"遵循先例"，恰恰在于可以不遵循先例。判例法搜集、整理判例的根本目的，核心恐怕更多地在于让法官学习、探索它判决的终极

---

① 姚鹏：《自由备忘录：对法国大革命基本原则的历史反思》，北京：中国华侨出版社，2013年，第34—35页。

价值目标，并不是机械地遵循其判决，其合理性正在于可以绕开成文法的限制实现对法律终极价值的追求，这个终极价值就是实现宇宙和谐秩序的自然法。

还有一个非常重要的问题，那就是，自然法思想大都属于德治、最起码也是德主刑辅的思想范畴，这也是二者一个巨大的共同点。老子尤其如此，明显是继承了西周时期"明德慎罚"的思想，并将其贯彻始终。仁、义、礼在老子思想中，都是悖道离德的东西，更不用说礼失之后的刑了。

在春秋时期以前，德主刑辅的思想可以说占据着主导地位。"惟乃丕显考文王，克明德慎罚。不敢侮鳏寡，庸庸，祗祗，威威，显民。用肇造我区夏，越我一二邦，以修我西土。惟时怙冒闻于上帝，帝休，天乃大命文王殪戎殷，诞受厥命越厥邦厥民。"①（《尚书·康诰》）周成王分封康叔时叮嘱他要光大逝去的父亲文王（的功德），能彰显仁德、慎用刑罚，因为文王取代殷商，就是因为明德慎罚感动了上帝。他甚至还说"乃有大罪，非终，乃惟眚灾，适尔，既道极厥辜，时乃不可杀"，一个人如果犯了大罪，但不是屡教不改，只是过失造成，可以按律适当处罚，但不应该杀掉；"有叙时，乃大明服，惟民其敕懋和。若有疾，惟民其毕弃咎。若保赤子，惟民其康乂"（《尚书·康诰》）②，如果能仁德为先，百姓就会衷心倾服拥护，他们自己就会互相劝告不要犯罪而应和睦相处，这就像治病一样，应该尽力让百姓自己改过，要像爱护孩子一样保护百姓，使他们得以健康安宁。

因此，从老子的思想来看，法律也不应该是什么人、什么组织或什么利益集团的工具。如果非要说法律是工具，也只能是天道的工具。正因如此，自然之道以顺其自然的施为方式，具有极大的包容性，法律也就只能是"辅万物之自然"的手段，也必须通过损有余而补不足、去甚去奢去泰、遏制甚至扼杀强梁等方式，使不自然的事物回归自然的轨道。老子没有直接讲到法律的公平、正义，但公平、正义却是必然的结果。在老子这里，公平、正义不来自共同严格遵守预定的规则，而在于共同遵守自然的准则，也就是不以所谓的"程序公正"安慰人，而讲真正的"实体公正"。在"自然"范围内，法律不管它，任由人民自决。超过了自然的范围，那法律就会出来替天行道，以达到公平甚至平均。这就最大可能地避免了主观意志的干扰，能够真正地以德治国、德主刑辅。

其实，中国几千年封建社会中，历朝历代君主都只敢强调以德治国、德主刑辅，以彰显自己是有德之君。老子这个观点最初的法家也是赞同的，也

---

① 冀昀主编：《尚书》，北京：线装书局，2007年，第161页。
② 李楠主编：《四书五经》（中），北京：北京燕山出版社，2006年，第587页。

想达到这样的目的。法家算是战国时期平民的政治代言人，他们强调"不别亲疏，不殊贵贱，一断于法"①的初衷，正是为了限制统治阶级的权力。因为在那个时候，随着王权的不断扩张，已经大大削减了百姓自决的范围，使百姓的自然生活受到了过多的打扰。只不过在制定和执行法律的过程中，可能发现对统治阶级主观意志的限制确实太大了，影响了他们的权威或主观意志的发挥，就整出来个"礼不下庶人，刑不上大夫"②（《礼记·曲礼上》），法律的不公平就出现了。再后来发现还是有问题，法律往往出现与道德相悖的结果，或者因情事不同而难以真正服人，于是就又整出来一个程序公正，或许这就只是一种无奈之辞了吧。

更重要的是，法治使整个世界都因此而变得冷冰冰地缺乏人情味，人与人之间的关系看起来变得简单，实而更加机械而又复杂。对此，西汉史学家、司马迁的父亲司马谈在《论六家要旨》中有极为精当的论述："法家不别亲疏，不殊贵贱，一断于法，则亲亲尊尊之恩绝矣。可以行一时之计，而不可长用也，故曰'严而少恩'。"③那什么可作为长久之计呢？司马谈对道家思想极为推崇，"道家使人精神专一，动合无形，赡足万物。其为术也，因阴阳之大顺，采儒墨之善，撮名法之要，与时迁移，应物变化，立俗施事，无所不宜，指约而易操，事少而功多"④"其术以虚无为本，以因循为用。无成势，无常形，故能究万物之情。不为物先，不为物后，故能为万物主。有法无法，因时为业；有度无度，因物与合。故曰'圣人不朽，时变是守。虚者道之常也，因者君之纲'也……神者生之本也，形者生之具也。不先定其神，而曰'我有以治天下'，何由哉？"⑤

儒家、法家思想占据主导地位的时候还是如此，没有谁敢明确地抛弃德治，即便强调礼法的作用，也要拉上一层德治的面纱。孔子认为，"道之以政，齐之以刑，民免而无耻；道之以德，齐之以礼，有耻且格"⑥"为政以德，譬如北辰，居其所而众星共之"⑦。（《论语·为政》）。董仲舒还将孔子的思想明

---

① 司马迁：《史记》，长沙：岳麓书社，1986年，第942页。
② 张树国点注：《礼记》，青岛：青岛出版社，2009年，第9页。
③ 杨名：《说儒：先秦——魏晋南北朝》，成都：西南交通大学出版社，2015年，第119页。
④ 杨名：《说儒：先秦——魏晋南北朝》，成都：西南交通大学出版社，2015年，第117页。
⑤ 杨名：《说儒：先秦——魏晋南北朝》，成都：西南交通大学出版社，2015年，第120页。
⑥ 孔丘等著：《诸子百家》，沈阳：万卷出版公司，2009年6月，第11页。
⑦ 孔丘等著：《诸子百家》，沈阳：万卷出版公司，2009年6月，第10页。

确总结为"德主刑辅",他认为"王者法天","天道"即重德轻刑:"天道之常,一阴一阳。阳者,天之德也;阴者,天之刑也"①(董仲舒《春秋繁露》),进而提出"贵阳贱阴""近阳远阴""前德后刑""大德小刑""务德不务刑""任德而不任刑""刑者德之辅,阴者阳之助也"等观点,认为治理国家应采取贵德贱刑、先德后刑、近德远刑,以德教为主、以刑杀为辅的基本方针。春秋战国时期的历史也证明,德之不昌,法必乱国。

2. 法令滋彰,盗贼多有

> 以正治国,以奇用兵,以无事取天下。吾何以知其然哉?以此:天下多忌讳,而民弥贫;民多利器,国家滋昏;人多伎巧,奇物滋起;法令滋彰,盗贼多有。故圣人云:我无为民自化,我好静而民自正;我无事而民自富,我无欲而民自朴。(《道德经》第五十七章)

老子认为,治国当以清静正道,用兵方以奇诡良策,管理天下当守静无为。何为正?"政者,正也。子帅以正,孰敢不正?"②(《论语·颜渊》)"其身正,不令而行;其身不正,虽令不从"③(《论语·子路篇》),这里的"正"都主要指公平、公正。但要公平公正,前提是没有私欲,才能正其心、正其身、正其行,才不会左右摇摆、跌跌撞撞而扰乱自然。

用兵则不然,贵在出其不意,可奇可诡。"兵者,诡道也"④(《孙子兵法》),无诡则无兵,讲的是智慧、伎巧。但治理国家绝对不能用诡计,以诡治国则属邪门歪道,即"以智治国国之贼"。治理天下也不能多事,只有正、静、无事才能治天下。"天下本无事,庸人扰之为烦耳。"⑤(《新唐书·陆象先传》)生事则扰,无事则静;生事则生烦,无事则不烦。

为什么治国和用兵差别如此之大?用现在的话来说,一个是人民内部矛盾,一个是敌我矛盾。人民内部矛盾,只能用"正"来化解,要多讲包容。如此而言,平常所说的"摆平就是水平"纯属胡扯,摆平未见得是水平,如果不以正而治,说不定暂时的摆平就是长远的祸患。而敌我矛盾,则可能是你死我活的斗争,以胜利作为唯一目标,所以摆平还真就是水平。

---

① 〔汉〕董仲舒:《春秋繁露新注》,曾振宇、傅永聚注,北京:商务印书馆,2010 年,第 251 页。
② 杨伯峻、杨逢彬注译:《论语》,长沙:岳麓书社,2000 年,第 112 页。
③ 杨伯峻、杨逢彬注译:《论语》,长沙:岳麓书社,2000 年,第 118 页。
④ 孔丘等:《诸子百家》,沈阳:万卷出版公司,2009 年,第 328 页。
⑤ 杜占明主编:《中国古训辞典》,北京:燕山出版社,1992 年,第 768 页。

第十四章　明德慎罚　圣人司契

　　老子认为，法律就是最生事惹烦的一种东西。因为，君王的禁戒忌讳越多，百姓反而越贫困；治民的利器越多，人主的权利威望越重，国家也就越昏暗；人主的智谋计巧越多，奇事怪物就出得越多；刑法政令越加森严，强盗窃贼就越多，小者窃珠，大者窃整。所以，法律、政令严密、严格又有什么用呢？如果君主总想有所作为，就必然要折腾去折腾来，要想折腾得动就必须树立威望，威望不够就必然整出许多法令，结果是事情越整越多，越多越整。世道乱了，君主必想归治，就只有用聪明巧智。上有所好，下必甚之，结果人心乱了，天下就更乱更难治理，什么法令都不管用了。老子讲的忌讳、利器、伎巧、法令，都可以说是"法"的范围，是禁忌性、禁止性甚至强制性的工具。

　　老子对法制、法治的认识与今天的有天壤之别。我们现在所追求的，是要建立一个完整备的法律体系，似乎越完备越好，越细致越好。但老子并不认为依法治国是个好东西，或者说是最没有办法时才用的办法。"失道而后德，失德而后仁，失仁而后义，失义而后礼。夫礼者，忠信之薄，而乱之首"，礼就已经是诚信丧失、邪乱滋生的开始，如果礼也没有了，那就只有"攘臂而扔之"了。所以，法治、刑罚实乃最次等、最无奈的治国之策。

　　法制尤其是制定法，从根本上讲也不符合老子浑朴为本、不尚区分的哲学思想。要制定法律，就要对未来可能出现的情形进行预测，这是一件很可怕的事情。首先必须得确立标准，然后要依据这个标准确定好坏，再根据好坏的程度制定奖励或惩罚的力度和方式。把世间所有的事情都做了区分，浑朴之道也就从此远离。"前识者，道之华而愚之始"，预知未来正是道德的虚化和愚昧的开始。制定法律之时，就是问题萌芽之时；着力防止问题之时，正是导致新问题产生之时；确定善行的标准之时，就是丑恶出现之时。这不正是盗贼多有了吗？这真是一个非常有趣的辩证法。法律有普遍性，但人却是有地域性、民族性等诸多特殊性，其行为方式、思维方式、利益诉求具有无限多的特殊性，试图以一法定天下谈何容易，又能让多少人服气？

　　用现在的观点来讲，法律具有全局性，但人民却具有地域、文化、利益的区别；法律有时代性，任何法律都只能规范一定时期的行为方式，越具体的法律时代性越强，越笼统的法律时代性越弱。尤其是掺杂了统治者意志的法律，更是可能漏洞百出、朝令夕改。以偏何能概全？按照马克思主义的观点，经济基础决定上层建筑，上层建筑反作用于经济基础。经济基础在不断改变，上层建筑也在不断改变，相应地人们的思想、行为方式也在不断改变，改变可能就意味着法律的过时和修改。在未修改之前，以旧法规范新行为，那不是问题就很多了吗？所以，越是研究法律很细的人，找到作奸犯科空间的可能性就更大。怎么办呢？只能以道为法，才永不过时。

另一方面，在传播法律的过程中，看似在传播真善美，其实也在传播假恶丑，因为必须对照假恶丑方能彰显真善美。这样一来，法律设计、传播得越系统越细致，那传播的假恶丑是不是也越系统越细致呢？在播种真善美善的种子的同时，其实也播下了一颗假恶丑的种子。二者是一卵双生的孪生兄弟，甚至好像连体婴儿，生下这一个必然出来另一个。就像那些法律专家到企业去作讲座，似乎不讲点合理避税这样的手段就显不出专家水平，其实不就是在传播做"盗贼"的本事吗？更何况"天下皆知美之为美，斯恶已；天下皆知善之为善，斯不善已"，当我们把法律普及到最广范围的时候，即便它是良法，也会因为片面而变成坏事了。

可见，善恶如影随形，根源在于人为的区别之心。要从根本上扼制人所共厌的假恶丑的发生，必须从扼制人所共求的真善美开始。只有达到了无善也无恶的没有分别的境界，以自然的范围为追求，才可能真正杜绝善与恶的纠缠。这样说来是不是变成宗教了，法律完全不需要了呢？当然也不是，"始制有名，名亦既有，夫亦将知止。知止所以不殆。譬道在天下，犹川谷之与江海"（第三十二章），"朴散则为器，圣人用之，则为官长，故大制不割"（第二十八章），朴散为器以后法制（治）或许就不可避免，但应该知止、以朴治器，法律本身要以自然为目标，要有较大的包容度，只要在不过度的范围内，不形成强梁、物壮而老的形态，就不要刻意去做仔细的区分，它就不是法律强制的范围，这就是"自然"。

庄子讲了一个故事，很能说明这个问题："尧治天下，伯成子高立为诸侯。尧授舜，舜授禹，伯成子高辞为诸侯而耕。禹往见之，则耕在野。禹趋就下风，立而问焉，曰：'昔尧治天下，吾子立为诸侯。尧授舜，舜授予，而吾子辞为诸侯而耕。敢问其何故也？'子高曰：'昔尧治天下，不赏而民劝，不罚而民畏。今子赏罚而民且不仁，德自此衰，刑自此立，后世之乱由此始矣。夫子阖行邪？无落吾事！'俋俋乎耕而不顾。"[①] 道、德之于天下，可以做到不赏而民劝，不罚而民畏，但刑罚却并不能使人民归于仁，法有何用？

有人就会反问了，法令少真的就可以盗贼少了吗？已经习惯了在法令滋彰的环境中生活的人们，可能觉得难以想象。但老子最关键的前提，必须是我无为、我好静、我无事、我无欲，如果治理者做不到这一点，也不能引导老百姓见素抱朴、少私寡欲、绝学无忧，向往自然的生活，任由私欲横流、贵难得之货、奸巧伪诈，那么，一旦没有法律问题确实更多。换一句说，我

---

① 李安纲编著：《南华经》，北京：中国社会出版社，2004年，第168页。

有为、我好静、我多事、我重欲必须要法令滋彰来支撑，盗贼多有就是必然。因此，问社会为何盗贼多有，不如多问为什么非得我有为、我好动、我喜事、我多欲，为什么不能以平常心做平常事过平常日子。当然这实在是太难，正如心学大师王阳明所说："破山中贼易，破心中贼难！"①

事实上，现实几乎完全印证了老子的观点，我们可以大陆法系的现实情况为例。当今世界有大陆法系和英美法系两大法系，大陆法系以制定法为主要的法律渊源，法官判案以已经制定的成文法为准绳。而英美法系以判例法为主要法律渊源，它没有太多的成文法，而是以判例为准，甚至是法官立法，所以判例法也称为法官法或普通法。相对而言，判例法重点在于布道，其遵循先例或不遵循先例都只是为了一个"道"，即法律存在的客观基础和价值目标。它认为离开了客观基础和价值目标，机械地引用死板的法律条款，就违背了宇宙自然和谐的基本法则，无益于正义、自由、平等、秩序等人的自然权利的实现。虽然制定法和判例法现在都在互相借鉴，制定法开始有了判例，判例法也有了成文法的依据，但这种借鉴不可能从本质上抹杀二者的区别。援引判例并不能说制定法就有了判例法的核心思想，援引法条同样不能说明判例法有了制定法的核心思想，二者的精髓不可能从根本上整合。

大陆法系一般将法律分为公权和私权两个部门，对私权来讲是"法不禁止即可为"，对公权来讲则"法无授权即禁止"。这给公权和私权都制定了边界，相对来讲私权的自由度较大，公权的自由度较小。在审判中法官虽然也有"自由裁量权"，但基本上只是幅度的把握，必须在法律授权的范围内来裁决，总体上讲法官不过是宣告法律的嘴巴而已。这看起来很公平很好，但我们就经常看到这样的现象：不合道德的事情，因为法律没有禁止，竟然有许多人去做，而且还拿他没有办法；道德上该做的事情，却没有人去管去做，还是拿他没有办法。因为制定法的前提是法律的完备，于是我们就只有抱怨法律不完备、没有预见性，誓言要将法律制定得能预见几十年几百年。试问这可能吗？"前识者，道之华，愚之始"，法律不可能跟得上时代和情形的变化。

其实，仔细想想，法律的完备真的能解决所有的问题吗？不但不能解决问题，还真的是只会导致"盗贼多有"。一个很有趣的现象是，许多法学界人士都在感叹法律实在太多，看不完、记不住、用不到，用得到的时候不知道或记得不清楚。一个专门浸淫于法律的专业人士尚且如此，普通百姓就可想而知了，有时候触犯法律并非无视法律，而是不知道有这么个法律。如果完全讲以法律为准绳，那所有的人是不是都要学好法律才能开始生活？另外，

---

① 王守仁：《王阳明全集》，上海：上海古籍出版社，2014年，第188页。

审判时法庭允许原被告双方充分辩论，结果，决定判决结果的竟然可能就在于哪个更会辩论，更会找法律的漏洞，更会玩文字游戏，这不是很可笑很儿戏的一个事情吗？几乎可以说这无异于是对法律知识不完备、文化知识不高的人的权利的蔑视。

再者，部门法（法律的分类）尤其是那些条例、规章、制度，往往真的是出自"行政部门"，已经掺杂了太多的部门、个人意志和利益，甚至可能违背宪法，这就导致一些法律脱离了根本，又背离了既定的标准。这样一来，法令越是滋彰，盗贼不就越是多有吗？从上位法的角度来看，制定这些法令的人本身就是盗贼了，还何谈公正执法？而秉持道德的人若不了解这些法律规定，即便遵道而行，反而可能成为法律追究的"盗贼"。

这些都充分说明，离开了自然之道，什么法律都不会真正有用。失去了道、德之后，法律也不可能真正充当统治阶级意志——"礼"的保镖，在泛滥的欲望冲击之下，它不过是滔滔洪水面前的一座泥堤。所以，真正聪明的治国者、真正智慧的法律专家，不在于把法律搞得多么神圣、多么系统、多么复杂，搞得让普通人只能敬而远之，搞得成为精英阶层、有产阶层欺凌弱势群体的工具，有本事你就把法律搞得又简单又实用，让人人都记得住、用得来，那才是最终的出路。

当然，这些分析并非就是说要废法治改德治，在已经人道盛行的社会，当我们已经失道、失德、失仁、失义以后，法治只能成为我们迫不得已的选择。或者说，整个社会已经受到法治的绑架，如果弃法治而纯粹德治，恐怕没有人会不害怕。但它却告诉我们一个道理，宣扬法治、修习法律的同时，起码不能因为法治很重要就尊法贱德，道德的修养更为重要。利益、行为越是复杂，越需要道德的修炼和约束，更应该提倡德本法末、德主刑辅，法律本身也必须体现德的原则，接受德的指导和检验。其实，通过不断简化标准，使行为准则更加明确，可以大大节约社会的运行成本，增强社会的凝聚力及和谐度。

这个道理谁把它讲得最透彻呢？古希腊哲学家柏拉图。柏拉图说："法律的制定属于王权的专门技艺，但是最好的状况不是法律当权，而是一个明智而赋有国王本性的人作为统治者"[1]"把这些规矩订成法律，我认为是愚蠢的。因为，仅仅订成条款写在纸上，这种法律是得不到遵守的，也是不会持久的"[2]"真正的立法家不应当把力气花在法律和宪法方面做这一类的事情，不论是在政治秩序不好的国家还是在政治秩序良好的国家；因为在政治秩序

---

[1] 柏拉图：《政治家》，昆明：云南人民出版社，2004年，第92页；第3页。
[2] 柏拉图：《理想国》，北京：商务印书馆，1986年，第140页。

不良的国家里法律和宪法是无济于事的，而在秩序良好的国家里法律和宪法有的不难设计出来，有的则可以从前人的法律条例中很方便地引申出来"[①]。他没有说完全不要法律，但认为遵道守德比法律更重要！法律的完备甚至不如有一个"明智而赋有国王本性"的统治者。伟大的哲学家们思想都是一样，而我们却将其完全抛弃，这确实需要认真反思。

3. 有德司契，无德司彻

> 和大怨，必有余怨，安可以为善？是以圣人执左契，而不责于人。有德司契，无德司彻。天道无亲，常与善人。（《道德经》第七十九章）

老子认为，刑罚可以一时地"和大怨"，但却不能解决"余怨"带来的问题，这怎么可能引导人们都去恶向善呢？俗话说"杀人偿命"，这就是"和大怨"了，其目就是通过罚恶，让害人者也受其害，以平衡双方的怨仇，以实现全社会的"和"。但是一命抵一命、以怨报怨的做法，真可以"和大怨"吗？肯定不能，如果可以的话，那就没有世仇这样的仇恨了。甚至余怨也会死灰复燃，变成新怨的起因或引起更大的仇怨，正所谓冤冤相报何时了。

有些版本作"和大怨，必有余怨。报怨以德，安可以为善"，"报怨以德"这一句在帛书和许多版本中都没有。但是，老子本有"大小多少，报怨以德"（第六十三章）"善者吾善之，不善者吾亦善之，德善；信者吾信之，不信者吾亦信之，德信"（第四十九章）等论述，这些都有报怨以德的思想在里面，不排除"报怨以德"正是"和余怨"的途径之一，故"报怨以德，安可以为善"就讲不通了。

那么，怎么才能不产生大怨，或者和大怨而不留余怨呢？老子认为，根本的途径是"执左契"，就是建立契约。有了契，以契约为准行使权利、履行义务，就不容易产生怨，而通达履行契约和大怨，就从根本上解决了余怨的问题。这种说法还是很有道理的，尤其是在民事领域，因为契必然是双方博弈后的相对平衡，通常来讲它肯定是一个自然的范围，是符合道德的范围，它本身就是一个"和"的结果。而民事领域以外的刑事领域，老子也说过"若使民常畏死，而为奇者，吾得执而杀之，孰敢"。但是，这并不代表老子赞同以重刑和大怨，他认为"常有司杀者，夫代司杀者，是谓代大匠斫。夫代大匠斫者，希有不伤手矣"（第七十四章）。

[①] 柏拉图：《理想国》，北京：商务印书馆，1986年，第143页。

老子认为"有德司契",即有德之人就是讲信用、讲诚信,重视、倡导并忠实践行契约和诚信,就是言出必行、一诺千金,做不到的就别说,没说的不做别人也不会怪责。或许在他看来,信用是化解矛盾的根本,没有什么比信用更重要,只要建立了良好的信用体系,人人都将诚信作为内在底线,整个社会就会进入良性循环。天道无别亲疏,只眷顾善良之人,所以也总是照顾谨守信用的有德之人。

从契约和诚信角度来看为什么和大怨必有余怨,就会非常清楚其中的道理了,因为谨守契约,就相当于平常所说的"周瑜打黄盖,一个愿打一个愿挨",哪怕是威尼斯商人似的"割一磅肉"还债,如果不是涉及生命权、身体权这些人的自然权利,本也应该毫无怨言。从这个角度看,怎么样算是以德报怨呢?"善者吾善之,不善者吾亦善之,德善;信者吾信之,不信者吾亦信之,德信",不管别人善与不善、信与不信,我均应之以善、信,天下自然尽归于善、信,这就是德。如果人人均守信用、讲诚信,那不就天下无怨了吗?

老子在这里还提出了一个有德之君(人)和无德之君(人)的区别,有德之君只掌管信用、契约,而无德之君则专门察人过失。我们觉得很难理解,其实也很容易,根据大道浑朴、无分别的特点,如果老是察人过失,就堕入了善恶区分,就脱离了大道无分别的自然状态。因此,与其司察不善,不如引导人们诚实守信、依契而行。言而有信的君主,当然就是有德之君;言而无信的君主,自然就是无德之君。人无信不立,诚实守信的人自然可以立言、立行、立功,因为这样的人你可以大胆跟随,必然追随者众,成功自是必然,这就是"天道无亲,常与善人"的原因所在。

"契"在古代是一种符契,代表契约、信用,唯其命是从。"彻"有通达、明白的意思。彻,意为洞察、明白、察人过失,什么事情都要搞个清楚明白。许多人将"彻"解释为"税赋",说是无德之人司掌税赋,或说无德之君会课以重税,或许并不妥当。一是前段有"是以圣人执左契,而不责于人","执左契"与"不责于人"相对应,而"司彻"应当是与"不责于人"相反的意思。二是"彻"虽然有税收之意,但并非无德之重税。春秋时期"什一而税谓之彻",收取百姓收入的十分之一为税收即谓"彻"。《论语·颜渊》记载:"哀公问于有若曰:'年饥,用不足,如之何?'有若对曰:'盍彻乎!'曰:'二,吾犹不足,如之何其彻也?'对曰:'百姓足,君孰与不足?百姓不足,君孰与足?'"[①]可见"彻"其实是一种很轻的税种,如果这也算无德的话,就有

---

① 杨伯峻、杨逢彬注译:《论语》,长沙:岳麓书社,2000年,第110页。

第十四章 明德慎罚 圣人司契

些讲不通了。

中国古代的法律基本以刑法为主，民法很不发达。中国刑事法律的成文法典起源很早，夏朝开始即有"禹刑"，以后历朝历代都在不断地丰富刑律。刑法，实际上就是确定刑罚的法律，专门司察他人过失、罪行而加以惩罚。我们难以清楚的是，无论民事还是刑事都以契约为准吗？以我们今天的观念来看，是很难说得通的。或者，是不是老子认为如果有契约并且契约得到遵守，刑罚的用武之地就少之又少了呢？就像官员们上任之时要宣誓，这就是契约，如果遵守了这个契约，那么，反贪污贿赂的法律就无用武之地了。如果不遵守这个契约，必然是"法令滋彰，盗贼多有"。总之，老子认为契约或者说信用，是非常重要的东西，是比法令更重要的东西。

儒家对此有一个比喻："人而无信，不知其可也。大车无輗，小车无軏，其何以行之哉？"①（《论语·为政》）意思是说一个人不讲诚信，那真不知道他能有什么作为、靠什么东西立于世上。就像大车没有輗（即车辕和车衡之间没有衔接）、小车没有軏（即车辕和横木之间没有销钉）一样，这个车子怎么能行走呢？如果勉强要它行走，那也必是毁灭的结果，或者说根本就组成不了车子。同理，人与人之间没有信用，社会就会像被抽去支撑的车子一样，根本没法运行。

老子这话有没有道理？太有道理了，从当今世界的实践来看，"司契"不是一种说辞，成熟的资本市场在"司契"方面有一套完备的制度，这给我们以非常好的启示。以美国股市为例，它一方面实行以信息披露为原则的监管，明确要求上市公司信息披露的范围，但美国证券交易委员会和交易所并不对其作好坏评价，而是交给市场和投资者来判断。同时，它又非常重视信息披露的真实性，以保护投资者利益为核心。一旦信息披露失实，就可能面临律师事务所、投资者等发起的巨额集体诉讼，搞得倾家荡产都有可能。企业违背诚信的成本很高，而投资者索赔的成本却很低。这种管理思路的根本，就是建立信用——司契，希望能过严格的信用自律来形成有效的投融资市场。

> 希言自然。飘风不终朝，骤雨不终日。孰为此者？天地。天地尚不能久，而况于人乎？故从事于道者，同于道；德者，同于德；失者，同于失。同于道者，道亦乐得之；同于德者，德亦乐得之；同于失者，失亦乐得失之。信不足焉，有不信焉。（《道德经》第二十三章）

---

① 杨伯峻、杨逢彬注译：《论语》，长沙：岳麓书社，2000年，第15页。

"信不足焉，有不信焉"，统治者诚信不足，百姓自然就不会相信。"言善信"（第八章）是"道"的特点，是善利万物而不争的表现，言而无信自然就是利己而争的表现。

老子认为，信是治国理政非常重要的根本，是万物的内在德性，是检验统治者是否有德的重要标准，司契即为有德。那么，按照通常情况，与道相合同者，道会乐于拥抱他；与德相合同者，德会乐于拥抱他；与道和德相失的人，失必与之相随，所求自然难得。同样，与信相合同者，信必与之相随。如果统治者诚信不足，百姓就不会信而服之、信而任之、信而从之。故为人君者，必须以信取天下。

诚信的建立并非朝夕之功，需要在润物细无声的过程中慢慢显现和奠定。"飘风不终朝，骤雨不终日"，那些喜欢搞大动作、疾风暴雨似运动的领导者，是不可能真正建立诚信的。今天一个运动明天一个运动，今天刚建立明天就转变或放弃，这哪是诚信的表现呢？怀有私欲的运动，必然会以目标为导向，而不会以道、德为导向。

"诚信"是中国传统文化中一个非常重要的概念，"诚，信也"①"信，诚也"②（《说文解字》），古人认为，诚和信是一回事。儒家认为，信乃立国立民之根本，把"仁、义、礼、智、信"同列"立人"五德。《礼记·乐记》中讲"著诚去伪，礼之经也"③，认为礼的纲领、核心就是去掉伪饰而讲诚实守信，《左传》则说"信，国之宝也"④。孟子从其性善论出发，说"诚者，天之道也。思诚者，人之道也"⑤（《孟子·离娄上》）。北宋王安石更是用诗歌予以表述："自古驱民在信诚，一言为重百金轻。"⑥（王安石《咏商鞅诗》）

孔子对司契重要性的认识更不一般，《论语·颜渊》记载："子贡问政。子曰：'足食，足兵，民信之矣。'子贡曰：'必不得已而去，于斯三者何先？'曰：'去兵。'子贡曰：'必不得已而去，于斯二者何先？'曰：'去食。自古

---

① 〔汉〕许慎：《说文解字新订》（卷三），臧克和、王平校订，北京：中华书局，2002年，第145页。
② 〔汉〕许慎：《说文解字新订》（卷三），臧克和、王平校订，北京：中华书局，2002年，第114页。
③ 荀子：《荀子》（精华本），沈阳：万卷出版公司，2009年1月，第309页。
④ 余东海：《儒家文化实践史 先秦部分》，北京：中国政法大学出版社，2013年，第196页。
⑤ 殷学仁主编：《中华传统美德警句名言》，北京：中共中央学校出版社，2013年，第164页。
⑥ 张大可、丁德科主编：《史记论著集成》（第二卷），北京：商务印书馆，2015年，第492页。

皆有死，民无信不立。'"①他认为，立国三要素中，立信比足食、足兵都更为重要，人无信则国不立。

诚信的最高境界是什么呢？"所谓诚其意者，毋自欺也，如恶恶臭，如好好色。此之谓自谦。故君子必慎其独也。"②（《礼记·大学》）就是说诚信不仅是不欺骗别人，而且是连自己都不欺骗。不自欺的体现还在于必须"慎独"，"慎独即不自欺"，在有人监督时不欺人，在一个人独处时也不能自欺。"慎独"，就是纯而又纯的诚和信。想想也是，诚信不是做给别人看的，既为天道，则须时时谨守，须知人在做"天"在看，是做给"天"看而不是做给人看。

但西方对于诚信的认识与中国又有不同，随着契约社会理论的形成，他们把守约看作是诚信的表现。英国政治哲学家托马斯·霍布斯认为人性天然自私，不欺人是不可能的，不自欺那更是自欺欺人。要做到诚信，只有通过订立社会契约，才能真正去维护诚信，从而使人们谋求共同的利益。故守约是义，不守约是不义。从某种角度讲，这种遵守契约即诚信的思想，或许与老子的"有德司契"很为接近。

> 圣人常无心，以百姓心为心。善者吾善之，不善者吾亦善之，德善；信者吾信之，不信者吾亦信之，德信。圣人在天下怵怵，为天下浑其心。百姓皆注其耳目，圣人皆孩之。（《道德经》第四十九章）

老子认为，诚信主要来自"我"而不是别人，换言之，社会的诚信就主要来自"我"而不是其他人。"我"是什么？从《道德经》通篇来看，不仅仅是指"圣人"或自己，从圣人政治的思想来看更是指"上"。从今天的情况来看，甚至可能包括公众人物等有代表性、示范性、号召力的人物、角色。"我"要让别人学会诚信，关键还在于自身怎么做，是不是一以贯之地坚守诚信。从尊道守朴、不区别对待的思想出发，老子提出，圣人没有主观区分，不主观地认为谁信谁不信，也不提防着谁不信，一切以"百姓心"为心，更多地站在他人的角度思考问题，而着重于解决"我"的诚信问题。

让天下人都诚实守信的途径，也不在于对诚信的人进行奖励，对不诚信的人进行处罚，而在于一视同仁、始终如一地坚持诚信待人。即对善良之人和不善良之人都同样待之以善良，对诚信之人和不诚信之人都同样待之以诚信，这样一来，不仅善良者、诚信者统统认可你的善良和诚信，而且不善良

---

① 孔丘等著：《诸子百家》，沈阳：万卷出版公司，2009年，第34页。
② 张树国点注：《礼记》，青岛：青岛出版社，2009年，第285页。

者、不诚信者也会被善良和诚信感化，最终变得善良和诚信，最终天下就同德向善、天下尽信了。

先入为主似的信与不信的区分，并无任何好处。一是容易出现主观错误。以主观意志甚至是臆想为区分，会出现善者被认为不善、不善者被认为善、信者被认为不信、不信者被认为信的可能，这样一来会出现偏听偏信，就可能是鼓励不信打击诚信了。二是区别对待会使人们都变得不诚信。以善对善、以不善对不善、以信对信、以不信对不信，看似赏善罚恶，但实际上经常把自己变成了不善和不信，其他人就会跟着变得不善和狡诈。而以无分别心对待所有的人，始终以善、信对天下，天下人也就没必要使奸作伪了，因为不善和不信并不会给他带来任何特别的好处，善和信也不会带来什么特别的坏处，那么，还是老实本分地做一个善良和诚信之人吧。

老子认为，要从根本上解决诚信问题，就必须"圣人在天下怵怵，为天下浑其心。百姓皆注其耳目，圣人皆孩之"。圣人治理天下，不在于教导人们区分善恶然后赏善罚恶，而在于如何教导百姓坚守浑朴之心。当天下百姓分析何为善与信、不善与不信之时，圣人必须赶紧引导他们回复赤子般的浑朴状态，这样就不会因为私心杂念和非分欲望而生出不善与不信，也不会因为区别对待而失善和失信。"古之善为道者，非以明民，将以愚之"，目的正是为了避免"民之难治，以其智多"的尴尬局面。

"怵怵"，意思为朴素、无欲无求、对善信不加区别对待的浑朴状态。因为害怕分别之心反而形成不诚实之风，因此才致力于让百姓以浑朴存心。当百姓都凝神用耳目关注外界变化，观察其微妙变化而加以区别的时候，圣人却引导他们回复赤子般的浑朴状态，使其不产生区别对待的想法和行为。正因为百姓容易"皆注其耳目"，很容易产生分别之心，所以才有"圣人在天下怵怵"，害怕一不小心就变成了善者吾善之、不善者吾亦不善之，信者吾信之、不信者吾亦不信之的境地。

> 为无为，事无事，味无味。大小多少，报怨以德。图难于其易，为大于其细。天下难事，必作于易；天下大事，必作于细。是以圣人终不为大，故能成其大。夫轻诺必寡信，多易必多难。是以圣人犹难之，故终无难。（《道德经》第六十三章）

以无为的原则去作为，以不生事的原则去做事，这与以无味的原则去口味一样。老子用品尝味道来作比，使"为无为，事无事"的道理变得浅显易懂、平易近人。品味之时，心中无固定的口味要求，就能品出菜品真正的味道，如果以某一种口味的标准去品味，绝对是品不出其他美味来的。就好像广东人喜欢清而不淡、鲜而不俗、嫩而不生、油而不腻的粤菜，如果带着这种味感去品尝川菜，怎么都尝不出川菜之美。而四川人喜欢麻辣鲜香的川菜，如果他心理上抹不去这种味感，带着这种味感去品尝广东菜，那肯定会觉得广东菜寡淡无味。一个真正的美食家，他的心理上是没有任何味感的。所以，每一种美食入口，他都能品尝到其特点和妙处，也就享受了无数的天下美食。

这就告诉我们，不要带着主观标准去选择性地作为、做事，否则就容易产生做大事、难事而不愿意做小事和易事的心态，为了显能、显功就容易轻许诺言，实现不了时诺言就变成了谎言。既然要以信立国，那治国者就不能轻许诺言。轻许诺言看似给百姓多一些希望和目标，结果却必然是"轻诺必寡信，多易必多难"。轻易许诺的人必然缺乏信用，信誓旦旦的背后必然是不重视诚信。为什么呢？从概率来看，许诺越多就会失信越多，任何人都绝不可能百分之百地兑现诺言。更重要的是，许多事情看起来非常容易，但做起来却非常困难，往往是看起来越容易就越困难。所以，圣人始终充分估计容易的事情可能出现的困难，以小见大，以少见多，最终就没有困难或者能够克服困难。如果轻易就许下诺言，往往就会掉以轻心，对困难估计不足，最后把事情搞砸而失信于人甚至失信于天下。因此，诚信之要，在于不轻易承诺或许诺，此须谨记。

自古即有一诺千金之说，所以千万别以为承诺或许诺只是一句轻飘飘的话。有人会说，那我选择自己控制得住、容易的事情许诺，不就可以标榜自己的诚信了吗？其实，这种狡猾的智慧最后可能害了自己。事情之所以看起来简单，是因为矛盾求得了平衡。但正因如此，也就存在牵一发而动全身的可能，静时简单，动则会变复杂。而复杂的事情看似复杂，但因为矛盾已经尖锐化，矛盾的指向往往比较明确、集中，解决起来反而容易。只要主要矛盾一解决，次要矛盾反而容易解决或者一时不会为人所关注。所以，简单者，在简单的人看来简单，在特别重视诚信的人看来就复杂。

更重要的是，为什么有些为政者喜欢许诺呢？因为他有雄心壮志，走入了有为的境界，就必须去做一些大事以证明自己的能力和价值，想要别人记住这是他的功劳，甚至为此不惜夸大其词。为什么有些人许下的诺言最后不能实现？根本原因在于，他们往往是为了许诺而许诺。他们觉得，如果不多描绘一些目标，老百姓会认为他们没干事、不想干事。但承诺不能实现的后果是什么呢？是失信。信之不存，何以立人、立政？当百姓不再相信你的承诺，甚至把你的承诺当笑谈时，那你的地位就岌岌可危了。

以此出发，老子就告诉我们科学的做事方法，那就是不要追求有为，不要为了有为而生事。要想攻坚破难，就必须从容易处、容易时着手；要想成就大业,就必须从小事、细节做起。圣人之所以最终能够成就大业,不是因为他一上来就做大事,恰恰是因为他始终不去做什么大事,最终才能自然成就大业。从容易的事情做起,从小事做起,不是畏难情绪,不是没有追求,恰恰是极其重视诚信的表现。否则,一许诺,一发热,三板斧过去,自己就很尴尬了。

> 信言不美,美言不信。善者不辩,辩者不善。知者不博,博者不知。圣人不积,既以为人己愈有,既以与人己愈多。天之道,利而不害;圣人之道,为而不争。(《道德经》第八十一章)

生活告诉我们,真诚的言辞其实不会华美,华美的言辞不会有真正的诚信。善良的人不会去巧辩,巧辩的人也不会有真正的善良。有真知的人不会追求泛学博采,泛学博采的人不会有真知。其中道理非常简单,诚实的人想什么就说什么,说什么就做什么,目的简单,言必由衷,绝不会拐弯抹角地用华美的辞藻装饰自己的语言。而那些用华美的辞藻装饰自己语言的人,就很可能是言不由衷,甚至可能是包藏祸心。不自然的言辞,必有不自然的目的,"美言",往往就表明他已经离开了诚实,哪里还指望他可能守信呢?

同理,善良的人必是"利而不害""为而不争",不会注重身外名利,就不会为了推诿过失而去巧言辩解。一旦开始巧辩,就说明他开始注重另外的东西了,要么开始炫耀自己的才智,要么以辩推责或加害于人,不善之因即已深种其中。正如"大巧若拙,大辩若讷",看似朴拙往往暗合大巧,看似木讷的言辞方为大辩,那些选择华美、巧辩者,离开了真正的诚信和善良,最终必然一无所获。

"知者不博,博者不知",其实这就是我们平常所说的专与博的关系。有些人广闻博采,看似博学多知,其实没有深悟,所以难有真知,或者看起来知识丰富却不可能明道。有些人朴拙木讷,不浪费精力在众多领域的学习上,专一的结果就是深见真知。当然,有真知的人就不会动不动与人争辩,只有那些没有真知灼见的人,才会处处与人争辩,以显示自己的博学多才。一个人的生命和精力都是有限的,只有将有限的生命和精力投入到有限的领域中,才可能得到真正的真知,才可能最终真正体悟大道。

有一个故事很有意思,也很能说明有德司契、信言不美、善者不辩这些观点。2014年4月29日,湖北咸宁实验小学分管学生德育工作的副校长,为了兑现与学生"如果学生不在希望桥和校园乱扔垃圾,就和小猪亲嘴"的承诺,在升旗仪式上当众与重达四五十斤的猪仔接吻,一时成为新闻人物。现场学生大笑不已,许多老师跑上前去拍照,视频和照片还被发到了网上。社会上对此出现了多种看法，有学生在网上留言说"言出必行，赞一个"，一些网友还称之为"中国好校长"，但也有人说欢乐的背后是德育的落寞。[①]

究竟应该怎么看待这个问题？从老子的角度看，这个"超级玩笑"既不值得批评，更不应该嘲笑，故事的背后是典型的"有德司契"。校长做了承诺，就好像法律上的发出要约，学生们一起哄就算是接受了要约，这就形成了一个契约，再荒唐也是一个契约。正因为荒唐、难为情，洪耀明校长才被所有的学生关注着。是否履约，决定了学生们对他的态度，更决定了学生们以后对待契约的态度，往大了说也就决定了我们整个社会未来的信用程度。幸好洪校长没赖账，这么荒唐、难为情的契约他都坚决履行，虽让学生们看了笑话，反而让孩子们受到深刻的教育，形成非常深刻的印象——言出必行！

试想一想，洪耀明校长其实可以辩解，要是一般的人肯定也会从讲卫生、讲文明、讲形象等各方面进行美言之辩来赖账，而且同学们大多也能谅解。但是他没有，而是让这个"超级玩笑"落到了实处。这样一来，虽无美言却有诚信，学生们每次想起这个玩笑时也就会想起"不乱扔垃圾"的承诺，逐渐地就会培养起尊重契约、言出必行的美德。"司契"绝对可以给社会正能量，洪耀明是不是真的达到了圣人境界还不敢说，但他以这一行动表明他认识到了"司契"对教育的重要性，在这个信用缺失而又不重视诚信教育的社会，极为难能可贵。那些说这是德育的落寞的人，自以为很高大上，其实境界却差得太远太远。

4．鱼不可脱于渊，国之利器不可以示人

> 将欲歙之，必固张之；将欲弱之，必固强之；将欲废之，必固兴之；将欲取之，必固与之。是谓微明，柔弱胜刚强。鱼不可脱于渊，国之利器不可以示人。（《道德经》第三十六章）

鱼儿不能离水，否则必死无疑。因为鱼在水里可以借水之柔弱显己之柔弱，到了陆地上则其弱尽消，刚强得显，死矣。同样，治理国家也应该以柔弱胜刚强，切忌以强凌弱、以暴制暴。所以，刑罚政令这些国之利器不能轻易拿出来吓唬人民，否则将激起民变，这与鱼不可脱于渊是一个道理。人民是什么？民为国之本，是让"鱼儿"得以生存之"水"，是统治者生命和活力的源泉。鱼儿离开了水就没有鱼了，水离开了鱼还是水，鱼怎么能去威胁水呢？

[①] 中新网：《小学副校长兑现承诺和小猪亲嘴，网友纷纷点赞》，2014年4月29日，http://finance.chinanews.com/life/2014/04-29/6118820.shtml。

"国之利器不可以示人"这句话的解释,存在各种分歧。有的说是国家的"重要方略",不可以轻易泄露;还有的说是国家必须有利器,但要防止为人所图,故宜深藏不露;甚至有人说是圣人,不能轻易让人知道有这么个圣人。庄子就说:"故曰:'鱼不可脱于渊,国之利器不可以示人。'彼圣人者,天下之利器也,非所以明天下也。"①(《庄子·外篇·胠箧》)但是,本书认为,用于战争的利器不轻易示之于人,这肯定也是题中应有之义。对外来讲,这些东西随便示之于人,不是引来羡慕嫉妒恨吗?你天天炫耀尖端科技和武器,大国以下小国和小国以下大国就成了空想,世界或者你所生活的场域会因此变得波动甚至惶惶不安。但老子最主要的本意,还是指带有强制性尤其是暴力性的国家机器不能轻易示之以百姓,否则就远离了柔弱胜刚强之道。以利器示人,则使自己处于张、强、兴;长期以利器示人,则使自己固张、固强、固兴,最终的结果可能是自己的歙、弱、废。要想获得百姓的拥戴,就不能拿法律政令尤其是暴力机器来吓唬人、惩治人,只有道德的"怀柔"方可安民。这样的解释,可能更符合老子无为而治、柔弱胜刚强、利万物而不争等思想。同时,"示人"不仅指展示、呈现之意,还有炫耀的意思,就是说国之利器更不能随便拿出来炫耀,炫耀就更是一种强硬的行为,也是远离道德的行为。

在这里,老子实际上又指出了政府和民众的关系,"鱼不可脱于渊"与唐太宗所说"水则载之,水则覆之"是同一个道理,中国共产党提出的"军民鱼水情",则是形象的阐释和正确的运用。所谓国之利器,无非就是法律、政令、军队和司法机关这些东西,最常见的可能是法律和司法机关,更进一步才是警察、军队,与道德这个"柔器"相比,具有强制、刚强的一面,堪称利器。如果经常以利器示人,拿法律和刑罚来吓唬老百姓,就是站到了百姓的对立面,老百姓哪里会拥戴你?

国之利器轻易示于人会有什么后果呢?对社会来讲,就是"法令滋彰,盗贼多有",因为忌讳太多了,只有想方设法来避免处罚。对示人者来讲,也未必是什么好事。试想一下,如果谁能抓到什么权力就用什么权力,拿到什么国之利器就以什么利器去伤人,结果损害的是什么呢?是国之利器本身,是国之利器的拥有者和使用者,是国家的形象和社会运行的规则。当然,也还有一个问题需要注意,国之利器自然也是政府"损有余而补不足""辅万物之自然"的护道工具,不能轻用不等于绝对不用,绝对不用就陷入了另一种"物壮则老,谓之不道"。有余者不损之,不足者不补之,社会同样会乱套。

---

① 李安纲编著:《南华经》,北京:中国社会出版社,2004年,第138页。

所以，国家该不该有利器？该有，但得藏着掖着，不可以轻易示人，更不能随随便便拿出来对付老百姓。老子对于"法令"的认识，同样始终根植于"上善若水，水善利万物而不争"、柔弱胜刚强的天道，是对以德治国的重要补充。

5. 夫代大匠斫者，希有不伤手矣

> 民不畏死，奈何以死惧之。若使民常畏死，而为奇者，吾得执而杀之，孰敢！常有司杀者，夫代司杀者，是谓代大匠斫。夫代大匠斫者，希有不伤手矣。（《道德经》第七十四章）

死，是人生自然而又必然的归宿，老百姓本来并不害怕，但有些人就偏偏喜欢拿死来威胁他们。为什么又能够以死威胁呢？因为这是非自然的死亡，比如严刑峻法、重税苛捐等，会导致百姓饥饿而死甚至生不如死，这才是他们害怕的。何况，能生谁又愿轻易去死呢？而无道的统治者恰恰喜欢拿这些东西来威胁百姓。其实，到了这样的时候，那些刑罚即便再严再酷又有何用？无非就是摆设而已，天下必然大乱。可见，用死来威胁百姓者就不是什么好东西。所以，老子说，如果有谁经常想方设法让百姓感到害怕，甚至以死亡威胁百姓的人，一定把他抓起来杀掉，这样看谁还敢乱来！本来上天自有惩恶之责，正所谓"天网恢恢，疏而不失"，如果以人代替天道"专司"而去杀人，就是越俎代庖，就好像代替高明的木匠去砍木头，而想要代替高明的木匠去砍木头，很难不伤到自己的手。

这话是什么意思？还是说的国之利器不可以轻易示人，更不能轻易拿出来吓唬百姓。真正应该受到惩罚的人，你不杀他老天也必然容他不得。既然如此，统治者又何必动不动就拿死亡来威胁人呢？这样子很容易伤及自己。对于法律这些暴力工具，正是"使民常畏死"的东西，某种角度讲是惩百儆百，而不是像天道那样的杀一儆百。因此，除了需要杀一儆百以昌天道非用不可之外，或许道德教化的作用会更大、效果会更好。

民不畏死，必有其因。要么是民不聊生难有未来，只能以身犯险；要么是政烦刑酷，法令滋彰之下必然盗贼多有，一个不懂法律或者难以搞清楚法律的人，随时都面临着成为"盗贼"甚至死亡的威胁。既然随时都面临着惩罚，害怕又有何用？因此，老子认为，这时候应该解决的不是用什么法律、惩罚措施来管束、惩戒百姓的问题，而是谁以死亡威胁百姓，"我"得执而杀之，看谁还敢让百姓面对死亡的恐惧！注意，是要杀掉那些让百姓畏死者（官员）而不是百姓，这是对重刑不重道的官员最严厉的警告。

"常有司杀者"中的"常",即上天、天道、天理等意思。天道永恒,无处无时不在,故名"常"。"天行有常,不为尧存,不为桀亡。应之以治则吉,应之以乱则凶。强本而节用,则天不能贫;养备而动时,则天不能病;循道而不忒;则天不能祸。"①(《荀子·天论》),它是自然和人类社会最终命运的决定者。既然天道掌管着生杀,统治者又何必拿死去威胁、控制百姓呢?以道化人、德主刑辅才是正道,让百姓免受天道的严惩才是一个统治者道德的体现。而且,越是矛盾尖锐之时,越要注意"国之利器不可以示人",否则很容易激化矛盾而弄巧成拙。"而为奇者"中的"奇",则是与"以正治国"中的"正"相对的概念,指不合正道的奸伪伎巧。

老子说的有没有道理?不管你信不信,反正我是信了,事实上许多国家都信了。老子这一思想在当时及以后的社会中应该说都得到了很好的印证。世界上无论哪个民族和国家,曾经都有过凶残的死刑制度,中国的五马分尸并非极致,千刀万剐或许可以上榜。其中有一个明显的现象,当政权者越是喜欢运用严酷的刑罚,社会矛盾越发尖锐,维持统治的时间越短,的确好像是天要令其灭亡,必先令其疯狂。几乎没有任何一个国家能够靠残酷的刑罚,靠酷刑传导给百姓的恐惧维持长期的统治。以暴未必能制暴,但肯定会易暴。

到了近代,人们对死刑制度有了新的认识,一方面推动死刑制度改革,改极端残暴的死法为枪决、注射、电击等相对较为温和的方式,另一方面开始推动废除死刑制度,如今废除死刑似乎已经成为一种潮流。在废除死刑的大潮中,恰恰是原来最喜杀戮、死刑方式最残酷的欧洲始终站在前列,并且成为全球倡导废除死刑的领头羊。据刑法学者刘仁文教授2016年的统计,世界上有70%以上的国家和地区已在法律上或事实上废除了死刑。其中,美国有17个州已经废除死刑,还有33个州保留死刑。②

中国取折中主义,虽未完全废除,但已经开始严格控制死刑的适用。2010年我国最高人民法院出台了《关于贯彻宽严相济刑事政策的若干意见》,明确规定要依法严格控制死刑适用,要准确理解和严格执行"保留死刑,严格控制和慎重适用死刑"的政策,提出要统一死刑案件的裁判标准,确保死刑只适用于极少数罪行极其严重的犯罪分子;对于罪行极其严重,但只要是依法可不立即执行的,就不应当判处死刑立即执行。此后死刑的判决和执行明显越来越严、越来越少,这可以说是一个非常明显的进步。

其实,中国传统文化中还有一个盛世施仁政、乱世用重典的思想,而且持

---

① 孔丘等著:《诸子百家》,沈阳:万卷出版公司,2009年,第100页。
② 搜狐新闻:《哪些国家是废除了死刑的》,2016年1月25日,http://news.sohu.com/20160125/n435741812.shtml。

这样观点的人还不少，认为德正本、法治标，德法皆仁则标本兼治。《周礼·秋官·大司寇》中讲："一曰刑新国用轻典，二曰刑平国用中典，三曰刑乱国用重典。"①虽然有重典可以和大怨、平大乱，甚至有升平之世用重典也可以防微杜渐的思想，但总体来讲还是以宽严相济为主流。如孔子认为："政宽则民慢，慢则纠之以猛；猛则民残，残则施之以宽。宽以济猛，猛以济宽，政是以和。"②（《左传·昭公二十年》）"张而不弛，文武弗能也；弛而不张，文武弗为也。一张一弛，文武之道也。"③（《礼记·杂记下》）《左传》还引用《诗经》的话说："'民亦劳止，汔可小康；惠此中国，以绥四方。'施之以宽也。'毋从诡随，以谨无良；式遏寇虐，惨不畏明。'纠之以猛也。'柔远能迩，以定我王。'平之以和也。又曰：'不竞不絿，不刚不柔，布政优优，百禄是遒。'和之至也。"④这些都体现的是明德慎罚的思想，但与老子可能区别较大。按老子的思想，世道越乱越显出道和德的重要性，非道、德不能使其回复正道和自然。

虽然德主刑辅、宽严相济是主流，但乱世用重典的案例也并非没有，结果如何呢？可以说，重刑治世的教训可谓历历在目。《汉书·刑法志》讲道："至于秦始皇，兼吞战国，遂毁先王之法，灭礼谊之官，专任刑罚，躬操文墨。昼断狱，夜理书，自程决事日县石之一。而奸邪并生，赭衣塞路，囹圄成市，天下愁怨，溃而叛之。"⑤这就是法治的后果，执法者昼夜辛苦反而刑徒塞路，天下愁怨，民众溃而叛之。可见，化心比罚刑更重要，化心为本，罚刑最多只能为辅。

朱元璋也是"乱世用重典"的典型，但同样未能真正解决问题。元末明初，社会动荡，民不聊生，犯罪现象十分严重，朱元璋提出"吾治乱世，非猛不可"⑥（《明大诰》）。他制定了《大明律》，为了重点惩治官吏犯罪，还特别实行"重其所重"的原则。他将亲自审理的案子汇编，并配以言论，形成了《明大诰》。《明大诰》无疑是典型的国之重器、利器，其效力在《大明律》之上，处罚也比《大明律》要重。《大诰》使用了很多法外酷刑，罗列族诛、凌迟、枭首案例几千件，斩首、弃市以下罪案例万余种，其中酷刑种类有族诛、凌迟、枭首、斩、死罪、墨面文身、挑筋去指或去膝盖、断手、斩趾、

---

① 崔高维校点：《周礼·仪礼》，沈阳：辽宁教育出版社，1997年，第64页。
② 蒋冀骋标点：《左传》，长沙：岳麓书社，1988年，第297页。
③ 张树国点注：《礼记》，青岛：青岛出版社，2009年，第189页。
④ 蒋冀骋标点：《左传》，长沙：岳麓书社，1988年，第297页。
⑤ 辛子牛：《汉书刑法志注释》，北京：群众出版社，1984年，第32页。
⑥ 程继隆著：《激浊扬清 习近平引经据典论廉政》，北京：中国方正出版社，2015年，第9页。

刖足、阉割为奴等数十种。①

为了惩治贪官污吏，朱元璋还创造了"群众路线"，规定普通百姓只要发现贪官污吏，就可以把他们绑起来，送京治罪，而且路上所有的检查站必须放行。有敢于阻挡者，不但要处死本人，还要株连九族！这在中国法制史上绝无仅有。同时，朱元璋还在全国各地遍布耳目——检校，一旦发现官员有贪赃枉法等问题即可上奏。

在朱元璋实施的刑罚中，最有名的莫过于凌迟，就是把人绑在柱子上，用刀慢慢割，直到死亡为止。如果行刑的人技术好，那受刑者就要受苦了。据说最高纪录是割了3000多刀，把肉都割完了人还没死。除此外，还有所谓抽肠、刷洗（用开水浇人，然后用铁刷子刷）、秤杆（用铁钩把人吊起风干）、阉割、挖膝盖等。不要说加之于身，想想都让人不寒而栗。

如此重刑，贪官污吏应该绝迹了吧？非但没有绝迹，反而更多了。就像是为了享受一下空前绝后的死亡艺术一样，官员们仍然前腐后继，活像一群敢死队，成群结队地走到朱元璋的刑具下，杀完一批又来一批。朱元璋急眼了，于是颁布了更严厉的法令：我想杀贪官污吏，没有想到早上杀完，晚上你们又犯，那就不要怪我了。今后贪污受贿的，不必以60两为限，全部杀掉！就是这样都还没能止住，反倒是官员越来越少。自明朝开国以来，贪污不断，朱元璋杀不尽杀。据统计，因贪污受贿被杀死的官员有几万人。到洪武十九年（1386），全国13个省从府到县的官员很少能够做到满任，大部分都被杀掉了。以致出现了这样滑稽的记录：该年同批发榜派官364人，皆为进士监生，一年后杀6人，戴死罪、徒流罪办事者358人。②

重刑为什么不能使世治反而导致世乱？因为，"苟不能化其心，而专任刑罚，民失义方，动罹刑网，求世休和，焉可得哉？"③（《三国志》）清末法学家和法律改革家沈家本对问题看得十分透彻："稔恶之徒，憨不畏死，刀锯斧钺，视为故常，甚至临市之时，谩骂高歌，意态自若，转使莠民感于气类，愈长其凶暴之风。"④所以，他认为"化民之道，固在政教，不在刑威也"⑤（沈家本《历代刑法考》）。不化其心，单纯的罚刑既难治标，更不能治本。重典乃国之重器、利器，作为威慑或许可以，但要经常拿出来使用，就是问题了。重典可以治人，但难治世，反而可能乱世。"夫代大匠斫者，希有不伤手矣"，

---

① 蒋来用：《法学的故事》，北京：中国法制出版社，2015年，第110—111页。
② 麻辣摇滚：《我的明帝笔记》，北京：中国旅游出版社，2012年，第17—18页。
③ 陈寿：《三国志》，武汉：崇文书局，2009年，第184页。
④〔清〕沈家本：《历代刑法考》（四），北京：中华书局，1985年，第2061页。
⑤〔清〕沈家本：《历代刑法考》（四），北京：中华书局，1985年，第2025页。

杀戮太重，不是伤手的问题，恐怕是伤根的问题。因此，"若使民常畏死，而为奇者，吾得执而杀之"，老子一点没说错。

6. 民不畏威，大威至矣

民不畏威，大威至矣。无狭其所居，无厌其所生。夫唯不厌，是以不厌。是以圣人自知，不自见；自爱，不自贵。故去彼取此。（《道德经》第七十二章）

如果百姓不再畏惧"国之利器"的威权、威慑，那么，对于君主、国家、政府来说，真正的、最大的威胁就来临了。第一个"威"是指权威、威慑，正是"国之利器"的代指。第二个"威"，准确地说是威胁、祸患。什么威胁、祸患呢？天道有失，民心思背。国之利器轻易示人，有事没事拿出来咋呼一下，老百姓觉得没法平静地过日子，就会不再畏惧。更进一步，如果都生出"头掉了不过碗大个疤，二十年后又是一条好汉"的思想，这时候天道就要出来显灵了，这不就是最大的威胁吗？这时候，"常"司杀的对象可能就是统治者本身了，革命就是这样出现的。革命，其实就是"天诛地灭"，当然就是最大的威胁、祸患了。

所以，法令滋彰，国之利器轻易示人，于统治并无什么好处。真正明白这个道理以后，统治者的工作重点就会放在不使百姓居无其所、生计难求。狭其所居，字面意思为百姓住房太小；厌其所生，字面意思为百姓厌恶自己的生活。综合起来，就是基本生活条件太差、水平太低，甚至活不下去。如果老百姓能够安居乐业，不厌恶自己的生活，当然就不会讨厌统治者。圣明的统治者有自知之明，所以不会自我显耀；懂自爱之道，所以不会自命尊贵。为什么呢？自我显耀者，轻则以财富压人，重则以权威示人。自命尊贵者，轻则以权威示人，重则以国之利器示人。

国之利器用多了，老百姓反而不会害怕，甚至会生出豁出去的心态，这时候统治者的"大威"就来了。这时候，"夫代大匠斫者"想要不伤自己的手，就很难很难，而且绝对是"勇于敢则杀，勇于不敢则活"。应该怎么办呢？只能回到老子所说的"无名之朴"。化而欲作之时，镇之以无名之朴，则不欲以静，天下将自定。这样的统治者当然没有必要法令滋彰，也没有必要国之利器示人，才会"处上而民不重，处前而民不害，是以天下乐推而不厌。以其不争，故天下莫能与之争"，才会"不争而善胜，不言而善应，不召而自来"，或者像孔子所说的"为政以德，譬如北辰，居其所而众星共之"。

"天之道，损有余而补不足；人之道则不然，损不足以奉有余。孰能有余以奉天下？唯有道者。"（第七十七章）法令的性质和作用，正是体现着国家或政府的性质和作用，如果国家有道，则法令必须是道德的最好体现。如果国之利器不是统治者实现个人利益和欲望的工具，而是用来损有余而补不足、以有余奉天下，不仅不会给统治者带来大威胁，还会带来大威望。也就是说，国之利器一旦示人，就必须体现损有余而补不足的作用，以此证明这个国家和政府有道，这才叫用得其所。

人们常说"法律无情"，其实未必准确。在公平执法这方面没有任何商量的余地，必须严格遵从规定，不能因人情而异，但就法律的总体目标来讲，绝对应该是无疆大爱的体现，它必须体现替天行道、锄强扶弱、除暴安良的天道。执法者无情，只能是体现在坚定地执行损有余而补不足的天道。这样一来，无情中却又体现出了锄强扶弱、除暴安良的拳拳深情，这样的执法者才是百姓的保护神。如果执法者对有钱有势者有情，对无钱无势者无情，那是真的无情；或者法律严苛，让人无法悔过自新，那其实也已经陷入不道之境。总之，法令必须体现上天好生之德，才是良法、善法。

那么，法治的损有余而补不足怎么体现呢？一方面，是政治、社会生活中的惩治强梁，不使强梁者为祸政治生态和社会生态。还有经济生活中的惩治强梁，不使强梁者破坏经济生态。另一方面，法治必须坚定不移地体现对弱小者的保护和扶助，使百姓"无狭其所居，无厌其所生"，使国家的职能得到真正体现。只有损有余和补不足并行不悖，才能实现"辅万物之自然"的根本目标。

第十五章

谋于未起　终不为大

老子的无为而治之所以很不遭人待见，其中一个很重要的原因，就是他不鼓励人们做大事情。他认为，做大事情是主观意志的体现，是为了某种目的而有为，最终会因为破坏"自然"而坏了大事。这就与通常的为政理念极为不合，通常认为，有为才有位、有位必有为，于是所有的官员为了有位而努力有为，因为有位而必为，认为这才是一个官员应有的社会形象。于是，反过来就认为老子是在其位不谋其政，居其职不履其责，是一种不负责任、没有追求的表现。

这就真是冤枉老子了，老子并非简单地反对人们做大事的愿望，而是认为不能追求个人主观理想中的大事，必须以自然成就为理想状态，同时认为大业必须通过小事来成就，不能也不可能通过人为的大事来成就。妄图通过做大事来成就大业是痴心妄想，不但不能成就大事，反而会坏了大事，这就是他所讲的"圣人终不为大，故能成其大"。所以，老子反对做大事，本质上是反对以大谋大的思想。

1．圣人终不为大，故能成其大

> 为无为，事无事，味无味。大小多少。图难于其易，为大于其细。天下难事，必作于易；天下大事，必作于细。是以圣人终不为大，故能成其大。夫轻诺必寡信，多易必多难。是以圣人犹难之，故终无难。(《道德经》第六十三章)

老子在这里提出了两个十分重要的观点。一是"圣人终不为大，做能成其大"，在第三十四章中也讲到"圣人终不为大，故能成其大"，意思是圣人始终不刻意去做什么大事，所以最终反而能成就大业。二是"圣人犹难之，故终无难"，那些看起来非常简单容易的事情，往往潜藏着许多意想不到的困难，所以圣人从来都慎重对待小事、易事，因此也就从来不会遇到大的困难和灾难。乍一看这是在说做事的方法和理念，其实老子说的也是社会管理的方式，是成就丰功伟业的方式，最终的落脚点还是在于"为大"，而且是没有忧患之大。

"图难于其易，为大于其细；天下难事，必作于易；天下大事，必作于细"，"圣人终不为大，故能成其大"，不正是在讲政府或官员的职责、工作内容吗？这话告诉我们：政府不在于做大事，也不应该去做什么大事，做好小事就够了；政府官员们日常工作就是做小事，做成就"自然"的小事；做好了小事则大事自然而成，这是顺理成章的事情；通过做小事成就的大业，不会发生任何灾难，会是真正可持续、稳健的发展。

根本的问题在于"终不为大"，对于那些雄才大略、目标远大的人来说，说他只能、必须做小事，那是万万难以接受，会被憋闷死。一则会认为无异于讽刺，就好像说他们做不了大事一样。二则难以体现他们的能力和成绩，能够体现能力的过程或结果对他们具有强大的吸引力。甚至过程重于结果，只要整出足够的动静就好，至于结果是什么，由谁去承担结果，不是我或我这一届所需要考虑的，即使有不良后果也难免一搏。所以，要他们"终不为大"，那不等于终结他们的政治生命吗？

一句"故能成其大"，可以让所有的顾虑都抛开，老子恰恰是在教人如何真正做成大事，并且还要避开风险。"终不为大"是始终"为大于其细"，小事是大事的一部分，做小事正是成就大业的过程。正因为这样，反而应该"大小多少"，即视小为大，视少为多，每见小事必努力为之。把小事做好，把细节做好，才能最终成就大事，这是一个必然的规律。这样一来，哪里还有什么大事可做呢？看起来只是做了一些小事，甚至是不起眼的事，但自然而然之中却成就了大事。

细思之下，"终不为大，故能成其大"或许还意味着，尽想着做大事、经常做着大事者，最后反而可能难以成就大事。原因也很简单，眼里只有"大事"没有小事的人，给人的感觉肯定是小事都做不好，可能连做"大事"的机会都难以得到。再者，只做"大事"不做"小事"，"小事"必然累积成"大事"，这时候倒是有"大事"可做了，但"大事"却非好事，"大事"的制造者也正是其本身。所以，一心想做"大事"的人，即便做成了所谓的大事，也未见得是真正的、社会和人民需要的大事。那些"大事"，不过是他们个人欲望的外化，非但不能"取天下"反而会乱天下，大事做得越多乱得越厉害。

但是，"自始至终"都不能追求做大事，是非常困难的一件事情，需要时时克制自己的欲望。"民之从事，常于几成而败之。慎终如始，则无败事"（第六十四章），"化而欲作，吾当镇之以无名之朴。……不欲以静，天下将自定"（第三十七章），说的就是这个道理。一旦克制不住私欲开始做大事，可能就真会出大事了。之所以拣容易的事情做，并非畏难退缩，而是认为就得从一个个容易的事情做起，必须"为之于未有，治之于未乱"，这样才能让事情不向困难的方向发展。之所以拣小事做起，是因为必须将小事做好了才可能成就大事，否则反而会坏了大事。就像万丈高楼，其质量的控制就在于最初的一砖一瓦一木一袋水泥，否则哪来最后的大楼？即便修起来也会垮掉。

那么，所谓的大事是谁做的？是普通人做的，是那些所谓的英雄、伟人、能人做的，或者说是野心家做的，它是"人之道"的产物，绝不是圣人该做的。圣人最终"成其大"的"大事"是哪些呢？是那些找不到具体功臣，不知道是谁做成的，"功成事遂，百姓皆谓我自然"的事情可能就是圣人成就的大事。所以，对为政者来说，小事才是大事，小到老百姓都不愿意做的事情才最大。比如，市场经济下赚不到钱的事情就是小事情，老百姓都不会愿意去做，但这样的事情恰恰可能最大。

这话太有意思了，当然也让人难以理解，政府和官员如果不做点大事，还要政府和这些官员做什么？人们一般会认为，百姓就是做小事，做不了的大事才需要政府集中财力、人力来做，这是政府的天职。两者几乎可以说完全相反。那么试想一想，"大政府"是怎么形成的呢？就是因为要做大事。如果只做小事，还需要这么多官员吗？搞成一个庞大的政府，这本身不就是生事吗？官员一多，取之于民者，就只能用之于官，社会矛盾必然出来。官员都想着做大事，必然天下多事，百姓不堪其扰。

所以，我们通常认为的大人物做大事、小人物做小事，政府做大事、老百姓做小事未必正确。如果反过来，大人物、政府潜心小事，最终也没有大事可做。结果，就是天下无事、无为而治。所以，圣明的为政者都应该坚定不移地抓小放大，而不是抓大放小。因为深明"圣人终不为大"的原因，所以老子告诫我们："夫轻诺必寡信，多易必多难。是以圣人犹难之，故终无难。"不要轻易许什么诺言，不要轻易提出什么宏伟目标，哪怕是看起来非常容易的事情！想想看，那些经常把胸膛拍得山响的豪言壮语者，有几个是真正值得你相信的人？恰恰是那些把小事情看得很重，一心一意专注于小事，害怕小事没做好影响大业自然成就的人，才值得真正信任。

治人事天与治病救人并无不同，《黄帝内经》里说："圣人不治已病治未病，不治已乱治未乱，此之谓也。夫病已成而后药之，乱已成而后治之，譬犹渴而穿井,斗而铸锥,不亦晚乎?"①当人已病之时,其实身体机能已经紊乱,要调理回来已经相当困难,就是调理回来也已经变得脆弱,很容易再生病甚至大病。所以,如果一个人整天忙着做大事,不注意身心的休养生息,很可能出师未捷身先死,又有何用?社会同样如此,如果一个社会整天忙于做大事,得不到休养生息,同样会生病,这样的轰轰烈烈又有何用?更重要的是,刻意而为的伟业,根本就难以成就。即便看起来勉强成就了,或许已是失道之业。为之于未有,治之于未乱,以做小事成就大事,正是道之所藏、民心所向,比之欲以做大事而成就大业者,又不知高明多少倍了。

小事做好了,大事自然成;小事不愿做,大事必被误。历史上既有论述,也有许多例证。明朝时辅佐万历皇帝开创"万历新政"的内阁首辅张居正,在《答云南巡抚何莱山论夷情》中说:"究观近年之事,皆起于不才武职、贪黩有司及四方无籍奸徒窜入其中者,激而构煽之,星星之火,可以燎原。"②毛泽东在《星星之火,可以燎原》里写道:"这里用得着中国的一句老话:'星星之火,可以燎原。'这就是说,现在虽只有一点小小的力量,但是它的发展是会很快的。"③"星星之火",张居正指的是点点滴滴未能得到解决的问题,或者未能得到化解的社会矛盾,就是不断积累的社会的"蚁穴"。毛泽东则指不断聚积和发展的点点滴滴的力量,就是削弱统治者的希望,最终会形成烧灭统治者的燎原大火。

哲学上的量变质量规律告诉我们,"终不为大"有其科学性。当量变达到一定程度以后,事物内部的主要矛盾就会发生根本性的变化,事物就可能会发生质的改变。圣人之所以终不为大,就是害怕社会矛盾从量变进入质变,变成不可收拾的大事。同时,又要让有利人和社会发展、百姓幸福的小事不断积累,通过量变到质变而自然成就大事大业。这样,虽然永远不会有大事可做,但大业反而在小事从量变到质变的过程中自然成就。

那么,那些被毁坏掉的大业是被谁坏了呢?不是别人,正是自己;不是因为小事做多了,大事做得不够,而是因为大事做多了,小事做少了。中国历史上第一个大一统王朝——秦朝,是最短的一个朝代(公元前 221 年—公元前 207 年),也是做大事不做小事而坏了大业的典型。秦灭六国、统一天下以后,不是"修文德以来之",而是立即做了许多更大的事情,北击匈奴、南定百越,使炎黄版图达到历史性的 360 万平方公里;取消分封制,建立郡县

---

① 徐文兵、梁冬:《黄帝内经·四气调神》,南昌:江西科学技术出版社,2013 年,第 321 页。
② 化长河、宋卫琴主编:《精言撷品》,郑州:河南人民出版社,2012 年,第 286 页。
③ 化长河、宋卫琴主编:《精言撷品》,郑州:河南人民出版社,2012 年,第 286 页。

制,使全国之权集于一人;焚书坑儒,统一思想;修筑万里长城;等等,无一不是"名垂青史"的大事。结果,大事做得太多,漏洞也就越多越大,结果十四年而卒。所以,"灭六国者,六国也,非秦也;族秦者,秦也,非天下也。"①(杜牧《阿房宫赋》),"一夫作难而七庙隳,身死人手,为天下笑者,何也?仁义不施而攻守之势异也。"②(《过秦论》)

"千里之堤,溃于蚁穴"。建千里之堤,人之所欲也。但是,如果我们只重视建千里之堤,而不重视小小的蚁穴,最终什么堤也不会有,欲修其功而不可得。可见小事有多重要,小事比大事更重要,必须"大小多少"!大事就让别人做去吧,别人都不愿意做的小事,就让政府和官员来做好了。把这些小事做好,就是把天下的漏洞都补上了,政权不就更牢固了吗?

> 大道泛兮,其可左右!万物恃之而生,而不辞,功成不名有。爱养万物而不为主,常无欲,可名于小;万物归焉而不为主,可名为大。是以圣人终不为大,故能成其大。(《道德经》第三十四章)

大道无处不在,可左可右。万物皆因之孕育而生,它并不擅加干预,大功告成它也不居功。哺育万物而不加主宰,永远没有任何干预和主宰的欲望,这种状态看起来非常渺小。但从另外的角度来看,它保护了万物的自然生养,却不加以主宰,这又是大。正是以其无比博大的胸怀、强大的包容性让万事万物自然生养、成就和归附,从而成就其自身的伟大。由此可见,道虽然博大无比,但全做的是小事,全是不起眼、没有任何动静、别人不见其功劳的小事,却正是因为小事做得多、做得好而成就了万事万物,并最终自然而然地成就了其自身的大业和伟大。

在这里,老子实际上指出了大道甘于小事的两个思想基础:一是功成不名有,即没有建功立业的主观愿望。很难想象一个总是梦想着成功,或成功以后可得其名利的人能够甘于做小事,这样的人非但不愿意做小事,而且总想做超越别人的大事,还希望能快见事功。小事虽然可以积德,事物可以自然而成,但他是万万等不及的,因为自然而成他可能难享其名其利,或者轮不到他来享其名利。二是爱养万物而不为主,万物归焉而不为主。同样很难想象,如果总是幻想着主宰事物进程和命运的人会甘于做小事。如果有了主宰世界的欲望,就需要一切尽在掌握之中,就需要通过做大事树立自己的形

---

① 〔清〕吴楚材、吴调侯编:《古文观止》,史礼心等注,北京:华夏出版社,1998年,第366页。
② 〔清〕吴楚材、吴调侯编:《古文观止》,史礼心等注,北京:华夏出版社,1998年,第262页。

象和权威。对这样的人，我们同样可以想象，为了自身之大，其作为必然使万物不能成其大。问题在于，它自身的大又从何而来呢？

推而广之，政府和官员同样如此。如果一个政府或者官员总是梦想着成功，希望享受成功的乐趣、名利，他自己就不愿意做小事了，就必然会搞出一些大事来超越前人，来树立自己的声名。如果一个政府或官员梦想着主宰百姓，这种主宰哪怕是出于非常良好的愿望，他也就不会愿意只做小事。他既需要通过做大事增强自己的控制力、引导力，也需要通过做大事树立自己的权威，希望别人能从做大事的成效中看到他的一片好心和超常能力，从而心甘情愿地臣服于他的统治和管理之下，最好是言听计从，再不济也是敢怒不敢言。

换个角度，做大事是一种领导、引导、控制思维，即为主、居功的思维；而做小事则是一种跟随、服务、修补思维，即复众人之所过的思维。现代政治学中有个服务型政府和管制型政府的理论，而服务型政府的理论和模式正是"终不为大"思想的体现。所谓服务型政府，是建立在以人为本、以民为本的基础上，以服务社会、服务公众为基本职能的政府模型，有点类似但又不全同于我们说的以"人民拥护不拥护，人民赞成不赞成，人民高兴不高兴"为出发点和归宿。之所以要服务于公众的需要，目标是有利于由公众去推动社会的运行和发展。服务是大事还是小事？肯定是杂而小的事。百姓是主人，大事是他们做的；政府和官员是"公仆"，是做小事的。而且，主人可能有时候决策、行动失误而"戳漏"，给社会带来问题，那"公仆"不可能说你不行我来，而是只能悄悄地"补漏"，默默地"复众人之所过"，从而保持社会既有活力又能稳定。这样的政府才是合格的服务型政府，如果动不动就要推翻主人自己作主，那就乱了套了。

有些公共服务看起来是大事，但对于老百姓来讲，它不带来经济效益，所以还是小事，那就只能由政府来做。一旦你把它变成能赚钱的事情，那它就是大事了，也就用不着你来做了。公共服务领域的许多事情都是如此，不赚钱时只能政府做，如果把它变成赚钱的模式，就成了大事，也就用不着政府做了，会有许许多多的人抢着去做。比如，过去的城市环卫纯粹是服务，现在就成了可以赚钱的行业，过去除了政府没有人愿意做，现在就有许多企业抢着做。有人说，政府这不也是为了更经济，也是赚钱吗？"善人者，善人之师；不善人者，善人之资"，天道对人道既有克制的一面，也有利用的一面。能利用人道为天道服务，何乐而不为呢？也是必须的。

与服务型政府相对应的是管制型政府，或者说还有引领型、建设型政府，这样的政府建立在官本位、政府本位、权力本位的基础上，政府成为高高在上的统治者和管理者，主导着社会的运行和发展。而较少考虑社会公众的愿望和多样化需求，政府与公众是一种"命令—服从式"或"引领—追随式"的单向关系，一切围绕政府的大目标而运行，由政府去推动社会的运行和发展。换言之，政府只做大事，小事由民众自己想办法完成。

正因为抓大放小，所以往往表现出"轻诺寡信"。政府给公众提出了不少宏伟目标，做出了不少承诺，事实上，由于个人主观意志太强容易违背自然之道，这些目标往往难以实现。即便实现了这些目标，又带来了新的结构性矛盾，或者原来不起眼的小矛盾变成了大事。当整个社会的思维、行动都统一到政府的要求之上时，百姓就不可能自然而成，过自己想要的生活。

因此，一个有圣性的为政者，只能做无为之事，不能凭主观愿望去做有为之事；只能做能够保持事物自然发展方式和进程的事，而不能做违背事物自然发展的事，更不能无事找事、生事。为政者一定不能生出主宰百姓的心理，更没必要将主观的价值观强加于所有百姓，不需要将自己的模式、路径或生活方式加之于所有的百姓，如果能真正使"万物恃之而生，而不辞，功成不名有。爱养万物而不为主"，那么整个社会就会自然而成，而且会形成百花齐放、多姿多彩的"生态系统"。毫无疑问，这也就成就了为政者的大功，实为皆大欢喜的结果。

三国刘备关于做小事的话，可以给为政者很好的警醒。刘备去世前给刘禅的遗诏中说："莫以恶小而为之，以善小而不为。惟贤惟德，仁服于人。"①这话正是劝告刘禅别想着什么大仁大义、大恩大惠，而应该注重去小恶、积小善，积小善则大善、大德自然可成，去小恶则大恶不犯。刘备和刘禅都是身为一国之主的角色，因此，这话我们也就完全可以看作是刘备对为政职责的认识。作为遗嘱这么重要的东西，他专门把做小事提出来说，可见他认为这点非常非常重要，说明他非常重视以小事成就大业，认为这样才是长治久安之计，这与老子的思想可谓不谋而合。

问题出在现在，根源还在过去未兆、未有、未乱之时。未乱之时不治，当然就有大乱；易治之时不治，当然就会变得难治。圣人之所以"终不为大"，正是认识到必须"图难于其易，为大于其细"，治病于未病，防患于未然，消除隐患于萌芽之中，当然要容易、有效得多。做一个比喻，就像家里打扫卫生一样，做大扫除固然是大事、大功，但是如果都等着做大扫除见功劳，对平常的纸屑不拣不问，最终只有做大扫除的份，并且会发现大扫除也是白做。如果平常不乱丢垃圾，见到小垃圾立即清理，哪里还会有大扫除让你做呢？

---

① 陈寿：《三国志全鉴》，东篱子解译，北京：中国纺织出版社，2017年，第152页。

不用劳命伤形，却可以长期保持整洁。虽然没有大功立于世，却已经成就了大功，这就是"终不为大，故能成其大"！这样一讲，你还会认为做小事真是小事、容易的事吗？可以说，做小事才是天大的事、最困难的事。

2．其安易持，其未兆易谋

> 其安易持，其未兆易谋。其脆易破，其微易散。为之于未有，治之于未乱。合抱之木，生于毫末；九层之台，起于累土；千里之行，始于足下。为者败之，执者失之。圣人无为故无败，无执故无失。民之从事，常于几成而败之。慎终如始，则无败事。是以圣人欲不欲，不贵难得之货；学不学，复众人之所过，以辅万物之自然，而不敢为。(《道德经》第六十四章)

老子为什么强调"天下难事，必作于易；天下大事，必作于细"呢？他用了许多生活常识来阐述这个道理。他说，局势安定时很容易维持秩序，事变没有征兆时容易想出办法化解；脆弱的东西容易破碎，微小的东西容易消散。所以，事端还未曾出现时就应该加以预防，祸乱没有发生时就应该加以治理，也就是说，只有消除或防止事端、祸乱发生的根源，才能防止出现祸乱。

祸乱的根源并不在于大事没有做好，恰恰起源于一些小事、小问题，一定是因为一些小事情慢慢衍化而来。正如合抱的大树，必定生于很细小的芽苗；九层的高台，必定由一筐筐的泥土积累；行程纵然千里，必定也得由脚下的每一小步开始起行。要找参天大树、九层高台、千里行程的根源，得去追寻一棵芽苗、一小筐土、一小步路。这就是由量变到质变的辩证法，老子很早就已经认识到这一普遍规律。由此老子认为，只有矛盾处于未出现或初期之时，才容易防范或化解，正所谓防微方可杜渐、有备才能无患。

老子认为这些都是自然规律，是"道"之所在，所以，圣人都会顺其自然，而不会执着于自己的要求或愿望、理想而有所妄为，更不会为所欲为。正因为不妄为，所以就没有失败；正因为没有执着，所以就没有丧失。若按此理念，按道理就应该事事自然而成吧？为什么人们做事情往往又会功败垂成呢？老子认为，那并非是坚持做小事造成，恰恰是因为有始无终造成的。所以老子告诫人们应该慎终如始，自始至终都要保持一个样，都应该谨慎地遵道而为，不因几成而自喜、而骄傲、而产生私欲去谋大做大，自然就不会招致失败了。

换句话说，"不为大"并非是权宜之计，而是长久之计，必须成为长久之为。只有"终不为大",最终才能"成其大",才不会"几成而败之"。如果小事做着做着就不满意了,以为有了做大事的条件,就头脑发热想要做大事了,结果只有一个,即功败垂成。"企者不立,跨者不行"(第二十四章),说的也是这个道理。一个总是昂首阔步的人,他又能坚持多久呢?反而不如那些匀速、慢行的人走得久、走得远、走得稳。

但要做到慎终如始、终不为大,必须有一个最重要的基础——"欲不欲"和"学不学"。普通人之所以不愿意做小事,正是因为心中有私欲。圣人则不一样,他不会像普通人那样执着于功名利禄,不会去看重、宝贵难得的财货这些身外之物,他们所要的可能正是大多数人不想要的。他们学的知识也是普通人所不学的东西,学习和体悟的是自然之道、天道,而不是奸诈伪饰、投机取巧的"智慧",从而能以此补救其他人做大事所犯的过错,以辅佐万事万物按自然规律运行。所以,圣人是做不了大事吗?不是,而是根本"不敢为"。不敢!

> 治人事天,莫若啬。夫唯啬,是谓早服,早服谓之重积德。重积德则无不克,无不克则莫知其极。莫知其极,可以有国。有国之母,可以长久。是谓深根固蒂,长生久视之道。(《道德经》第五十九章)

无论是治理人民还是侍奉天地,最重要的莫过于像种庄稼那样爱惜精力。只有爱惜精力才会注重早做准备,循序渐进、厚积薄发、自然而成,这就是重视自然之德的积累。注重积德则没有不能解决的问题,无所不克就没人能知道它的终极。不知道它的终极,才能真正地、长久地拥有一个国家。所以,抓住了"重积德"这个国之根本,才可以长治久安。重积德,是使国家根基更深厚更牢固并保持长生久视的至道。

老子所说的"啬",历来存在很多争议。有人说是"吝啬,珍惜",意为爱惜精神、积蓄力量;也有说是"农事,农业生产",若春耕夏理秋收,一年之计在于春,取早做准备之意。前者有许多权威,如韩非子说"啬之者,爱其精神,啬其智识也"①,即有吝啬、爱惜精力等意思。解释为农事也有道理。《说文解字》里讲"田夫谓之啬夫。"②可见古代啬穑互相假借。三国时期著名经学家王弼注解说:"啬,农夫农人之治田,务去其殊类,归于齐一也……"③本

---

① 邹德金整理:《名家注解〈道德经〉》(上),天津:天津古籍出版社,2012年,第78页。
② 〔汉〕许慎:《说文解字新订》(卷五),臧克和、王平校订,北京:中华书局,2002年,第350页。
③ 邹德金整理:《名家注解〈道德经〉》(上),天津:天津古籍出版社,2012年,第205页。

书认为，二者并无本质区别，"啬"的直接意思应该为农事、农耕，引申意则为爱惜精力。王弼虽然解释为"农夫农人之治田"，但其"务去其殊类，归于齐一"的解释却又并不十分符合老子的思想，容易把人导偏。

治人事天与农业生产有何相似呢？农事重在应四季之时而动，恰如一年之计在于春，一天之计在于晨，这就是早做准备。只有早做准备，才能使庄稼有自然生长的时间，经过春耕夏理自然就有秋收，必须要给其自然积淀的时间和过程。为什么"早服谓之重积德"呢？因为它是通过做小事不断积累，是循序渐进、厚积薄发、自然而成，而不是贪大求快、急于求成或暴饮暴食般地通过做大事一蹴而就，所以早做准备就是重视自然之德的积累，这符合自然而然的天道至德。当然，这也就吻合了爱惜精力的意思。做小事是未雨而筹谋，自然不费什么精力，而一旦大事来临再做则是临渴而掘井，无疑就更耗费精力，而且说不定井未成而人已渴死，实未结而苗已先殃。所以，老子告诫我们，只有重积德者才能攻无不克。无所不能攻克，也就没有人能知道他的终极。不知道他的终极，就可以真正地、长久地拥有一个国家。

"重积德"也就是有"国之母"，能够坚守"国之母"，才可以保持长久。什么是"国之母"？那就是自然成长之道，不贪大求快，积跬步而至千里，积细流而成江海，一步一步慢慢来。在老子看来，"终不为大"，使事物经历自然发展的历程，这就是"有国之母"，是治人事天的根本之道。守住了这个根本之道，才能长久生国。久视，就是看得更久，老子不是说眼睛看得更久而不眨眼，而是指一种"内视"——"神明"，内心的省视不需要眼睛的物理性坚持。

这样一来，我们就会发现，"大小多少。图难于其易，为大于其细""为之于未有，治之于未乱""圣人终不为大"，并不是一个小事，被老子上升到了一个根本的治国之道的高度。老子认为，只有为小不为大，使事物通过自然积累而发展，才可以使统治的根更深、蒂更固，才是长久持国的明智之举。既然如此，"终不为大"是小事吗？不是，而是非常重大的事情。是容易的事情吗？不是，要长期坚持，需要永远克制私欲，其实是相当困难的事情。"胜人者有力，自胜者强"，原因正在于此。

明白了这一思想，我们就会感到无比汗颜。现在的许多人成天都在幻想着建大功立大业，要做出比前人更加辉煌和不朽的成就，于是就不停地忙啊忙，忙得每天的时间以分钟计算，日程安排竟然成了相当困难的事情。忙得没有时间回家，搞得家庭成员之间感情淡漠。白天忙工作，晚上忙喝酒，喝坏了心态喝坏了胃。归根结底，不就是为了找个好位置做几件大事吗？另一方面，对小事情他们又没有什么兴趣，根本不屑于去做，因为不"早服"不"重积德"，结果大事也就多了起来，不仅自己疲于奔命，甚至整个社会都跟着搞得很疲惫。不仅是身体疲惫，心理也很疲惫，人们都感觉幸福感降低，人生乐趣很少，这不能不说是一种极大的悲哀。

第十六章

甚爱必大费　多藏必厚亡

下至普通百姓，上至官员和政府，应该抱有什么样的财富观？这是人生常惑、为政常惑的事情。老子从保证自身利益长久的角度，将大道理寓于小道理之中，提出了很好的个人和政府财富观，告诫人们如何确保"底线"。老子所讲的财富道德观念，既是自全之道又是成功之道，比起那些让人反感的假大空的教导，不知高明了多少倍。

1. 甚爱必大费，多藏必厚亡

> 名与身孰亲？身与货孰多？得与亡孰病？甚爱必大费，多藏必厚亡。知足不辱，知止不殆，可以长久。(《道德经》第四十四章)

既为人类，必穿行于人道，故名利、财色之恋往往令人难以摆脱，甚至有人会舍生忘死去追求身外之物。但若人人都不懈追求名利，社会必然乱套，必然充满争斗，和谐必然成为空想。如何才能解决这个矛盾呢？是制度、法律的约束更有效，还是内心的约束更有效呢？老子认为，自我约束更为有效，因为过分爱名爱财，都是对自己不负责任，既伤人又伤己。将名利追求控制在自然的范围之内，才能使名利本身长久保持。对于统治者来讲，要想统治平稳而长久，同样必须讲究名利追求的适可而止，否则，甚爱必大费，多藏必厚亡。

从切身利益的角度，老子问了三个问题。一是虚名与身命，哪一个更重要呢？"亲"就是亲近、重要、切近、可爱等意思。二是身命和财物、难得之货，哪一个对人更重要呢？"多，重也"[①](《说文解字》)，意即轻重之分。

---

① 〔汉〕许慎：《说文解字新订》(卷七)，臧克和、王平校订，北京：中华书局，2002年，第453页。

三是得到与失去，哪一个对人的思想和行为更让人痛苦，对行为更有妨害呢？"病，疾加也……疾甚曰病"①（《说文解字》），引申为苦恼、痛苦、有问题、有妨害等意思。这三个问题，其实是我们经常遇到的选择题，但我们没有去认真思考过，往往深陷眼前利益而没有认真去悟"可以长久""长生久视"之道，所以"心魔"由此而生，"执着"由此而始，祸患由此而起。为了名、货而将自己置身于危险之中，这是很不明智的。

普通人不可能不为名、财、货，更不可能彻底抛弃名利，这是人道使然，但老子认为"甚爱必大费，多藏必厚亡"，甚爱和多藏都不会有好结果。爱得太多必耗费极多，积聚太多必损失惨重，积得越多死得越惨。故有道者必须明白"损有余而补不足"，知适可而足方不受辱，知适可而止方不致祸。不被财富蒙蔽心聪，方可保持长久平安。道理其实也很简单，甚爱色，伤其精；甚爱财，伤其神；多府藏，存祸患。如果到了不顾危险甚至不要命的程度，那就是极不明智的贪婪了。从天道的角度讲，"物或损之而益，或益之而损"，正如满招损、谦受益，月圆必亏、月亏必盈，必是一个互相转换的过程。因此，与其甚爱和多藏不如知足而止，这样就保持了自身的和气，保持了利而不争的柔性，从而就保持了生命力的延续，否则就是自断生机。

"甚"，意为太、过分。甚爱，就是偏执地爱、狂热地爱、执着地爱。"藏"，为收藏、聚集、积累之意。"费"，意思是付出、成本，可能是直接成本，也可能是间接成本。支付方式可能是直接的物品、经济，也可能是其他，比如经济秩序、民心民意、心理平衡、身体疾病、社会动荡、无妄之灾等。为什么甚爱、多藏会给自己带来痛苦和祸患？因为过多地追求得，会让人耗费过多的精力、成本、安全、快乐，其失也多，也就不可能长寿、长保。佛教讲执着是苦，执着者，求不得时苦，求得时不满足亦苦，或生新的妄念而苦。因此，"持而盈之，不如其已；揣而锐之，不可长保；金玉满堂，莫之能守；富贵而骄，自遗其咎"（第九章），倒不如知足知止——"功成名遂身退"。

其中的"必"字非常关键，没有或然性，而是必然性。老子讲的是"甚爱必大费，多藏必厚亡"，而不是"或大费""或厚亡"，意思就是说这是天道，是任何人都不可能抗拒的归宿和铁律，"天网恢恢，疏而不失"，这就断了心存侥幸者的任何念头。不要以为别人大费、厚亡而我不会，也不要以为做几个善事就可以免除大费、厚亡，既为天道则是宿命。

其实，人们大都明白有得必有失、有失才有得这个道理，但何为失、何

---

① 〔汉〕许慎，《说文解字新订》（卷七），臧克和，王平校订，北京：中华书局，2002年，第495页。

为得、何时该失、何时该得、何事该失、何事该得，却往往会陷于迷茫，会更着眼于眼前名利。就拿声名、财物来说，人们都知道如果没有身命，还要财富干什么呢？身命才是最重要的，是第一位的。但为什么还有人为名利所惑呢？因为一利障目而不见其害。

俗语说"人为财死，鸟为食亡"，似乎是说人必为财、鸟必为食。其实不然，而是说贪财必死、贪食必亡，问题就在是否"甚爱"，是否合于自然之道。就像鲁迅笔下所讲少年闰土们用筛子捕麻雀一样，鸟儿们都知道那是陷阱，却还要去冒险抢食，捕到的必是那些贪食之鸟。钓鱼时，我们经常会发现鱼钩还在，鱼食已经没了，说明鱼儿们也是知道鱼钩上的鱼饵是有危险的，所以钓到的也必是贪食之鱼、心存侥幸之鱼，不贪食之鸟不可捕，不贪食之鱼不可钓。这就让我们明白一个道理，贪名、贪货、贪得会妨害人们的正常判断和行为，会蒙蔽人们的理性，无半分好处反贻害无穷。因此，甚爱名、货、得者，何不甚爱道呢？

还有一句古语叫"人之将死，其言也善"，为什么？因为对将死之人来说，名利、财货、得失与其已无半点价值，所以才会真正抛弃所有贪念和执着，变成一个纯粹的"自然"人。他们来自尘土，又行将归于尘土，从自然状态而来，又重新回到了自然状态，这时才真正分清孰轻孰重，才真正悟得自然之道。这时候所说的话也就无所遮掩，更加真实、真诚、自然、善良。其言也善的"善"字，并非单纯指善良，还包括与美好、真诚、自然相关的各种意思在内。

既然如此，如何才能阻止自己对名、财、得的贪欲呢？老子认为，必须通过内在的、内心的约束，就是要学会知足，知足方能不辱。知足而后才能"知止"，只有知止方可以排除危险，方可以长久。止，即边界、限度。边界，就是该做与不该做的界限。限度，就是做到什么程度就不做了。如何确定止界呢？就是看是不是合于自然。哪些该追求，哪些不该追求，一切都在于一个自然。可以爱，但不要甚爱；可以藏，但不要多藏。

以此观点我们来看看揪出来的那些贪官，岂不是贪得无厌不可理喻吗？钱多得几辈子都用不完了，还要不停地去贪。房子那么多套，几代人都住不了，还要不停地去占有。不知足、不知止到如此程度，哪能不辱、不殆？更有甚者有些人都不敢拿出来用，要装出一副清贫的样子，却还要去贪去占，完全是走火入魔，甚爱、多藏到极点。按马克思主义的说法，这就是执着于金钱物质的拜物教，等他们因过度享乐而身染重病，或身陷囹圄失去未来而幡然醒悟之时，却已经悔之晚矣。

中国人还有个怪毛病，总想要荫及子孙，要给子孙多留些财产，恨不得几代人不用劳动都可以坐享其成，结果，换来的不过是家庭衰败甚至家破人亡，使子孙后代皆蒙其羞，十足地大费、厚亡。汉代名臣刘向给儿子刘歆的《戒子歆书》中写道："受福则骄奢，骄奢则祸至。"① 林则徐有一副教子联，写的是："子孙若如我，留钱做什么，贤而多财，则损其志；子孙不如我，留钱做什么，愚而多财，益增其过。"② 这都说得太有道理了！清代《醇亲王府治家格言》将这个道理讲得更浅显易懂："财也大，产也大，后来儿孙祸也大。借问此理是若何？子孙钱多胆也大，天样大事都不怕，不丧身家不肯罢。财也少，产也少，后来儿孙祸也少。借问此理是若何？子孙钱少胆也小。些微财产知自保，俭使俭用也过了。"③ 如果子孙很强，他们自然可以享受奋斗的乐趣和成果，人生会更有意义和价值；如果子孙不强，再多的金钱都可能一夜之间化为乌有，甚至因此给自己带来灾祸。

可见，甚爱、多藏，爱的是名利，藏的是祸患，恰恰不是真爱自身。如果你还爱自己、爱家人、爱子孙后代，你还愿意甚爱、多藏吗？当然不愿意。人不爱己，天诛地灭，一个贪婪到连自己都不爱的人，怎么可能期望他会爱别人？甚爱、多藏到不计后果，当然就要天诛地灭了。可见，老子的财富观和道德教育非常实际，完全是从个人的长远利益考虑，自然也就能更加入脑入心。试想，谁愿意自己找不自在甚至找死呢？

一人如此，一国同样如此。"甚爱必大费，多藏必厚亡"不仅是为个人修养之用，老子已经将其上升到国家管理的高度，作为为政者经济工作和企业经营管理的重要理念，并由此形成了系统的财富观念和具体的施政方针。为政者要想长久，必须不贵难得之货，不能甚爱、多藏，要学会知足、知止；企业要想长久，同样不能甚爱、多藏，要学会知足、知止。正如儒家经典《大学》所说："道得众则得国，失众则失国。是故君子先慎乎德，有德此有人，有人此有土，有土此有财，有财此有用。德者本也，财者末也。外本内末，争民施夺。是故财聚则民散，财散则民聚。是故言悖而出者，亦悖而入；货悖而入者，亦悖而出。"④ 对为政者来说，最关键的是要有人，而不是有财。甚爱和多藏只能是有名、有财或有业，但最终会失去人，失人则政将不政、国将不国，这不是大费、厚亡是什么？那么，怎么样才能避免甚爱大费、多

---

① 陈桂芬、周中仁、戴启予编注：《古代家书选》，南宁：漓江出版社，1984年，第1页。
② 姜正成主编：《禁烟英雄林则徐》，北京：海潮出版社，2013年，第232页。
③ 墨非编著：《流传在老北京王府里的趣闻传说》，北京：中国华侨出版社，2015年，第85页。
④〔汉〕戴胜：《礼记》，崔高维校点，沈阳：辽宁教育出版社，1997年，第224—225页。

藏厚亡呢？

　　首先，为政者在确定税收时必须知足、知止，不能为了多藏而重税。按老子的思想，就必须轻徭薄赋，不以重税富国，宜以轻税富民。税收以多大比例为合适？君子爱财，取之有道。有道，就是不要违背自然原则，不要使百姓和企业不堪重负，否则就会"物壮则老，谓之不道。不道早已"。轻税是藏富于民、藏富于社会，而不追求藏富于国。百姓富，国家才是真的富；百姓不富，国家再富也是穷，而且会更加危险。所以，政府必须有一个正确的财富观、名利观、价值观。

　　过分追求藏富于国其实是典型的"甚爱"和"多藏"思想，无疑是对物质的热衷。我们经常对道家讲的"清心寡欲"进行批判，但客观地看，它其实很有价值。清心应指清名利之心，寡欲也是指寡名利之欲，目的是为了能够正心。正心方可合自然之道，而后才能正行。但"甚爱"和"多藏"恰恰与之相反，在名利、事业之欲驱使之下，难以正心，最终也就难以正行。不能替天行道，那你这个国家、政府存在的价值和基础就被抽掉了，这是一件很可怕的事情。

　　第二，税收的目的不是聚财而藏之。"圣人不积，既以为人己愈有，既以与人己愈多"（第八十一章），圣人不会为聚财而聚财，其聚财的最终目的是散财，只有散财才能生财聚人。为政者要充当散财童子的角色，把税收聚集的钱财用到该用的地方去，比如，公共教育、医疗、交通等公共服务和扶危济困这些"小事"或"补不足"的事。散财的事情做得越多越好，社会就越稳定，为政者的支持率就越高。一个不甚爱、不多藏的为政者，必然是没有非分名利之欲、心中始终装着人民福祉，百姓当然会举双手赞成。反之，如果为政者只知甚爱、多藏，看着财富越聚越多就高兴，那说明他心里没有百姓只有财物，百姓怎么会拥护他？其实，为政者聚财也并非发展经济的良策，散财才能为经济提供源头活水。为政者过度聚财无疑是对经济抽血，而政府藏富于民、散财则是对经济献血，并增强经济自身的造血功能。

　　第三，单纯、过分地追求经济发展其实也是一种"甚爱"思想。作为国家的治理者，有着政治建设、经济建设、文化建设等多种任务。单纯或过度地追求经济发展，本身就是违背自然之道。对经济工作的"甚爱"，就是对难得之货的甚爱，当然就必有大费。什么大费呢？一是对其他方面工作的偏废，比如社会建设。二是其他方面的成本支出不足，比如环境、教育、医疗等，会造成这些方面的烦恼或痛苦。

　　可以这么说，为政者的道德往往与拥有的财富成反比。一个有道之士或有道的为政者，他必然常为替天行道之事，必然常以财富"补不足"，常散财以聚民，他又怎么可能多藏呢？从这个角度讲，其藏越多，其道越少。其藏越多，社会的不确定性越多。财产归于有道者，就是替天行道的工具，其财越多，其善越大。财产归于无道者，就是为非作歹的工具，其财越多，罪孽越重，最终要么失财、要么失身命！

"甚爱必大费，多藏必厚亡"，对企业经营同样适用。对企业来讲，甚爱和厚藏均非成功之道，而是自损之道。有人说企业当然是以效益最大化为目的，甚爱利益、利润才是对股东负责，企业赚钱了也就是对社会负责，但对这话可能要理智三思。企业必须赚钱这没有错，但是不是追求利润最大化，却要认真考虑。不能因此简单地认为赚钱越多、利润率越高就越好，经营者越有本事，走入极端后同样会"甚爱必大费"和"多藏必厚亡"。

什么叫利润最大化？利润最大化就是把最后一点实现利润的可能都挖掘出来，直至把所有的可能都变成现实的收益，这无疑是对利润的"甚爱"。许多股东甚至专家学者都把利润最大化作为评价企业经营能力和水平的标准，甚至直接把利润最大化定义为企业经营的永恒目标。但从老子的思想来看，这样的理念太值得商榷了。利润最大化也是物壮的表现，追求过度或时间长了就会老而不道。所以，企业对经营利润和利润率也有一个知足、知止的问题，对企业来讲，这还是风险控制的重要内容，只不过一般人想不到而已。亏损有边界，赢利也要有边界，并非越多越好。这似乎难以理解，但一些经济学原理正是说的这个观点，经营实践也完全支持这个观点。

对利润的"甚爱"，有时候可能导致投入和投资不足。一方面，可能会导致对内投入不足。因为减少投入是做大利润率的有效手段，比如对营销、研发、技术改造、员工培训、员工薪酬等方面的投入，会直接减少利润额和利润率。投入一旦不足，就会直接削减企业的凝聚力、创新力和持续经营能力。另一方面，可能会导致对外投资不足，因为对外投资也会影响企业利润额和利润率的最大化。但是，投资虽然是散财行为，另一方面又是聚人气、聚资源的行为，是企业紧跟时代发展、保持创新能力的重要途径，所以，对外投资不足很容易削减企业持续创新的能力而走向衰败。

对利润的"甚爱"，还可能导致企业忽视社会责任。企业的责任不仅仅是要为股东赚钱，还得有社会责任，这也是提升企业品牌的重要因素。比如环保、慈善等责任，虽然会影响企业的利润最大化，但却关系着企业的社会形象和市场影响力。再比如企业对员工的责任，关系着员工对企业的忠诚度。更重要的是，利润最大化思想可能导致铤而走险的违法行为，比如环保违法可能导致危害公共安全，商业行贿可能导致刑事犯罪，这些都可能给企业带来毁灭性的打击。1985年—1993年期间担任 IBM 公司 CEO 的约翰·埃克斯,他宣布辞职时的抱怨很有深意:"IBM 员工已经看不到公司存在的理由。如今 IBM 存在的目的,只是为股东创造利润。"[①]市场经济下的德国人也很有意思,他们认为企业应该为全民服务,而非只为股东和员工效力。这些思想,无疑都可以开启我们对利润最大化的反思。

对利润的"甚爱",必然导致追求垄断地位。追求利润最大化,某种情况下也就是追求超额利润,垄断就成为其必然追求。垄断并不是一个好东西,对社会来讲,他可能阻碍技术进步和创新;对自身来讲,他可能会变得官僚和低效。因此,垄断企业最终必然遭受到"损有余而补不足"的天道的制裁,从而保证新生事物的成长空间,保持社会和经济运行的活力。

对利润的"甚爱",也可能导致价格过多偏离成本而引起众多跟进者的竞争,使企业生存状态变得复杂,不利于成长型企业的进一步做大做强。追求利润最大化的另一方式,就是给优势产品或创新产品最高定价,即保持尽可能高的利润率。但这样一来,在过高利润率的吸引下,其他企业就会一哄而上,从而给自己的发展带来过多的竞争者。正因如此,成熟市场经济下的优势企业或创新产品,在确定利润率的时候都相当理性,以此为企业发展筑起一道相对较高的成本门槛,延长新产品的生命周期。

这么多的问题就说明,要想不辱、不殆,必须首先戒甚爱、戒多藏,企业也必须足于利润适当,止于法律和天道。这也告诉我们,合理利润才是合道利润、可以长久的利润。追求合理利润是塑造良好品牌形象的策略,也是企业避免恶性竞争的策略,是企业抵抗风险的自保良策。反过来,利润最大化也就是风险最大化的一个表现。企业经营中不光要控制亏损,还要有控制利润率或利润额最大化的思想和理念。一句话,甚爱和多藏同样是企业最大的风险,避免甚爱和多藏同样是企业家必修的道德。

2. 知足之足,常足

> 天下有道,却走马以粪;天下无道,戎马生于郊。罪莫大于可欲,祸莫大于不知足,咎莫大于欲得。故知足之足,常足。(《道德经》第四十六章)

老子的书里常有出人意料的定义,都是十分伟大的定义,富足就是其中

[①] 世界商业报道:《利润最大化:企业误把手段当目的》,2007-08-24,http://biz.icxo.com/htmlnews/2007/08/24/1183。

第十六章　甚爱必大费　多藏必厚亡

之一。什么叫富足呢？老子说，是知道满足的富足，才叫真正的、永远的满足，正如第三十三章所说的"知足者富"。若富而不知足，无疑仍然处于财富的饥渴状态，哪里会有满足的感觉呢？哪怕富可敌国，对他自己的心理来说，也算不得真正的满足。但对于知道满足的人来说，哪怕仅够温饱，他也会觉得是很富足的了。而且，知道满足的富足，才会有持续、恒常的富足感。这个定义，也是老子财富观念的典型。

这与我们通常的观念大为不同，通常我们都说要永不知足，才有追求和奋斗的动力。但老子告诉我们，这些都大错而特错，"知足不辱，知止不殆，可以长久"（第四十四章），而不知足则是灾祸的起源，不知足带来的追求和奋斗，同样会成为灾祸的起始。最大的罪恶，莫过于欲壑难填。"可欲"，多欲的意思。最大的祸患，莫过于不知道满足；最大的灾难，莫过于贪得无厌。"咎，灾也。"[①]（《说文解字》）可欲、不知足、欲得，其实意思相差并不大，总体上差不多都是指见猎心喜、贪得无厌或贪功冒进、不知满足，包括总想达到自己的主观愿望或目的。

这是有事实为证的，"天下有道，却走马以粪；天下无道，戎马生于郊"。天下有道之时，侯王行无为之治，人畜不扰，百姓可以日出而作、日落而息，鸡犬相闻、炊烟袅袅，马不必入于军旅，只能用于耕田犁地、拉粪施肥。天下无道之时，老百姓就没有这么悠闲、幸福了，君主可能致力于开疆拓土、攻城略地，非但不能"却走马以粪"，战马不够用时连母马都得征用，小马都只能出生在郊外，百姓过的什么日子就可想而知了。却，驱使的意思。

而这一切的起因，仅仅是因为"上"不知足，故而可欲、贪得，于是就追求功业，这时候"上"的理想和追求就变成了百姓的灾难。为了他主观的宏伟目标的实现，就必须主宰、驱使百姓，哪怕是毁掉百姓自然的生活和幸福，也要实现自己的愿望。如果他们永远不知道满足，就永远不会停止对百姓生活的骚扰，虽临悬崖深渊而不自知。

老子讲的这种财富观念包括功业观念，不仅仅是在说个人的道德修养问题，恰恰是为了告诫为政者，最大的祸患不是知识、智慧、能力和人才的缺乏，而是"罪莫大于可欲，祸莫大于不知足，咎莫大于欲得"，只有知足方能不辱，知止方能不殆。换句话说，如果有可欲、不知足、欲得的"上"，那不就相当于养了一个灾星吗？正是如此。上有欲，必有为；上有为，民遭殃。故，对待财富、事功，都是"知足之足，常足"。

[①]〔汉〕许慎：《说文解字新订》（卷八），臧克和、王平校订，北京：中华书局，2002年，第535页。

不知足也就是"甚爱"或"多藏"，当然结果也就只能是"甚爱必大费，多藏必厚亡"了，他们的欲望就是自己和国家最大的灾祸。不仅自己"大费"精力，百姓也跟着"大费"精力，不知足、不知止的最终结果，说不定就是功名利禄埋"忠骨"！"其兴也勃焉，其亡也忽焉"，中国几千年历史中，越是开拓进取、兴旺发达的朝代，越是衰落或灭亡得快，原因就在于君主欲望太强，事业心太盛，不知足、不知止而使百姓不得休养生息，最终失去了民心甚至天下。

由此可见，不知足的后果可能会体现在三个方面。第一，会体现在功业上。"上"不知足，就容易追求不世之功，第二，会体现在财富上。无论是为了功业还是纯粹追求财富，不知足者必然会搜刮民脂民膏，"民之饥，以其上食税之多，是以饥。民之难治，以其上之有为，是以难治。民之轻死，以其上求生之厚，是以轻死"（第七十五章），这些都是必然结果。第三，会体现在违法乱纪上。一个不知足的"上"，难免会出现贪污腐化的问题，那些贪官污吏如果知足，是根本不会乱伸手的。所以，不知道满足的人或机构，无异于一部欲望的机器，是相当可怕的一个东西。

所以，用"知足之足，常足"的观念教育官员、百姓，于国于家都有百倍之利。从欲望发展的规律来看，人的私欲往往"一念三千"，只要打开了潘多拉的魔盒，欲望就会越来越多，灾难也会越来越多。知足的关键在于守朴，制欲守朴的关键，又在于不打开魔盒，最好是连好奇心也不要有。这一点韩非子看得特别透彻："人有欲，则计会乱；计会乱，而有欲甚；有欲甚，则邪心胜；邪心胜，则事经绝；事经绝，则祸难生。"①（韩非子《解老》）从这个角度讲，曾经所说的"狠斗私字一闪念"也确有其正确性，因为它把住了欲望的开关。故而，引导人们学会知足、知止乃最为简洁的幸福之道，也是长生久视之道。

> 大成若缺，其用不弊；大盈若冲，其用不穷。大直若屈，大巧若拙，大辩若讷。躁胜寒，静胜热，清静为天下正。（《道德经》第四十五章）

欲望的阀门一旦打开，人就容易追求极致，不知足、不知止就是一种追求圆满、完善、完美的思想，非达到一种"最佳状态"不愿意停止。怎么来解决这种思想上的问题呢？老子从对圆满、完善和完美的认识，引导人们不

---

① 邹德金整理：《名家注解〈道德经〉》（上），天津：天津古籍出版社，2012年，第79页。

去追求极致圆满，自觉地限制个人欲望的膨胀。

人类总喜欢追求圆满、完善、完美，但什么是真正的圆满、完善和完美呢？老子认为，真正的大成，看起来恰恰不是很圆满、完善、完美，但其能力、作用不仅不会凋敝、消减，还会更加不朽。真正的盈满，看起来恰恰空虚若谷，但其能力、作用却没有穷尽。这很好理解，只有不达极致的圆满、完善、完美，才有包容别人的空间，不会与其他人产生排斥效应。如大海一样深广，却又能够广纳百川，永远都不是最盈满的状态。

同样的道理，最平直的事物，恰恰看起来好像有所弯曲。比如地面，近看似凹凸不平、沟壑山峦，但在任何地方远看，还有比地平线更直的吗？真正的巧妙，为什么看起来有些朴拙呢？因为对道持之以恒的追求，任你千变万化，他都紧守一定之规，以不变之道应万变之术。那为什么又是大巧呢？因为道虽不变，但却又完全顺其自然，可因势而化、因时而变，故又似拙实巧，守无不固，攻无不克。

最善于辩论的人，看起来却显得木讷。既为大辩，其聪明才智自然不用怀疑，反而显得木讷少辩。为什么会这样呢？因为他知道"善者不辩，辩者不善。知者不博，博者不知"（第八十一章），所以并不到处显摆雄辩之能。最高境界的辩者已经进入悟道境界，知道只有利万物而不争才能得到别人的敬服。辩者，变也，若紧守道之不变，何须狡辩？同时，处处雄辩甚至狡辩却无异于处处树敌，因变而辩无论如何都只能算是小辩了。争一日之长短、炫耀能力者，言多必失，这也是永恒不变的道理。

"道冲，而用之或不盈。渊兮似万物之宗，湛兮似若存"（第四章），太完满就物壮而老、物极必反了，故无缺之成、无冲之盈、无屈之直、无拙之辩，其用也就达到了极致，不可能再有发展和进步。就像维纳斯的美，必须是一种缺陷中体现出来的完美，想要去修补都不可能。一旦你把它修补到"最美"，可能反而不完美了。既然如此，为什么要产生那么多的贪欲，一定要甚爱、多藏，不知足、不知止，去追求所谓的最圆满、最完美呢？

所以，治世之道当知"躁胜寒，静胜热。清静为天下正"。"躁"，即性急、不冷静，比如躁动、躁进、急躁、浮躁、骄躁、烦躁、性情躁等，都是这个意思。"摇者不走，躁者不静。"[①]（《管子·心术》）躁即运动，运动可以战胜寒冷。两句之间有递进的关系，即运动可以产生热量克服寒冷，但什么又能克服热呢？只有静，这说明"静"是比躁更高的境界。动能生热制寒，静又

[①] 何怀远、贾歆、孙梦魁主编：《管子 上》，呼和浩特：远方出版社，2006年，第339页。

能制热,故说"重为轻根,静为躁君""轻则失臣,躁则失君"(第二十六章)。这就告诉我们一个道理,清静才是治理天下的正道,无为才能使天下安泰平和。"正",即"正道",有正确、中正、平正等意思。

这与甚爱、多藏有什么关系呢?大有关系。甚爱、多藏就会躁,这是欲望涌动的必然结果,是不知足、不知止的必然结果,是主观意志的外化。它虽能胜寒,却容易使人发热。躁动之人,才会喜欢追求完满的大成、大盈、大直、大巧、大辩,如此一来就离道远矣。甚爱之至、多藏之至,则是躁动之至,高烧不退就有性命之忧了。只有静,静则少私寡欲、见素抱朴,可以长久。治国贵静必少欲,只有容易知足、知止的人才可能守静,这样的人当然就不会心浮气躁,也不会甚爱、多藏。贵静则无为,无为方可无不为。

> 道者,万物之奥。善人之宝,不善人之所保。美言可以市尊,美行可以加人。人之不善,何弃之有?故立天子,置三公,虽有拱璧以先驷马,不如坐进此道。古之所以贵此道者何?不曰以求得,有罪以免耶?故为天下贵。(《道德经》第六十二章)

奥,在帛书甲、乙本中都为"注",故一般理解为"主",即立身、全身之根本。故它是善良者最为宝贵的东西,又是不善良者得以保全的根本。虽然美言可以换来别人的尊重,但只有美行才能换得别人的拥戴。所以,善言不如善行,善行才是道的根本体现。对于有道者来说,即便有不善之人,为什么要抛弃呢?完全不必以表面现象进行取舍,"不善人者,善人之资",何况"不善者吾亦善之,德善",道养万物,道也可以善化形形色色之人。

真正能保人平安、健康、快乐的,恰恰就是这自然之道,而不是那些让人心旌动摇的物质享受。所以,对于那些我们拥立的天子、设置的三公来说,即便他拥有拱璧之室、驷马之乘,也不如坐进"道"这个最大的庇护所。为什么古人把"道"看得那么尊贵?不就是说求可以有所得、有罪可以获得免除吗?也正因如此,"道"才如此受到天下人的推崇。本章中"不曰以求得"有些版本作"日",这让本来就很难懂的字句变得更不知所以,结合帛书中为"不谓求以得,有罪以免与"来看,当以"曰"为妥,若能直接改回帛书其实更好。这些都是为了说明,对人来讲,地位、财富这些外在的、物质的东西看起来很了不得,但并不值得真正去宝贵它,最值得宝贵的恰恰是道。

老子的意思是说,自然的欲望才会让人一辈子平安,如果因为贪欲而犯下罪过,只有回复自然才能保平安或者赎罪。有道之人不与人相争、利而不害,故也不会受到别人的加害。无道之人若犯了罪过,也必须诚心悔过、改过向善方能得到谅解,甚至因此可以保命。可见最终保住人的,是这个"道"。

即便是贵为天子、天公，拥有了富丽堂皇的住宅、气派豪华的马车，似乎就有了能震慑人的威严，但这些东西都不可能保人平安，若失去了"道"，就是真正的善人失其宝、不善人失其所保，就祸患无穷了，恐怕谁也保不住你。

所以，有道的政府和官员，必须时时损欲望之有余，学会知足知止，从而使自己能够保持长生久视，国家可以保持长久稳定，政权不因生生之厚而大费而厚亡。失去了道，办公楼建得再高大、豪华、气派，车子坐得再豪华，衣服穿得再华丽，收藏品再多再值钱，又能有什么用处呢？你就算把县政府建得像天安门一样庄严雄伟，也没有任何用处，也保不住你。失去了本，这些虚妄的东西只能让你倒得更快、摔得更痛。

  使我介然有知，行于大道，唯施是畏。大道甚夷，而民好径。
  朝甚除，田甚芜，仓甚虚，服文彩，带利剑，厌饮食，财货有余。
  是谓盗夸，非道哉！（《道德经》第五十三章）

如果我们对"道"坚信不疑，必然行于大道之中，会非常害怕有所施为。"介然有知"，坚信不疑的意思。有的人解释为稍微知道，应该不符本意。为什么会畏惧施为呢？因为，与正道相比，有为而施为是邪径。老子认为，大道本来是很平坦的，但一般人却偏偏好走邪径。"夷"，平坦之意。若是遵行大道，结果自然应该也很平坦。当然，也会是很平静甚至平淡，所以，未明道者往往会走邪径以追求有为，甚至是为了追求刺激。"民"，古代往往与"人"通用，这里是不明道之人的泛指。

老子进而对那些专注于功名、政绩、形象尤其是喜欢聚财的统治者进行了严厉批评，他指出，朝政不修，田野荒芜，百姓仓库空虚，如果到了这样的时候，统治者居庙堂之高而不忧其民，反而还锦衣玉食、腰悬利剑，好吃的吃得都不想吃了，府库里钱财货物绰绰有余，这无异于"盗夸"！强盗还到处炫富，实在不道啊！"除"，一般解释为干净、整洁之意。王弼解释为"朝，宫室也；除，洁好也"[①]，不过这种解释十分牵强。何况对"田甚芜，仓甚虚"他又解释为"朝甚除，则田甚芜，仓甚虚，高一而众害生也"，前后矛盾。所以，"除"应是去除、废除之意，引申为"荒废"，即是说朝政不修、政事不理等意思。除、芜、虚，当有并列之意才是。"夸"，夸耀、炫耀之意，韩非子认为通"竽"，并阐述说"大奸作则小奸随，大奸唱则小盗和。竽也者，五声之长者也。故竽先则钟瑟皆随，竽唱则诸乐皆和。今大奸作则俗之民唱，

[①] 邹德金整理：《名家注解〈道德经〉》（上），天津：天津古籍出版社，2012年，第202页。

俗之民唱则小盗必和。故服文采，带利剑，厌饮食，而资货有余者，是之谓盗竽矣"①，不仅炫耀，还是大大小小的强盗一起炫耀。

作为为政者，税收应该是用来服务于百姓的，不是用来自己奢侈享受的。任何时候，统治者都应该"塞其兑，闭其户"，不追求非自然的奢侈享乐。尤其是百姓不足之时，你还追求奢侈享乐，那肯定就大失道德。百姓不足之时，统治者最应该做的是损自己之有余补百姓之不足，更应该"唯施是畏"，而不能举百姓之力办国家之事、私欲之为。尤其是，任何时候都不能以财货富足而炫耀，须知财货不是宝而是祸，聚财就是聚祸啊！而且是大祸不是小祸，荀子警告说这是要灭国的啊："田野荒而仓廪实，百姓虚而府库满，夫是之谓国蹶。"②（《荀子·富国》）"蹶"，倾覆之意。

为政者应该以什么为宝呢？《吕氏春秋·异宝》有一个关于宋国司城子罕的廉洁故事，对我们很有启发。"宋之野人耕而得玉，献之司城子罕，子罕不受。野人请曰：'此野人之宝也，愿相国为之赐而受之也。'子罕曰：'子以玉为宝，我以不受为宝。'故宋国之长者曰：'子罕非无宝也，所宝者异也。今以百金与抟黍示儿子，儿子必取抟黍矣；以和氏之璧与百金以示鄙人，鄙人必取百金矣；以和氏之璧、道德之至言以示贤者，贤者必取至言矣。其知弥精，其所取弥精；其知弥粗，其所取弥粗。'"③这不就是欲不欲，不贵难得之货的典型吗？

宋国有两个子罕，一个就是春秋时期这个廉洁的子罕，还有一个是战国时期取代宋国国君的子罕。廉洁的子罕有许多故事，但这个故事特别有哲理，也与老子的思想异曲同工。"不受"，就是不接受，不喜欢，就是尊道贵德、制欲守朴，以不贵难得之货的品质为宝。有了这种品质，怎么可能在"朝甚除，田甚芜，仓甚虚"的时候，去做"服文彩，带利剑，厌饮食，财货有余"的事情呢？

从这个角度讲，普通人最不缺的就是发财致富的欲望和本事，劝导百姓发财致富实属没有必要，真正应该操心的是富起来的人会不会贪图享受，会不会继续挤占贫穷者的生存空间，形成严重的阶级或阶层对立，因此应该引导全社会形成不贵难得之货、损有余而补不足的良好风尚。富裕者可以不甚爱大费、多藏厚亡，贫穷者得以自然宁静。对为官者，则应该劝导其以"不受"为宝，而不应该以"难得之货"为宝。否则，就是给自己找乱子。

---

① 邹德金整理：《名家注解〈道德经〉》（上），天津：天津古籍出版社，2012年，第81页。
② 李波译注、评析：《〈荀子〉评注》，上海：上海古籍出版社，2016年，第148页。
③ 吕不韦：《吕氏春秋》，哈尔滨：东方文艺出版社，2014年，第115页。

3．既以为人己愈有，既以与人己愈多

> 信言不美，美言不信。善者不辩，辩者不善。知者不博，博者不知。圣人不积，既以为人己愈有，既以与人己愈多。天之道，利而不害；圣人之道，为而不争。（《道德经》第八十一章）

要想勘破世间财利并利万物而不争，并不是一件容易的事情。为政者、企业经营者都是人，尤其是经常与金钱、财宝打交道的人，更容易沉迷于其中。怎么来解开这个心结呢？老子告诉人们，不要担心给了别人自己就少了或者没有了，反而是越给予别人自己越有，给别人越多自己得到的越多。"天道无亲，常与善人"，这就使逻辑更加周延，并使天道成为更加深入人心的东西。我们平常所说的付出才有回报，收获必是因为先有付出，就是这个道理。"既"，"尽"的意思，在这里"越"的意思更浓厚。

老子顺着人性回答了一个重要的问题：怎么样才能让自己得到更多呢？首先是"圣人不积"，这就避免了"甚爱必大费，多藏必厚亡"。其次，圣人不积财的同时还须"与人""为人"。老子认为，越是为人自己越有，越是给人自己越多。为什么呢？因为与人、为人就是散财，就是积德。财散而民聚，则民之所有尽为君有。"百姓足，君孰与不足？百姓不足，君孰与足？"[①]（《论语·颜渊》）德乃财之本、财之源，百姓富足了，政府当然也就财源不断。既然财源不断，积之于己又有何用？反之，失德即失财源，既然财源已绝，积再多的财又有何益？无源之财，终有尽时。这个算盘一拨，还有必要积财，还不愿意与人、予人吗？这样，心结就彻底打开了。

到这里为止，老子实际上提出了一个非常重要的财富观念——应藏富于民而不藏富于国，藏富于民胜于藏富于国，散财即是聚民，民富则国富，民贫则国穷。敢于、善于藏富于民，不仅是积德行善，也是在广开财源。有了这样一个逻辑，为政者就能明白应该以什么样的财富观念治国、用权，那些贪官污吏也就不会前仆后继了。就是企业的经营者，也就知道怎么对待自己的员工、顾客，那些剥削、欺诈之举自然就不会再有。

不少专家认为，腐败与税收过重、藏富于国有密切关系，从老子的思想来看，确实非常有道理。金山银山堆在那里，要指望看守者"万花丛中过，片叶不沾身"实在是很困难的。有利可图，又有藏富之心，就会想方设法寻租。这里的"寻租"，不是指经济学意义上企业利用垄断地位谋求超额利益，

[①] 杨伯峻、杨逢彬注译：《论语》，长沙：岳麓书社，2000年，第110页。

而是指政府官员利用手中的权力,相机出售给他人,从中谋取超过个人职务薪酬以外的经济利益的行为。为了获取超额的个人私利,有审批权的就吃拿卡要,有资金划拨权的就想方设法让人"跑部钱进",有任免权的就"任人唯钱"。高层要求简政放权,他要么就推诿拖延,要么就明放实收,总之就是要为自己寻租留下空间。

绝对的权力滋生绝对的腐败,越大的权力滋生越大的腐败,这似乎不能绝对。老子认为,如果没有私欲的膨胀,没有超自然的私欲,再大的权力放在他面前,他也会视之如草芥、如无物,会按规矩、规律来办事。甚至规矩都不需要,他也知道该怎么办事。而一旦有了非自然的私欲,即便再小的权力,他也会将它的作用发挥到极致,小官也能出大贪。如果有了大权力,就更是不会放过机会,甚至为所欲为。一个人的财富观念有了问题,就很容易滋生贪念。有贪念的人权力越大,欲望往往越容易随之膨胀,制度在智慧面前会显得苍白无力。所以,腐败的程度和贪腐金额的大小,虽然跟权力大小、资源多少有关系,但最最重要的,还是跟他的私欲强弱程度关系最密切。

还有人说,腐败最重要的原因是政府掌握的资源太多,直接支配资源的权力太大,又没有受到有效监督和制约,从而使官员利用公权力"寻租"的机会太多,这有没有道理?有,有监督跟没有监督肯定不一样。但有一个问题,能把所有的人、事和时间都置于监控之下吗?事实上,不可能把所有的机会都封杀掉,完美无缺的管控是不可能存在的。同时,监控本身也需要监控,如果这样循环下去,监督机构和人员会趋于无穷大。所以,把反腐完全寄托在监控上,是一件不可想象的事情。

换个角度来看,如果不存在非自然的私欲,制度还会有那么多缺陷吗?不会。真正的漏洞不在于政策、法律、制度本身,而在于人的心理,不解决私欲膨胀的问题,永远都只能是"法令滋彰,盗贼多有",这才是根本。如果政府和官员都明白了老子所说的这些道理,那么,所有政策的出台都会基于"天之道,利而不害。圣人之道,为而不争"的根本,形式主义、官僚主义、奢侈腐化这些问题,分分钟都可以杜绝,简政放权、全心全意为人民服务这些目标,分分钟都可以实现。

在财富观念上,儒家与道家认识完全统一。孔子一直提倡"克己复礼",就是认识到了个人私欲膨胀对社会秩序的根本性影响。所以,他认为一个有仁心的人应该克服自己的欲望。《论语·颜渊》记载:"颜渊问仁。子曰:'克己复礼为仁。一日克己复礼,天下归仁焉!为仁由己,而由人乎哉?'颜渊曰:'请问其目。'子曰:'非礼勿视,非礼勿听,非礼勿言,非礼勿动。颜渊曰：回虽不敏，请事斯语矣。'"①孔子的话至少包含这样三层意思。第一，仁的根本在于守礼，守礼则为有仁。第二，天下大治的途径在于克己而复礼，克己为先，只有克服自己的欲望，才能使人人紧守本分。天下不仁、礼崩乐坏的根本原因正是放纵情欲的泛滥，故回复仁的根本途径也在于人本身。第三，仁爱、守礼的表现就是"非礼勿视，非礼勿听，非礼勿言，非礼勿动"，即不合规矩的绝不乱来，不是自己分内的绝对不要。

基于此，孔子提出了"三戒"："孔子曰：'君子有三戒：少之时，血气未定，戒之在色；及其壮也，血气方刚，戒之在斗；及其老也，血气既衰，戒之在得。'"②（《论语·季氏》）色，往往是贪婪的起始，近年来查处的贪腐官员，基本上都与色有关，由贪色而至于腐败。斗，不利而争，甚至意气用事，或者只为出人头地，这已经成为一个官场常态。得，孔子重指财货，其实美色、功名也是一种得。"戒得"一词，与老子所说的戒可欲、欲得、不知足等几乎相同。

克己主要是克制什么？不外乎功名和财富。对于官员来讲，若不能克己，功名心或利欲心的膨胀，都可能使其做出一些有悖于常理甚至天道的举动。作为政府整体来讲，同样也是如此，如果不能克己，功名心或利欲心膨胀，也可能会使其施政行为做出一些有悖于常理甚至天道的举动。结果都是一样的，那就是己所不欲常施于人，或上梁不正下梁歪，或上有所好下必甚焉。最终，天下就变得物欲横流，人人竞相显示英雄本色，而将道法自然置诸脑后。

政府发展经济是为了什么？是财富吗？那么财富又是用来干什么的呢？"德者本也，财者末也。外本内末，争民施夺。是故财聚则民散，财散则民聚"③，"生财有大道。生之者众，食之者寡，为之者疾，用之者舒，则财恒足矣。仁者以财发身，不仁者以身发财"④（《礼记·大学》）。德本财末，以人民为本，是中国传统文化中共同的重要经济思想。因此，发展经济的目的不是为了聚财，而是为了通过富民而聚民。富民是手段，聚民是目的，如果把手段当成了目的，那就麻烦了。所以，为政者应该教百姓什么？不是教民爱财，否则就是朱熹说的"施之以劫夺之教"。另一个，要百姓不爱财，必须"上"不爱财。一个"不积"的政府比一个"多积"的政府更容易管理，不积不仅可以使政府官员更专注于"辅万物之自然而不敢为""利万物而不争"，同时也可以为官员们构筑一道重要的防火墙——政府都很穷，花每一分钱都要认真计

---

① 孔丘等著：《诸子百家》，沈阳：万卷出版公司，2009年，第33页。
② 杨伯峻、杨逢彬注译：《论语》，长沙：岳麓书社，2000年，第160页。
③ 〔汉〕戴胜：《礼记》，崔高维校点，沈阳：辽宁教育出版社，1997年，第224—225页。
④ 张树国点注：《礼记》，青岛：青岛出版社，2009年，第289页。

算，你从哪里去贪去腐？"圣人不积，既以为人己愈有，既以与人己愈多"，如果能真正成为政府的经济理念，不仅人民和国家都将更加富裕，贪腐行为也将从经济基础和文化上予以消除，这是多好的事情！因此，如果再听说哪个政府很穷，千万不要轻易地嘲笑他，也许应该敬佩他！

第十七章

食税勿重　使民不厌

国家的运转需要财力支撑，统治者的生活用度需要税赋供养，因此税收是国家运转的物质基础。但是，用什么思路确定纳税额度，对税收怎么分配和使用，却不是个小事情。历朝历代，统治者最终都因为这个问题与纳税主体形成财富分配上的矛盾，甚至演变成不可调和的阶级矛盾。对此，老子提出了"民之饥，以其上食税之多，是以饥"的重要论断，也就确立了他基本的税赋思想。

1. 民之饥，以其上食税之多

> 民之饥，以其上食税之多，是以饥。民之难治，以其上之有为，是以难治。民之轻死，以其上求生之厚，是以轻死。夫唯无以生为者，是贤于贵生。（《道德经》第七十五章）

财税思想是老子政治思想的重要组成，老子认为，人民之所以穷困，是因为统治者征收税赋太多，所以才会穷困；人民之所以难以治理，是因为统治者总想有所作为，所以才难以治理。这二者往往具有内在联系，统治者想要有大作为，必然多征税，才有财力支撑去办大事，多征税必然导致百姓贫困。人民之所以轻视、不畏惧死亡，是因为统治者追求太优裕的生活，导致百姓无法生活，所以才不怕死。一边是"朱门酒肉臭"，一边是"路有冻死骨"，对于贫困者来说难免心灰意冷，还有什么可以留恋的呢？所以他们就不会畏惧死亡。贫困至极时，真正畏惧的可能是生活，死比生甚至还要简单得多。

税收超过了平衡界线，以至于百姓没有生存的空间了，就会导致百姓的贫困和反抗，生不如死也就不怕死了，死反而是一种解脱，俗话说"穿草鞋的不怕穿皮鞋的"，大抵就是这个道理，这是苛税的必然结果。当统治者面对一群悍不畏死、置之死地而后生的贫困者的反抗的时候，才会知道这是多么恐怖的事情。因此，老子告诉我们，唯独不追求生活优厚、延年益寿的人，比追求生活优厚、延年益寿的人更加贤能和高尚，也更有可能真正实现延年益寿。这话可以引申出两个意思：一是刻意想做大事的人，可能不如无意做大事的人更贤能、更高尚、更容易成大事；二是那些不以聚财而做大事者，可能比想通过聚财来做大事的人更贤能、更高尚、更容易成就大事。老子在这里实际上提出了税收在社会财富分配中的作用和意义，也从税收的角度提出了人民贫困、社会矛盾和动荡的重要根源。

同时，老子还解剖了统治者重税的原因，不外乎"食税之多""上之有为""求生之厚"三方面。第一个是"食税之多"，可能就是想国富，想藏富于国，财富多了，他看着想着就开心，也就是守财奴似的甚爱、多藏。第二个是"上之有为"，多收税并不是因为统治者的贪婪或享受，而是为了做好事做大事，想国家发展得更好更快，就需要搞拉动经济发展的大工程。第三个就是"求生之厚"，统治者搜刮民脂民膏，纯粹是为了供自己奢侈腐化地享受。这三种原因，无论你的出发点是善或不善，都会反映到税收上来，最终都会造成社会贫困和社会矛盾，使社会难以治理。

"民之饥，以其上食税之多"和"民之轻死，以其上求生之厚"都不难理解，但是，"民之难治，以其上之有为"似乎超出了大多数人的认识范围。为政者想让百姓更加富裕、国家更加强盛而多做事、做大事，难道这也有问题吗？会不会是百姓愚昧得不识好歹，或者太刁钻刻薄？当然不是。上之有为还须下出其力，有为的背后必须是财力的支撑，而财力必然来自社会税收。多收税，无疑会削弱企业的财力和再生产的能力，进而导致就业和收入难以增长，个人发展难以实现。所以，当有为超越自然的时候，就可能成为社会和百姓的负担。"上之有为"的出发点可能是好的，但老百姓的感觉却不一定好，有为之中就渐渐埋下了矛盾和祸乱的根源，从而出现有为而有以为甚至为不尽为、死而后已的惨状。

这还说明了一个问题，即落后会产生社会矛盾，发展同样也会产生社会矛盾；发展得慢可能会产生社会矛盾，发展越快也会产生矛盾，甚至矛盾还更尖锐。从这个角度讲，一切社会矛盾的根源，都不在于民，而在于"上"，包括"上"之太有为。为什么经济高速发展期往往也就是社会矛盾的高发时期？原因正在于此。百姓不得休养生息，而又必须拿出财力支撑社会的有为时，矛盾就出来了。有些官员就会愤愤不平了，自己付出了那么多、做出了那么大的成绩还遭老百姓白眼，难道抓发展还有错？难道让人民更加富裕也有错？这还真的很难说呢。

一个"上之有为"的过程，当然也就很难是"民自富""万物之自然"的过程，也就不会是自然的结果，而是一个"上"期望的结果。十足的主观意志、长官意志在拔苗助长，百姓会感觉到负担和压力，这就是"处上而民重"。这样的过程，往往贫富分化就很严重，社会建设就越落后，结果还是普通百姓买单，百姓"大费"财富以至于"民之饥"。而且，因为社会建设投入不足，利益调整过度市场化，公平正义就离普通民众越来越远，百姓生活和心灵的安静就会被完全破坏，甚至因此变得浮躁不安。最后，必然是政府和官员"大费"民心，大费之至则"民之难治"。

老子以此告诉我们，国强之要在人民富足、民不难治、社会和谐。国富民贫或者国富民逆，都算不得真正的国强，或许国贫民富都比国富民贫还好得多。国家的实力不仅体现在国家的财富和资源，民心更是国家实力的重要因素，拥有民心比直接拥有财富要踏实得多。民富，则国家的实际实力就要乘以一个倍数；民贫，则国家的实力就要乘以一个系数。明白这个道理以后，统治者就会像养生一样，不把养生当回事反而是好事，刻意养生反而难得长生。真正有效的强国之道，不是以人为理想、志向为目标的奋发有为和开拓进取，而是以自然而然、无为而治为目标，最终形成民自富和国自强的状态。这样的国强不会出现食税之重、国富而民饥、民之难治的悖论，才是真正的国强。

富国与足民的问题，从来都是统治者容易迷惑的问题，也历来都是政治理论探讨的重大问题。观老子以后的历史，这种轻税思想实际为历朝历代思想家和政治家及统治者共同接受，逐渐形成了轻徭薄赋的治国思想。孟子就说："易其田畴，薄其税敛，民可使富也。"[①]（《孟子·尽心上》）但是又经常有摇摆，不知不觉就走到重税的路子上去了。为什么要摇摆？因为统治者难以守静，每当百姓"不知有之"或"下知有之"时，就开始"上之有为"，就开始以重税支撑整形象工程和政绩工程。还有一些统治者，看着人民富裕了，人的劣根性就开始滋长，向往、迷恋奢侈腐化的生活方式，开始搜刮民脂民膏。这样的摇摆，时常使社会和谐遭到破坏，到民之难治或民之轻死之时，就推动了社会变革或朝代更替。

有人会问，轻税真能自然强国？能！有史为证。春秋时期的晋文公，可以说是轻税富民强国而后称霸的典型案例。晋文公姓姬名重耳，因骊姬乱政曾经四处流亡，饥饿时吃过介子推的大腿肉，是春秋五霸中的第二位霸主。晋文公归国夺位以后一心要图霸业。图霸业就需要财力支撑，一般来讲可能会通过多收税来集中力量办大事。但晋文公却相反，他反而提出了"薄赋敛"

[①] 郑训佐、靳永译注：《孟子译注》，济南：齐鲁书社，2009年，第229页。

的政策，采取了薄敛、轻关、宽农、省用、厚民等诸多薄赋敛的措施。他不仅强调要对百姓实行低税率，还减轻关税以促进货物流通。更难得的是，他将百姓以前的所有欠债抹去，以提高生产积极性。很快，晋国就强大起来，他也因此成就了一番霸业。看到薄赋敛有如此好的效果，当时其他诸侯国也有效仿，如齐国的晏婴就力主"薄赋"。越王勾践也是以此为强国之法："舍其忿令，轻其征赋，施民所善，去民所恶，身自约也……"①

汉初"文景之治"也是很好的例证。汉朝初年，经历连年战争以后社会经济十分衰弱，汉文帝、汉景帝二帝推崇黄老之术，采取"轻徭薄赋""与民休息"的政策，成就了帝国时代君主集权社会的第一个盛世。汉文帝二年（公元前 178 年）和十二年（公元前 168 年）分别两次"除田租税之半"，即租率最终减为三十税一。文帝十三年（公元前 167 年），还全免田租。这就像《淮南子》所说的那样，"除苛削之法，去烦苛之事"（《淮南子·览冥》），"治国之道，上无苛令，官无烦治，士无伪行，工无淫巧，其事轻而不巧，其器完而不饰。乱世则不然"②（《淮南子·齐俗》），使生产日渐得到恢复并迅速发展，出现了多年未有的稳定和富裕景象，不仅人民生活水平大大提升，国家的物质基础也变得雄厚。可惜，后来汉武帝雄心大起，东征西伐又给耗费殆尽。到了汉昭帝和汉宣帝时，又已经是"海内虚耗，户口减半"。怎样才能发展起来呢？再次效法文、景，屡次减免田租、口赋等税收，减轻农民的力役负担，结果又缔造了一个"昭宣中兴"的时代。

这些都是农耕时代的事例，有人可能会觉得说服力不足，那么，美国第 30 任总统卡尔文·柯立芝无为而治、轻税富国的事例就更有说服力。1923 年，第 29 任总统沃伦·甘梅利尔·哈定因病去世后，柯立芝从副总统继任总统。柯立芝是一位爱睡觉的总统，他接任总统的消息公布以后，全国各大媒体纷纷去采访柯立芝，这时柯立芝正在家中睡大觉。被叫醒后，柯立芝默默地穿衣下楼会见记者，然后在父亲的主持下进行了总统就职宣誓，完了后他又上楼继续睡觉去了，第二天才去白宫上班。成为总统后，柯立芝并不是日理万机，仍然每天晚上九点准时睡觉，第二天九点起床，吃完午饭后继续睡午觉，一觉睡到下午五点。然而，就是这样一位酷爱睡觉的总统，却造就了 20 世纪 20 年代美国经济前所未有的繁荣。柯立芝是怎么做到的？不少学者认为恰恰要归功于他睡觉的嗜好。

原来，柯立芝信奉的理念是"管得最好的政府是管得最少的政府"。他任

---

① 刘倩、鲁竹著：《国语正宗》，北京：华夏出版社，2008 年，第 332 页。
② 赵宗乙：《淮南子译注》（上），哈尔滨：黑龙江人民出版社，2003 年。

第十七章　食税勿重　使民不厌

职期间，最大程度放任市场发挥经济调节作用，政府很少直接干预民间经济。更重要的是，他一直实行减税政策，曾三次通过降低税率的法案，使美国的最高所得税由一战时期的77%减至25%，到1927年时全国只有2%的人需要纳税。他还开展了"向浪费开战"的活动，以有效减少财政支出。他不止一次公开阐述自己的治国理念："联邦政府有着巨大的权力，如果这种权力被滥用了，那将会对国计民生带来灾难性的影响。与其'乱作为'带来损害，不如'少作为'激活经济。"这不就是老子所说的"无为而治""我无事而民自富"吗？何其相似！他这样的做法，非但没使经济活力降低，反而还使美国各种新事物、新产业蓬勃发展。①

由此可见，轻徭薄赋确实可以富民，也可以强国，而且是民自富国自强，省心省力。正如唐代思想家李翱所讲："重敛则人贫，人贫则流者不归，而天下之人不来"，只有轻徭薄赋，才能"土地无荒，桑柘日繁。人日益富，兵日益强"②（《平赋序》）。可见，轻税可以藏富于民，还可以使民心归附，更可以使百姓看到统治者的重民、爱民而达成和谐，不仅是富民强国之策，更是固本良策。相反，有为而治带来的重赋，必然是"上有苛令，官有烦治"，人民难富，人心难服，天下也就不可能平顺。

其实，不只是老子主张轻徭薄赋的财政思想，儒家历来也将其奉为治国安邦的重要原则。首先，孔子就主张"敛从其薄"。《左传·哀公十一年》记载："孔子曰：'君子之行也，度于礼：施取其厚，事举其中，敛从其薄。'"③《论语·先进》记载："季氏富于周公，而求也为之聚敛而附益之。子曰：'非吾徒也，小子鸣鼓而攻之可也！'"④对于帮助季氏聚敛的学生冉求，孔子不仅把他"开除学籍"，还号召大家大张旗鼓地攻击他。

《孔子家语·贤君》记载："哀公问政于孔子，孔子对曰：'政之急者，莫大乎使民富且寿也。'公曰：'为之奈何？'孔子曰：'省力役，薄赋敛，则民富矣；敦礼教，远罪疾，则民寿矣。'公曰：'寡人欲行夫子之言，恐吾国贫矣。'孔子曰：'诗云：'恺悌君子，民之父母。'未有子富而父母贫者也。'"⑤孔子认为民富则国富，藏富于民优于藏富于国。当然，孔子实际上也指出了

---

① 李方恩：《一个嗜睡懒总统，让美国走向大繁荣，仅2%人需纳税》，搜狐—历史，2017年2月7日，http://www.sohu.com/a/125625635_583794。
② 王柏玲、李慧主编：《财政学》，北京：清华大学出版社、北京交通大学出版社，2009年，第10页。
③ 蒋冀骋标点：《左传》，长沙：岳麓书社，1988年，第406页。
④ 冯家禄：《论语三解》，北京：东方出版社，2014年，第258页。
⑤ 王肃：《孔子家语》，廖明春、邹新明校点，沈阳：辽宁教育出版社，1997年，第36页。

怎么看待人民的问题。如果你把人民看作对立面，就会害怕人民富了国家还穷着。如果把人民看作利益休戚相关者，比如就像子女一样，那你就会高兴他变得富裕，因为他富了你也就富了。

儒家许多代表人物也都主张轻税，比如孟子和荀子。荀子主张："轻田野之税，平关市之征，省商贾之数，罕兴力役，无夺农时，如是则国富矣。"①（《荀子·富国篇》）可见，儒家虽然强调有为，但却并不赞成与民争利、藏富于国。同时，儒家早期代表人物更赞成轻税基础上的自然发展，认为税轻则民自富。

有人会问一个问题，国家贫穷的时候，国家需要财力发展的时候，是不是应该反过来，人民就应该做出让步和贡献，实行藏富于国，让国家能干点大事呢？这对带动经济发展应该是有好处的。《论语·颜渊》里有一个故事，算是精辟的回答。"哀公问于有若曰：'年饥，用不足，如之何？'有若对曰：'盍彻乎？'曰：'二，吾犹不足，如之何其彻也？'对曰：'百姓足，君孰与不足？百姓不足，君孰与足？'"②鲁哀公问有若（字子有，被尊称为有子），年岁饥荒，国家用度不足，怎么办？按我们今天的说法就是国家遇到了困难，怎么办？可能有人就会说国家有难、匹夫有责，人民省吃俭用，支持一下国家渡过困难吧。

当时鲁国实行的是十分之二的税制，应该说已经很轻了，鲁哀公问这个话的意思恐怕并不是可不可以降税，而是在想是不是可以再加点税，让国家渡过难关。但有子的回答让他很失望，他说何不实行"彻"税呢？彻，就是十税其一。鲁哀公说十税其二我还觉得不够，十税其一那不是更穷了？有子说，百姓富足了，国君怎么不会富足？百姓不富足，国君怎么能富足？

真是太有意思了，"岁饥"之时当然是民也饥国也饥，有子不但不建议加税，哪怕是加一点点，而是建议减税。"夫唯无以生为者，是贤于贵生"，困难之时君王不贵其生，就是贵天下苍生，实在难能可贵。君王若贵其生，潜意识里必轻天下苍生，则天下苍生亦必轻之。这时候增税肯定不可取，哪怕是为了做大项目带动经济，百姓也会产生最后一根稻草压骆驼的感觉。保税其实也很难，因为税源的基础在变差。但减税则可使天下百姓有如逢甘霖的感觉，一是会切身感受到君王在与他们共渡难关，二是可以带动消费、带动生产，使国民经济进入良性的自然的轨道，这完全是符合现代经济学理论的。所以，或增税或保税或减税，谁为有道有德，百姓该拥戴爱护谁，一眼即可看得清清楚楚。

---

① 李波译注、评析：《〈荀子〉评注》，上海：上海古籍出版社，2016年，第1364页。
② 杨伯峻、杨逢彬注译：《论语》，长沙：岳麓书社，2000年，第110页。

第十七章　食税勿重　使民不厌

而对于重税聚财，历来没有不大加挞伐甚至予以痛骂的。老子将这种行为直斥为强盗："朝甚除，田甚芜，仓甚虚。服文彩，带利剑，厌饮食，财货有余。是谓盗夸，非道哉！"（第五十三章）作为统治者，他的职责是什么？就是要让老百姓富裕、安定、平安、幸福，如果国富民贫，他还在那儿炫富，岂非失职失道？有什么资格显摆！"不道早已"，其地位已经岌岌可危尚不自知，这是多么可悲的一件事情。国家的财富越多，人民就越贫穷，国家也就越危险，当一个统治者被骂作强盗时，他还有何光彩和未来？

《礼记·大学》里说："百乘之家，不畜聚敛之臣。与其有聚敛之臣，宁有盗臣。此谓国不以利为利，以义为利也。长国家而务财用者，必自小人矣。彼为善之，小人之使为国家，灾害并至。虽有善者，亦无如之何矣。"①意思是说，国家不应该以利为利，而应以义为利，将百姓的财富聚而藏之，这对百姓是很不讲道义的，所以聚敛之臣比盗臣还要坏，还要可怕，会使国家灾害并至。

孟子就骂得更厉害了，直斥为"率兽食人"。"庖有肥肉，厩有肥马，民有饥色，野有饿莩，此率兽而食人也。兽相食，且人恶之；为民父母，行政不免于率兽而食人，恶在其为民父母也？仲尼曰：'始作俑者，其无后乎！'为其象人而用之也。如之何其使斯民饥而死也？"②（《孟子·梁惠王上》）厨房里有好肉，马厩里有肥马，可百姓却面带饥色，野外还有冻饿而死的，这简直是领着一群野兽在吃人啊！野兽互相残食，人见了尚且感到厌恶，施行政事却反而率兽食人，岂不是枉为民之父母？孔子曾说，那最先发明陶俑陪葬的人，都恐怕是要断子绝孙的，这仅仅是因为陶俑略有人形而已，何况还是让自己的子民活活饿死呢？孟子这是警示为政者勿以国富而自傲，更应该国富而忧民贫，反思自己是否有"率兽食人"的嫌疑，否则，你让穷苦百姓和纳税人情何以堪？

孟子还对梁惠王说"仁者无敌"。他说，拥有百里之域就可以为王，这没有什么不得了。但如果又能施仁政于民，那么老百姓甚至可以用木棒抵挡强敌。如果敌国不施仁政之时出兵征伐，就可以天下无敌。"地方百里而可以王。王如施仁政于民，省刑罚，薄税敛，深耕易耨，壮者以暇日修其孝悌忠信，入以事其父兄，出以事其长上，可使制梃以挞秦、楚之坚甲利兵矣。彼夺其民时，使不得耕耨以养其父母，父母冻饿，兄弟妻子离散。彼陷溺其民，王往而征之，夫谁与王敌？故曰：'仁者无敌。'王请勿疑。"③（《孟子·梁惠王上》）在孟子看来，"薄赋敛"就是仁政的重要体现，对内可以富民聚民，

---

① 张树国点注：《礼记》，青岛：青岛出版社，2009年，第289页。
② 郑训佐、靳永译注：《孟子译注》，济南：齐鲁书社，2009年，第6页。
③ 郑训佐、靳永译注：《孟子译注》，济南：齐鲁书社，2009年，第7页。

于外可有远超甲兵之利。

2. 无遗身殃，是谓习常

> 天下有始，以为天下母。既得其母，复知其子；既知其子，复守其母。没身不殆。塞其兑，闭其户，终身不勤；开其兑，济其事，终身不救。见小曰明，守柔曰强。用其光，复归其明。无遗身殃，是谓习常。(《道德经》第五十二章)

政府对利欲的态度和需求，最终必然反映到税收上来，收税以多少为宜呢？老子提出了一个告诫：以能够"塞其兑，闭其户"保证"终身不勤"、以避免"开其兑，济其事，终身不救"为宜，同时要放眼长远，"无遗身殃"。税收过多，聚财愈多，官员们就越难"塞其兑，闭其户"，毕竟这钱来得容易。"万花丛中过，片叶不沾身"是很困难的，一旦让他们"开其兑，济其事"就难以关上欲望的阀门，最终必然"终身不救"。这就是一个度的问题。

对于利欲的认识，毕竟绝大多数人只能"既知其子"——停留在万物本身，难以"复守其母"，或者说很难时刻"复守其母"，所以容易为外物所蒙蔽，甚至执着、迷恋于外物，最终为物所累。但是，如果税收重了，聚财必多，府库有钱、手中有权，要让官员们塞住嗜欲、贪婪的孔目，对大多数人来讲是很困难的。如果没那么多税收，他就更多地会想到政府的职责，而不是成天想着府库里的财富。更重要的还在于，如果税收聚财越多，为政者的有为之心越容易兴起，因为有财力去支持他的有为之举；上聚财越多，百姓必然也越贫困，发展经济的基础就越薄弱，经济发展的内生动力就不足。这些无疑都是"遗身殃"的事情。那么，这个度怎么把握呢？这从根本上对政府的职能进行认识，说白了就是将政府定位为"经营型政府"还是"服务型政府"，这两种定位对财力的需求大不相同，税收自然也就不同。

现在大多数人都认为政府应该是服务型的，但也有一些人认为应该是经营型的，在实践中，一些为政者的有为之心和有为之举往往使其不知不觉就走向了经营型，成了以利益和效益为导向和标准，本质上就像企业一样。而服务型政府却是以服务为导向和标准，为了达到服务的目的和标准，甚至可能放弃一些可见的利益和效益也得去做。两种类型的政府虽然都得有税收，但收税的目的和限度却大不相同。

1917年，奥地利财政社会学家鲁道夫·葛德雪（Rudolf Goldscheid）在《国家资本主义或国家社会主义》一书中首次提出"税收国家"的概念。他认

第十七章　食税勿重　使民不厌

为无论是社会主义还是资本主义，本质上都是"税收国家"。①而"税收国家"的本质，是政府公共服务的需要，是以公共服务为导向的税收国家，这无疑是服务型政府的思想。更重要的是，他认为"税收国家"作为"自然社会发展的结果，将会是国家向人民的需求愈趋减少，而给予人民者，却愈益增加"②。换言之，税收的多少须根据政府服务的多少和成本来确定，政府提供服务的多少和成本又是根据百姓的服务需求而确定，政府收入与支出之间的关系体现的是一种"平衡财政"的理念和标准。鲁道夫·葛德雪的这种税收思想，与老子的根本理念基本一致。

但在1918年，著名的美籍奥地利经济学家约瑟夫·熊彼特提出了不同意见。他在《税收国家的危机》一文中提出，政府支出的增长必然超越国家税收的增长，平衡财政的治国理念必将面临挑战。而熊彼特的解决之道，是把关于生产要素和生产条件的"新组合"引进生产体系中去，通过"新组合"来实现"创新"，通过创新来最大限度地获取超额利润。在1929—1933年的"大萧条"后，同样的理念又催生了凯恩斯主义经济学。凯恩斯主义经济学的解决之道是用赤字财政取代平衡财政，以解决经济增长的动力问题。从老子的思想来看，熊彼特和凯恩斯似乎都试图守住服务型政府的底线，却难免有越俎代庖的嫌疑，当政府成为经营者一方或者要素的一种以后，最终就难免滑向经营型政府，会不会因此走向"开其兑，济其事，终身不救"的困境？这就很难保证了。

政府为什么要赤字呢？最初的原因，可能是服务需求的增长先于税收的增长，政府因此入不敷出，需要利用赤字促进经济增长进而促进税收。但到了后来，有人可能对拉动经济增长的速度不满意了，就会想要做更多的大事，甚至不得不做一些形象工程或政绩工程，这反过来又需要更多的财力作支撑。久而久之就形成了一个恶性循环，这就是"开其兑，济其事"的必然结果！比如美国，据统计，到2017年末，美国的债务总额已经已经达到20万亿美元的水平，占全球债务总额的31%。③现在，美国债务已经成为美国政府和世界各国关注的焦点，也是悬在世界经济头上的一把达摩克利斯剑，这算不算一种"终身不救"的表现呢？总而言之，税收的目的已经不再仅限于服务百

---

① 任晓兰：《财政预算与近代中国的国家建构》，天津：天津社会科学出版社，2015年，第14页。
② See Goldscheid, Rudolf, *A Sociological Approach to Problems of Public Finance*, (editedby Richard A. Musgrave and Alan T. Peacock),NY: STMartin's Press, 1958, pp.202-213.
③ 搜狐财经：《图解全球各国债务：负债总额高达63万亿美元，美国独占三分之一》，2017年12月11日，https://www.sohu.com/a/209898058_380743。

姓，税收额度也不再以服务百姓需求为限。这就是服务型政府与经营型政府的根本区别！

从这个角度，我们再来分析一下"高福利国家"的税收问题。高福利国家往往也是高税收国家，并因其税收高常常受到批评。税收这么高，算不算"开其兑，济其事"呢？或许不一定，"开其兑"是真的，税收的胃口确实不小，但其税收用途是合乎天道的，他并没有"济其事"，就是说没有用来去做自己想做的事，而是用来做百姓想做的事。这些国家一般更倾向于向高收入阶层课以重税，颇有些"损有余"的味道，税收主要被用来解决普惠制的生存和生活问题，对于社会弱势或低收入群体来说，就有了"补不足"的味道。即便是优势群体，能获得基本的生活支持，也就可以毫无顾虑地去奋斗去创造，虽然在他们成功时遭到了"损有余"，但在他们失败时也会被"补不足"。而政府本身绝对是"塞其兑，闭其户"，很多国家的财政都很穷。不能不说，这些高福利国家的社会通常很稳定，这正是因为政府首先"塞其兑，闭其户"，你还有什么话说呢？如果他不是以服务为目的，而任由自己的欲望放纵，甚至以经营政府有方而自豪，那才是真正的"开其兑，济其事"、不知足不知止，最终绝对是"终身不救"的。

3．损有余补不足，辅万物之自然

税收的功能是什么，这是一个很基本的问题。在老子看来，并不仅仅是解决政府财政支出或服务百姓的成本支出这么简单，税收的一个非常重要的功能，是要替天行道。怎么替天行道呢？"损有余而补不足""去甚，去奢，去泰"，使社会各个方面保持自然和平衡，这就是税收来源和用处必须有的明确导向。

> 天之道，其犹张弓者欤！高者抑之，下者举之。有余者损之，不足者补之。天之道，损有余而补不足。人之道则不然，损不足以奉有余。孰能有余以奉天下？唯有道者。（《道德经》第七十七章）

天下是否有道，在财货分配上会有很明显地体现。财货分配严重失衡，就说明人道盛行天道衰落；财货分配较为均衡，则说明天道昌盛人道受抑。那么，财货的分配是不是就应该像老子提倡自由、自然那样，完全放任财富自由运行呢？当然不行。老子认为，"天之道，损有余而补不足"，对财货太多者要加以抑制，对财货太少的要加以帮补。有道政府或官员，在财货处于自然范围内时必须放任或容忍，但又必须时刻警惕和防止它超越极限，自觉地祭起天道来损有余以补不足,从而维持相对平衡。

天道和人道相反。人道总是损不足以奉有余,人性的理想、贪婪、竞争导致的结果,必然是财货在运转过程中不断向优势资源集中,最终达到垄断的程度,这似乎是经济规律使然,其实更是人道使然。天道却总是反其道而行之,总希望保持财富的均衡,因此,在财富极为不均时,就会损不足以奉有余,以避免社会矛盾激化。税收,正是政府平衡财富、辅万物之自然的重要手段和工具。它可以从三个方面来体现:一是税收来源必须要向优势企业或个人收取,这相当于劫富济贫;二是在税收用途上,它必须用来补贴劣势企业或个人;三是在政府税收丰富时应该"以有余奉天下",而不应该用来满足"甚爱""多藏"。这样,就能充分展现一个有道政府的良好形象。

第一,向优势企业或个人收取,就是"高者抑之"或"损有余",甚至是"去甚、去奢、去泰"。部分人或企业聚集财富太多,就会影响社会和经济的自然运行,就会排斥其他主体的生存和发展空间,会影响整个社会和经济体系的平稳,这时候,政府就要仗剑直裁,以维持整个生态的平衡。比如,企业所得税和个人所得税,就是对高收入企业或群体所得课税,减损其过于有余的部分。这样做的理由何在呢?① 优势企业或个人往往占有更多的社会资源,社会对其服务的成本也相对较高,因此理应回馈社会。② 他们手上的钱容易沉淀在银行,对生产和消费的促进往往边际效用递减,对社会整体发展不利。③ 企业或个人的奋斗精神容易下降,从而降低社会的活力。④ 他们的优势最终筑起了一道其他人难以逾越的门槛,必须予以削减。因此,税制成熟的发达国家,一方面对高收入主体征收累进制的所得税,包括对高财富积累人群课以遗产税、赠予税等,另一方面又要反垄断,目的都是为了损有余。

但是,怎么让税收起到损有余的作用,也是有讲究的。比如,所得税之所以设计为累进税制,就是为了达到越有余越损之效果。但是,现实中往往存在没有余也被损的情况,问题何在?原因有二:一是对税收的意义认识不清楚,把税收当成了单纯的聚财的手段,因此形成了普收制,不管大小强弱统一样收取。二是在于计算有余的方法过于简单,使该收的没收到,不该收的多收了。当前中国正在进行的个人所得税、房产税改革和对中小企业减税,就是为了更好地体现税收维护天道的功能,体现出税收的合道性越来越强。

个人收入所得的有余的计算,应该基于"余=收入−支出"这样一个公式,通常一个家庭的支出范围应该包括育儿、教育、养老、供房、基本生活等各种必须支出,对这些项目进行扣除,才会真正形成对高收入进行减损性调节,如果只是简单地从名义收入高低而主观臆断是否有余,就可能对并非有余者进行了减损,甚至让其生活变得较为困难,导致许多人因房成奴或因病返贫、因教返贫,也让许多年轻人不能养老甚至还不得不啃老,不利于良好美德的传承。但我们现在是一个笼统的扣除基数,这样容易形成工薪阶层成为纳税主体,高收入群体反而容易逃避税收。所以,现在个人所得税改革的方向,就是增加合理扣除,这是完全合乎天道的。

第二,税收的使用向弱势群体的自然需求倾斜,这就是"下则举之"或"补不足"。向弱势群体倾斜,就使需求满足程度达不到自然需求的那些人,能够得到补偿或补助,从而使其基本需求得以满足,并向社会平均水平不断靠近。从这个角度讲,税收无疑是社会财富的调节器,也是社会矛盾的平衡器。比如,最低生活保障制度,就是政府拿出部分税收补贴低收入困难群体基本需求的不足,使他们在基本自然状态下能参与社会运行,提供家庭经济发展的基本条件。再比如,原来的国有企业下岗职工基本生活保障,也是政府从税收中拿出一笔钱,既弥补国企下岗职工生活来源的不足,减小他们的生存压力,平衡社会矛盾,同时也给国家的发展、转型、调结构等提供稳定的基础。

第三,将国家或部分地区财政的有余拿出来给财政收入不足的地方使用,以弥补其发展能力的不足,这就算是"以有余奉天下"。近些年来,我国政府在这方面做了许多创新,对区域经济发展和新兴产业的培育起到了十分重要的作用。其中比较重要的包括税收减免、财政补贴、转移支付等,都起到了非常有效的损有余而补不足的作用。对企业的税收减免,相当于补不足。有些企业尤其是新兴产业、企业,在发展过程中存在成本大、收益少、发展资本不足的问题,但它又是创新和方向,对就业起着重要作用,政府对其实行减税或补贴,可以弥补其经济基础的不足,增强整个社会经济的活力,并稳定就业基础。

所谓转移支付,一般是指将发达、税源丰厚地区的财税收入转移到欠发达、税源欠佳地区使用。它既可以使发达地区不至于使用甚至浪费过多的财税资源,又可以弥补欠发达地区财税收入的不足,弥补其发展动力的不足,进而又为发达地区培育市场。通过不同地区的转移支付,既弥补了地区间的不平衡,又提高了使用效率,为经济发展打下更广阔更深厚的基础。中央对地方转移支付,包括一般性转移支付和专项转移支付两大类,也即不"戴帽"的转移支付和"戴帽"的转移支付,它起着平衡全国发展以增强整体发展后劲的作用,是落后地区经济走向自然发展的重要支持。以 2014 年为例,我国中央对地方转移支付近 4.68 万亿元,占当年全国 14 万亿元一般公共财政收入三成多,相当于 2014 年中央财政收入的七成,就非常明显地体现了"损有余而补不足"或"以有余奉天下"的财政功能，这是很了不起的一件事情。

当然，对"损有余而补不足"的对象必须得认真分析，损的必须要是真正的有余，补的也必须是真正的不足，否则可能起到相反的作用，既不能增加经济活力，又会造成新的社会不公。比如，不能对一些没落型企业、夕阳产业进行大量补贴，如果这些企业在创新、在追求浴火重生倒也罢了，但绝不能允许他们等着吃补贴，造成市场功能的紊乱，甚至成为创新的阻碍，那样的话无疑是在喂"白眼狼"。这样的企业，恰恰应该是"去甚，去奢，去泰"的对象，对其补贴岂不是反其道而行之？同样有违天道。

4．无狭其所居，无厌其所生

> 民不畏威，大威至矣。无狭其所居，无厌其所生。夫唯不厌，是以不厌。是以圣人自知，不自见；自爱，不自贵。故去彼取此。（《道德经》第七十二章）

无论如何，税收最重要的功能必须是服务于百姓的基本需求，从而维护社会的基本稳定。如果为政者连这一点都做不到，那老百姓还会归附他们吗？因此，在"损有余而补不足"之中，补不足就显得更加重要，补不足就是用国家的财税满足老百姓尤其是弱势群体生存和生活的基本需求，这是奠定社会稳定的根基。

统治者和被统治者、管理者和被管理者的形成，是不可避免的事情。统治者因身居高位并拥有相应国家机关尤其是暴力机关的支配权，自然就有了气势和权威，若百姓均驯服于这种威势，自然天下和顺，民自安君自贵。倘若天下百姓不再顺服于这种威权和气势，那么，大的祸患就会随之而来。倘若统治者为自保而施以更大的威压，百姓仍然不服不顺不惧，那麻烦就大了，这天下恐怕就得易主。"上礼为之，而莫之应，则攘臂而扔之"（第三十八章），虽有礼制也难以维护，社会矛盾就会变得极为尖锐。

在什么情况下会出现这种情形呢？那就是百姓无所居以安身、无所为以谋生之时。如果为政者一味地盘剥百姓，或不恭行补不足的天道，使百姓居无安身之地，食无谋生之道，结果必然是民不畏威、民之轻死。如果老百姓都不畏惧死亡了，再大的威压也都没有用了，甚至会起副作用。这就是哪里有压迫，哪里就有反抗；压迫越沉重，反抗越激烈。这时候，为政者就会真正感受到更大的威压了。所以，为政者必须满足老百姓的基本需求——无狭其所居，无厌其所生。

对百姓来说，安居、谋生是两个最重要的事情，这就是马斯诺需要五层次理论所说的第一个层次——生理需要。这两个基本需求得以满足，他们就不会轻易犯上作乱，也就是"仓廪实而知礼节，衣食足而知荣辱"①（《管子·牧民》）。所以，只要为政者不肆意压榨盘剥，不让百姓觉得生活没有乐趣和留恋，百姓也就不会对生活感到厌烦，自然就心平气和。只要不让百姓厌倦生活，他们也就不会厌弃为政者，此即为"圣人处上而民不重，处前而民不害，是以天下乐推而不厌"。基本的需求里面，潜藏着一个非常根本的道理。

　　明白此理的圣人，对自己的需求有自知之明，所以不会夸夸其谈地加以炫耀，不会自我标榜而招惹麻烦。如果做得好，有什么值得炫耀的呢？这是本职工作，做好是理所应当。他们珍爱自身，故珍惜大道，谨守自然，绝不刻意显示、炫耀自己何等高贵。"夫礼者，忠信之薄，而乱之首"，炫耀高贵无疑是把自己从百姓中分别出来，视自己为高等他人为低等，从而导致忠信淡薄，祸乱暗生。换言之，"自贵"就是不"自爱"的表现，自贵就是给自己找麻烦。儒家所说的"己欲立而立人，己欲达而达人""己所不欲，勿施于人"，其实都是从自己出发"推己及人"，并反过来约束自己"不自见""不自贵"，道理都一样。

　　自见、自贵，不仅仅是一种心理，而且最终必然体现在物质上。若为政者把百姓看作臣民，那就可能按自己的意志肆意收税；若为政者将百姓看作工具，那自我意志更可能泛滥。为政者和百姓之间，因为各自目标的不同，必然会产生矛盾。百姓更看重生活的目标，而为政者却有自我形象、军备国防等更多要求，双方意志的体现和利益的维护最终都得聚焦到财税政策上来。但这个矛盾并非不可调和，或者说并非不能维持在平衡状态。如何求和？就是不要"物壮则老"，收税是应该的可以的，但不能一味收取地收取苛捐杂税，更不能为了私欲而横征暴敛，那样就会堕入不道之境。因此，为政者首先需要正心诚意，不能自居高贵，更不能自视为天下主宰，如此方能真正做到以道治国、轻徭薄赋。

　　那么，怎样才能"无狭其所居，无厌其所生"呢？"居"，就是满足百姓基本的居住条件，使居有其所。"生"，即生存或生活。关乎生存、生死的事情，大抵有两件最为基本，即生活保障和医疗保障。既然如此，有道的政府当然应该把这两件事情放在首位，不因事小、事繁而不为，而应该"大小多少"，政府的财税收入当然就应该首先投入这些方面。尤其是弱势群体，没有政府的统筹和扶助，往往连这些基本的生存条件都难以解决。从这个角度来

---

① 孔丘等著：《诸子百家》，沈阳：万卷出版公司，2009年，第235页。

讲，税收对百姓生存的保障比之于政府发展的保障，重要性要大得多。

对基本生存和生活条件认识、理念的不同，会导致大相径庭的税收政策和财税开支政策，对社会稳定和发展带来的效果也就大不相同。有人可能认为有些夸大其词，那么我们仍然以高福利国家的税收及财税开支政策，来直观地理解一下老子"无狭其所居，无厌其所生"的含义和作用。虽然我们一直怀疑甚至置疑他们高福利的延续性，甚至曾经责难其高福利加重人民的负担，但不能不说它解决了"无狭其所居，无厌其所生"这个共同的问题，对增强百姓的幸福感和社会稳定性都极其有效。据一些资料介绍：

法国公民从娘胎到死亡受到 400 多种福利的保护，只要在法国有合法居留身份者均可享受。国民教育从小学到大学一路免费，如果家庭收入低于一定标准，孩子每个学期开学时可领取 249.07 欧元的补助。法国全民免费享有医疗保险，公民每年最多交一个星期的最低工资，失业者免交。

美国小学到高中教育全免费，大学教育经费主要由政府负担。大学学费低于每年 1500 美元，约为美国从业人员平均年收入的 1/30。为确保穷人的孩子能读大学，政府对贫困家庭提供各种形式的资助。美国医疗福利覆盖所有人，每年投入的庞大医疗支出高达 2.2 万亿美元，占 GDP 的 16%，占政府支出的 20.8%。基本医疗准则是：不管有钱没钱，先看病，后买单。你有钱，那就由保险公司支付，保费由个人负担小部分，政府负担大部分；你是穷人，就由政府买单，连住院的伙食费都由政府出。

英国的社会福利开支占 GDP 的 25.9%，连难民也享受高福利。英国实行全民免费医疗。英国大学阶段以前的教育均免费，大学阶段 90%的大学生可获得政府津贴。对低收入家庭来说，从幼儿园到大学教育一路免费。英国的社会福利覆盖所有在英国居住的人，而不仅仅是英国公民。

德国的社会福利开支占 GDP 的 27.6%，甚至买"伟哥"也可以报销。对困难家庭来说，社会福利几乎包办了一切，领取的救济金只是"零花钱"，购买价值超出 30.68 欧元的日用品由社会福利局支付账单。

加拿大的社会福利开支占 GDP 的 23.1%，穷人受教育一路免费。如果没有收入来源，单身可每月领取 500～700 加元的生活保障金，三口之家每月可领取 1100～1300 加元的生活保障金。如果一直没工作，这笔钱可以一直领下去，直到死亡。政府对低收入家庭提供廉租金住房，保证人人有房住。租金不是按照房子大小收取，而是按照工资收入收取，基本上用 25%～30%的工资就能住上宽大舒适的房子。

其他的高福利国家都有着差不多的情况，就是人们的基本居住、生存和生活需求都有政府统一解决。基于对基本需求理解的差异，有些国家的福利更多,几乎扩展至人们的所有基本生活。至于教育都几乎免费,这是与生存、生活直接相关的发展的基础,也是社会为成员成长必须付出的成本。①

高福利国家的社会福利开支在政府支出中占据很高的比例,基本覆盖了所有社会成员的基本需求,尤其对低收入弱势群体有利,不至于"狭其所居""厌其所生",因此它完全符合"补不足"的天道。但是,这些国家的高福利往往受到质疑,认为其高福利必然高税收,这有没有道理呢?不能说完全有道理。从税负结构来看,高福利国家的税负主要由企业和收入相对较高的人承担,而低收入群体几乎不需要纳税,甚至还要享受各种各样的补助。可以说,一个高福利下的税收制度涵盖了损有余和补不足,解决了全体国民"无狭其所居,无厌其所生"的问题,你有什么理由责难它呢?

当然,高税收高福利制度可能也确实存在一定弊端。物壮则老,过犹不及,福利高到不必要的程度,也许它就进入不道的境地了。事实上,社会福利太过泛化、福利水平太高的国家,确实出现了"高福利养懒人"和社会责任感、创造性下降的现象。这可能不是因为福利本身的问题,而是因为高福利侵占了百姓自决的范畴,从而出现了"福利病"。如果说基本福利是老百姓的权力或者说"人权",那么过多过高的福利则变成了当政者为了"有为"而为,并非出于满足老百姓真正的、自然的需求。按照老子的思想,超过基本福利的部分,应该是"我无为""我无欲""我好静""我无事"的范畴,在这个范畴内百姓能够实现"民自朴""民自富""民自化""民自正",你要去管那么多干什么呢?所谓"福利病",其实也是老子说的甚、奢、泰,也必须去之而非养之。

荷兰的福利改革就很好地说明了这个道理。2013年9月17日,荷兰国王威廉-亚历山大宣布荷兰将告别20世纪的福利国家。他说,荷兰20世纪下半叶的福利社会已经一去不复返,荷兰必须建设一个"参与社会"②,意思是荷兰每个人都得为自己的将来承担责任,共同创建一个社会与金融的安全网,而不是一味地向财政要钱。荷兰改革福利制度的背景,是因为出现了较大的财政赤字,使整个福利制度难以顺畅运行下去了。而国王提出的"参与社会"这个新名词,则说明荷兰社会出现了许多躺在高福利上晒太阳的懒人,出现了严重的甚、奢、泰,福利改革正是去甚、去奢、去泰的过程,或许这也是上体天道的举动,并不能用来作为福利制度错误的证明。

---

① 刘植荣:《穷人优先是基本准则 看看外国的社会福利》,《羊城晚报》2010年12月30日B05版。
② 金力:《荷兰高福利国家 国王呼吁建设"参与社会"》,国际在线,2013年9月19日,http://news.cri.cn/gb/42071/2013/09/19/6611S4259591.htm。

其实，基本社会福利与国家贫富没有关系，仅仅与政府对天道的认识有关系。并非发达国家才重视社会福利，许多欠发达国家甚至贫穷国家同样非常重视。理论上讲，国家越不发达，社会保障显得更为重要，政府更应该重视。当福利处于基本需求范畴时，社会保障就是保障社会，保障社会的基本安定。例如，南非是一个发展中国家，但是政府规定，所有的公立医院无偿为穷人、老人、孤儿、残弱人员提供免费医疗，费用由卫生部统一结算。[①]埃塞俄比亚同样如此，如果你有"贫民证"，就可以在村镇医院获得免费医疗。这个位列世界最穷10国之一的国家，还实行从小学到大学的全民免费教育。[②]印度这个世界上人口最多的国家之一，也实行全民免费医疗。涵盖1.2万所医院、2.2万个初级医疗中心、2000多个社区医疗中心和2.7万个诊疗所的政府医疗体系，基本满足了大多数国民的基本医疗需求。印度的公共投入只占卫生总费用的17.9%，但按照世界卫生组织的评估排位，其公平性在全球居第43位。[③]他们为什么要这么做？就是为了"无狭其所居，无厌其所生"。老子的思想告诉我们，有道的统治者不能嫌贫爱富，恰恰应该爱贫嫌富。为什么呢？穷人、弱势群体才是社会真正的基石。富人不需要救助，一般情况下他们也不会危及社会稳定。恰恰是穷人，没有救助就难以生存，活不下去了就要闹事，统治者就不得安宁。统治者爱穷人，并不是希望人人都穷才好，帮助穷人的目的，正是希望人人有饭吃、人人有衣穿、人人有发展的基本起点。同时，开展基本福利制度和帮助穷人也是缩小贫富差距的有效举措，这样可以一定程度上弥合贫富之间的矛盾，所以帮贫也就是为了安富。皆大欢喜的事情，何乐而不为呢？

---

① 刘植荣：《过度医疗那些事》，《文摘报》2015年12月24日，第8版。
② 刘植荣：《过度医疗那些事》，《文摘报》2015年12月24日，第8版。
③ 任彦：《贫富各有所依 印度百姓看病不难》，《人民日报》2006年2月28日，第7版。

第十八章

兵者不祥　胜而不美

《道德经》不是兵书，故无兵法。但《道德经》却有兵道，所以又包含着最高明的兵法。若得其道，则其法无穷，可因势而化而又不离其宗。《道德经》真正谈到用兵的地方并不多，因为老子认为只要天下有道，则兵戈不兴；若生战火，必须回归"以正治国"方能消弭；对外用兵，只要以道驱兵则无往不利。老子其实不屑于谈兵，他认为"以道佐人主者，不以兵强天下""兵者不祥之器，物或恶之，故有道者不处"，其用兵思想与"善利万物而不争""以柔克刚"的最高原则是完全一致的。

1. 以道佐人主者，不以兵强天下

> 以道佐人主者，不以兵强天下，其事好还。师之所处，荆棘生焉。大军之后，必有凶年。善有果而已，不敢以取强。果而勿矜，果而勿伐，果而勿骄，果而不得已，果而勿强。物壮则老，是谓不道，不道早已。（《道德经》第三十章）

以道德辅佐人主的有道之士，不会以武力称强于天下，以武逞强是会有报应的。"以道佐人主者"，可以说是辅佐人主的掌兵重臣，也可以说是有道德相伴随的君主。无论辅臣还是人主，若以兵逞强，是要遭到报应的，要么遭到别人的还击，要么遭到自然的报应。无数战争显示，凡是大军驻扎过的地方，均农事不兴，五谷难成，荆棘遍野。这是肯定的，要么毁于战火，要么百姓流离，哪里还可能有农事呢？每次大型战争过后，必有凶年相随。这也是肯定的，尸横遍野、血流成河的凶杀之地，必然是农事荒废、饥荒相随、盗贼四起，甚至疾病瘟疫流行，年景不可能好到哪儿去。"其事好还"，正如常说的"出来混，总是要还的"。

正因为这样，老子对用兵之事极为慎重，认为那是万不得已而为之的事情,并不是用来逞强好胜的。从道德的角度讲,用兵是有为,是大为;从辩证法的角度讲,用兵是物壮的行为,故吉凶会自然转换。因此,虽然激烈的矛盾或许难以绝对避免,老子却郑重地告诫人们"兵者,不祥之器,非君子之器,不得已而用之"(第三十一章),而且说即便取胜了也不值得高兴——"胜而不美"。那么,真正能服人服众的是什么呢?道。老子提出了一个非常重要的军事思想,即道为本、兵为末。顺天行德,以道化人,则敌人自服,天下自安。

事实上,真正伟大的兵家都秉承着同样的理念,被誉为"兵家至圣""百世兵家之师""东方兵学的鼻祖"的军事家孙武,就被一些人归入道家思想的运用者。南怀瑾说:"孙子——春秋时期齐国人孙武,他的军事哲学思想,正是由道家思想而来,所著《兵法》十三篇,处处表现了道家哲学……充分显示了道家思想在事功上的伟大。"[1]若非以道为骨,也就不能称为"至圣"了。《孙子兵法》说:"夫用兵之法,全国为上,破国次之;全军为上,破军次之;全旅为上,破旅次之;全卒为上,破卒次之;全伍为上,破伍次之。是故百战百胜,非善之善者也;不战而屈人之兵,善之善者也"[2]"故上兵伐谋,其次伐交,其次伐兵,其下攻城"[3]"故善用兵者,屈人之兵而非战也,拔人之城而非攻也,毁人之国而非久也,必以全争于天下,故兵不顿而利可全,此谋攻之法也"[4]。孙子此说虽出于战,他也强调"兵者,诡道也",但一个"全"字就使他与老子异曲同工或者说殊途同归了,"全"为上"破"为次,"全"还是目的。

但不管怎么说,国之所立,不可能完全不用兵,有主动用兵者,有被动应兵者。兵有所陈,必有所用,这也是必然规律。怎么看待这个问题呢?老子认为,军队只是威慑,用兵只是手段,政治才是目的,手段必须服务于目的。真正善于用兵者,只是用来达到目的而已,并不是用来逞强的——"善有果而已,不敢以取强"。军力再强,谋略再奇,都不过是替天行道的工具和手段,绝对不应该成为炫耀武力或欺压良善的利器。

"善有果而已"往往有两种解释。第一种,"善"的意思为"善者",意思是用兵之要在于善于达到目的而已,而不敢用来逞强斗狠、杀人立威。第二种,如果将"善"单独成句为"善,有果而已,不敢以取强",可能就还有善良、有道等意思。意思是:只是为了降服不道的敌人而已,而不敢以武力逞强的用兵者,是一个真正善良、有道的人。有果即止之师,乃有道之师;有

---

[1] 南怀瑾:《老子他说》,上海:复旦大学出版社,2017年,第1页。
[2] 孔丘等著:《诸子百家》,沈阳:万卷出版公司,2009年,第336页。
[3] 孔丘等著:《诸子百家》,沈阳:万卷出版公司,2009年,第336页。
[4] 孔丘等著:《诸子百家》,沈阳:万卷出版公司,2009年,第338页。

果而不止，还要逞强，无疑穷兵黩武，是无道之师。不管怎么解释，都相当于《孙子兵法》所说的"不战而屈人之兵，善之善者也"。

因此，老子才特别叮嘱，达到目的了不要妄自尊大，达到目的了就不要继续征伐，达到目的了不能骄傲炫耀，必须充分认识到用兵是不得已之举，所以达到目的了就不要再逞强。有道之君会怎么做？不是骄傲、炫耀，而是要检讨自己的过错，是什么导致了非用兵不可而使生灵涂炭？这才是根本。

老子对战争的认识，同样源于矛盾双方互相转化的辩证法思想，即对"物壮则老，是谓不道，不道早已"和"柔弱胜刚强"的深刻认识。因为用兵是有为之举，而且是极刚极强的行为。以兵强天下又能如何？不过是"飘风不终朝，骤雨不终日"而已。"持而盈之，不如其已；揣而锐之，不可长保""强梁者不得其死"的规律同样适用，甚至是越强越锐败得越快越惨。对于强梁军队来说，总以为暴风骤雨似的打击可以使敌人失去战斗意志和能力，所以很容易果而矜、果而伐、果而骄、果而强。但是你能始终保持这种高压吗？不可能的，到最后自己都会疲乏、烦躁，那就是失败的时候到了。手段背离了目的，手段也会失去其用。

《三国演义》中七擒孟获的故事，就是"善有果而已"的典型。故事之所以让人津津乐道，其实不在于擒住孟获七次，而在于放了七次，最终让孟获心服口服，真心归顺。擒是能，放是德，这就是"善有果而已，不敢以取强"，诸葛亮要的结果是一方安定，而不是杀多少人、立多大威，所以"攻心为上，攻城为下"。试想一下，如果逞强而杀人众多，必然结怨甚深，即便和大怨也必有余怨，又有谁会真心归顺？

《三国演义》中这方面的例子也非常多，曹操、刘备、孙权这三个最终三分天下者，都可以说是赢在人才。为什么会有那么多人追随他们呢？不是因为他们多有军事谋略，恰恰是他们非常注重展现自己的道德，甚至为此经常"假打"。在战争中，许多时候都追求"善有果而已，不敢以取强""果而不骄，果而不强"，这样的德行让人觉得有希望、有面子、有前途。但董卓这一类的枭雄则不然，往往是残忍嗜杀，倒行逆施，所以当世之人都预测出了他的结果。荀彧说"卓暴虐已甚，必以乱终，无能为也"[1]，荀攸说"董卓骄忍无亲，虽资强兵，实一匹夫耳"[2]，蔡邕说"董公性刚而遂非，终难济也"[3]。为什么预测得这么准确？因为他"敢以取强"，果而矜、果而伐、果而骄、果而强，

---

[1] 陈寿：《三国志全鉴》，北京：中国纺织出版社，2010年，第46页。
[2] 司马光：《资治通鉴》（上），郑州：中州古籍出版社，1996年，第563页。
[3] 〔清〕纪昀主编：《家藏四库全书 精华版》，北京：中国华侨出版社，2015年，第189页。

最终必然是"不道早已"。

人们都津津乐道越越王勾践卧薪尝胆的故事，却往往忘记了他是怎么被吴王夫差抓住的。《史记·越王勾践世家》记载："三年，勾践闻吴王夫差日夜勒兵，且以报越，越欲先吴未发往伐之。范蠡谏曰：'不可，臣闻兵者凶器也，战者逆德也，争者事之末也。阴谋逆德，好用凶器，试身于所末，上帝禁之，行者不利。'越王曰：'吾已决之矣。'遂兴师。吴王闻之，悉发精兵击越，败之夫椒。越王乃以余兵五千人保栖于会稽。吴王追而围之。"[①]勾践与范蠡的对话，对老子的思想进行了很好的诠释和印证。勾践想的是，你想伐我，我就先发制人，这就违背了"以道佐人主者，不以兵强天下"。第六十九章中说"吾不敢为主而为客，不敢进寸而退尺""祸莫大于轻敌，轻敌几丧吾宝。故抗兵相加（若），哀者胜矣"，勾践是不愿为客而决意为主，而且明显轻敌，认为收拾手下败将是小菜一碟。范蠡则完全是以老子的思想来劝解，首先说兵者不祥——"臣闻兵者凶器也"，然后说"善有果而已，不敢以取强"——"战者逆德也，争者事之末也"，意思是说和平才是根本，战争乃是不得已的手段，别人施战我们应该施德。劝都劝不住，有什么办法？事实证明，不听老子言，吃亏在眼前，"轻敌几丧吾宝"，如果不是勾践投降得快，肯定小命难保。可见，妄图以兵强天下者，必然难有善终。即便赢了也是"其事好还"，你怎么对待人家的，别人也会怎么对待你。

2．兵者不祥之器，物或恶之，有道者不处

> 夫兵者不祥之器，物或恶之，故有道者不处。君子居则贵左，用兵则贵右。兵者不祥之器，非君子之器。不得已而用之，恬淡为上。胜而不美，而美之者，是乐杀人。夫乐杀人者，则不可以得志于天下矣。吉事尚左，凶事尚右。偏将军居左，上将军居右，言以丧礼处之。杀人之众，以悲哀泣之；战胜，以丧礼处之。（《道德经》第三十一章）

兵革，是不祥之器，兵器即为凶器，故非有道之器，此处也指代战争。因为它伤精害神，扰清乱和，万物均厌恶它，所以有道者不会轻易使用。兵器这些锋利之物不仅容易伤人，用得不好还容易伤己。"师之所处，荆棘生焉。大军之后，必有凶年"，百姓跟着遭殃，统治者自然也得不到什么好处。

君子选择居处喜欢左边，用兵则注重右边。为什么呢？后面说了，"吉事

[①] 司马迁：《史记》，长沙：岳麓书社，1986年，第345—346页。

尚左，凶事尚右"，即左边主（意味着）喜庆祥和之事（地），右边主凶杀险恶之事（地）。因为刀兵乃是不祥之器，非君子之器，所以宜居右。因为右为凶地，所以，用兵贵右或许有两层意思：一是向死而生、置之死地而后生的鼓勇之意，以使将士用命，不留余力；二是有兴兵则为犯险的警示之意，以使军事主帅谨慎用兵，因为他自己处于最凶险的位置，战争首先对他不利。正因如此，非万不得已不可轻启刀兵，宜保持恬静淡然、利而不争的心态，不要老惦记人家的土地、人口、财宝，征而服之不如"修文德以来之"。

在中国古代，大约宋朝以前，都有左尊右卑、左上右下的观念。比如，所有的行文都是上文在左，文终于右。对联更明显，左联为上联，右联为下联。《礼记·檀弓上》记载："孔子与门人立，拱而尚右，二三子亦皆尚右，孔子曰：'二三子之嗜学也，我则有姊之丧故也。'二三子皆尚左。"① 东汉末年的经学大师郑玄对此有注释："丧尚右。右，阴也。吉尚左。左，阳也。"② 一般来讲，老师孔子肯定应该在左边，但这一次因为有"姊之丧"，所以就改在了右边。按迷信的说法，就是带丧之人身有阴气，故应避开别人，以免给他人带来凶灾。到了现代，尊左的风气还有遗存，比如在正式的社交场合尤其是在会议时，一律以左边为尊，位次都是从左向右按由大到小的顺序排列。

正因为"兵者不祥之器，非君子之器"，所以即便用兵取胜，有道者也不会感到高兴、快乐。如果因战争或战胜而高兴、快乐者，那就是以杀人为乐。一个以杀人为乐的人，是绝不可能得志于天下的。道理很简单，好兵之国，百姓不居；好兵之君，百姓不服；好兵之将，天下共畏。所以，基于吉事尚左凶事尚右的习俗，行军布阵时都是偏将军居于左，而大将军居于右，那就是提醒大将军战争乃凶事，兵革乃凶器，其位乃凶地，须谨慎行事、谨慎杀戮。战争乃不得已而为之，切勿逞强兴兵，勿薄德伤己，应以道化人。战争必然杀戮颇众，有道的君主或将军应该是哀而泣之。战争获胜，也不能高兴庆贺，而要用丧礼来对待。

从这些表述可见，老子非常反对战争，除了战争会带来破坏性的后果以外，另一个重要的原因在于天道人心。发动战争必然会伤及大量的人命，虽然说战士的使命就是保家卫国，但却不能让战士轻易赴死。因为他们是人，是百姓的一部分，统治者不能把他们当作工具随心所欲地处置。本章的字里行间，我们可以感受到深厚的仁爱思想，"胜而不美"即是因为战争会死人。"以悲哀泣之""以丧礼处之"，这是爱惜百姓和天下苍生的心态。老子深明得

---

① 张树国点注：《礼记》，青岛：青岛出版社，2009年，第27页。
② 吴凤玲：《中国传统文化中右与左的象征——以〈礼记〉为例》，《西北民族研究》2011年第3期，第171页。

道多助、失道寡助的道理，所以他告诫说"夫乐杀人者，则不可以得志于天下矣"。在第七十三章里他把这个道理阐述得更加清楚："勇于敢则杀，勇于不敢则活，此两者，或利或害。天之所恶，孰知其故？天之道不争而善胜，不言而善应，不召而自来，繟然而善谋。天网恢恢，疏而不失。"

这些道理，历史上的战争都充分验证了好杀伤德、慎杀得民、得人心者才能得天下。夏朝和商朝的灭亡，可能是老子得出这一结论的直接实证。夏朝历14代，共17帝王，延续约471年，最后就毁在一个桀的手里。没丢在平庸的帝王手上，反而丢在一个勇武的帝王手上。《史记·律书》中记载桀善武，"手搏豺狼，足追四马，勇非微也；百战克胜，诸侯慑服，权非轻也"①。但是，桀在位期间，由于和其他部落的关系日渐破裂，给夏上贡的部落不断减少。桀不从自己身上找原因，不"修文德以来之"反而经常加以讨伐。站在桀的角度看，这好像是"不得已"。但在政德不修的情况下，谁不服就讨伐谁，却明显是"以兵强天下"，不把兵看作不祥之器、非君子之器，已非道者。

更重要的是，桀非但不是"杀人之众，以悲哀泣之；战胜，以丧礼处之"，反而是果而伐、果而骄、果而强。据说桀击败哪个部落，就会从部落中挑选美女带回宫淫乐。"桀既弃礼义，淫于妇人，求美女，积之于后宫，收倡优、侏儒、狎徒能为奇伟戏者，聚之于旁。造烂漫之乐，日夜与末喜及宫女饮酒，无有休时。置末喜于膝上，听用其言。昏乱失道，骄奢自恣。为酒池可以运舟，醉而溺死者，末喜笑之以为乐。"②（刘向《列女传》）"桀不务德而武伤百姓，百姓弗堪。乃如汤而囚之夏台，已而释之。汤修德，诸侯皆归汤，汤遂率兵以伐夏桀。"③（《史记·夏本纪》）桀本姓姒名癸（一名履癸），桀是其谥号，以彰其残暴，桀就是多杀、残暴的意思。

最终，桀的无道引起各方部落的愤怒，商汤带领各部落一举将其灭掉。不妨假设一下，如果天下部落不来进贡之时，桀能反躬自省，勤修政德，而不是以武力伐之，结果会怎样呢？或者讨伐成功之后，"杀人之众，以悲哀泣之；战胜，以丧礼处之"，而不是把美女作为胜利果实肆意采摘，结果又会怎么样呢？有意思的是，商汤灭夏以后并没有杀掉桀，"成汤放桀于南巢，惟有惭德"④《尚书·商书·仲虺之诰》，"整兵鸣条，困夏南巢，谯以其过，放之历山"⑤（《淮南子·修务》），可见成汤并非好杀之人，算是果而不得已、果

---

① 司马迁：《史记》，长沙：岳麓书社，1986年，第169页。
② 刘向：《古烈女传译注》，绿净译注，上海：上海三联书店，2014年，第305页。
③ 司马迁：《史记》，长沙：岳麓书社，1986年，第14页。
④ 冀昀主编：《尚书》，北京：线装书局，2007年，第67页。
⑤ 刘安：《淮南子全鉴》，东篱子解译，北京：中国纺织出版社，2016年，第286页。

而勿伐、果而勿矜、果而勿强的有道典型，所以"得志于天下"完全是"顺天承运"。

历史就这样奇怪，商朝又因同样的原因而亡于周。商朝前后相传17世31王，延续600年左右，最后又毁在一个勇武却喜欢杀戮的帝王——纣王手上！《荀子·非相篇》记载"古者桀、纣长巨姣美，天下之杰也；筋力越劲，百人之敌也"[1]《史记·殷本纪》也说"帝纣资辨捷疾，闻见甚敏，材力过人，手格猛兽"[2]；晋朝皇甫谧的《帝王世纪》说"帝纣能倒曳九牛，抚梁易柱"[3]。"纣王"本号子辛，也叫"帝辛"，"纣王"是后人给的谥号，"残义损善曰纣"[4]（蔡邕《独断·帝谥》），"贼仁多累曰纣"[5]（《吕氏春秋·功名》）。

一部《封神榜》（《封神演义》），把商纣王写得昏庸、残暴无比，其实这可能有许多想象或文学的成分，商纣王也并非一无是处，先秦一些文章甚至有说他是难得的明君或仁君。据说纣王继位后，重视农桑而使国力强盛；他不再屠杀奴隶和俘虏，只是让他们参加劳动、补充兵源、参军作战；蔑视陈规陋俗，不祭祀鬼神；他选贤任能，唯才是用，不论地位高低；择后选妃，不分出身贵贱，立奴隶之女妲已为后。[6]那么，问题究竟出在什么地方呢？就出在征伐上。因为帝辛极其勇武，所以他充满了雄心壮志，希望能够用自己的努力为祖辈增光，一心要建立不世之功。于是他派部下向征讨东夷，还亲自率兵攻打南方九苗，将商朝的势力延伸到了东海和长江流域。扩大了领土这是好事，但"师之所处，荆棘生焉；大军过后，必有凶年"，连年征战使国力损耗太巨；"天下无道，戎马生于郊"，民生凋敝激化了国内矛盾。劳师远征又使国内防务空虚，最终为周所乘。

再者，远征归来的帝辛"果而骄"可能是最大的问题。征服了这么多的地方，他非但不赶紧施德以安民，反而在自信心膨胀之下变得骄傲恣肆、专横跋扈，大兴土木扩张都城朝歌，晚年更是好酒淫乐、不理政事，在朝歌设肉林、酒池以寻欢作乐。最后完全听不进群臣劝谏，反而滥杀无辜，叔父比干被杀，庶兄微子逃离，太师箕子佯狂。"剖比干，观其心。箕子惧，乃说佯狂为奴，纣又囚之。"[7]可见，纣王失败的主因，还在于他被胜利冲昏头脑以

---

[1] 李波译注、评析：《〈荀子〉评注》，上海：上海古籍出版社，2016年，第56页。
[2] 司马迁：《史记》，长沙：岳麓书社，1986年，第18页。
[3] 皇甫谧：《帝王世纪》，北京：中华书局，1985年，第23页。
[4] 汪受宽：《谥法研究》，上海：上海古籍出版社，1995年，第323页。
[5] 李新魁：《类别词汇释》，郑州：河南人民出版社，1989年，第568页。
[6] 徐杰舜、余淑玲：《中华民族史记》（2），福州：福建教育出版社，2014年，第96页。
[7] 司马迁：《史记》，长沙：岳麓书社，1986年，第19页。

第十八章　兵者不祥　胜而不美

后，已经把武力当成了最佳和最终手段，已经变成了"乐杀人"，失败已经是上天注定。当然，微子充当了汉奸也是一个很大的问题，但绝非根本问题，因为苍蝇难叮无缝之蛋，汉奸难灭有道之国。同样有意思的是，周灭商以后也并未赶尽杀绝，"封（纣）子武庚禄父，以续殷祀，令修行盘庚之政。殷民大说。于是周武王为天子。其后世贬帝号，号为王。而封殷后为诸侯，属周"①。

自有人类社会以来，战争总是难以避免。那么，兴兵之中又怎么样才能算是有道之师呢？这一点，中国共产党领导的武装力量或许可以给我们最好的答案。从红军时期开始就有两个很好的政策，一是优待俘虏政策，就是战士们经常喊的"缴枪不杀"，二是开追悼会的政策。这两项政策都体现了"不得已而用之"的情况下，却能够不乐杀人和"以丧礼处之"。

战场上杀死俘虏的并不少见，共产党军队优待俘虏的政策却自始至终得到了坚持，实在少见。共产党军队优待俘虏政策最早可能开始于1928年2月18日，毛泽东在宁冈县茅坪宣布："不打骂俘虏，受伤者给予治疗，愿留的收编入伍，要走的发给路费。"②（《毛泽东年谱（1893—1949）》上卷）1929年12月，古田会议的《中国共产党红军第四军第九次代表大会决议案》则明确指出："不愿留的，在经过宣传之后，发给路费放他们回去，使他们在白军中散布红军的影响，反对只贪兵多把不愿留的分子勉强地留下来。以上各项，对俘虏过来的官长，除特殊情况下完全适用。"③那时候经费之紧张可以想象，能给选择离开的俘虏或多或少发放路费，不是杀掉而是送走，这是非常不容易和了不起的事情。

抗日战争时期、解放战争时期，共产党军队也都认真执行了优待俘虏的政策，"对于在战斗中被俘之敌军及伪军官兵，不问其情况如何，一律实行宽大政策；其愿参加抗战者，收容并优待之；不愿者释放之，一律不得加以杀害、侮辱、强迫自首或强迫其写悔过书。其有在释放之后又连续被俘者，不问被俘之次数多少，一律照此办理"④。不能不说，这是相当宽容的战俘政策了。正因为这样的政策，加上当时国民党的腐败和兵败如山倒，许多战俘也非常愿意加入共产党的军队。解放战争时期，被俘后投诚的国民党士兵被称为"解放战士"。到底有多少国民党军队的俘虏成为解放战士？朱德1948年8

---

① 司马迁：《史记》，长沙：岳麓书社，1986年，第19页。
② 中共中央文献研究室编：《毛泽东年谱 1893—1949》（上卷），北京：中央文献出版社，2013年，第232页。
③ 《毛泽东选集》（第一卷），北京：人民出版社，1993年，第102页。
④ 魏宏运：《中国现代史资料选编》（4），哈尔滨：黑龙江人民出版社，1981年，第233页。

月 23 日的讲话可见一斑："现在我们的军队有百分之六七十是解放战士。"①这就是不乐杀人的结果！

中国共产党不仅对国民党军队的俘虏予以优待，对日本侵略军战俘也予以优待。这种优待的程度，几乎让其他军队难以理解。包括国民党军队在内，许多人认为对敌人的仁慈就是对人民的残忍。但是，共产党仍然坚决执行优待俘虏的政策，从而向世人包括日本侵略者传递了"不以兵强天下"、不乐杀人、兵者全人类共同的不祥之器等可以感天动地的天道大德。

1937 年 10 月 25 日签发《关于对日军俘虏政策的命令》里规定："一、对于被我俘虏之日军，不许杀掉，并须优待之。二、对于自动过来者，务须确保其生命之安全。三、在火线上负伤者，应依阶级友爱医治之。四、愿归故乡者，应给路费。"②后来，被俘日兵越来越多，单纯的放俘也不能真正达到目的，于是在优待释放基础上增加了教育感化。1940 年 6 月，中共中央指示"凡俘虏愿意回去者，即给以鼓动招待，令其回队处，应注意选择少数进步分子，给以较长期的训练"③，同时还在延安建立了"日本工农学校"，任务就是改造日本战俘，协助八路军对日本军队进行政治宣传。

对于中共优待日本俘虏的政策，国民党军队就不能理解。国民党军队可能有杀死战俘的情况，所以他们抓到的日本战俘也少。日本士兵在与国民党军队作战中，要么死战要么自杀，反正被抓到也是个死。《平型关战斗的经验》中有一段话可以说明一些原因："日兵之死不肯缴械，一来因日本之武士道教育，法西斯教育，同时也因他们对中国军民太残暴，恐怕中国人报复。但最主要的，是过去'华北军队'对日军俘虏政策之不正确，采用野蛮的活埋、火烧、剖肚等办法。故我们今后须加紧对日本士兵的日文日语的政策宣传与优待俘虏。"④共产党军队之所以执行优待俘虏、不杀俘虏这样的政策，是因为其认为这种狭隘的办法是帮助敌人、巩固敌人、健全敌人，不利于鼓励敌人放下屠刀、改恶向善。

众所周知，在武士道精神武装之下的日本士兵相当残暴也相当顽固，许多士兵宁愿战死甚至自杀，也不愿意成为俘虏。但是，"随风潜入夜，润物细

---

① 中央文献研究室编：《朱德传》，北京：中央文献出版社，2006 年，第 719 页。
② 王华：《毛泽东的俘虏思想研究》，北京：中央文献出版社，2014 年，第 32 页。
③ 中央档案馆编：《中国共产党抗日文件选编》，北京：中国档案出版社，1995 年，第 310 页。
④ 中共中央文献研究室中央档案馆编：《建党以来重要文献选编（1921—1949）第 14 册》，北京：中央文献出版社，2011 年，第 587 页。

无声",春风化雨总有时。那些俘虏在共产党优待俘虏政策的感召下,其中有不少人从武士道精神里解脱出来,在人性光辉照耀下开始了人道主义的觉醒。有的放弃了所谓的武士道精神,有些成为中国人民的朋友,更有一些成为反战同盟战士,直接拿起枪上战场帮助八路军打击日本侵略者,为反对法西斯主义的斗争做出了重要贡献。

优待俘虏的政策目的在于宣传自己,瓦解敌人。宣传什么?为什么能瓦解敌人?这是我们必须思考的问题。人道主义、和平精神,这是要宣传的重要内容。但这是现代语言,用老子的思想来说就是宣传"夫兵者不祥之器,物或恶之,故有道者不处……不得已而用之,恬淡为上",用坚决的优待俘虏的行动,哪怕日本军队不优待八路军、新四军战俘,八路军、新四军也坚决执行优待战俘,来传播"胜而不美,而美之者,是乐杀人。夫乐杀人者,则不可以得志于天下矣"这样的天道。1929 年 7 月 27 日在日内瓦订立的关于战俘待遇的《日内瓦公约》,本质上也是要求人们不能以战止战、以杀止杀。事实证明,共产党厌杀,不以杀报杀、以杀止杀,故最终能夺得天下。

中国共产党还有一个很有意义的仪式,那就是为战争中的死难者开追悼会,哪怕是战胜以后。从老子思想来看,沉重的追悼会还有更重要的价值,它体现了悲天悯人的慈悲心怀。正因为不乐杀人,所以也厌恶被别人所杀,厌恶杀人者。以丧礼处之,既是对死者的纪念,也是对生命的重视和珍惜,对侵略战争的痛恨和警醒。相反,如果战胜以后以喜礼处之,则不经意间就可能走入尚武、好战、乐杀人的境界,战争的胜利就不可能带来和平,反而可能造成更多的仇恨和杀戮。事实上,共产党军队的追悼会从来都是激起人们对杀人的反感,对战争的厌恶,从反感和厌恶之中才产生对日本帝国主义的仇恨,这样的仇恨是正义的火焰,从来都没有变成邪恶的报复。

所以,中华人民共和国成立以后,没有在天安门广场立功德碑以彰显丰功伟绩,而是立了一座人民英雄纪念碑,这是多么了不起的决定!人民英雄纪念碑碑身正面镌刻毛泽东题词"人民英雄永垂不朽"八个镏金大字;背面是毛泽东起草、周恩来题写的碑文:"三年以来,在人民解放战争和人民革命中牺牲的人民英雄们永垂不朽!三十年以来,在人民解放战争和人民革命中牺牲的人民英雄们永垂不朽!由此上溯到一千八百四十年,从那时起,为了反对内外敌人,争取民族独立和人民自由幸福,在历次斗争中牺牲的人民英雄们永垂不朽!"一座纪念碑涵盖百年烈士,将人们经常带入对战争的悲愤之中,从而就有了对战争的厌恶和警惕,对和平的向往和珍惜,对发展的企盼和拼搏,并随时提醒所有的人"夫兵者不祥之器,物或恶之,故有道者不处"。比起一座功德碑来,更加具有道德昭示的重大意义。

3. 罪莫大于可欲，祸莫大于不知足，咎莫大于欲得

> 天下有道，却走马以粪；天下无道，戎马生于郊。罪莫大于可欲，祸莫大于不知足，咎莫大于欲得。故知足之足，常足。（《道德经》第四十六章）

天下有道的时候，有道之君不会四处征伐、扩充土地，始终以安民乐道为己任，因此刀枪入库、马放南山，天下安泰，甚至战马也只有还田以耕。而天下无道之时，无道之君则好大喜功、乐于征伐，总想把别国的土地和人民收归己有，结果却是战马都不能回家休整，马驹都只能出生在野外。这无疑是一种罪过啊，罪过的根源在哪里？在于个人欲望的无限膨胀，以至于不知足，不知足就要引起争夺甚至战争。这就是老子对战争根源的认识。

有道之君和无道之君的区别在哪里呢？就在于是否有私欲。有道之君看重人民的平安幸福，而无道之君看重自己的欲望满足。私欲不能满足就可能是战争带来的生灵涂炭，所以老子说最大的罪恶莫过于私欲膨胀，最大的祸患莫过于贪得无厌、不知满足，最大的过错莫过于见到好东西就想占为己有。什么是满足呢？老子进一步阐述，只有知道满足的满足，那才是真正的、永恒的满足，否则永远都没有满足，不知道满足就会引起灾难性的后果。

老子的见解可谓十分深刻，他深刻地指出了战争起源不在于利益的争夺，其实仅仅在于心理上的不知足。战争的发起往往不是真的不足，而是贪得无厌。如果是真的不足，可以通过交易实现互补。就国家的资源禀赋来讲，无不是差异化地分布，由此才衍生出了国际交流和贸易的必要。妄图什么都据为己有，既不现实也无必要。这种差异化的资源并不一定带来战争，只有当野心家们不知足时，战争才会出现。也正因此，历次战争并非都是穷国发起，反而是那些富裕、强盛的国家发起，本质上是因为"可欲""欲得""不知足"而引起。

自有人类以来，战争就没有断过。天下大势分久必合、合久必分，而分与合大多是通过战争而实现。那么，战争的根源是什么呢？有人说是利益。政治就是不同阶级、阶层、民族、国家利益的平衡，而战争不过是实现政治目的的极端手段。18世纪法国哲学家爱尔维修在《论精神》中就说"利益是我们唯一的推动力""人们永远服从他理解得正确或不正确的利益"，并且"把个人利益和公共利益很紧密地联系起来"[①]。这样说来，战争就是利益调节的

[①] 北京大学哲学系外国哲学史教研室编译：《十八世纪法国哲学》，北京：商务印书馆，1991年，第536—537页。

一种极端形式。但是这种调节形式又是以极端破坏为前提，所以，即便人们期望变革和调整，也会希望以和平方式的调整。古希腊哲学家伊壁鸠鲁就说："渊源于自然的正义是关于利益的契约，其目的在于避免人们彼此的伤害和受害。"[①]契约正是为了避免争斗尤其是战争带来的伤害。

老子的认识与他们有相同之处，但又有着很大的区别。"不知足"看起来还是说的利益之争，但又有本质的不同。如果是普通的利益之争，可以有许多方式调整，包括市场经济的自由贸易和公平竞争，未必一定要通过战争这种方式。只有"不知足"，什么都想要，有了还想更多更好，欲壑难填的时候就只有用战争来解决。因为只有战争的胜利带来的对他人利益肆无忌惮地剥夺，才可以带来为所欲为的利益满足。历次世界大战的起源，就完全验证了老子的论断。

第一次世界大战看似起因于利益争端，实则是起因于塞尔维亚、奥匈帝国和俄罗斯等国对国土面积的不知足。当时，俄罗斯支持塞尔维亚成了巴尔干半岛上面积最大的国家，奥匈也在德国的支持下吞并了有很多塞尔维亚人居住的波斯尼亚和黑塞哥维那。或为了扩张，或为了自保，整个欧洲组成了协约国和同盟国两大军事集团，把欧洲变成了一个火药桶，一个"萨拉热窝"刺杀事件就把这个火药桶点着了。而日本又趁机强占德国在亚洲的所有殖民地，世界大战就这么打起来了。第二次世界大战则是起因于德国、日本等对领土的不知足。1939年9月1日德国和苏联入侵波兰，导致英国与法国向德国宣战。德国更是试图在欧洲建立一个大帝国，发动了一连串战争，几乎占领了欧洲绝大部分地区。日本则试图把整个亚洲都划入它的版图，对中国广袤而又富饶的国土更是志在必得。可见，还是德国和日本等对自身领土或资源的不满足，才引起了第二次世界大战。

两次世界大战表面看起来是利益的争夺，实际上都是因个人的野心和欲望——不知足，一些资本主义国家迅速发展以后就想进行领土扩张，逐渐演变成了一个小群体的野心和欲望——不知足，最后演变成几乎整个国家或民族的不知足，世界大战就干起来了。确实也像老子所说的"祸莫大于不知足"，两次世界大战对世界人民来说都是巨大的灾难和祸害。第一次世界大战历时4年3个月，战火席卷欧、亚、非三大洲，参战国家和地区达34个，受战祸波及的人口达15亿以上，约占当时世界人口总数的75%。双方共有840万人阵亡，另有2100万人受伤。第二次世界大战历时6年之久，先后有61个国家

[①] 李勇、蒋清华：《论公民的宪法义务：基于宪法的平衡精神》，济南：山东人民出版社，2008年，第132页。

和地区、20亿以上的人口被卷入战争，大约有7000万人死亡。

对于挑起战争的国家和政治人物来说，可以说是对世界人民所犯下的巨大罪过、罪恶。罪在何处呢？罪在"可欲"，欲望的膨胀让他们什么都想要，最后就不知足了。但另一方面，他们也绝不可能逃脱"其事好还"的规律，欲以战争取天下者，必被战争所推翻；因个人、少数人欲望而兴兵者，其兵逆道，其事必不成。回头来看，无论是对他们本人、本民族还是世界人民，这都是一种巨大的过错，而过错的起因不过是"欲得"！如果没有可欲、欲得、不知足的心理，哪有如此规模的战争之祸？

其实，不只战争如此，日常生活中的争端也无不如此。日常生活中的争端是另一种"兵"，道理和结果都是同样的。经济纠纷，往往来自一方欲将利益凌驾于另一方的自然利益之上，试图获取不正当、超常、非分的利益，从而才产生经济纠纷，这就是"可欲""欲得"，也是心理上的不知足。邻里之争，无论是一墙一界一地，有时候看起来是理解不同、历史不清，潜意识里实质还是一方试图压倒另一方的思想，是其中某一方可欲、欲得、不知足导致的争端。权位之争更是如此，权力欲强者往往想得到本来难以得到的地位，于是才想出各种手段抬高自己、贬低竞争对手，从而挑起官场争端。如果没有了这些可欲、欲得、不知足，自然就可以各安其位、专心做事，社会就没有这么复杂，人们就可以过得更轻松了。

从这个角度来看，法律的调整是什么性质？我们通常讲法律是调整利益格局，是平衡利益、平息争端的工具，但从本质上来说，其实是限制其中一方的不正当、不自然利益诉求，使另一方的正当、自然的利益诉求得以保证，这样才能真正息讼止争。平衡的核心，是对一方或双方可欲、欲得、不知足的抑制，对另一方利益的补偿或保证。纪律也一样，表面上看是限制个别人、少部分人不正当的利益诉求，实质上还是限制他们的可欲、欲得和不知足，使其他主体正当、自然的利益诉求得以保证。"知足之足，常足"，明白了这个道理以后，你就会感觉到满足，满足了你还会去争去战吗？不会了，更不可能去整那些令人头破血流、身陷囹圄甚至仇延后世、祸及子孙的争夺了。

4. 兵强则不胜，木强则折

人之生也柔弱，其死也坚强；万物草木之生也柔弱，其死也枯槁。故坚强者死之徒，柔弱者生之徒。是以兵强则不胜，木强则折。强大处下，柔弱处上。(《道德经》第七十六章)

第十八章　兵者不祥　胜而不美

"兵强则不胜，木强则折"的论断似乎与我们的认识大为不同，通常认为兵强马壮方可以制敌。但老子语气却很肯定，并未说"或"字，可见，在他看来这是规律、通例，而不是一种可能性、或然性。老子得出这一论断直接源承于柔弱胜刚强的天道，同时又是对日常生活中事例的格物致知。人活着的时候身体柔软，死了就变得僵硬；万物草木活着的时候柔弱，死了就变得干枯僵硬。草木活着软弱的时候不容易折断，死了干枯时很容易折断。强壮如参天大树，却最容易被大风、雷电、冷气所毁，而且往往是先毁。只要是有生气的事物，就是柔软的、柔和的。因此，老子认为，柔和软弱是有生气的表现，坚挺强硬是死亡的象征。未死而坚硬，就是死亡的气象和征兆。由此，老子得出了"兵强则不胜，木强则折"的用兵之道。

老子认为，这正好印证了"强大处下，柔弱处上"的道理。为什么呢？首先，柔弱者具有水的禀性，故能"利而不争"，而且柔则能变化通达，是故能"不争而善胜"。柔弱者会更多地考虑别人的利益和诉求，不会轻战好战，所以朋友比敌人多，帮助的人比拆台的多，最后反而能够先予而取，"修文德以来之"。坚强者往往更加注重自己的意志，往往会向利己而争的方向发展，而且缺失了变化通达的能力，这就是失道了。失道自然会寡助，寡助之至，则众叛亲离，失败则已堕入定数。

其次，具有水性的事物，才可能"处众人之所恶"，才可能"居善地，心善渊，与善仁，言善信，政善治，事善能，动善时。夫唯不争，故无尤"（第八章）。天下之至柔之所以能够驰骋天下之至坚，是因为它善于顺势而为、因势而变、因时而化，不会轻犯险地，这样就提高了自己的环境适应能力和生存能力，从而做到以柔克刚。所以，刚强的事物看似处于强势，实际上刚强之时就已处弱势。争强者必然好胜，好胜者容易好战，好战者最终必灭于战，这就老子所说的"其事好还"，就是"强大处下，柔弱处上"的道理所在。

最后，只有小心方能使得万年船。"善为士者不武，善战者不怒；善胜敌者不与，善用人者为之下。是谓不争之德，是谓用人之力。是谓配天，古之极"（第六十七章），武、怒、与、为之上等行为都是进入了争强好胜的境界，一旦进入刚强就离灭亡越来越近。而柔弱者不敢以刚强欺敌，而是以善于变化的柔弱在保存自己的前提下追求胜利，而不会轻率地"动之死地"。"慎终如始，则无败事"（第六十四章），只有柔弱者才能够慎终如始，才能未谋胜先谋败，故而能永远立于不败之地。

孙武所著《孙子兵法》中也有与此相同的军事思想，其中，它对战争有一个非常明确的定位——"兵者，诡道也"①，其中的"诡"，根本思想就是讲不能硬碰硬，不能以"兵强"对战，只有柔弱方能胜刚强。"诡"的根本就是柔弱，如果认为拥有秒杀对手的绝对实力，还需要诡吗？孙子认为"水因地而制流，兵因敌而制胜。故兵无常势，水无常形。能因敌变化而取胜者，谓之神"②，在此思想指导下，"故能而示之不能，用而示之不用，近而示之远，远而示之近。利而诱之，乱而取之，实而备之，强而避之，怒而挠之，卑而骄之，佚而劳之，亲而离之。攻其无备，出其不意。此兵家之胜，不可先传也"③。什么意思呢？核心就是要使对手变成刚强的强兵、骄兵，从而能够甚至可以轻易地"折断"它。

好战者无德，好战者不得；强大者难久，柔弱者终胜。刚强之兵可以一时战胜对手，但终究难以战胜自己，这已经成为不变的铁律，历史上几乎所有的战争都佐证了老子的观点。

成吉思汗的军队之强大可以说是举世无匹。不仅是谁惹了他他就收拾谁，而是他想收拾谁就收拾谁。其心若异，虽远必诛，必赶尽杀绝而后快。杀戮和征服是元朝军队的乐趣，蒙古军队像秋风扫落叶般横扫亚欧大陆，其战力之强让后人不敢望其项背。即便这样，最后又如何？这么强大的军队，最终也只能以失败告终，军队越强败得越惨。元朝统治时间仅仅97年，除秦朝和隋朝两个过渡性统一时期以外，是中国历史上统治最短的统一朝代。

二战时德国陆军的战斗力也可以说是天下无二，创造了许多军事史上的杰作。22天征服波兰，1天征服丹麦，23天征服挪威，5天征服荷兰，18天征服比利时，39天征服法兰西，12天征服南斯拉夫，21天征服希腊，11天征服克里特岛，5个月时间打到莫斯科……军队之强实难想象。就是这么强大的军队，最终还是不可避免地成为战败国。二战时的日本军队，战斗力也相当令人侧目。中国军队装备远逊于日本军队，论单兵战斗能力几个中国兵打不过一个日本兵。1931年九一八事变以后，日军不到半年时间就侵占了整个东三省。1937年卢沟桥事变后，一年多的时间拿下半个中国，战斗力不可谓不强大。但是，8年以后，日本同样成了战败国，中国却成为战胜国。

此外，强大的古罗马帝国、朝鲜战争和阿富汗战争中强大的美国，无不以失败而告终，不都是兵强则不胜的最好注解吗？一个强大的军队，往往最终变为骄兵。骄兵，就是因为刚强让它失去了灵气和活力，失去了对环境的敏锐性和应对的灵活性。僵化的潜台词就是官僚、堕落和老子说的"物壮即

---

① 孔丘等著：《诸子百家》，沈阳：万卷出版公司，2009年，第328页。
② 孙武：《孙子兵法 三十六计》，南昌：江西教育出版社，2014年，第284页。
③ 孔丘等著：《诸子百家》，沈阳：万卷出版公司，2009年，第328页。

老"、"不道早已"是铁定的事情。

但在反面，却是兵弱而胜的有趣现象。抗日战争、抗美援朝战争中，中国面对的都是兵强马壮、装备精良甚至武装到牙齿的敌人，结果反而取得了胜利。是什么使中国取胜的呢？有人说，这是中国人多牺牲得起，这当然是一个方面，但这不也是其柔弱的表现吗？百折不挠就如水一样始终循大海而去。有人说是时间，时间拖垮了资源不足的日本。也对，但这不也是以柔克刚的一种方式吗？有人说是中国的游击战术和运动战术，让日本人抓狂。这就太有道理了！游击和运动不就是不硬碰硬，避敌所长攻敌所短吗？"敌进我退，敌驻我扰，敌疲我打，敌退我追"的游击战术，几乎就是道家太极拳的翻版！游击战和运动战的精髓，就在于一个示弱、变化、避敌之锋芒，根本的一点在于始终保持柔弱性。试想一下，如果中国当时纯粹以刚强对刚强，会是什么结果呢？实在不敢想象。

再看看官场和生活的现实，同样可以证明强大处上、柔弱处下以及兵强则不胜。那些始终以刚强示人甚至逞强斗狠者，在官场之中很难取得成功，甚至没有好结果。在官场，某些刚强者处处逞强争功，处处想要压人一头，结果往往遭遇很多陷阱，被搞得疲惫不堪。所以，那些性格过于强势或者刚烈的官员，哪怕能力出众有时也很难做成什么事情，甚至树敌众多举步维艰。倒是某些"唯唯诺诺"甚至看似能力平庸之人，反而如鱼得水甚至步步高升。想想倒也不冤，虽然其中或许不乏溜须拍马之人，但毕竟他们占了一个"柔"字。从某些方面，这也可以让人认识到"柔弱"的力量有多强大！如果有能力又能"柔弱"，岂不就更厉害无匹了？

一乡一里，刚强之人也往往难成有威望受尊敬之人，其家庭也难以成为人兴财旺的家庭。刚强的家族有时同样如此，一般很难得成为名门望族。不但"强不过三代"，往往不得善终。反而是那些"柔弱"者，往往德高望重、家门兴旺。因为邻里相处，争端往往来自利益和意气。过于刚强者的问题在于，不愿意站在别人的角度看待问题，看不到别人的利益诉求和心理需求，只是一味考虑自己利益的最大化和心理需求的完全满足，以压制作为成功的标准。柔弱者则相反，往往注重别人的利益需求和心理需求，在方式上更关注二者的平衡，甚至是利而不争，从而达到共生多赢，使各方都能和平相处，把平衡作为成功的标准。所以，过于刚强者往往成为邻里关系的破坏者，柔弱者往往成为邻里关系的建设者。邻里争端一如刀兵相抗，同样是兵强则不胜、木强则折，最终的结果也同样是"强大处下，柔弱处上"。

4. 抗兵相加，哀者胜矣

用兵有言："吾不敢为主而为客，不敢进寸而退尺。"是谓行无行、攘无臂、执无兵。祸莫大于轻敌，轻敌几丧吾宝。故抗兵相加，哀者胜矣。(《道德经》第六十九章）

老子引用了兵家的一句话，即我不敢主动发起战争，只能被动应战抵抗侵略；不敢进寸以挑起事端，宁愿退尺以息事宁人。为主，意思是主动攻伐挑起战端。为客，意思是面对别人的进攻被迫应战。这就是老子对待战争的态度，不主动攻击谁，你要侵略我那必须应战，这与"敌不犯我，我不犯人；敌若犯我，我必犯人"一个道理。

帛书《老子》中为"是谓行无行、攘无臂、执无兵，乃无敌矣"，与今本略有区别，解释也不尽相同。如何解释为好，还得回到老子的整体思想，并须紧紧抓住"是谓"两个字承前启后的作用，以及前两句和后两句的关系。"是谓"，在这里有"这就是"或"这就叫作"等意思，它前面一句讲不敢轻易挑起战端，后一句讲不能轻敌，前后关照可以解释为：

"行无行"，虽有行伍陈列，心中所列并非军队；"攘无臂"，虽然难免动用武力去打仗，但心中所仗并非武力；"执无兵"，虽然难免要使用兵器，但心中所执却并非兵器。这样的军队，才是无敌之师。"行"，排兵布阵之意，古代兵制以百人为卒，二十五人为行。"攘"，挽袖捋臂，展示武力之意。"执"，拿于手中之意。"乃"，于是、所以、才是等意。

综合来看就是说，以为有强大的军队就可以随便动武，这是很不谨慎、很轻敌的行为。只有在对方无道的时候，才可以动用武力，否则宁可退尺也不敢进寸。同时，不要以为有了强大的军队就可以天下无敌，决定战争胜负的根本因素是"道"，军队不是实现个人的理想和欲望的工具，而是护道、替天行道的工具，是为了使天道得以昌明的道德使者。否则，军容再整、实力再强、谋略再精、兵器再好，都是轻敌，都难以取胜。

老子特别强调"道"在战争胜负中的决定作用，"正义"是军队战斗力形成的灵魂。以有道伐（迎）无道，即使实力不如对手，最终也会取得胜利。如果逆道而伐，依仗军力强大而伐，就是妄动、轻敌，轻视敌人就会丢掉自己的性命。如果动不动就要展示武力，以武力服人，这不是轻敌是什么？"轻敌几丧吾宝"在帛书中为"祸莫大于无敌，无敌近亡吾葆矣"，与"道者，万物之奥。善人之宝，不善人之所保"呼应。道乃国家、军队最终的守护神，率性而伐，当然就失去了道这个最终的保障。也就是说，这种轻敌实际上是

第十八章　兵者不祥　胜而不美

轻视"道"的终极保护作用而将武力置于道德力之上，这就犯了根本性的错误。

根据上面的分析，"行无行，攘无臂，执无兵"，意思就是不要以为外在的、物质的东西可以决定胜负，只有内在的"道"才是战争胜负的终极决定思想因素。孟子对此算是有绝对经典的解释："天时不如地利，地利不如人和……域民不以封疆之界，固国不以山溪之险，威天下不以兵革之利。得道者多助，失道者寡助。寡助之至，亲戚畔之；多助之至，天下顺之。以天下之所顺，攻亲戚之所畔，故君子有不战，战必胜矣。"[①]他还说："仁人无敌于天下，以至仁伐至不仁，而何其血之流杵也？"以有道之师伐无道之师，怎么可能出现血流成河的情况呢？反之则意味着，以无道之师伐有道之师，若武力不行，恐怕是一触即溃，即便武力强大，最终也会失败。

"故抗兵相加，哀者胜矣"，即两军两对，悲哀、悲愤的一方取胜。为什么悲愤呢？前意可见，是因为别人来攻伐、侵略我，我为此而气愤、悲愤，于是就要奋起反抗、保家卫国。悲愤会激发出人的潜能，爆发出向死而生的巨大力量，"外其身则身存"，所以哀者反胜。也就是说，不要去侵略、攻伐别人，那是不正义的战争，是不可能取得胜利的，别人会哀兵必胜。而抵抗侵略的战争是正义的战争，最终必然取得胜利，因为你是哀兵必胜。

"抗兵相加"，在帛书甲、乙本里都写作"乘兵相若"，"若"则有相近、相仿、相当之意，意思就是对垒双方实力相当的情况下，是什么决定战争的胜负，这就涉及决定战争胜负的终极因素问题。老子认为，决定战争胜负的终极因素是"哀"，即正义的战争必然胜利。这个"哀"不是小哀而是大哀，只有大哀才能激发起一个族群强烈的反抗和斗志。对无道而伐的侵略者的悲愤，当然就是大哀了。

对于这个问题，作为政治家和军事家的毛泽东看得十分透彻。毛泽东曾多次谈到过战争胜负的决定因素问题："武器是战争的重要因素，但不是决定的因素，决定的因素是人不是物""力量对比不但是军力和经济力的对比，而且是人力和人心的对比"[②]。人本身也是物质之一，所以他说的人不仅仅指人的身体或智力，而主要是指"人心"，"人心"又主要是指正义对人的心理支持，而不是指日本军国主义所谓的"武士道精神"，简单地说就是"正义必胜"。

但是，随着人们对谋略和物质条件研究的增多，尤其是科技发展带来的武器进步，有些人就有点摇摆了，有时候不知不觉就夸大为武器决定论或者战略战术决定论，这就已经离本逐末了。有人会反驳，双方实力过于悬殊，

---

① 孔丘等著：《诸子百家》，沈阳：万卷出版公司，2009年，第62页。
② 《毛泽东选集》（第2卷），北京：人民出版社，1991年，第469页。

就不一定是哀兵取胜,因此这不能说明"哀兵必胜"是个普遍规律。其实,这可以从两个方面来分析。一是实力悬殊之时,也不乏向死而生、置之死地而后生的战例。二是要从战争的全局、全进程看,不能简单地从某一场战斗、某一个时段来看。从全局来讲,从来都是反侵略的战争必胜、正义的战争必胜。即便双方实力悬殊,最终也会取得胜利。中国共产党领导的革命战争和反侵略战争的历史,就是最好的证明。

从1927年9月29日至10月3日的三湾改编开始,共产党就将党支部建到连队。党支部以及在连队配备的政治指导员的重要职能,就是在部队中开展思想政治工作。强大而有效的思想政治工作,为红军、八路军、新四军、人民解放军提供了强大的思想动力,激发了他们英勇顽强的战斗意志和奋不顾身的牺牲精神。

思想政治工作的内容和形式很多,但有两项非常重要。一是诉苦或诉苦大会,让士兵们出来控诉旧社会如何不公平,如何被剥削受压迫,被地主、资本家逼得"狭其所居,厌其所生"。气愤吧?悲哀吧?既然活不下去了,那就只有奋起抗争,即便牺牲自己,也要为后代打出一个公平正义的社会和政府来。这样一来,军队一下子就变成了无畏牺牲的哀兵,战斗力倍增。

二是宣扬"中华民族到了最危险的时候"。歌就是这么唱的,最后唱成了国歌。主要方式就是控诉日本军国主义无端侵略我国的不道,揭露其到处烧杀抢掠的罪行和妄图使中华民族亡国灭种的罪恶意图。气愤吧?悲哀吧?当然只有奋起抗争,不屈不挠、舍生忘死地抗争,才可能有一条活路,这一下子就成了哀兵。可以这么说,无论是民主斗争还是反侵略战争的所有宣传工作,中国共产党都始终围绕着"哀兵必胜"这个核心方向在开展。所以我们看到,共产党的军队最有战斗力,无论是面对国民党军队还是日本侵略军,真可谓舍生忘死、前赴后继,这为"抗兵相加,哀者胜矣"作了绝佳的注解。

5. 善为士者不武,善战者不怒;善胜敌者不与,善用人者为之下

> 善为士者不武,善战者不怒;善胜敌者不与,善用人者为之下。是谓不争之德,是谓用人之力。是谓配天,古之极。(《道德经》第六十八章)

战争不是游戏,自古就有"狭路相逢勇者胜"之言,这时候来讲道德和仁慈,会不会自取其辱、自取灭亡呢?当然不会。老子认为,真正善战者恰

第十八章 兵者不祥 胜而不美

恰是不武、不怒、不与，这正是不争之至德的体现，否则就变成了"舍慈且勇"，结果必然是"勇于敢则杀"。需要注意的是，老子首先是讲战争的终极之道，讲如何止战、非战、非攻，以不战止战，而不是指具体的战斗，真正到短兵相接之时，就已经落入下乘了。其次才是讲战略战术的问题，即怎样以少胜多、以弱胜强，怎样减少战争中双方的伤亡。有道之人必然是以道德服人而耻于言武动武，最重要的是避免战争的发生，然后才是减少战争中的人员伤亡。

老子认为，真正善于统兵作帅者不会以武逞强，真正善于作战者不会逞一时之气而暴怒，真正善于战胜敌人者不会等到两军交战，真正善于用人者必然谦居其下。这就是如水一样的不争之德，这就是善于利用他人之力的胜人、服人之道。不以力以战压人，而以道以德服人，这就符合了天道天德，自古以来都奉为最高的准则。

本章中"是谓用人之力"一句，帛书中并无"之力"二字。从老子整个思想来分析，所谓"用人"，就是符合、顺从他人之愿。这可以从两个方面来理解。第一，因为顺其自然地为他人利益的满足服务，他人就会乐于为你服务。"用"，实际就是符合、顺应。老子的核心是讲政治的核心是收服人心，而非以力服人。收服人心的最佳办法，是顺其自然地利人而不是与其相争。以力胜人，口服心不服，虽战胜也不能理顺；以道养人，则口服心也服，不战而自顺。第二，兵强则不胜，一方面是自己不能变成刚强之兵，别一方面就是要示弱示柔，以使对方变成刚强之兵，从而利用对方的弱点战胜之，这就是借力打力的战法，自然也就是利用对方的力量了。无论哪种理解，都是道的显现而非力的显现。

对老子这一思想，兵家也有类似的表述。《孙子兵法》说："夫战胜攻取而不修其功者凶，命曰'费留'……非利不动，非得不用，非危不战。主不可以怒而兴师，将不可以愠而攻战。合于利而动，不合于利而止。怒可以复喜，愠可以复悦，亡国不可以复存，死者不可以复生。"[1]战争虽然是因利而动，但必须非危不战。若恃力而出征，因怒而兴兵，即便战胜也不会有好结果。怎么做最好呢？"百战百胜，非善之善者也；不战而屈人之兵，善之善者也。"[2]非战方为至善，若不得不战，也是"上兵伐谋，其次伐交，其次伐兵，其下攻城"[3]。全国者可以得国，破国者最终未必能得国，而武、怒、与

---

[1] 田昌五、李兴斌、邵斌译注：《孙子兵法译注》，济南：齐鲁书社，2009年，第69页。
[2] 孔丘等著：《诸子百家》，沈阳：万卷出版公司，2009年，第336页。
[3] 孔丘等著：《诸子百家》，沈阳：万卷出版公司，2009年，第336页。

得到的可能是破碎的山河和人心，有什么用呢？我们说历史上每次社会动乱、朝代交替之时都是道家出来收拾乱局，根本上并不是他们有经天纬地的才干，而是他们于纷繁动乱的世道中看清楚并准确运用了"道"这个无敌的东西，从而能够利用人民甚至对手的力量来战胜不道之人。

诸葛亮七擒七纵的故事，之所以为人津津乐道，可赞之处不在于其武力高强，恰恰在于其不武的一面，在于其以德服人。对于作战勇敢、待人忠厚、在彝族中极得人心的南中豪强首领孟获，诸葛亮不以武力制服为终结，更没有将其一杀了之。七次俘虏孟获，又七次将其放回，最终使孟获心服其谋更服其德。孟获感其仁义而归顺，再无叛乱，从而保证了蜀国后方的安定。七擒七纵充分显示了战争仍然是政治的延续，是政治目的的实现方式之一。若非如此，即便打败了叛乱者，得到的也不是人心，而是下一次可能更大的叛乱，蜀国可能从此更无宁日了。这不就是很好地说明了"善为士者不武"吗？

善战者不怒，则能守静守柔，从而以柔弱胜刚强。因为暴怒会使阴阳失和，致邪气入侵，而至于去柔趋强。人于暴怒状态中，必然容易失去敏锐的观察力，做出不明智的决策或举动，又容易失去将帅、将士之和气，从而陷入内外交困的局面。正如平常所说"冲动是魔鬼"，冲动本是心魔所致，冲动又会做出不理智（"魔鬼般"）的决定。人的许多不智之举和不利后果，往往都是不冷静所造成。狙击手的战斗，可以很好地说明"善战者不怒"。

军队中有一个特殊的群体，叫作狙击手，就只有不怒才可善战。狙击手的核心是通过精确射击达到精准打击，尤其是远距离精确射击。对狙击手的最高要求，首先是必须万分冷静，如"泰山崩于前而色不变，麋鹿兴于左而目不瞬"一般的冷静。同时身体必须十分放松，击发必须轻松自然，心中要非常专注平和，甚至不能有丝毫波动，更别说愤怒了。如果是两个极其高明的狙击手之间的较量，比试的就已经不是枪法，更主要的是守静的能力。若是在盛怒的情况下击发，哪有什么准头？反而给了对手发现你的机会。若是动则发怒的心态，又能潜伏多久？先动就可能先死。

"善胜敌者不与"，意思是善于战胜敌人的人不会等到与别人短兵相接。以道而言，他是"修文德以来之"，不树敌则不会与人交兵。从术而言，他是避强击弱、避实击虚。以道制胜，则是不争而终得，不争而敌服，非人取胜，道之胜也。战的最高境界是非战，非战本身又是攻心之战、卫道之战，而非纵力之战。纵力之战要么是意气之战要么是悖道之战要么是无奈而战，总之，落入与敌接战境地就已经不能算胜敌了。当然，从另外的角度讲，无奈之战也是非战的辅助手段，有时又是非战的实现路径。因此，以道止战是最高境界；被迫而战，则以不硬碰硬为最高境界。

第十八章　兵者不祥　胜而不美

中国共产党在革命战争时期和抗日战争时期的战争，无疑是老子战争思想的最佳诠释。共产党从没有军队到少量军队，武器装备、后勤供应等都远远落后于敌人，却以星星之火得以燎原，最后成为无人可敌的强大武装力量，取得了让人不可思议的巨大胜利，靠的是什么呢？

首先就是"道"。在抗日战争中，共产党坚定不移地扛起了反对帝国主义、反对侵略的大旗，这个大旗的下面，是全中国人民生死存亡的天道。在天道的指引下，就有了共产党员们不怕牺牲的精神，然后有全中国人不当亡国奴的奋起。在与国民党的斗争中，共产党扛起了反对封建地主和官僚资本主义的大旗，这个大旗的下面，是全中国人民自由、民主、平等和走向富裕的天道，从而形成了强大的号召力、领导力和战斗力。正所谓得道多助，共产党就胜在广大人民群众的多助。

其次，共产党胜在不怒、不与。虽然共产党扛起了道义的大旗，但并不因此而怒气冲冲失去冷静，反而是始终冷静分析力量对比，形成了有效的以弱对强的战略战术。"农村包围城市""敌进我退，敌驻我扰，敌疲我打，敌退我追"和游击战、麻雀战、运动战等战略战术，无不是不与敌人争一日之短长、不与敌人争一城一地之得失、不与敌硬碰硬的避实击虚，奉行的是"吃软柿子"的策略，所以才最大限度地避免了损失又有效地打击了敌人，可以说，这是一种充满大慈的符合大道的战略战术，也正是"善战者不怒，善胜敌者不与"的体现和运用。如果共产党从一开始就与敌人争城市、争地盘，硬打硬拼，最终的胜利恐怕就没有这么容易，会付出更大的牺牲。

善用人者为之下，讲的是同样的道理。得人才者得天下，而真正善于用人者，就必须态度谦下。"江海之所以能为百谷王者，以其善下之，故能为百谷王。是以圣人欲上民，必以言下之；欲先民，必以身后之。"（第六十六章）只有谦下，才有人才生存、发展的空间，才有他人进言、立行的空间；只有谦下，才会了解到真实的情况，听到真诚的建议；只有谦下，才会让下面的人感受到尊重，会产生由衷的感动和忠诚。结果，人人都愿意为之效力，不知不觉之间，无私者完成了最大的自私。但是许多上位者往往忘记自己的根本职责和目的在于做好事情，渐渐演变成将维护所谓的地位、尊严、权力、形象等与目的无关的东西变成了主要任务，于是个人威势日重、权力日盛、居高临下、颐指气使，最终言路堵塞、事业荒废。更有甚者，人人相猜，貌合神离，众叛亲离，人人失其所有。

春秋战国时期，对人才的重视可谓达到极致。诸侯们竞相挖角的事情很多，而且对人才的态度都无比恭敬，"士"的地位因此也非常之高。养士之风一时兴起，养士成为国君、权臣们的时髦和荣耀，士的多少和能力大小，往往代表着一个人的实力和人气，甚至成为他们称王称霸的重要基础。因此，上层权贵总是不拘一格降人才，极尽礼贤下士之能事。事实上，谁的态度越谦下，归附他的士就越多，战国四公子之一、门客数千的孟尝君田文无疑是礼贤下士的典范。对于前来归附者，孟尝君宁肯舍弃家业，也要让他们享受到丰厚的待遇。几千名食客不分贵贱，待遇一律与孟尝君本人相同。每次接待宾客时，孟尝君都会在屏风后安排记录他与宾客谈话的内容，记载宾客亲戚的住处。而宾客刚刚一离开，孟尝君就已经派使者到其亲戚家里慰问，并且还要献上礼物。这是何等的礼贤下士？怎么可能不依附者众？

老子认为，"不武""不怒""不与""为之下"都是不争的美德，因其不争，于自然而然中聚合了他人的智慧，运用了他人的力量。不争就与天德相配，符合了自然之道，自古以来都是最最重要的道德，结果是"无尤"和"天下莫能与之争"。这就像太极拳一样，含蓄内敛、行云流水、以静制动、以柔克刚、借力打力，对手力量越大，则反击越强。结果是谁在打谁呢？刚强者自己在打自己，而不武、不怒、不与而能守静守柔者只不过画了一个圈而已。

第十九章

小国寡民　回归自然

老子思想中，长期以来最为人诟病的，莫过于"小国寡民""民至老死不相往来"。你把人都圈在一个小地方，过着默默无闻、清心寡欲的生活，怎么可能受得了？这不是典型的愚民政策吗？尤其是在当今世界，人际交往已经成为人们生活的重要内容，让人老死不相往来，几乎是天方夜谭般的笑话。其实，仔细体悟老子的思想体系，这样的认识或许是冤枉了他的。

老子认为社会运行的最佳范式就是"我无为而民自化，我好静而民自正；我无事而民自富，我无欲而民自朴"，怎样才能达到呢？那就是小国寡民、回归自然，这样才能使降低"上""下"的利欲心的膨胀成为可能。回首人类走过的历程，社会稳定和谐、人民快乐幸福，不正是依靠小国寡民、甚少往来而实现的么？今天的社会矛盾和动荡，不正是因为在频繁奔波中见利忘朴而引起的么？小国寡民，实为制欲去妄的最佳途径，对今天的社会管理有着非常有益的借鉴。

1. 小国寡民，民至老死不相往来

> 小国寡民。使有什伯，人之器而不用。使民重死，而不远徙。虽有舟舆，无所乘之；虽有甲兵，无所陈之。使民复结绳而用之：甘其食，美其服，安其居，乐其俗。邻国相望，鸡犬之声相闻，民至老死不相往来。（《老子》第八十章）

现在流传的《老子》或称《道德经》有三种版本：今本《老子》、1973年12月出土于湖南省长沙市马王堆三号汉墓出土的帛书《老子》、1993年湖北荆门郭店楚墓出土的竹简《老子》。竹简本的老子只有2 000字，没有道篇和德篇之分，而帛书和今本都分篇，但帛书是德篇在前道篇在后，与今本相反，且各章的次序也有较大区别。就是帛书《老子》当时也是出土的两张，二者相比也有一些小的差别，故又有了甲本和乙本之分。由此可见，帛书和今本《老子》都是经过后人修订以后的成果。有人认为，甲本大抵是刘邦称帝以前的抄写本，乙本是汉高祖、汉文帝期间的手抄本，这也是有道理的。最初书的名字也不叫《道德经》或《道德真经》，而是叫《老子》《五千言》或《老子五千文》。甚至连《老子》这些名字也是别人所取，改称《道德经》或《道德真经》，就更是道家尊老子为道祖之后的事情了。①

今本《道德经》实际已经是后人多次校注后的再创本，原本没有标点符号，今本加上了标点符号。古版中的许多字被替换成另一个字，而且有些地方前后进行了删除、添加、订正，个别字句的位置也有一定变化，而且版本越来越多，这其中难免有正有误。这其中哪些是权威，哪些是伪权威？要区分也就越来越难，区分的过程有可能"订正"，也有可能"订误"。尤其是现今国学热潮中，一些"大师"根据自己的理解再添油加醋，有些就更为离谱了，本书作者怕也难避其嫌。也就是说，今天所见的《道德经》，其实可能与古本《老子》相去甚远，但是，其整体思想还是完整地传承了下来，过度地区分原版与今版也许就会走入另一个误区，追求其思想的完整性更为重要。为什么要说这些呢？因为这些变化都体现了再创者自己的理解，同时又可能引起他人的歧义，本章就是非常容易出现歧义、引起争议的一章。

首先一个是"小国"的问题。帛书《老子》甲本原文为"小邦寡民""邻邦相望"②，"小邦"和"小国"一字之差，意思可能会大相径庭。"小国"意思就是国家要小，"寡民"意思是人民要少。所以，就这一个字，老子饱受诟病就是必然，国家已经这么大了，你还说小国好，这不是扰乱民心吗？天子当然希望四海之内皆归其有，你还说国家要小那不恨死你才怪。那些野心勃勃的诸侯们心里也不会高兴，如果国家小些好，他还怎么兼并别的诸侯国呢？但是，这可能根本就不是老子的本意，至少他不是想造天子的反，反而可能是给天子解决天下纷争、群雄逐鹿的问题出主意，甚至是在帮天子做限制诸侯和争取民意的舆论宣传。

什么是"邦"呢？《说文解字》里说："邦，国也。"③意思就是说邦即国，国即邦。《尚书·五子之歌》里说的"民惟邦本，本固邦宁"④应该也是这个意思，我们平常所说的词语"万邦来朝""邦交"等里面的"邦"，在我们看

---

① 左玉平编著：《我爱河南》，济南：山东画报出版社，2014年，第107页；赵逵夫：《先秦文学编年史》（下），北京：商务印书馆，2010年，第927—928页。
② 刘笑敢：《老子古今》（上卷），北京：中国社会科学出版社，2016年，第746页。
③ 〔汉〕许慎：《说文解字新订》（卷六），臧克和、王平校订，北京：中华书局，2002年，第419页。
④ 冀昀主编：《尚书》，北京：线装书局，2007年，第52页。

来也是指国。但"邦"在古代还有另外的意思,清代知名学者段玉裁注解说:"邦之言封也。古邦封通用。书序云:'邦康叔,邦诸侯。'论语云:'在邦域之中'。皆封字也。"① 当代学者刘笑敢注解说:"'邦'字与'国'字意义有所不同。'邦'字说的是分封的地域和家族相结合的政治实体。一个邦君就是一个族长或大家长","一个邦往往就是以一个大邑为中心,包有一定范围的田土"。② 这样"邦"就跟"国"有了差别,意思是国家下面的封地或诸侯国,甚至只是一小片封地,而不是整个国家。其实,成语"万邦来朝"中的"邦",虽然我们认为是指的中国以外的国家,但在当时还是主要指附属国、小国,天朝才是处于最中心、最高层的宗主国。

"邦"还可能指行政区划,古书中所见也甚多。北魏郦道元所著《水经注·原公水》里说:"魏兴,更开疆宇,分割太原四县,以为邦邑。"③ 这就是指大国下面的封地、诸侯国、行政区域。从邦、国同义的角度看,当时称为"国"的都是分封地,比如陈国、齐国、楚国等,有点今天省级行政区划的意思。当然又不能说是省级,因为有的邦国很大,有的很小,地域、人口、在天子心中的地位都不均衡。但天子所在的周朝是权力最高层级和中心的朝廷,就不能称为国,比如周朝不能称"周国",那样就降低了层次。所以,将"小国"理解为分封的邦国要小,其所属的人民要少,或许更为符合老子的本意。

这样一讲,二者意思就真有天壤之别了,老子的意思可能就不是说国家要小,而是给诸侯国的封地要小。试想一想,本来这么大的国家你要将他变小,你不是要革周天子的命吗?他不会那么傻,这既不可能也不可行。再说,老子讲的是如何治理国家,这个角度必须要坚持。可怜有些人还说老子对当时广土众民的政策不满,向往自然宁静的农村生活,才提出这样一个乌托邦的国家模式,这就有点胡扯了,甚至是"欲加之罪,何患无辞"。或许老子还有一层意思,那就是告诉诸侯们这样就很好,不要老想着广土众民而互相征伐兼并,这个思想肯定就深合天子之意了。事实上,春秋时期的诸侯国也正是越封越多、越封越小,后来的天子怕是在老子这儿找到了理论依据。

第二个争议之处是"使有什伯人之器而不用"的断句位置问题,有的干脆写作"什伯之器"④,比如王弼,但今本《老子》中却是"使有什伯,人之器而不用",这个区别可以说不是一般的大。帛书甲本的"使有什佰之器而不用"、乙本的"使有什佰人之器而不用"和今本中的"使有什伯,人之器而不

---

① 冯宽平、马雪燕、陈玺:《说文新解》,西宁:青海人民出版社,2006年,第292页。
② 刘笑敢:《老子古今》(上卷),北京:中国社会科学出版社,2016年,第751页。
③ 陈桥驿注释:《水经注》,杭州:浙江古籍出版社,2000年,第105页。
④ 刘笑敢:《老子古今》(上卷),北京:中国社会科学出版社,2016年,第744页。

用"的区别，即加不加"人"字和标点符号位置的问题，其实都是后人因为理解各异而造成。有的地方也将"什伯"写作"什佰"，古代一些文章中还有"什百"，意思都应该相同。从古代用法来看，"什伯"存在多种解释。

一是众多、各式各样的意思，"什伯之器"就是各式各样的器具，但若作"什伯人之器"则说不通。

二是十倍百倍于常、功效很大的器械或大型器械，用之可以一当十当百，如刀、枪一类的武器，这用在"什佰之器"或"什佰人之器"都能讲得通。《孟子·滕文公上》里说："夫物之不齐，物之情也。或相倍蓰，或相什百，或相千万。"①清代李渔的《闲情偶寄·器玩》里说："予初观《燕几图》，服其人之聪明什伯于我。"②可见，什伯确实有十倍百倍这样的意思。

三是指古代兵制中的基层建制，相当于现代军队的班、排、连，按古代兵制十人为什，百人为佰。《史记·秦始皇本纪论》："陈涉，瓮（wèng，同"瓮"）牖绳枢之子，氓隶之人，而迁徙之徒，才能不及中人，非有仲尼、墨翟之贤，陶朱、猗顿之富，蹑足行伍之间，而倔起什伯之中。"③《淮南子·兵略训》里说："正行伍，连什伯，明鼓旗，此尉之官也。"④汉王充《论衡·量知》里说："不晓什伯之阵、不知击刺之术者，彊使之军，军覆师败，无其法也。"⑤可见，在古代"什伯"确实是一种军队的基层建制。另外，标点符号的位置也非常重要。

综合来看，今本的"使有什伯，人之器而不用"应该很合老子的原意。鉴于老子所指不是军队，而是社会管理、国家治理，所以这个"什伯"应该是指社会的基层组织形式，就是每个人都要归入一个很小范围比如十人、百人组成的社会组织，河上公注解说"使民各有部曲什伯，贵贱不相犯也"⑥，就比较明确了。这不就像我们今天的村、社组织一样吗？"人之器"应该就是指民之器了。河上公说："器谓农人之器。而不用，不征召夺民良时也。"⑦就当时的农耕社会而言，应该是农人用于农事的大型器具，重点可能指能够用于战争的铁器等金属器具，国家不轻易征召而耽误农时，以使百姓安于生产和生活。

"使民重死而不远徙"必须从老子的整体思想来理解。老子哲学和政治思

---

① 郑训佐、靳永译注：《孟子译注》，济南：齐鲁书社，2009年，第87页。
② 〔清〕李渔：《闲情偶寄》，昆明：云南人民出版社，2016年，第233页。
③ 司马迁：《史记》，长沙：岳麓书社，1992年，第72页。
④ 赵宗乙：《淮南子译注》（上），哈尔滨：黑龙江人民出版社，2003年，第779页。
⑤ 王充：《论衡》（上），呼和浩特：远方出版社，2007年，第176页。
⑥ 邹德金整理：《名家注解<道德经>》（上），天津：天津古籍出版社，2012年，第73页。
⑦ 邹德金整理：《名家注解<道德经>》（上），天津：天津古籍出版社，2012年，第73页。

想的核心包括守静、守柔、守雌、处下,结合后文的"民至老死不相往来",则小邦寡民应该是使民安居而不妄动。因为圣人之治使民无惧、无扰、无忧,不会出现当政者妄为、暴政、重税等而使民畏死别迁的情况。就普通百姓的本质来讲,就是追求安宁的生活,能安居能乐业,如有"远徙",必然是因为珍惜生命、厌恶危险、远离死地,寻求安宁祥和之邦。若本身就在安宁祥和之邦,又哪会远徙呢?"远徙"对百姓来讲,并非一个简单的事情,因为奔波劳顿非常辛苦,而且外面的世界是未知、不熟悉的世界,存在着不可预知的危险、风险,正常情况下他是不可能轻易"远徙"的。

如此分析,本章的意思可解释为:国家安定的法宝在于邦国要小,邦民要少,使百姓各归什伯之组织,农人之器国家不轻易征用。如此则可使百姓重死贪生、厌险惧危,从而安居宁静祥和之地而不迁徙远处。虽然百姓有车有船,但喜静厌动,不愿轻易远行;居于福地,因畏惧风险而不会四处奔波、居无定所。如此,虽然有车有船,除了用于生产生活,没有其他用处;虽然有军队,但国内安定,邦交和平,军队也没有什么用处,甚至都不知道陈兵何处。如果能引导百姓回归到结绳记事时代的简单生活方式,百姓就可以恢复淳朴、清静、无为的天性,以自己的饮食为甘甜,以自己的衣服为美丽,以自己的居所为安适,以自己的习俗为快乐。虽粗茶淡饭也甘之若饴,虽粗衣布服也自视其美,虽茅棚陋室也自觉其适,虽村野习俗也自得其乐。虽然邻邦相望,鸡犬之声可闻,但百姓们老死也不愿互相来来往往。

因为小邦寡民让百姓没有非分之欲,所以百姓能够自得其乐,而不以他人所得为乐。不羡鸳鸯不羡仙,过好自家的小日子就行了。能够自得其乐而不羡慕别人的财富、势力、地位,是很难很难做到的,能够做到便是得道之士了。因此,小邦寡民即人人顺道而行,大道行于天下。《吕氏春秋·下贤》里说的就是这个意思:"得道之人,贵为天子而不骄倨,富有天下而不骋夸,卑为布衣而不瘁摄,贫无衣食而不忧慑。恳乎其诚自有也,觉乎其不疑有以也,桀乎其必不渝移也,循乎其与阴阳化也,匆匆乎其心之坚固也,空空乎其不为巧故也,迷乎其志气之远也,昏乎其深而不测也,确乎其节之不庳也,就就乎其不肯自是也,鹄乎其羞用智虑也,假乎其轻俗诽誉也。以天为法,以德为行,以道为宗。"①孔子弟子三千,但真正被他赞赏过的,可能也就是"贤哉,回也",不是因为颜回的学问和尊师,而是"一箪食,一瓢饮,在陋巷,人不堪其忧,回也不改其乐"②(《论语·雍也》)。颜回不是无乐,而是

---

① 吕不韦:《吕氏春秋》,呼和浩特:内蒙古人民出版社,2008年,第98页。
② 杨伯峻、杨逢彬注译:《论语》,长沙:岳麓书社,2000年,第51页。

乐自己之乐，不乐别人之乐；欲自己所欲、自然之欲，而不欲他人之欲、妄想之欲。

老子"小国寡民"并不是想象出来的乌托邦，而是有其现实基础，既可以说是他对春秋时期社会稳定的经验总结，也可以说他是对春秋后期诸侯国通过征战逐渐变大进而又使征战加剧的现状的忧虑，还可以说是他对诸侯互相征战问题的解决之道甚至是制度安排。300年的春秋时期就是在小邦寡民中平平静静地走过来的，而掀开战国篇章的，正是那些大诸侯国的"化而欲作"，或许在老子看来，要解决诸侯纷争，就得回到小邦寡民的环境中去，而且必须把小邦寡民作为一种长治久安的制度安排。

老子约生活于公元前571—前471年，春秋时期为公元前770—前476年，因孔子修订《春秋》而得"春秋"之名。也就是说，老子出生于春秋开始130多年以后，那个时候有多少诸侯国呢？据《荀子·儒效》记载共有71个诸侯国，其中姬姓诸侯国53个，异姓诸侯国18个。① 人口最多的才三四百万人，更多的是几十万人口的小国。可见，那个时候已经是小国寡民的格局了，而这种格局又对社会稳定起到了一定作用。周朝历时约800年，单是春秋时期就延续了约300年，战国时期虽然战乱不断却又延续了250多年，或许正是小国寡民的功劳呢！

试想一下，这些诸侯国本来就已经够小了，还要在下面再设立许多的层级，百姓不就一个个"使有什佰"了吗？弹丸之地，无论诸侯还是百姓，有想法也掀不起多大的风浪，也不可能有财力支撑那些非分欲望的实现。同时，在这样的"什伯"之中，百姓们都会有一种根基、底气、归属的感觉，社会的稳定就具有了深厚的群众基础。相反，如果诸侯国很大，诸侯就容易聚集大量的财力，"有为"的欲望就会膨胀，经济和社会的发展就非常容易脱离自然发展的轨道，个人私欲和主观意志对社会的破坏性也就更大。所以，在老子看来，要限制诸侯们的"有为"之心，最有效的一个办法或许就是"小国寡民"，诸侯干不了大事、坏事，百姓不愿意跟着干坏事、大事，天下就万事大吉了。

不要觉得老子可笑，如果是那样，还有一个跟他同样可笑但却同样伟大的人——古希腊哲学家亚里士多德。亚里士多德认为，国家的人口数量和地域范围是政治家应该考虑的一个重要问题，不是指考虑怎么广土众民，"政治家

---

① 苑华主编：《中国历史全知道》，北京：北京联合出版公司，2013年，第16页；周有光：《语言闲谈》，北京：生活·读书·新知三联书店，2012年，第152页；宣兆琦、王雁、张杰等著：《海岱地区古代文明的起源与发展》，济南：齐鲁书社，2014年，第38页。

第十九章 小国寡民 回归自然

所需要的原料首先是众多的人口,自然他必须考虑人口的数量和性质,然后照此考虑疆域的数量和性质"①。在他看来,人口的数量和疆域的大小都应以适度为好:"人们知道,美产生于数量和大小,因而大小有度的城邦必然是最优美的城邦。城邦在大小方面有一个尺度,正如所有其他的事物——动物、植物和各种工具等,这些事物每一个都不能过小或过大,才能保持自身的能力,不然就会要么整个地丧失其自然本性,要么没有造化。"以多少或多广为合适呢?以互相看得见和互相了解为限度。这不相当于是"小国寡民"的翻版嘛,连理由都是一样的!

小国寡民的思想一直使老子饱受批评,认为是他无所作为、不思进取思想的集中体现。但仔细体悟之后,我们或许会发现真正冤枉他了,这恰恰是他认为必需的求道途径,非如此不足以让人民无欲无私,让统治者不折腾。因此,"小国寡民"也是他对"我无欲而民自朴"和"我无事而民自富"的实践方式,当恢复到"小国寡民"的状态时,我们才会真正发现自然质朴的快乐才是人生的本质追求,这样的快乐才是真正的快乐,被欲望左右的快乐并非真正的快乐,而是一种病态的快乐,甚至是建立在别人痛苦之上的快乐。那么,"小国寡民"的行政区域,就算是时时刻刻都"镇之以无名之朴"了,这时候无论是百姓还是统治者都不得不恢复到自然的思想和行动。没有实现野心的经济和社会基础,你又能咋的!

这正如十八世纪法家启蒙思想家、哲学家卢梭所言,人本质上是好的,是"高贵的野蛮人"(noble savage)。然而,恰恰是人类心灵结构中的理性和欲望的冲突和人性中的"自我完善化能力"使人真正变成了"野蛮人"。"这种特殊而几乎无限的能力,正是人类一切不幸的源泉;正是这种能力,借助于时间的作用使人类脱离了它曾在其中度过安宁而淳朴的岁月的原始状态;正是这种能力,在各个时代中,使人显示出他的智慧和谬误、邪恶和美德,终于使他成为人类自己的和自然界的暴君。"②他认为,自然意味着内心的状态、完整的人格和精神的自由,只有回归自然才能使人恢复自然过程的力量,脱离外界社会的各种压迫以及文明的偏见。卢梭甚至认为,艺术与科学的进步并没有给人类带来好处,知识的积累加强了政府的统治而压制了个人的自由,物质文明的发展事实上破坏了真挚的友谊,取而代之的是嫉妒、畏惧和怀疑。这些都与老子的思想十分接近,当然解决之道还是大有区别的,老子的解决之道就是恢复到"小国寡民"的政治状态。

---

① 亚里士多德:《政治学》,颜一、秦典华译,北京:中国人民大学出版社,2003年,第236页。
② 卢梭:《论人类不平等的起源与基础》,李常山译,北京:商务印书馆,1962年,第84页。

再一个就是"使有什伯"的问题,这与"小国寡民"是相辅相成的。"使有什伯"相当于在"小国"的基础上再划小行政区域,使人们生活在更小的圈子之内。这样的一个小社会必然是熟人社会,无论是管理还是交往都好办,可以有效增强百姓的存在感、信任感。中华人民共和国成立以后,在这一点上可以说是做得相当成功的。中国人数众多,但最终,农村人都必须归于乡(镇)、村、组,城市人都得归于一个街道办、社区、居委会这样一个很小的社会组织。一个社或组的成员数量最多也不过二三百人,一个居委会最多也不过几条街,即使工作调动也会马上有户籍关系、组织关系等一系列的变动,从而立即进入新的基层社会组织。这不正是老子所说的"使有什伯"吗?

基层组织承担着许多社会管理和服务职能,几乎每个公民都能通过它感受到政府的存在和关怀。社会对每个人的管理和服务,个人对社会的诉求,也基本上在最基层的组织就能完成,从而它也就成了社会归属感的重要载体,让人有一种有根基、底气、归属的感觉。仔细分析,我们会发现,社会组织越大、层级越高,对成员的服务能力就越弱,成员对它的依赖性、归属感也就会越差,只有"什佰"这样的社会组织才是他们看得见、靠得着的。

但是,改革开放以后,随着农民大量进城,农村出现了"空心化"现象,农村基层组织仍然在,农民也仍然属于那个组织,但实际上却脱节了,组织也空心化了。而农民进城以后,虽然和城里人住在一个地方,但他们仍然只能是某某村、社的身份标签,远离过去的"什伯"而又不能进入新的"什伯",归属感、根基感就弱化了。由于不再"使有什伯",这些人的组织认同和关注点不断上移,上移的结果就是由实变虚,信任感、存在感也就会不断减弱。这样的人群目前大量存在,人口流动越频繁,这类人群的数量就越大,这绝对不是一件好事。所以,从长治久安的角度讲,"使有什伯"才是社会稳定的至道。

从国家管理和社会治理的角度讲,老子的"小国寡民"和"使有什伯"还给我们提出了许多十分重要、值得深思的课题,也会给我们许多有益的启发,比如:人口过度流动是不是一把双刃剑?大城市病是一种什么病?什么样的经济条件才能让人真正快乐,是不是要"穷"才能真快乐?等等。

2.人口过度流动或许是一把双刃剑

人口流动是一个复杂的问题。从经济学的角度来说,它是要素流动和配置的重要载体,是经济发展的重要推动力量。尤其是城镇化导致的人口集中和人口流动,往往是新兴需求产生的重要基础,是经济发展的推动力量。但从社会管理的角度来说，它是社会组织、结构不断被打破又重构的动态过程，对社会管理和治理无疑会带来困难。如果一定时期内流动性越强，数量越大，频率越高，那社会重构和管理都会存在变动不居的困难。所以，人口适度流动对经济和社会有益，而过度流动可能就会成为一把双刃剑。从老子的治世思想来看，至少有三个重要问题值得我们思考：

第一，人口的过度流动会加剧欲望的滋生，并强化人的非自然性。人口流动与人的欲望增长之间，或许有着密切的联系。首先，人的流动必然是基于欲望的追逐。从农村到城市，为的是发财致富，或者是为了"过上城里人的生活"。过去日出而作、日落而息，在农家院子对月小酌就很满足，对外面的世界只当作趣闻、笑谈。现在却对按时上下班不再如意，而是对香车美女充满羡慕。城里人到处流动，一些人是因为工作需要，更多的人是为了一个更大的发财梦。欲望驱使着人们东奔西走、南来北往，但他们却变得越来越饥渴，欲望的满足让他们不断滋生一个又一个新的欲望，人的自然性就越来越弱化了，最后就可能由"高贵的野蛮人"变成"野蛮的高贵人"。

老子说"不欲以静，天下将自定"，只有守朴制欲，守静如雌，才能静心澄虑，虽处桃花源也可怡然自乐。然而，我们现在是大欲而不静，人心自然难以安定，天下又怎么能安定呢？歌曲《忙与盲》就很好地反映了当下人们的生活状态、心理状态以及幸福状态。"我来来往往，我匆匆忙忙，从一个方向到另一个方向"，忙是为了什么呢？"忙是为了自己的理想，还是为了不让别人失望？"自己都已经搞不清楚了，所以就成了"盲"，"盲得已经没有主张，盲得已经失去方向"，"忙忙忙"就变成了"盲盲盲"，竟然"忙得分不清欢喜和忧伤，忙得没有时间痛哭一场"！总说是为了理想，哪知道收获的却是迷茫，那忙的价值又何在呢？

第二，人口的过度流动考验资源配置的效率，二者之间的不匹配容易产生新的社会矛盾，加剧人们的阶层分化。人口的流动以资源配置为基础，资源的不均衡性容易造成长期或短期的瓶颈，从而使人口流动出现短期或突发性的困难。政府或社会组织不能立即解决这个问题，就会造成社会矛盾，甚至是社会各阶层之间的矛盾。改革开放以来，中国越来越严重的春运困境，实行大假制度以来越来越严重的大假交通拥堵问题，就对这个问题有很好的注解。

"春运"是每年春节前后因数亿外出务工人员放假返乡而发生的运输高峰，改革开放以后，中国"春运"的规模呈现出爆发式增长的态势，1994—2014年从12.2亿人次增长到32.6亿人次，20年时间翻了近3倍。春运被入选世界纪录协会最大的周期性运输高峰，创造了多项世界之最。春运到底给中国社会带来了什么？这是一个值得深入思考和综合评价的问题。有些人首先想到的是 GDP，运输业的收入带来的是旅游、运输等行业 GDP 的增长，他们觉得值得高兴。政府为了解决返乡难的问题，或主动或被动地促进了投资拉动型经济。如此大规模的人口集中流动，交通投资交付的速度如何赶得上流动人口增长的速度？但必须去追赶，于是只有不断加快交通投资，这样就形成了投资拉动型经济。

但从短期来看，基础设施的建设必然有一个周期问题，不可能在短期内就完全跟上流动的规模。这样一来，投资跟不上和人口流动过度的矛盾，就很可能成为对社会的极大伤害，成为社会解构的重要助推力量。叶落归根、告老还乡、春节团圆，是中国人的固有情节。这个情节的后面，是深厚的亲情、故乡情。这种情节更是中国人心灵的家园，无论在哪里，无论多么漂泊、潦倒，想起亲人和家乡，他们就可以得到一丝宁静。而当年复一年的返乡难之后，人们会产生对回家的恐惧感，慢慢地人们也就失去了心灵的家园。这种心灵的家园对大多数人尤其是弱势群体来说，是社会的凝结剂和稳定剂，对社会的和谐和稳定具有十分重要的作用。但是现在没有了，这会是好事情吗？当然不是。

更重要的是，弱势群体的不满情绪会日渐增加，政府面临的社会压力会越来越大。一票难求，网上买票都不知道怎么操作的，往往是那些社会底层的农民工；在火车上挤得满身臭汗，甚至立足之地都难找到的，往往还是那些社会底层的农民工；最后被逼得骑着摩托车冒着暴风雪"千里走单骑"，或者开着农用车，还要把人塞得满满当当，冒着被罚款的风险和生命危险都要回家的，还是那些社会最底层的农民工。弱势群体积累的不满情绪，是社会和谐稳定最大的威胁，人口过度流动的风险我们看不清，但不等于不存在。

第三，就是对"有德司契"的挑战。信用建设是商品经济的重大基础性建设，但人口过度流动或许正造成社会信用体系的解构甚至崩溃。当下社会让每个人都头疼的问题正是信用问题，信用什么时候成了问题呢？主要是改革开放以后。此前，人们局限在一个很小的圈子内，在一个熟人社会中生活、工作、交往，无异于一种群居似的生活。这时候信用就很重要，信用是人遇到困难时得到援助的基础。"弃信背邻，患孰恤之？无信患作，失授必毙。"①要想在困难时候获得帮助，那你就得在平时积累信用。所以，那时候的人，最根深蒂固的意识就是欠债必还，甚至父债子必还。反之，不讲信用者不但求助无路，甚至难以抬起头做人。试想一想，天天面对着同样的人，到处有

---

① 左丘明：《左传》，张帅、程开元译注，济南：山东画报出版社，2014 年，第 95 页。

人说你不守信用，甚至用鄙视的眼光看待你，那种日子怎么过？更别说搞什么偷盗、抢劫这些行径了。

但现在不一样了，人们不再局限于熟人社会，而是一个完完全全的生人社会，甚至是不断变换的生人社会。经常会面对不同的人，你不敢轻易相信人，别人也不敢轻易相信你，所以才有《不要和陌生人说话》这样的电视剧出现。同时，许多人会产生一种阴暗心理——你用不着对别人负责，也用不着对自己负责，反正大家都不是熟人；如果有大问题，马上换一个地方，把自己变成生人，也就没什么事了。有人认为现代社会注定了是生人社会，法治可以解决根本问题。其实这只是一厢情愿的想法，在生人社会里，大多会"法令滋彰，盗贼多有"，人类自私的天性、发财的欲望，都将使其不知不觉地堕入背信弃义的境地。

这就是让人脱离"什伯"以后的必然结果！怎么解决这个问题呢？根据老子小国寡民的思想，解决信用问题的最好办法，首先就是不要使人们过度流动，不要使人们轻易脱离"什伯"组织，要致力于将生人社会变成熟人社会，而不是致力于将熟人社会变成生人社会。二是要争取信用与人同步流动，这样就不需要从人本身来判断信用，而是可以从信用判断人本身。这是现代社会才有的可能，现代信息技术为此提供了方便，关键在于如何努力去实现或完善。只有这样，才有可能实现崩溃的社会信用体系的重建。但不管怎样，我们必须认识到，生人社会即使圣人也难以司契，熟人社会无须圣人也会自我约束。不要以为经济的发展、科技的进步就使我们在社会管理的理念上完全超越了老子，我们仍有必要从老子"小国寡民""使有什伯"等思想中不断地获取灵感和启发。

3．大城市病是什么病？

许多人都说我们现在患了"大城市病"，这就要拷问现在的城镇化了。"大城市病"是一种什么病呢？从老子的思想来讲，就是患了与小国寡民完全相反的广土众民的毛病。大城市的目标是便于社会管理，提升经济发展，让人民能享受到便利的城市生活。其实，对于政府来讲，最主要的是提升 GDP，因为城市化（或城镇化）以后并不见得更便于管理，也并非只有城市化才能有便利的生活。核心的问题是，城市大了才会产生更多的需求，这样就可以促进经济发展。城市化首先第一步是要建房子，这是 GDP；然后是要造桥修路，这是 GDP；通信、餐饮、服装等习惯的变化，会催生新的需求，这也是 GDP。房子旧了要拆，路桥坏了要修，同样还是 GDP。正因为这样，一想要到提升 GDP，许多人第一眼光就盯向了城市化。

据国家统计局的数据，1949 年时我国的城市化率为 10.64%，1978 年才达到 17.92%，40 年间平均每年提升仅仅约 0.018%。但是，到 1988 年时就达到了 25.81%，这个 10 年中平均每年提升 0.789%；1998 年时达到了 30.40%，这个 10 年中平均每年提升 0.459%；2008 年时达到 45.68%，这个 10 年中平均每年提升 1.528%，速度超过上个 10 年的 3 倍还多；2013 年达到 53.7%，平均每年提升 0.802%。①到 2018 年，城镇人口占总人口比重（城镇化率）则达到了 59.58%。②由此可见，我国经济发展的速度，与城市化进程基本一致。反过来讲，又可以说是经济发展的速度很大程度上受到了城市化进程的带动。

城市化率提升了，经济规模增长了，人民财富增加了，但人们的生活是不是获得了相应的幸福感呢？这就很难说了。有一个问题或许有所启示。城市化率快速提升带来的是城市规模的不断膨胀，与此相对应的又是中国精神疾病患者的快速增长。根据中国疾病预防控制中心精神卫生中心 2009 年公布的数据，我国各类精神疾病发病率达到了 13.47‰，患者人数在 1 亿人以上，重性精神病患人数已超过 1 600 万，其中精神分裂症患者占半数左右。也就是说，每 100 个人中就有 13.47 个是精神障碍者，不到 100 个人中就有 1 个是重性精神病患者。在 20 世纪 50 年代，我国成年人群重性精神障碍患病率仅仅 2.7‰，70 年代也不过 5.4‰，80 年代上升到了 11.4‰，90 年代达到 13.47‰，到 2012 年发病率高达 17.5‰。③按照国际上衡量健康状况的伤残调整年指标（DALY）评价各类疾病的总体负担，精神疾病在我国疾病总负担的排名中居首位，已超过了心脑血管、呼吸系统及恶性肿瘤等疾患（WHO，1998 年）。其中，上升最快的是号称"第一心理杀手"的抑郁症。

历年的准确数据并不好找，但肯定是在不断增加。2015 年，"据《日本时报》网站 5 月 25 日报道，《柳叶刀》周刊的一项研究指出，中国约 1.73 亿人有精神疾病……《柳叶刀》周刊说，2003—2008 年，精神疾病的发病率增长了 50%以上。大多数病例源于生存压力增大。这些精神疾病可能是实施暴力犯罪的人数日益增加的原因之一。抑郁症是中国最经常被诊断的第二大精神疾病，由此引起的工作时间减少和医疗费用带来了巨大经济损失……根据一些估计数据，2011 年，超过 2.6 亿人至少出现了轻度抑郁，抑郁症导致的自

---

① 刘亚臣、常春光、孔凡文：《城市化与中国城镇安全》，沈阳：东北大学出版社，2014 年，第 13 页。
② 中国经济网：《统计局：2018 年人口总量平稳增长 城镇化率持续提高》，2019 年 1 月 22 日，https://baijiahao.baidu.com/s?id=1623310289671703816&wfr=spider&for=pc。
③ 李禾：《精神科"医生荒"该如何解决？》，《科技日报》2016 年 3 月 28 日。

杀等死亡人数甚至超过了交通事故的死亡人数。"①

不郁闷才怪，天天行走在楼房森林之中，放眼望去总是巴掌大一块天，还经常被浓厚的雾霾所遮蔽，心情哪能开朗？无论是高收入人群还是低收入人群、高学历人群还是低学历人群，他们都面临着同样的就业压力、工作压力、生活压力、教育压力，在理想和现实面前，他们随时处于彷徨、恐惧、怀疑、奔波之中，这种人格的分裂，导致他们的心灵一刻也难以宁静，时间一长自然就苦闷、抑郁甚至精神分裂。这可能就是城市化进程中，生命难以承受之重吧。有些专家建议，必须增加精神病医院、医生、床位来解决问题，这无异于痴人说梦，完全是犯了路径错误。面对越来越多的精神疾病患者，搞得不好医生最后也会成为患者。根本的解决之道，最终还得回到老子所说的回归自然上来。但是怎么回归？却已经成为一个难题，需要深刻思考。

过度城市化带来的问题，已经成为一个严重的社会问题和经济问题，难道官员们都看不见、体会不到吗？当然不是，他们没有生活在乡村，更没有生活在外星，对其中的问题当然也心知肚明，深受其苦。可他们为什么还要不断追求城市化？根本的核心就是一个GDP，甚至可以说绝大部分官员也已经患有GDP焦虑症。对与其升迁、威望密切相关的GDP，他们完全是爱之深又恨之切。这同样是一种人格分裂，同样是一种精神疾病。

4. 穷快乐，要"穷"才快乐？

有一个很奇怪的现象，小国家的人民似乎比大国家的人民幸福感要强，甚至一些经济水平并不高的国家，人民也觉得生活很幸福。这是怎么回事？难道小国寡民真的要幸福一些？难道要"穷"才能有真正的快乐？从老子的观点来看，可能还真有一定道理，因为，国家或城市太大、太富裕都可能是一种"物壮"，会使人们失去自然的心境和生活，从而使幸福的边际效应递减。当然，另一方面，就整体而言，太穷肯定也会削减幸福感。

2012年4月初，美国哥伦比亚大学地球研究所发布《世界幸福感报告》（英文原题为"World Happiness Report"），即国内媒体所称的"全球幸福指数"报告，该报告由哥伦比亚大学地球研究所主任杰弗里·萨克斯受"联合国幸福会议"委托而主持编写。报告比较了全球156个国家和地区人民的幸福程度并进行打分，得分前10名分别是丹麦、芬兰、挪威、荷兰、加拿大、瑞士、

---

① 参考消息网：《外媒：中国7%人口患精神疾病 多数因生存压力过大》，2015年5月27日，http://www.cankaoxiaoxi.com/china/20150527/795500.shtml。

瑞典、新西兰、澳大利亚、爱尔兰。①这里有一个非常有趣的发现，得分前10名中基本没有大国，更没有人口大国，应该说是或小国或寡民，至少二者居其一。面积大的国家倒有2个，加拿大国土面积居世界第二，但人口不足4 000万；澳大利亚领土面积760多万平方千米，但人口不超过2 500万。当然，最不幸福国家也基本上全是小国家，排行榜中依次是多哥、贝宁、中非、塞拉利昂、布隆迪、科摩罗、海地、坦桑尼亚、刚果（布）、保加利亚。他们不幸福的原因，很大程度与政局和社会动荡密切相关。再看看隔了几年的情况，2017年，"全球幸福指数"排名前10位的分别是挪威、丹麦、冰岛、瑞士、芬兰、荷兰、加拿大、新西兰、澳大利亚、瑞典，②无一例外还是这些"小国寡民"的国家。像美国、英国、德国这些发达大国，都没有进入前10位。

再来看看另外一个排行榜。2012年6月20日，英国独立智库新经济基金会（New Economics Foundation）也发布了"快乐星球指数"排行（Happy Planet Index）。"快乐星球指数"则主要考虑民众自身的快乐感受、预期寿命和环境的可持续性等方面，经济规模和增长速度不在考虑之列。也就是说，它更多地强调人类自身的心理感受。新经济基金会高级学者Saamah Abdallah就认为，虽然富裕工业国家和贫穷的欠发达国家面临着完全不同的问题，但是在提升民众幸福感上任务却是相同的。在这个排行榜上，哥斯达黎加成为全球最快乐的国家，其次是越南和哥伦比亚。除越南之外，进入这份排行榜前10名的国家大多都是南美国家，如伯里兹、圣萨尔瓦多、牙买加、巴拿马、尼加拉瓜、委内瑞拉和危地马拉等。美国排在了第104位，英国排在了第41位。③151个国家的调查显示，经济社会发达程度并不是民众感觉快乐与否的首要因素。从根本上讲，经济等各方面的因素最终都必须反映、汇集到这幸福或快乐的感受上来，经济发达了民众并不觉得快乐，就说明经济发达程度对快乐并不是具有决定性的因素。在这里我们可以发现另一个大为不同的有趣现象，那就是，与"全球幸福指数报告"的上榜国家相比，这些国家并不富裕，起码称不上发达国家，堪称典型的"小国寡民""又小又穷"。这就怪了，难道真是穷快乐，要穷才有快乐？

许多人对此不解，甚至嘲笑我们的邻居越南竟然也能上这个榜。其实这没有什么奇怪的，如果从经济和快乐的关系这个角度讲，不丹王国的情况似

---

① 蒋哲、郭琛：《联合国发布"全球幸福指数"报告 中国仅排第112位》，《发现》2012年第6期，第63页。
② 搜狐网：《2017年世界幸福指数出炉！第一名原来是这里》，2017年3月22日，https://www.sohu.com/a/129732878_443729。
③ 中国经济网：《快乐星球指数排行：哥斯达黎加成世界最快乐国家》，2012年6月20日，http://intl.ce.cn/specials/zxxx/201206/20/t20120620_23424944.shtml。

乎更能直观地说明这个问题。不丹是位于中国和印度之间喜马拉雅山脉东段南坡的一个南亚内陆国，国土面积仅 38 394 平方千米，人口更是只有约 80 万。不丹一直以禁区而闻名，直到 20 世纪 60 年代才修了通往外部的公路、70 年代才开放边境，目前也仅仅与 52 个国家建立了外交关系，与联合国 5 个常任理事国均无外交关系。不丹的经济相当落后，是世界上最不发达国家之一，2017 年人均 GDP 仅 3 110 美元。不丹 1999 年才引进电视，是世界上最后一个开放电视与网络的国家，手机和互联网的普及率分别仅为 30%、5%，全国只有一个机场，没有铁路，几乎与现代化世界格格不入。

但就是这样一个落后的国家，2006 年英国莱斯特大学社会心理学者怀特发布的全球快乐排行榜中，不丹却名列 178 个国家中的第 8 位，位居亚洲第一位，被戏称为最快乐的"穷国"。这是为什么呢？这源于不丹的四世国王吉格梅·辛格·旺楚克发明了一种叫作"国民幸福总值"（GNH）的评价体系，代替 GDP、GNP 来衡量国家的发展成效。在别的国家都拼命发展经济，不惜一切代价追逐 GDP 的时候，他更重视国民的快乐程度。辛格认为："国民幸福总值（GNH）比国内生产总值（GDP）更重要。我们不丹要的是国民幸福，不要单纯的国内生产总值。"①结果就是，每个不丹人都有自己的土地和房子，每个人都可以享受 11 年的免费教育，看病也不要钱！也许，不丹人享受的不是物质，而是真正的生活、自然的生活，从而就有自然的精神和快乐。不过，这一评价体系下的不丹经济增长率并不低，2008 年时人均 GDP 更几乎是印度的两倍。②能在快乐中创造财富，这才是最快乐的。

正如《全球幸福指数报告》制作者、美国哥伦比亚大学经济学家杰弗里·萨克斯所说，国民生产总值并不能代表幸福程度，尽管一般来说，国家财富与国民快乐有一定联系，但两者之间没有内在必然关系。例如，美国自 1960 年开始，人均国民生产总值增长了 3 倍，但幸福指数却停滞不前。萨克斯认为，经济增长会带来一些弊端，如饮食不合理引发的糖尿病、肥胖等健康问题，沉迷于购物、电视、赌博等养成不健康的生活习惯，经济发展带来的人们社区意识丧失、社会信任度下降、焦虑感不断扩散等社会问题。而现在人们更看重社会支援、清廉度以及个人自由等，这些远比财富重要。③

通过这两个排行榜我们可以看出，幸福或者说快乐大体有两个源泉，一个是"小国寡民"，一个就是"穷"，而不是国家多么强大。再仔细想想，其

---

① 易晓：《不丹 GNH 创造乐土》，广州：南方日报出版社，2011 年，第 16—29 页。
② 易晓：《不丹 GNH 创造乐土》，广州：南方日报出版社，2011 年，第 2 页。
③ 蒋哲、郭琛：《联合国发布"全球幸福指数"报告 中国仅排第 112 位》，《发现》2012 年第 6 期，第 63 页。

实"全球幸福指数"报告上的那些"小国寡民"的富国,其幸福感未必来自经济的富裕,否则同样富裕的其他国家为什么没有他们幸福感强烈,穷国为什么又能快乐呢?起根本作用的可能更多是高福利下的社会稳定和生活自然,事实上,这些国家的人民对物质的追求并没有我们想象的那么强烈和执着。另一方面,财富的不富裕甚至是贫穷,也并没有影响"快乐星球指数"排行榜上那些"小国寡民"的国家的快乐感,萨克斯所说的经济增长所带来的健康问题、生活习惯问题、社区意识丧失问题、社会信任度下降问题、焦虑感不断扩散问题,等等,对他们来讲统统不存在。他们生活在一种自然的而又充满归属感的小社会里,他们的幸福和快乐是充满世俗欲望的人们所看不到甚至难以理解的。而对人类和地球的未来来讲,通过追过财富的富裕来达到幸福和快乐,也许就是另一种不作不死的注解。

听了对老子"小国寡民"思想的分析以后,许多人会觉得很有道理,但转过身可能又会怀疑,甚至会完全忘记,因为毕竟大多数人都会有理想、有追求,还是希望强盛、富裕。更重要的,现实社会的压力似乎也逼迫人们必须产生理想和追求。难怪老子的"小国寡民"会被一些人认为是愚民思想、痴人说梦了。怎样理解这个问题?或许可以从三个方面来理解。

第一,老子提倡小国寡民的根本目的是复归于自然、复归于朴、复归于无极、复归于婴儿、复归于无智无欲。"小国寡民"就可以使人们在"不欲以静"的环境中,能够真正地涤除玄览,从而能自觉或不自觉地克制人道,守住自然之道,享受自然而又美好的生活,这个目的才是其思想的根本。因此,如果人们已经有了这样的价值观念,也许是否是小国寡民又不必细究了。

第二,这或许也是一种思维方式——情境导入法。真理往往出于偏执,老子正是通过把人们带入小国寡民这样一种极端的情境之下,才能使人们产生思想共鸣,从而更容易理解他的哲学思想和治国理论。当然,这种认为也只是现代人的想法,甚至只是充满欲望的世俗现代人的自我安慰的想法,因为我们做不到或不愿意这样做,所以就只有这样认为了。

第三,更重要的,或许老子所说的"小国寡民"正是一种制度安排,我们必须认识到这一相对顶层设计的思想高度。为什么这么说呢?成就你的是自然,毁灭你的却是你自己,其中的核心,就在于欲望,或者说是欲望的度。或许老子已经看到了一个根本问题,即,在"广土众民"的环境下,人类很容易、甚至不得不产生非自然的欲望,那些雄才大略的领袖人物更是很容易聚集起实现野心、理想的社会基础、人力基础、物质基础。而只有在"小国寡民"的环境下，人类才不容易产生非自然的欲望，那些雄才大略的领袖人物也没办法聚集起实现其野心、理想的社会基础、人力基础、物质基础。一句话，小国寡民的社会就不给你这个机会和条件。只有看到这一点，才真正算是攀上了哲学的高度，否则，就是抹杀了老子思想的哲学性。

参考文献

[1] 李安纲. 道德经[M]. 北京：中国社会出版社，2004.
[2] 李安纲. 南华经[M]. 北京：中国社会出版社，2004.
[3] 蒋锡昌. 老子校诂[M]. 成都：成都古籍书店，1988.
[4] 冯达甫. 老子译注[M]. 上海：上海古籍出版社，2006.
[5] 陈鼓应. 老子今注今译[M]. 北京：商务印书馆，2016.
[6] 刘笑敢. 老子古今：上[M]. 北京：中国社会科学出版社，2016.
[7] 南怀瑾. 老子他说[M]. 上海：复旦大学出版社，2017.
[8] 老子. 道德经[M]. 陈阳，张晓华，注译. 成都：天地出版社，2017.
[9] 邹德金. 名家注解《道德经》[M]. 天津：天津古籍出版社，2012.
[10] 朱庆. 道德经全集[M]. 北京：光明日报出版社，2012.
[11] 席春生. 中国传统道家养生文化经典[M]. 北京：宗教文化出版社，2004.
[12] 赵又春. 我读《老子》[M]. 长沙：岳麓书社，2006.
[13] 原本大学中庸原本道德真经[M]. 阎建中，释译. 北京：知识产权出版社，2015.
[14] 陆永品. 庄子通解[M]. 北京：中央编译出版社，2005.
[15] 李士全. 理学思想内涵精神分析[M]. 北京：中国文联出版社，2001.
[16] 《荀子》注评[M]. 李波，译注评析. 上海：上海古籍出版社，2016.
[17] 张立文. 宋明理学研究[M]. 北京：中国人民大学出版社，1985.
[18] 孟子译注[M]. 郑训佐，靳永，译注. 济南：齐鲁书社，2009.
[19] 天宜. 孟子浅释[M]. 济南：齐鲁出版社，2013.
[20] 余东海. 儒家文化实践史[M]. 北京：中国政法大学出版社，2013.
[21] 资治通鉴赏析[M]. 李金超，孟秀青，慕国栋，选评. 上海：远东出版社，2007.
[22] 〔汉〕戴圣. 礼记[M]. 崔高维，校点. 沈阳：辽宁教育出版社，1997.

[23] 礼记[M]. 张树国,点注. 青岛:青岛出版社,2009.
[24] 论语[M]. 杨伯峻,杨逢彬,注译. 长沙:岳麓书社社,2000.
[25] 孙子兵法译注[M]. 田昌五,李兴斌,邵斌,译注. 济南:齐鲁书社,2009.
[26] 经典课程编委会. 北大哲学课[M]. 北京:北京联合出版公司,2014.
[27] 张乃根. 西方法哲学史纲[M]. 北京:中国政法大学出版社,1993.
[28] 辛子牛. 汉书刑法志注释[M]. 北京:群众出版社,1984.
[29] 〔清〕沈家本. 历代刑法考[M]. 北京:中华书局,1985.
[30] 王华. 毛泽东的俘虏思想研究[M]. 北京:中央文献出版社,2014.
[31] 杨春睿. 西方哲学史[M]. 北京:煤炭工业出版社,2016.
[32] 北京大学哲学系外国哲学史教研室. 十八世纪法国哲学[M]. 北京:商务印书馆,1963.
[33] 罗素. 西方哲学史[M]. 何兆武,译. 北京:商务印书馆,1963.
[34] 卢梭. 论人类不平等的起源与基础[M]. 李常山,译. 北京:商务印书馆,1962.
[35] 卢梭. 社会契约论[M]. 何兆武,译. 北京:商务印书馆,1987.
[36] 亚里士多德. 政治学[M]. 吴寿彭,译. 北京:商务印书馆,2014.
[37] 托马斯·霍布斯. 利维坦[M]. 黎思复,黎廷弼,译. 北京:商务印书馆,1985.
[38] 柏拉图. 理想国[M]. 北京:商务印书馆,1986.
[39] 亚当·斯密. 国富论:第4卷[M]. 上海:世界图书出版公司,2009.